Ulrich Gaier
Goethes Faust-Dichtungen
Ein Kommentar

ULRICH GAIER

Goethes Faust-Dichtungen
Ein Kommentar

Band 1

Urfaust

PHILIPP RECLAM JUN. STUTTGART

Universal-Bibliothek Nr. 8587 [7]

Gesamtherstellung: Reclam, Ditzingen. Printed in Germany 1990

ISBN 3-15-008587-X (kart.) ISBN 3-15-028587-9 (geb.)

Inhalt

Einleitung 7

I Geschichte und Bedeutungswandel des Faust-Stoffs 17

II Entstehung und Konzeption des *Faust* in ursprünglicher Gestalt 44

Entstehung 44
Fragmentcharakter und Konzeptionsproblem . . 49
Konzeption aus dem »geheimen Punkt« 53
Drama des neuzeitlichen Menschen 70
Sprachliche Bewußtmachung der Geschichtlichkeit 84
Situation des *Urfaust* in der Zeit 87

III Lesarten der Geschichtlichkeit 90

IV Magie 103

V Kosmologische und religiöse Lesart 120

Männliches und Weibliches 120
Licht und Finsternis 123
Formen der Religiosität 131

VI Figuren, Geschichten und ihre Lesarten 147

Faust 147
Mephistopheles 165
Margarete 172
Zusammenfassung 185

VII Metrik 191

VIII Raumvorstellungen 204

IX Lesarten der poetischen Gestalt 212
Trialog und Form des poetischen Zeichens . . . 212
Formen der Fiktionalität 218
Eigentliches Zeichen und Hieroglyphe 224

X Dialogische Lesarten 229
Literarische Beziehungen 234
Pikturale Beziehungen 255
Gattungs-Synkretismus 257

XI Szenen- und Zeilenkommentar 268

XII Zitierter Text, Siglen und Abkürzungen 439

XIII Literaturverzeichnis 441

XIV Register 459

Einleitung

Ein Kommentar zu Goethes *Faust* steht in einer ununterbrochenen Tradition, die mit der ersten Teil-Veröffentlichung im *Fragment* von 1790 eingesetzt hat und bis heute in einer nicht mehr überschaubaren Fülle von Einzelforschungen, Gesamtdarstellungen und Kommentaren fortgeführt wurde. Dreierlei kann einen neuen Kommentar rechtfertigen: wenn sich gegenüber früheren Kommentaren die Verständnisvoraussetzungen der Leserschaft geändert haben, wenn neue oder bisher wenig berücksichtigte Verständnishilfen eingebracht werden können und wenn die gesellschaftliche oder wenigstens die literaturwissenschaftliche Form des Zugangs zu Text und Werk sich in einer Weise geändert hat, die die Neuorganisation, Neuorientierung und Ergänzung der Verständnishilfe erfordert. Der jüngste ausführliche Kommentar zu *Faust I* datiert von 1982 (Arens); der erste Anlaß für eine erneute Kommentierung scheint also nicht gegeben. Dagegen kann ich auf einigen Gebieten durch Berücksichtigung vernachlässigter Verständnishorizonte zum semantischen Verständnis der Aussagen des Textes, zur Strukturierung des Textes im Mikro- und Makrobereich Neues beitragen, das allerdings wegen der Abgelegenheit und Kommentarbedürftigkeit der Quellen und wegen Goethes »neuerm Gebrauch« dieser Traditionen den Kommentar zu einigen Szenen sehr ausführlich macht. Was den dritten Fall der Rechtfertigung neuen Kommentierens angeht, so ermutigt allerdings die freundliche Distanz zu ›unsern Klassikern‹, auf die das Lesepublikum nach dem antiklassischen Affekt der siebziger Jahre gegangen ist, zu einer nicht-identifikatorischen Kommentierung: weder der faustische Mensch noch das treudeutsche Gretchen haben heute Konjunktur. Neuere Entwicklungen in der Literaturwissenschaft und ihre Auswirkungen auf die Lesung von Texten hinsichtlich ihrer poetischen Gestalt, hinsichtlich ihrer Einbeziehung des Lesers, hinsichtlich ihres

Bezugs zu andern Texten machen eine Ergänzung der bisherigen Kommentare sinnvoll, ja sie ändern die Aufgabe und Anlage des Kommentars selbst.

Mehr als Hilfe zum vertieften Verständnis des Textes, zum bereicherten Umgang mit ihm in Lektüre, Deutung, Verarbeitung und Applikation soll ein Kommentar nicht sein. Der Kommentator stellt die Arbeit seiner vielfachen und vielaspektigen Lektüre, seiner Verfolgung von Spuren und Hinweisen im Text, im Netzwerk der auf ihn beziehbaren Texte, in der Forschungsliteratur, seiner Versuche der Einheitsbildung im Werk in den Dienst des Lesers, der unter den Anregungen und Informationen, Perspektiven und Verständnishorizonten für seinen jeweiligen Zweck eine Auswahl trifft. Der Polysemie des literarischen Wortes, der literarischen Aussage, des literarischen Textes eingedenk, kann der Kommentator nicht wie vielleicht der Deuter die eine, ›richtige‹ Bedeutung einer Stelle, Szene oder des *Urfaust* beabsichtigen; er muß dem Leser vielmehr die mehrfache Lesbarkeit ins Bewußtsein rufen, um ihn wenigstens vor den vorschnellen Festlegungen durch eine gewohnte oder eine ›bebrillte‹ Lektüre zu bewahren. Während der Interpret zentrisch auf seine Deutung hin arbeitet, hat der Kommentator dispersiv zu arbeiten, um die begründet möglichen Lesarten einer Stelle, Figur, Szene in die Aufmerksamkeit des Lesers zu bringen und den Kommentar zum Instrument vieler möglicher Interpretationen zu machen. (»Lesart« meint also hier keine Textvariante, sondern steht als Entsprechung für »Lektüre«, »Leseweise«, »mögliche Interpretationsrichtung«.)

Auch der Kommentator hat jedoch seine Überzeugungen darüber, wie sein Text vor allem gelesen werden sollte; ganz kann er den Kommentar davon nicht freihalten, will er ihn nicht auf das Skelett einiger Wort- und Sacherläuterungen reduzieren. Ich will also einige der Gesichtspunkte benennen, die sich mir in meiner über zwölf Jahre verhältnismäßig kontinuierlich geführten Arbeit an Goethes *Faust* herausgestellt und bislang bewährt haben:

Die Arbeitsphasen, in denen Goethe am *Faust* geschrieben hat, sind nicht als bloße Fortsetzungen der früheren Arbeit zu sehen, sondern als Phasen jeweils neuer Konzeption des Dramas, die die frühere(n) Konzeption(en) in analoger Weise auf-hob und integrierte, wie der früher fertiggestellte Text mit verhältnismäßig geringfügigen Veränderungen in den späteren integriert wurde. Aufgabe ist also, trotz der Lückenhaftigkeit des Textes für die *Urfaust*-Phase eine Konzeption herauszuarbeiten, analog bei den Folgebänden zu *Faust I* und zu *Faust II* die veränderten Konzeptionen in ihrem Verhältnis zu den früheren darzustellen.

Angesichts der vielen Brüche, Diskontinuitäten und Widersprüche in den Figuren und im Text hat man oft die Notbremse gezogen und die lange Entstehungsgeschichte, d. h. Goethes Unaufmerksamkeit und schließlich sogar Senilität dafür verantwortlich gemacht, daß der Kommentator ratlos blieb. Ich halte es für die Aufgabe des Kommentars, nicht die Einheit des Textes, sondern die Einheit des textkonstitutiven Handelns (der Poiesis) im Auge zu behalten, und sei dieses Handeln auch wie bei *Faust* ein Prozeß von sechzig Jahren, in dem es sich selbst immer wieder revidiert und kommentiert. Einheit der Poiesis kann auch die Herstellung von Widersprüchen und Diskontinuitäten bedeuten, nur soll dann nach ihrer Begründung, Aussagekraft, ihrem Sinn gefragt werden, statt daß man sie zu Versehen, Zufällen, Beliebigkeiten herabsetzt. Die Maxime der Einheit der Poiesis macht einfach die Lectio difficilior zur Aufgabe. Die Vermutung, daß Widersprüche sogar in der Intention Goethes gelegen hätten, ist schon von Rickert bezüglich der »Charakteranlage« des Faust (»ein Mensch in seinem Widerspruch«) verfolgt worden, von Requadt hinsichtlich der (zu wenig im Sinne der »Steigerung« durchgeführten) Wechsel systolischer und diastolischer Phasen in der Szenenfolge. Mein Kommentar verfolgt diese Tendenz, Widersprüche weder zu leugnen noch zu verkleistern, noch auf Goethes homerische Schläfrigkeit zurückzuführen, sondern als intendiert anzunehmen und nach ihrer Plausibilität, Systematik und Sinnhaftigkeit zu befragen.

Ein solcher Widerspruch, der in den seitherigen Kommentaren immer mit Machtsprüchen in der einen oder der andern Richtung entschieden wurde, wird hier mit allen Konsequenzen aufrechterhalten und auf mehreren Ebenen des Inhalts und der Form verfolgt: der Widerspruch zwischen Partien des *Faust*, die deutlich ins 16., und solchen, die ebenso deutlich ins 18. Jahrhundert gehören und jeden Leser, vor allem Goethes Zeitgenossen, als altdeutsch oder zeitgenössisch berühren mußten. Nachdem Goethe anläßlich des *Götz* von Wieland in dieser Hinsicht kritisiert worden war und nach Johanna Fahlmers Bericht sich für seine künftigen Werke die Bewältigung dieses Problems vorgenommen hatte, kann man hier keine Unachtsamkeit seinerseits vermuten. Die Annahme der intendierten Widersprüchlichkeit ergibt einen Blick auf den *Faust*, der ihn als Drama erscheinen läßt, in dem Geschichtlichkeit auf besondere Weise thematisch und für die Dichtung und ihre Lesbarkeit strukturbegründend wird. Es ergeben sich drei Lesarten: eine des 16. Jahrhunderts, dessen in Andeutungen konkretisierte Zukunft das 18. Jahrhundert ist, auf das Faust in seiner Progessivität zueilt; eine Lesart des 18. Jahrhunderts, dem das 16. Jahrhundert als Ursprung und Wurzel seiner Probleme und Bedingungen vorgeschrieben ist und das Faust als unverarbeitetes Erbe, als Relikt mitschleppt; eine Lesart der Neuzeit vom 16. bis ins 18. Jahrhundert, in der sich die spezifische Struktur des neuzeitlichen Bewußtseins zwischen Progressivität und Retardation ausprägt und transformiert. In diesen drei Lesarten erscheint Faust als einfühlbarer Zeitgenosse, als der vergleichenden und unterscheidenden Vorstellung zugänglicher Fremdling, als allegorische Personifikation: drei verschiedene Poetiken konstituieren den Text und seine Rezipierbarkeit. Weitere Konsequenzen sind in den zusammenfassenden Kapiteln ausgeführt.

Über die besprochene Polysemie des Textes hinaus zeichnet sich hier eine besondere Eigenart des *Faust* ab. Die erstere verpflichtet den Kommentator jedes Textes zur Beachtung einer unterschiedlichen Lesbarkeit von Stellen, Figuren, Szenen, die nicht immer in der Intention des Dichters gelegen haben mag, sondern sich als Eigenschaft komplexer und damit insbesondere literarischer Texte regelmäßig einstellt. Im Falle des *Faust*, das ist die Konsequenz der Aufrechterhaltung des Widerspruchs zwischen 16. und 18. Jahrhundert, handelt es sich darüber hinaus um eine ›beabsichtigte‹ Herstellung und Vernetzung verschiedener Lesarten des Textes, die dazu dient, dem Zuschauer oder Leser das im *Faust* behandelte Problem im gestörten Vorgang seiner Rezeption ›unter die Haut‹ gehen zu lassen. Angenommen, das Problem Fausts sei durch einen inneren Widerspruch bedingt, so trägt ein im Text aufrechterhaltener Widerspruch das Problem in die Seele des Rezipienten hinein. Angenommen, das Problem entstehe durch ungelöste Spannungen und Pendelbewegungen zwischen Progressivität und Retardation, Handeln aus eigener Kraft und Sichabhängigmachen von undurchschauter Tradition, dann infiziert ein Text, dessen Figuren zwischen dem 16. und 18. Jahrhundert »schwankende Gestalten« sind, mit veralteten und zeitgenössischen Redeweisen, Argumentationen, Weltbildern, mit leibhaftigem, aber aufgeklärt daherredendem Teufel – dann infiziert ein solcher Text den Rezipienten mit dem Problem, oder er bringt die im Leser und Zuschauer schlummernde Krankheit zu Ausbruch und Heilung, wie es der *Werther* getan hat und wie es die seit seinem Erscheinen ununterbrochene Beschäftigung mit dem *Faust* belegen mag. Goethe war sich bewußt, daß die in Faust gezeichnete »Gesinnung der modernen [...] analog« ist[1]; es ist das unglückliche Bewußtsein des neuzeitlichen Menschen, das wegen seiner konstitutiven Spannung zwischen Progres-

1 Aus Goethes zweitem Entwurf (1826) zur Ankündigung des 3. Akts von *Faust II*; zit. nach: HA 3, S. 440.

sivität und Selbstvertrauen einerseits, Retardation und Abhängigkeit vom Überlieferten andererseits nie zur Geistes-Gegenwart, zur Stille im erfüllten Augenblick gelangen kann. Durch die Darstellungsform des Stücks mit der eigenen ungelösten Spannung zwischen aufgeklärter Progressivität und sentimentalischem Zurückschauen konfrontiert, konnte der zeitgenössische Leser das Unglück des »Unglücksmanns« (*Faust II*, V. 4620) Faustus in seiner eigenen Verwirrung tragisch erfahren, er konnte es als absurd und damit absolut komisch sehen, er konnte es teilnehmend mitleiden – ich spreche hinsichtlich dieser drei Auffassungen als Tragödie des neuzeitlichen Menschen, als Komödie des Weltlaufs, als Drama des bürgerlichen Gelehrten und der bürgerlichen Frau von den Blicken Fausts, Mephistos und Margaretes auf das Stück.

Der Kommentator muß jedenfalls, zur Bedienung auch solcher Annahmen, bemüht sein, eine Formulierung oder Vorstellung des Textes entweder in ihrem historischen Stellenwert zu charakterisieren, gewissermaßen in der assoziativen Chronologie als zeitgenössisch, veraltet, schon fremd geworden zu ›datieren‹, oder umgekehrt eine Vorstellung historisch aufzufächern und damit die geschichtliche Tiefendimension einer Stelle auszuloten. Es ist z. B. nicht zu übersehen, daß Goethe in der 1. Szene magische Vorstellungen aus dem 16. und dem 18. Jahrhundert spannungsvoll gemischt hat. »Nostradamus« und »der Weise« sind die fiktiven Exponenten. Wenn er die Annahme von der widersprüchlichen Beziehung der beiden Jahrhunderte verfolgt, dann hat der Kommentator hier die Magien des 16. und 18. Jahrhunderts zu dokumentieren, Doppeldeutigkeiten von Formulierungen aufzuweisen, die gegenseitige Störung der magischen Vorstellungen nachzuzeichnen und den Mißerfolg Fausts damit plausibel zu machen.

Wie Goethe die Diskurse der Magien jeweils systematisch genommen, aber gegenseitig aneinander kritisiert und damit in ihrer Geschichtlichkeit tragisch oder ironisch aufgehoben hat, so sind auch die literarischen Anspielungen in ganz anderer Weise als früher zu lesen. Während die Kommentatoren noch bis in jüngste Zeit sich damit zufriedengeben, »Einflüsse« früherer Texte auf die Vorstellungen des Dichters zu notieren und damit ein Kausal- oder wenigstens Anregungsverhältnis festzuschreiben, haben die seit etwa zwei Jahrzehnten laufenden Diskussionen in der Literaturwissenschaft das Bild der möglichen Beziehungen zwischen Texten so bereichert, daß auch der Kommentator bei der bloßen Notation eines Textbezugs, der Angabe der zitierten oder alludierten Stellen nicht stehenbleiben kann. Vor allem die Erkenntnis, daß eine an einer einzigen Stelle markierte Beziehung zu einem früheren Text als Anzeichen für ein ganzes Netzwerk von anderen Stellen dient, die durch den Bezug zum früheren Text eine bereicherte, ironisierte oder destruierte Bedeutung erhalten, diese Erkenntnis muß den Kommentator veranlassen, bei einer solchen Markierung den ganzen früheren Text zu Rate zu ziehen und ihn für eine Lesart einer Szene, einer Figur, möglicherweise des ganzen von ihm kommentierten Textes zu nutzen. Wenn Minna von Barnhelm scheinbar en passant auf Othello anspielt, so genügt es nicht, das zu notieren und vielleicht noch auf das Namensspiel Lessings aufmerksam zu machen, vielmehr muß der Kommentator auf Lessings Stück als tragikomische Version des Othello-Problems hinweisen und die Grundlinien einer solchen Lesart skizzieren. Im Anschluß an Herders Lehre vom »neuern Gebrauch der Mythologie« und im direkten Ausdruck seiner Thematik der Geschichtlichkeit verfolgt Goethe im *Faust* eine Methode der dialogischen Stellungnahme zu den von ihm explizit zitierten Werken der Literatur, so wie er auch z. B. durch die beschriebene Konfrontationstechnik Stellung zu den magischen Diskursen bezogen hat. Eine solche Stellungnahme zu einem früheren Werk oder Problemzusammenhang erfaßt oft eine Dimension des *Faust* insgesamt. So ist die Beziehung zu Molières *Dom Juan* nicht nur aufschlußreich für die Erläuterung der Verachtung Margaretes für ihre garstige und rauhe Hand (V. 934) und die Plazierung dieser Preziosität ins französische 17./18. Jahrhundert, sondern sie erstreckt sich auf die Interpretation der Szenen »Nacht«, »Marthens Garten«, »Am Brunnen«, »Kerker«, die Figur des Valentin und die Figuren des Faust/Mephistopheles (die in der zynischen und schwärmerischen Freigeisterei des Dom Juan identisch sind und damit als Abspaltungen voneinander erscheinen). Wenn Anspielungen auf die Versuchungen Adams, Hiobs, Jesu festzustellen sind, dann muß man die Annahme durchspielen, daß *Faust* ein Experiment Goethes ist, wie ein neuzeitlicher Mensch versucht werden kann, und unter dieser Annahme wird dann ein ganzes Netz von Stellen, Figuren, Szenenfolgen neu lesbar. Das Verfahren der dialogischen Stellungnahme profiliert den früheren Text in der spezifischen Geschichtlichkeit seiner Denkform und Problemlösung, sie profiliert den Text Goethes ebenso in seiner spezifischen Modernität. Wenn Faust durch die Spannung von Modernität und Traditionalität charakterisiert ist, dann bildet das Verfahren auf der Ebene der Beziehung unter Texten diese Spannung genau ab; der Zuschauer oder Leser wird durch die Evokation seines literarischen und kulturellen Traditionswissens ständig selbst mit dem Problem Fausts konfrontiert, sich mit nicht wahrhaft zugeeignetem Erbe zu belasten und die gegenwärtigen Aufgaben (hier: das Verständnis von Goethes »neuerm Gebrauch« der Tradition) nicht zu leisten.

Der Kommentar will dem Zuschauer oder Leser bei der Aneignung, dem Erwerb des Ererbten in diesem Sinne behilflich sein; dies mag auch als Apologie für seine im Verhältnis zum kommentierten Text außergewöhnliche Länge gelten. Da der *Urfaust* textlich jedoch dem *Faust I* mit wenigen Veränderungen integriert wird, nimmt die Kommentierung schon inhaltlich vieles vom Kommentar des *Faust I* vorweg, ohne im Konzeptionellen die Selbständigkeit der *Urfaust*-Stufe zu vernachlässigen.

Die einleitenden Kapitel stellen kontextuell und textuell übergreifende Probleme im Zusammenhang dar; Szenen- und Zeilenkommentare schließen den Text im einzelnen auf; die Bibliographie erfaßt die zitierten und zur Vorbereitung des Kommentars benutzten Titel. Das Register erschließt den Kommentar nach Namen und nach den in den Überblickskapiteln besprochenen Sachgesichtspunkten.

I

Geschichte und Bedeutungswandel des Faust-Stoffs

»Und wie verliebt war Deutschland, und ist es zum Teil noch, in seinen ›*Doktor Faust*‹!« So schrieb Lessing 1759 in seinem berühmten 17. Literaturbrief, in dem er zugleich das Fragment seiner neuen Bearbeitung des Stoffes vorlegte.[1] Von dieser Verliebtheit in den Faust-Stoff zeugen die zahlreichen Wiederaufnahmen seit dem Ende des 16. Jahrhunderts:

nach
1572 Handschrift in der Bibliothek Wolfenbüttel:

Historia vnd Geschicht Doctor Johannis Faustj des Zauberers / DarJnn gantz Aigentlich vnd warhafftig beschriben wirt. sein gantzes Leben vnnd Endt / wie er sich dem Teuffel auff ein benante Zeit verobligiert. was sich darunder mit Jme verloffen / vnd wie er auch endtlich darvff seinen verdienten Lohn empfanngen: Es seind auch seltzame Offenbarungen darJnnen begriffen sich Zu spieglen so Zu Hochnottwendiger Christlicher warnung vnd Abmanen seer nutzlich vnd dienstlich ist / das sich vor der gleichen allerschedlichsten befleckhungen wol Zu huetten / Die Leuth Zuuorderst dess verZweifelten Ableibens sich genntzlichen Zuenthalten vrsach haben sollen. [...]

Die (undatierte) Handschrift ist ein Beleg dafür, daß – heute meist verschollene – Handschriften über Faust kursierten; Widmann gibt in seinem Faustbuch von 1599 an, ungedrucktes Material verwendet zu haben.

1587 HISTORIA Von D. Johann Fausten / dem weitbeschreyten Zauberer vnnd Schwartzkůnstler / Wie er

1 Gotthold Ephraim Lessing, *D. Faust. [...]*, hrsg. von Karl S. Guthke, Stuttgart 1968 [u. ö.], S. 8–13, hier S. 11.

sich gegen dem Teuffel auff eine benandte zeit verschrieben / Was er hierzwischen fuͤr seltzame Abentheuwer gesehen / selbs angerichtet vnd getrieben / biß er endtlich seinen wol verdienten Lohn empfangen. Mehrertheils auß seinen eygenen hinderlassenen Schrifften / allen hochtragenden / fuͤrwitzigen vnd Gottlosen Menschen zum schrecklichen Beyspiel / abscheuwlichen Exempel / vnnd treuwhertziger Warnung zusammen gezogen / vnd in den Druck verfertiget. IACOBI IIII. Seyt Gott vnderthaͤnig / widerstehet dem Teuffel / so fleuhet er von euch. Cvm Gratia et Privilegio. Gedruckt zu Franckfurt am Mayn / durch Johann Spies. M. D. LXXXVII.

Davon erschien 1587 eine zweite, 1589 eine um die Erfurter Abenteuer Fausts erweiterte Auflage; bis 1592 zählt man 14 Abdrucke.

1587/88 Ein warhaffte vnd erschroͤckliche Geschicht: Von D. Johann Fausten / dem weitbeschreiten Zauberer vnd Schwarzkuͤnstler / wie er sich dem Teuffel mit Leib vnd Seel / auf 24. jar lang mit seinem eigen Blut verschrieben / Was er hier zwischen fuͤr ein Gottloß Epicurisch leben gefuͤhrt / vnd was fuͤr seltzame Abenthewer er getrieben / biß er endtlich von dem Teuffel nach verlauffener zeit jaͤmmerlich vmbgebracht vnd hingefuͤrt worden [...]. Anno M. D. LXXXVII. [Kolophon: LXXXVIII.]

Knittelvers-Dichtung, erschienen bei Alexander Hock in Tübingen, die den studentischen Verfassern sowie dem Drucker zwei Tage Karzer einbrachte.

Im selben Jahr (1588) erschien eine niederdeutsche Übersetzung des Spießschen Faustbuchs. Ebenso wurde 1588 in London *A Ballad of the Life and Death of Doctor Faustus, the great Congerer* gedruckt, bald danach eine englische Übersetzung des Spießschen Faustbuchs, die wohl Christopher Marlowe bei seiner 1589 geschriebenen *Tragicall History of D. Faustus* benutzt hat. Eine Übersetzung ins Holländische erschien 1592 (nachgedruckt 1607).

1599 Erster Theil DEr Warhafftigen Historien von den grewlichen vnd abschewlichen Suͤnden vnd Lastern / auch von vielen wunderbarlichen vnd seltzamen ebentheuren: So D. Iohannes Faustus Ein weitberuffener Schwartzkuͤnstler vnd Ertzzaͤuberer / durch seine Schwartzkunst / biß an seinen erschrecklichen end hat getrieben. Mit nothwendigen Erinnerungen vnd schoͤnen exempeln / menniglichem zur Lehr vnd Warnung außgestrichen vnd erklehret / Durch Georg Rudolff Widman. Gedruckt zu Hamburg / Anno 1599.

Auf den dreifachen Umfang angeschwellte Bearbeitung unter Verwendung neuen handschriftlichen Materials; Widmann gibt eine große Zahl theologischer und kirchengeschichtlicher Erläuterungen und geht dem Ursprung und den Parallelen der Faust zugeschriebenen Zaubersagen nach.

1674 Das aͤrgerliche Leben und schreckliche Ende deß vielberuͤchtigten Ertz-Schwartzkuͤnstlers D. JOHANNIS FAUSTI, Erstlich, vor vielen Jahren, fleissig beschrieben, von Georg Rudolph Widmann; Jetzo, aufs neue uͤbersehen, und so wol mit neuen Erinnerungen, als nachdencklichen Fragen und Geschichten, der heutigen boͤsen Welt, zur Warnung, vermehret, Durch JOH. NICOLAUM PFITZERUM, MED. DOCT. [...] Nuͤrnberg, In Verlegung Wolfgang Moritz Endters, und Johann Andreae Endters Sel. Erben. M. D. LXXIV.

Bearbeitung des Widmannschen Faustbuchs durch Johann Nicolaus Pfitzer (Neuauflagen 1681, 1685, in Überarbeitung durch Conrad Wolfgang Platzius 1693,

1711, 1717, 1726). Bei Pfitzer erstmalig das Motiv von Fausts Liebe zu einer »schönen, doch armen Magd«; das Werk ist immer noch lehrhaft, breit, stoffreich und betont besonders Fausts Genußsucht.

1725 Des Durch die gantze Welt beruffenen Ertz-Schwartz-Kuͤnstlers und Zauberers Doctor Johann Fausts, Mit dem Teufel auffgerichtetes Buͤndnuͤß, Abentheurlicher Lebens-Wandel und mit Schrecken genommenes Ende, Auffs neue uͤbersehen, In eine beliebte Kuͤrtze zusammen gezogen, Und allen vorsetzlichen Suͤndern zu einer hertzlichen Vermahnung und Warnung zum Druck befoͤrdert von Einem Christlich-Meynenden. Franckfurt und Leipzig, 1725.

Ein auf Löschpapier gedrucktes Jahrmarktsbüchlein, in dem auf 48 Seiten nur die dürre Fabel geboten wird; erwähnt ist wieder die arme Magd. Wichtig für Goethe, der die *Historia* von 1587 für den *Urfaust* nicht benutzte, ist Fausts und Helenas Verbindung, aus der ein Sohn hervorgeht, mit dem Helena bei Fausts Tode verschwindet, ferner vergebliche Selbstmord-Versuche Fausts und der hohe Ruhm, zu dem der Famulus Wagner kommt. Das Büchlein wird bis zum Ende des 18. Jahrhunderts nachgedruckt; Goethe hat es vermutlich mit den andern Volksbüchern als Kind gelesen (vgl. *Dichtung und Wahrheit*, Buch I).

Aufgezählt wurden nur die mit Fausts Geschichte befaßten Bücher. Schon 1593 erschien ein Volksbuch über den Famulus Wagner, das ebenfalls bis ins 18. Jahrhundert in Bearbeitungen kursierte; hinzu kommen die unter Fausts Namen verbreiteten Höllenzwänge und Zauberbücher, die insbesondere bei Schatzgräbern gefragt waren und mit horrenden Summen bezahlt wurden[2]: noch Goethe berichtet am

2 Vgl. dazu Carl Kiesewetter, *Faust in der Geschichte und Tradition*, Leipzig 1893, Nachdr. Hildesheim / New York 1978, S. 266 f.

20. November 1829 seinem Freund Zelter, daß die Weimarische Polizei »vor Kurzem im Neustädter Kreise ein dergleichen Nest von Schatzgräbern ausgehoben« habe »und damit ein Dutzend solcher Wunderschriften«[3], von denen eine die Bearbeitung des Faustschen *Höllenzwangs* war. Auch anderes wollte man daraus erlernen: »Noch 1722 ereifert sich ein Zwickauer Rector höchlichst über die Sage, daß die Zwikkauer Schüler aus Fausts Büchern das Mantelfahren erlernt hätten und auf ihren Schulmänteln über die Stadtmauer und um die benachbarten Teiche geflogen wären.«[4] Im übrigen lehren die Höllenzwänge die Beschwörung einer Vielzahl von großen und kleinen Höllenfürsten mit ihren jeweiligen Zuständigkeiten.

Marlowes *Tragicall History of D. Faustus*, erfolgreiches Bühnenstück der frühen Shakespearezeit, wurde sehr bald von den englischen Komödianten aufgegriffen, jenen Wandertruppen englischer Schauspieler, die seit etwa 1580 die Länder des Kontinents bereisten und bei Märkten und Messen der Städte, vor allem auch an Fürstenhöfen spielten. Als Volksschauspiel wurde dieses frei nach Marlowe gestaltete Stück bis ins 18. Jahrhundert hinein aufgeführt; so gastierte während Goethes Aufenthalt 1770 die Ilgnersche Truppe in Straßburg, zu deren Repertoire der *Faust* nach Marlowe gehörte.[5] Auch die Puppenspieler bemächtigten sich dieser Dramatisierung; eine erste Aufführung läßt sich in Graz 1608 nachweisen[6]; die im 19. Jahrhundert gesammelten Puppenspieltexte zeigen süddeutsche, katholisch beeinflußte ne-

3 WA IV 46, S. 158.

4 Kiesewetter, *Faust in der Geschichte und Tradition*, S. 70 Anm. 2.

5 Vgl. Robert Steiger, *Goethes Leben von Tag zu Tag*, Bd. 1, Zürich/München 1982, S. 361: »vielleicht besucht Goethe eine Aufführung«. Die Reihenfolge der von Faust in seinem Eingangsmonolog aufgezählten Wissenschaften Philosophie, Medizin, Juristerei, Theologie stimmt mit der Reihe bei Marlowe überein: Logik, Medizin, Kirchenrecht, Theologie.

6 Schon Wilhelm Creizenach, *Versuch einer Geschichte des Volksschauspiels vom Dr. Faust*, Halle 1878, wies nach, daß Marlowes Werk die Grundlage des deutschen Volksschauspiels und Puppenspiels bildet.

ben norddeutschen, eher protestantischen Varianten. Wie Goethe seine Kenntnis des Faust-Stoffs erworben hat, ist ungewiß; im Zusammenhang mit der ersten gedanklichen Bearbeitung des Themas spricht er in *Dichtung und Wahrheit* von der »bedeutenden Puppenspielfabel« – vielleicht geht also seine Kenntnis auf eines der Puppenspiele zurück, vielleicht aber wollte er 1769 noch den *Faust* puppenspielähnlich gestalten, so wie er ein paar Jahre später Fastnachtspiele und Farcen in Knittelversen dichtete und unter dem Titel *Neueröfnetes moralisch-politisches Puppenspiel* 1774 veröffentlichte.[7]

Wenn man bedenkt, daß die Bearbeitungen des Faust-Stoffs mit Goethe nicht abreißen, sondern in breitem Strom durch das 19. und 20. Jahrhundert ziehen,[8] so findet man Lessings Wort von der Verliebtheit der Deutschen in ihren »Doktor Faust« bestätigt; inzwischen ist durch Goethes Tragödie der Stoff noch stärker internationalisiert worden, als es kurz nach Erscheinen des Spießschen Faustbuchs der Fall war. Was verschafft dem Stoff eine derartige Popularität und Lebendigkeit in vier Jahrhunderten? Die Frage läßt sich nicht mit einem Satz beantworten, da man dem Stoff immer wieder neue Bedeutungen gegeben hat. Dennoch müssen bestimmte Eigenschaften dieser Erzählungen gleichsam ständig dazu gereizt haben, den Stoff wieder aufzugreifen, ihm eine neue, zeitgemäße Bedeutung zu verleihen, die eigene Gegenwart darin vorgebildet zu sehen. Die folgenden Charakterisierungen der Hauptphasen dienen einerseits dazu, den Bedeutungswandel des Faust-Stoffes bis etwa 1770 zu skizzieren, andererseits die in ihm enthaltenen ›Reiz‹-Elemente zu ermitteln.

Das bei Johann Spieß gedruckte Faustbuch von 1587 macht schon im Titel auf die A u t h e n t i z i t ä t der erzählten »Historia« aufmerksam. In der Tat lebte von etwa 1485 bis

7 Vgl. Steiger I, S. 675, 683.
8 Über die Faust-Dichtungen nach Goethe informiert z. B. Elisabeth Frenzel, *Stoffe der Weltliteratur*, Stuttgart ^{5}1981, Art. »Faust«.

etwa 1540 ein »Magister Georg Sabellicus, Faustus junior«[9], über dessen zwielichtigen Wandel als Wahrsager, Zauberer und Teufelsbündler verschiedene Zeitgenossen, unter anderem Luther und Melanchthon, sprachen und schrieben und über dessen Wirken es einige urkundliche Zeugnisse gibt.[10] Regionale und lokale Traditionen, die seine Anwesenheit beanspruchen, wurden durch die Jahrhunderte zum Teil bis heute gepflegt; so konnte schon der Student Goethe in Auerbachs Keller zu Leipzig die Fresken sehen, die Faust auf einem Fasse hinausreitend zeigten, und Johann Peter Hebel in seinem Faust-Epos *Der Karfunkel* griff auf eine Lokaltradition zurück, wonach Faust in Staufen im Breisgau vom Teufel geholt worden ist.[11]

Zugleich war (und ist) viel Dunkel in diesem Lebenslauf. So konnte nicht nur der Glaube an den Teufelsbund und den jämmerlichen Tod nicht eindeutig widerlegt werden; bis hin zu den geisterbeschwörenden Schatzgräbern meinten viele, in Faust und über die unter seinem Namen kursierenden Bücher einen echten Zugang zu übersinnlichen Phänomenen zu besitzen. Dieses Dunkel gab aber auch der Sagenbildung freien Lauf: Schon der Verfasser des Volksbuchs übernahm aus Luthers Tischgesprächen wörtlich Geschichten über Zauberei und den Teufel und schrieb sie Faust zu – Luther selbst scheint, wo er gegen Faust wettert, nicht das Individuum, sondern den Gelehrten zu meinen, der mit der Hilfe widergöttlicher Mittel sich Wissen, Reichtum und Macht verschaffen möchte. Auch Melanchthon setzte sich in seinen Wittenberger Vorlesungen mehrfach mit Faust auseinander und stellte ihn mit Simon Magus, dem Erzzauberer der frühen

9 So die früheste Erwähnung in einem Brief des Johannes Trithemius vom 20.8.1507; Kiesewetter, *Faust in der Geschichte und Tradition*, S. 3–6, hier S. 4 Anm. 1. »Sabellicus« sollte vermutlich auf den Magierberuf deuten. Der Vorname ist in den zeitgenössischen Quellen meist »Georg«; »Johann« erscheint erst ab 1562; »Heinrich« erst bei Goethe.

10 Jüngste Darstellung der bekannten Daten und Fakten bei Frank Baron, *Faustus. Geschichte, Sage, Dichtung*, München 1982.

11 Vgl. Leif Geiges, *Faust's Tod in Staufen. Sage – Dokumente*, Freiburg ²1981.

Christenheit, gleich. Dieser hatte dem Apostel Petrus den Heiligen Geist und die Kraft, Wunder zu tun, für Geld abkaufen wollen (Apg. 8,5 ff.; daher die Bezeichnung »Simonie« für den Verkauf kirchlicher Ämter), war aber von Petrus zurückgewiesen worden. Eine Simonianer-Sekte in Samaria setzte Simon mit Sem, dem Sonnengott, gleich und ließ ihn Astarte oder Helena, die Mondgöttin, heiraten und mit ihr einen Sohn haben. Simon soll auch als Probe auf seine Zauberkunst vor den Augen Neros von zwei Geistern getragen oder auf einem feurigen Wagen gen Himmel gefahren sein, bis ihn Petrus durch die Kraft seines Gebets wieder herunterstürzte.[12] Mit Fausts Flugkünsten, dem ›Schlafweib‹ Helena, dem weissagenden Sohn Justus, den Ansprüchen auf Göttlichkeit übernimmt die Volksbuchtradition für den ›historischen‹ Faust die Taten und Eigenschaften des Typus der Zauberer, Simon, erweitert dadurch das Register seiner Leistungen und beglaubigt zugleich, was außerdem von ihm erzählt wird. Mit gleicher Absicht werden Elemente aus der mittelalterlichen Theophilus-Legende (schriftlicher Teufelspakt, Reue[13]) und den Sagen vom Zauberer Vergilius (Besitz eines Zauberspiegels, Herstellung von menschenähnlichen Automaten) auf Faust übertragen. Der historische Faust verwirklicht damit die überlieferten Vorstellungen einer möglichen Erweiterung menschlicher Kräfte in seiner Person; er erschien als ›Renaissance‹ antiker Geheimwissenschaftler.

Damit wird er schon in der *Historia* von 1587 zum warnend gezeichneten, dennoch faszinierenden Repräsentanten n e u -

12 Genaue Information über Simon Magus, über seine Identifikation mit Gott Vater, Sohn und Geist, die Identifikation der Helena mit der Urmaterie und ersten Gestalt der Schöpfung wie ihre Inkarnation in der trojanischen Helena gewann Goethe in Gottfried Arnolds von ihm fleißig studierter *Unpartheyischer Kirchen- und Ketzer-Historie* (Frankfurt a. M. 1729, Nachdr. Hildesheim 1967, Tl. 1, Buch I, Kap. IV 4–9).

13 Die Erlösung des reuigen Theophilus durch die Jungfrau Maria wird in die Volksbuchtradition nicht aufgenommen, wirkt aber als Denkmöglichkeit bei einigen süddeutsch-katholischen Puppenspielen mit und gab Goethe die ›Legitimation‹ für den Schluß des *Faust II*.

zeitlicher Wissenschaft, ja des neuzeitlichen Selbstverständnisses vom Menschen und seinen Verhältnissen zu Gott und Welt. Kennwort für eine neue Form von Wissensgewinnung ist bis ins 17. Jahrhundert hinein ›Magie‹. Wissenschaft im Mittelalter hatte weitgehend die Sammlung und Tradierung des in antiken und christlichen Schriften gespeicherten Wissensgutes bedeutet. Die Autorität des Aristoteles, der Bibel, der Kirchenväter genügte, unnötig war der Blick in die Realität der Natur und der Gesellschaft. Der jeweiligen Argumentationssituation wurden die heiligen Texte und das ›Buch der Natur‹ durch Interpretation im mehrfachen Schriftsinn angepaßt; gegen Ende des Mittelalters waren diese Verfahren so beliebig verwendbar, das Bücherwissen durch enzyklopädische ›Summen‹ so weit verfügbar geworden, daß gelehrte Diskussionen unentschieden oder gar durch Gewaltanwendung endeten. Der Faust der *Historia* bekundet entsprechend, daß er das von ihm angestrebte Wissen »von den Menschen nicht erlehrnen« kann.[14]

Magie soll einen Weg aus dieser nur noch mit Skepsis betrachteten Form der Bücherwissenschaft weisen. Schon in der Antike gab es Geheimlehren zur Erkenntnis und Beherrschung der Natur (Alchimie, Hermetik), zur Vorhersage künftiger Ereignisse (Astrologie) und zur Bestimmung des Verhältnisses zwischen Menschen und Göttlichem in gutem und bösem Sinne (Gnosis, Kabbala). Einige dieser Geheimlehren hatten Verfahren angegeben, um die Oberfläche der Texte zu durchstoßen und ihren vermuteten geheimen Sinn zu ermitteln, ebenso hinter der Oberfläche der Dinge die geheimwirkenden Kräfte aus dem Kosmos zu erkennen und zu beherrschen. Diese Wissenschaften in einem neuen Verständnis vom Menschen als dem mikrokosmischen Bewunderer der Werke Gottes, Verwalter seiner Schöpfung und (in der

14 *Historia von D. Johann Fausten*, Text des Druckes von 1587, krit. Ausg., hrsg. von Stephan Füssel und Hans Joachim Kreutzer, Stuttgart 1988, S. 22 (Kap. 6).

Alchimie) Erlöser der Natur wieder zu beleben wird als Aufgabe des Gelehrten in der Renaissance gesehen. Der italienische Philosoph Pico della Mirandola (1463–94) schrieb mit seiner Rede *De dignitate hominis* (1487) eines der Manifeste dieser neuen Wissenschaft, deren »Vollendung und Gipfel« die Magie sei[15]; der deutsche Humanist Johannes Reuchlin (1455–1522), Freund Picos, befaßte sich in seinen Hauptwerken *De verbo mirifico* (1494) und *De arte cabalistica* (1517) mit der Erschließung geheimen Sinnes vor allem in den Texten der Bibel. Der gelehrte Abt Johannes Trithemius (1462–1516) versuchte mit einer Lehre von den Naturdämonen sowie mit dem Studium magischer Zahlenverhältnisse in die inneren Zusammenhänge der Natur einzudringen. An ihn wie an seinen Schüler Heinrich Cornelius Agrippa von Nettesheim (1486–1535), der mit seinem Buch *De occulta philosophia sive de magia* (1531) eines der grundlegenden Werke des neuzeitlichen Okkultismus schrieb, knüpften sich Sagen – Erscheinenlassen Verstorbener vor dem Kaiser, Begleitung durch den Teufel in Gestalt eines Hundes, Benutzung eines Geisterpferdes –, die dann prompt auf Faust übertragen wurden.[16] Noch Goethe verfuhr ganz diesem Übertragungsverfahren des 16. Jahrhunderts gemäß, wenn er die Wissenschaftsskepsis des Agrippa[17] auf seinen Faust übertrug (Ein-

15 Giovanni Pico della Mirandola, *De dignitate hominis*, lat. und dt., übers. von Hans H. Reich und Frank-Rutger Hausmann, eingel. von Eugenio Garin, Bad Homburg / Berlin / Zürich 1968, S. 71.

16 Geiges, *Faust's Tod in Staufen*, bringt S. 62 die Fotokopie einer handschriftlichen lateinischen Eintragung auf dem Titelblatt von *De occulta philosophia*, die ein Licht auf solche Übertragungsvorgänge wirft und die ich übersetzt wiedergebe: »Faustus aus Knuttlingen hatte zu Lebzeiten einen Hund bei sich, der der Teufel war; wie auch dieser Windbeutel Cornelius Agrippa, der über die Eitelkeit der Künste oder Wissenschaften schrieb, einen Hund bei sich laufen hatte, der der Teufel war. Als der Tod nahte, rief dieser Cornelius Agrippa den Hund, der mit ihm herumgegangen war, zu sich und sprach zu ihm: ›Weiche von mir, verdammte Bestie, die du mich in Verdammnis geführt hast.‹ Da wich der Hund sofort von ihm und stürzte sich kopfüber ins Wasser.«

17 In dessen Werk *De incertitudine et vanitate scientiarum atque artium* (1530).

gangsmonolog, Dialog mit Wagner) und die reine Vernunft-Wissenschaft, die Mephisto in der Schüler-Szene beschreibt, wie Agrippa als »Werk der Schlange« erscheinen ließ.

Auf die Natur im medizinischen und physikalischen Sinn wurde die neue Wissenschaftsrichtung vor allem von einem zweiten Schüler des Trithemius angewandt: Paracelsus (1493–1541). Er verstand den Kosmos und den menschlichen Mikrokosmos als aufeinander bezogen, stellte eine Beziehung zwischen geheimwirkenden Kräften und deren äußeren Anzeichen auf (Signaturenlehre) und forderte konsequente Beobachtung, Experiment und vernunftgeleitete Anwendung z. B. in der Heilung von Krankheiten. Zugleich sah er die Natur von gestalthaften Kräften, Dämonen und Elementargeistern durchwirkt, suchte Methoden zu deren Dienstbarmachung, wie er auch auf alchimistischem Wege einen Homunculus, ein zwiegeschlechtiges menschliches Wesen, herzustellen strebte.

Alle diese Naturphilosophen und Magier hatten Schwierigkeiten, ihre Wissenschaft vor der Verketzerung durch die Kirche und damit sich selbst vor den Verfolgungen der Ketzerei zu schützen. Sie unterschieden deshalb scharf die weiße Magie von der schwarzen Kunst. Die erstere läßt »sozusagen einzelne der von Gottes Güte als Samen in die Welt gestreuten Kräfte aus dem Verborgenen ans Licht treten, und insofern wirkt sie nicht selber Wunder, sondern will der wirkenden Natur voll Eifer dienstbar sein. Sie dringt vor zum innersten Grund jenes universalen Zusammenhangs, den die Griechen treffender mit dem Ausdruck ›Sympatheia‹ belegen, sie verschafft sich Einsicht in die Interdependenz der Erkenntnisse über die verschiedenen Naturen, so daß sie die jedem Ding von Natur eigenen Zaubermittel [...] anwenden kann. Und das setzt sie in die Lage, die in den Welttiefen, im Schoß der Natur, in Gottes geheimen Tresoren latent vorhandenen Wunder, als wäre sie selbst ihre Urheberin, vor aller Augen sichtbar werden zu lassen. Und wie der Bauer die Ulme mit den Reben verbindet, so der Magier die Erde mit dem Himmel, will heißen: die untere Welt mit den Gaben und Kräften der höheren.«[18] Die schwarze Magie dagegen beruhe ganz auf dem Werk und Treiben böser Geister. Aus der jüdischen Tradition stammt dabei die Vorstellung, daß Blut das Band zwischen Dämonen (satanim) und Menschen herstelle. Mit Hilfe der Dämonen und teuflischen Geister meinte man sich durch Schädigung anderer Menschen und Verhöhnung des Heiligen Reichtum, Ansehen, Macht über Tote und Lebende, unbegrenztes Wohlleben, Befreiung von den äußeren und inneren Zwängen einer kirchlich orientierten Gesellschaft verschaffen zu können. Die Schwarzkünstler wurden deshalb wegen ihrer geglaubten Macht gefürchtet, von den goldgierigen Machthabern protegiert und von der Kirche verfolgt. Die weißen Magier wie Trithemius versuchten sich dem Verdacht schwarzer Kunst zu entziehen, indem sie gegen Schwarzkünstler wie Faust eiferten, war doch die Grenze des Gottwohlgefälligen in diesen Geheimwissenschaften nicht leicht zu ziehen – Fausts Weg von der reinen Betrachtung des Makrokosmos-Zeichens bis zum Teufelspakt (in *Faust I*) zeigt die Schritte des Übergangs von der weißen zur schwarzen Magie als konsequenten Weg. So lag es schon im 16. Jahrhundert nahe, einer Teufelsbündlergestalt wie Faust durch möglichst drastische Schwärzung seines Bildes die Verdachtsmomente zuzuschieben und so für die ›christliche Magie‹ einen gewissen Freiraum zu schaffen. Noch der Begründer moderner Wissenschaftsmethodik, Francis Bacon (1561 bis 1626), setzte die Ziele der Magie mit denen der Naturwissenschaft gleich.[19]

18 Pico, *De dignitate hominis*, S. 75/77. In Arnolds *Kirchen- und Ketzer-Historie* finden sich ausführliche Definitionen und Beschreibungen der Magie, u. a. von Paracelsus und Jakob Böhme zitiert (Tl. 4, Sect. II, Num. XXII).

19 »Die Magie befaßte sich hauptsächlich damit, Symbolbezüge zwischen den Strukturen und Gestalten der natürlichen und der menschlichen Welt zu bemerken. Auch sind dies keine bloßen Ähnlichkeiten (wie es vielleicht den weniger einsichtigen Menschen scheinen könnte), sondern offenbar ein und dieselben Spuren oder Prägungen [signacula], die nur verschiedenen Materien und Unterlagen eingedrückt sind« (Francis Bacon, *De dignitate et aug-*

Die Faustgestalt wirkt demnach wie ein Vergrößerungsglas für die Antriebe, die dieses neuzeitliche ›Eingreifwissen‹, ob schwarze oder weiße Magie, bestimmten. Der erste Antrieb ist die Aufwertung des hiesigen Daseins in der sinnlich erfahrbaren Welt. Im Bereich der Erkenntnis erzeugt die Zuwendung zur Welt die Neugierde, den Forschertrieb, der sich auf die Empirie und den inneren Zusammenhang des Erfahrbaren richtet. Faust »name an sich Adlers Fluͤgel / wolte alle Gruͤnd am Himmel vnd Erden erforschen / dann sein Fuͤrwitz / Freyheit vnd Leichtfertigkeit stache vnnd reitzte jhn also«.[20] Sein Vorsatz, »die Elementa zu speculieren«[21], wird vom Volksbuchschreiber als Unterfangen eines »thummen / vnsinnigen vnnd hoffertigen Kopff[s]«[22] gewertet, da nach seiner streng lutherischen Auffassung das Wissen nur über den Glauben zu gewinnen ist und nicht auf der selbständigen Beobachtung und eifrigen Ausspähung der Naturzusammenhänge (dies ist die alte Bedeutung von lat. *speculari*) beruhen kann. Die freche Selbständigkeit (»Freyheit«), die sich in der Spekulation zeigt, die theoretische Neugier (»Fuͤrwitz«), die sich den Phänomenen »am Himmel vnd Erden« zuwendet und deren »Gruͤnd« und »Elementa« zu erfassen sucht, sind dem Lutheraner Teufelswerk, der zwar den Menschen im Glauben auf sich selbst gestellt hat, seiner Vernunft und sinnlichen Erfahrung jedoch keine Selbständigkeit zubilligen kann. Gerade aus dieser Kombination entspringt jedoch wissenschaftliche Erkenntnis neuer Art: nicht mehr nur aus Vernunftschlüssen über die Sentenzen der Buchgelehrsamkeit, sondern aus der Abstraktion von Gesetzmäßigkeiten im Beobachteten wie aus der Überprüfung des Gedachten mit Hilfe des Experiments soll ein neues, in der Wirklichkeit

mentis scientiarum, 1623, Buch III; *The Works*, coll. and ed. by James Spedding, Robert L. Ellis and Douglas D. Heath, Bd. 1, London 1857, Nachdr. Stuttgart 1963, S. 542).

20 *Historia von D. Johann Fausten*, S. 15 (Kap. 2).

21 Ebd., S. 22 (Kap. 6).

22 Ebd., S. 14 (Kap. 1).

anwendbares und sie beherrschendes Wissen gewonnen werden. – Im Bereich der Lebenspraxis erzeugt die Zuwendung zur Welt und die Legitimation der Sinnlichkeit das, was die *Historia* als Sinnenlust und Epikureertum brandmarkt: Faust soll, so verspricht ihm der Böse, »alles das haben / was sein Hertz beluͤste vnnd begerte«[23], und lebt nach dem Pakt »im Epicurischen Leben Tag vnd Nacht / glaubet nit daß ein GOTT / Hell oder Teuffel were / vermeinet Leib vnd Seele stuͤrbe miteinander«[24]. Besonders der Schluß der *Historia* betont die wüste Sinnlichkeit Fausts, sein Leben mit sieben Buhlteufeln, darunter Helena. Die Rechtfertigung der Sinnenfreude und der körperlichen Bedürfnisse ist vom Bösen; Faust gesteht: »mein vbermuͤhtig Fleisch vnd Blut hat mich / an Leib vnd Seel / in Verdammlichkeit gebracht / Mich mit meiner Vernunfft vnd Sinn gereitzt / daß ich als ein Geschoͤpff Gottes von jme gewichen bin«[25]. Heinrich Heine hat in der »Revolte der realistischen, sensualistischen Lebenslust gegen die spiritualistisch altkatholische Askese die eigentliche Idee der Faustsage« gesehen.[26] – In religiöser Hinsicht bedeutet, wie die letzten Zitate aus der *Historia* zeigen, die Hinwendung zur Welt und Sinnlichkeit zumindest für den Schwarzkünstler die Abwendung von Gott und vom Heil der Seele; der weiße Magier behauptet dagegen, die Natur im Sinne

23 Ebd., S. 21 (Kap. 4).
24 Ebd., S. 27 (Kap. 10).
25 Ebd., S. 33 (Kap. 14).
26 Heinrich Heine, *Der Doktor Faust. Ein Tanzpoem nebst kuriosen Berichten über Teufel, Hexen und Dichtkunst* (1851); *Sämtliche Werke*, hrsg. von Ernst Elster, Bd. 6, Leipzig 1890, S. 506. Die Interpretation ist richtig, aber zu stark auf den einen Aspekt eingegrenzt, wie umgekehrt die interessante, weil erstmals das Volksbuch als Text ernst nehmende Interpretation von Barbara Könneker, »Faust-Konzeption und Teufelspakt im Volksbuch von 1587«, in: *Festschrift Gottfried Weber*, hrsg. von Heinz Otto Burger und Klaus von See, Bad Homburg / Berlin / Zürich 1967, S. 159–213. Faust als Inkarnation der menschlichen Sündenverfallenheit, seine Zauberei nur als Symbol für Sünde zu nehmen ist richtig, aber zu allgemein und trifft auch z. B. für die Dramen vom Verlorenen Sohn zu. Es gilt, die spezifische Sündigkeit des neuzeitlichen »Speculierers« (Kap. 1) herauszuarbeiten.

der von Gott in sie gelegten Kräfte für die Zwecke des Menschen wirken zu lassen und damit eigentlich Gottes Wunder zu tun.

Der zweite Antrieb neben Empirie und Sinnlichkeit ist der Anspruch des Menschen, darüber zu entscheiden, was ihm im Bereich der Erkenntnis, der Lebenspraxis und der Religion genügt oder nicht: wie in der neuentdeckten perspektivischen Zeichnung, komplementär zum objektiven Fluchtpunkt im Unendlichen, das Betrachtersubjekt die konstitutive Rolle spielt hinsichlich dessen, was von den Gegenständen gesehen werden kann, so wird sich in allen Hinsichten der Mensch seiner mitwirkenden Verantwortung im Guten und Bösen bewußt und besteht darauf. Faust ist auch hier Warnfigur: er stellt fest, daß er für sein Vorhaben, »die Elementa zu speculieren / [. . .] auß den Gaaben / so mir von oben herab bescheret / vnd gnedig mitgetheilt worden / solche Geschickligkeit in meinem Kopff nicht befinde / vnnd solches von den Menschen nicht erlehrnen mag«.[27] Die Gaben Gottes genügen ihm nicht, ebensowenig das von Menschen erlernbare Wissen; er entscheidet sich also, den Teufel zu Hilfe zu nehmen. »Stoltzer Hochmuht / Verzweifflung / Verwegung vnd Vermessenheit«, die Sünden Luzifers, werden ihm bescheinigt.[28] Er will ein Wissen nach seiner eigenen Vorstellung, ein Leben nach seinem Willen, einen Gott nach seinem Gutdünken – er gibt sich dem hin, der ihm die Erfüllung seiner Wünsche zusichert. Wie existentiell diese Selbständigkeit, diese konstitutive Rolle des neuzeitlichen Subjekts ist, zeigt auch noch in der Reue die Anmaßung, über das Ausmaß der Sünden und der Gnade Gottes zu urteilen: »meine Suͤnde sind groͤsser / denn daß sie mir koͤndten vergeben werden«[29]; »sein Rew war Cains vnnd Jude Reuw vnd Buß / dawol ein Rew im Hertzen war / aber er verzagte an der Gnade Gottes / vnnd war jm ein vnmoͤglich

27 *Historia von D. Johann Fausten*, S. 22 (Kap. 6).
28 Ebd., S. 21 (Kap. 5).
29 Ebd., S. 41 (Kap. 16).

Ding / daß er wider zur Hulde GOttes kůndte kommen«[30]. Faust ist in dieser Hinsicht der genaue Gegenentwurf zur Position Luthers. In der Ablehnung der kirchlichen Vermittlerrolle hatte dieser die konstitutive Rolle des Subjekts betont; dann aber hatte er paulinisch das menschliche Wesen als Stückwerk und nur über Glaube, Liebe und Hoffnung durch Gottes Gnade zur Erkenntnis ergänzbar gesehen: er ersetzte das subjektive Wissenwollen durch eine andere, die Selbständigkeit aufhebende Funktion des Subjekts. Faust dagegen beharrt auf seiner konstitutiven Subjektivität und tauscht die objektive Instanz Gott gegen eine andere objektive Instanz Teufel um. Der beurteilende Hochmut des Gelehrten ist nicht nur für den Protestantismus, sondern auch für den Katholizismus zur selben Zeit ein Gegenstand schärfster Warnung – Dramen wie Jakob Gretsers *Udo* (*Dialogus de Udone Archiepiscopo Magdeburgensi*, 1587; 2. Fass. 1598) und Jakob Bidermanns *Cenodoxus* (1602) versuchen wie das Faustbuch, die sich insbesondere in der Wissenschaft emanzipierende Empirie und Subjektivität wieder in die Botmäßigkeit orthodoxen Glaubens zurückzuzwingen. Denn es ist bereits an der durch ganz Europa laufenden Welle des Skeptizismus (Fausts Leugnung Gottes und des ewigen Lebens, Montaignes Skepsis, Bacons Lehre von den Idolen) ablesbar, daß Empirie, Magie, Wissenschaft in diesem neuen Selbstverständnis tendenziell sich selbst genügen werden.

Die *Historia* von Doktor Faust ist ein Stück Warnliteratur, das diese beiden Antriebe des neuzeitlichen Menschen zur Emanzipation der Sinnlichkeit und zur Behauptung seiner Subjektivität bekämpft, sofern sie aus der Selbstbeschränkung im Glauben, aus der freiwilligen Unterwerfung unter die Gnade Gottes und aus dem Konsens mit der Natur und den »vernünfftigen Menschen« herausführen. Die Sagengestalt des Faust verkörpert also von Anfang an ein Problem des

30 Ebd., S. 36 (Kap. 16).

neuzeitlichen Bewußtseins selbst und stellt eine religions- und gesellschaftsferne Lösung zur Diskussion. Wegen dieser Merkmale bleibt der Faust-Stoff jahrhundertelang ein Tabuthema. Der Rat der Stadt Nürnberg verbot noch 1706 eine Aufführung.[31]

Während der Bearbeiter Widmann die Authentizität seiner Fassung noch stärker hervorhob und damit offensichtlich der beginnenden Skepsis der Gelehrten entgegenzutreten suchte, verließ sich Christopher Marlowe wie Gretser oder Bidermann auf die gewaltige Überzeugungskraft des dargestellten Hochmuts und der dargestellten Verzweiflung. Sein Faust betont noch deutlicher als der der *Historia* das eigentliche Ziel des Magiers: »A sound magician is a mighty god: Here, Faustus, try thy brains to gain a deity.«[32] Unbegrenzte Erkenntnis- und Handlungsfähigkeit will er gewinnen, muß aber in einer auf Goethe vorausweisenden Ironie zur Kenntnis nehmen, daß die dienstbaren Höllengeister ihn nicht wegen der Kraft seiner Magie aufgesucht haben, sondern wegen der damit verbundenen Gotteslästerung.[33] Darüber hinaus muß er in einem Moment der Reue sich eingestehen: »The god thou serv'st is thine own appetite«[34] – er ist nicht etwa der irdische Jupiter, Befehlshaber und Beherrscher der Elemente[35], sondern seiner Begierde unterworfen, von sich selbst nicht frei. Er meint zwar, seine Seele sei sein Eigentum[36] und damit verfügbar; am Ende aber muß er feststellen, daß sie ein Spielball mächtigerer Instanzen ist: »Hell strives with grace for conquest in my breast: What shall I do to shun

31 Vgl. Theodor Hampe, »Die Entwicklung des Theaterwesens in Nürnberg von der zweiten Hälfte des 15. Jahrhunderts bis 1806«, in: *Mitteilungen des Vereins für Geschichte der Stadt Nürnberg* 13 (1899) S. 98–237, hier S. 185 sowie S. 261.

32 *The Tragicall History of D. Faustus*; *Marlowe's Plays and Poems*, ed. by Maurice R. Ridley, London 1955, S. 122.

33 Ebd., S. 127.

34 Ebd., S. 131.

35 Ebd., S. 123.

36 Ebd., S. 133.

the snares of death?«[37] Zu tun ist nichts mehr für ihn, die frühere Tat und die Zeit, die er vergeblich anzuhalten sucht, überwältigen ihn.

Das Faustbuch von 1587 zeigte einen mikrokosmisch unzerspaltenen Faust, der in seinem luziferischen Hochmut die falsche objektive Ergänzung seiner konstitutiven Subjektivität wählte. Marlowe zeigt nun die tragische Dissoziation des Menschen von sich selbst, die auch Shakespeares Gestalten zerreißt; sein Faust nimmt von der *Historia* die Antriebe der Sinnen-Emanzipation und der Subjektivität auf, steigert sie zum Idol der Gottähnlichkeit, aber indem er nun die konstitutive Subjektivität geradezu in die Begierde, den unstillbaren ruhelosen »appetite« nach Erkenntnis, Handlungsfähigkeit, Triebbefriedigung setzt, legt er fest, was diese Subjektivität für ihn in Zukunft sein soll: Unbefriedigtsein, Ruhelosigkeit der ungestillten Begierde. Mit dieser Festlegung täuscht er sich über sich selbst: gerade die verrinnende Zeit wirft »distrust« in seine Gedanken[38]; er hat das notwendige Komplement der »celestial rest«[39] versäumt und damit die mikrokosmische Einheit seines Wesens aufs Spiel gesetzt. Die Täuschung hält den Verzweifelten gefesselt; er vermag sich nicht zu retten und nicht retten zu lassen.

Es ist sehr bedeutsam, daß bis zum letzten Drittel des 17. Jahrhunderts nicht das erzählende Volksbuch, sondern das Volksschauspiel und das Marionettenspiel den Faust-Stoff lebendig hielten. In Marlowes Sicht als Tragödie der Selbsttäuschung konnte es zum Exempeldrama für die Zuschauer des 17. Jahrhunderts werden, die sich allenthalben in der Transzendierung des trügerischen Vorscheins übten, den sie trotz oder gerade wegen seiner Flüchtigkeit doch zu genießen und zu erhaschen suchten. Dieser Doppeltendenz zur glanzvollen Repräsentation und zu deren Durchdringung entsprechend, wurden die Spektakel-Elemente des Marlowe-

37 Ebd., S. 153.
38 Ebd., S. 149.
39 Ebd., S. 153.

cher Ehrgeiz sind die Antriebe dieses Faust. Teufel und Zauberwesen sind bestehende Realitäten; sich ihrer zu bedienen ist nicht nur religiös verderblich, sondern vor allem nutzlos, da z. B. keine verläßliche Erkenntnis dabei zu gewinnen ist. Fausts grundlegende Antriebe – Emanzipation der Sinnlichkeit, Behauptung der konstitutiven Subjektivität – sind hier weiterhin wirksam, aber nicht mehr im Mikrokosmos oder in der tragischen Spaltung eines Ausnahmesubjekts dargestellt, sondern am bedenklichen Verhalten eines gesellschaftlichen Außenseiterfalls negativ verdeutlicht.

Das Löschpapier-Büchlein des »Christlich Meynenden« stellte die kurzgefaßte Faustsage auf das Niveau der anderen »schätzbaren Überreste der Mittelzeit«: »Der ›Eulenspiegel‹, ›Die vier Haimonskinder‹, ›Die schöne Melusine‹, ›Der Kaiser Oktavian‹, ›Die schöne Magelone‹, ›Fortunatus‹, mit der ganzen Sippschaft bis auf den ›Ewigen Juden‹, alles stand uns zu Diensten, sobald uns gelüstete, nach diesen Werken anstatt nach irgend einer Näscherei zu greifen.«[48] Während sich alle früheren Volksbücher in steigendem Maße um die historische Beglaubigung des Erzählten bemüht und schließlich den polyhistorischen Aspekt zeitgenössischer Wissenschaft angenommen hatten, wird hier schon durch die Machart und verlegerische Nachbarschaft der Faust zur Sage, nähert sich dem Status des Imaginären, den die übrige »Sippschaft« hat und den das Puppenspiel durch die Marionetten ebenfalls eröffnete. Hier, ein halbes Jahrhundert nach Pfitzer, der aber 1726 noch einmal aufgelegt wurde, hat die Frühaufklärung die schwarze Magie und Teufelsbündelei vollends zum christlich-erbaulichen Stoff für die Kinderstube werden lassen, dessen imaginäre Elemente freilich dadurch um so eindrucksvoller sich entfalten können. Der historische Faust ist bewältigt, der imaginäre bemächtigt sich der Phantasie: das elementare Bedürfnis nach Glück, nach unfehlbarem Gelingen im Erkennen und Tun, die Anti-Märchen-Figura-

48 Goethe, *Dichtung und Wahrheit*, Buch I; HA 9, S. 36.

schen Stücks noch verstärkt – er hatte schon Teufelsballett, Feuerwerk, Beschwörung Alexanders des Großen und Helenas verwendet, ferner Rüpelszenen, eine Backpfeife für den Papst sowie mehrere Wirklichkeitsebenen wie die Handlungsebene des Guten und Bösen Engels, das Auftreten personifizierter Abstrakta (sieben Todsünden) und die erzählend-kommentierende Rede des Chors. Mit der Spieltradition der englischen Komödianten, die zumindest zunächst das Stück in englischer Sprache aufführten, mußten zur Unterhaltung des Publikums die Effekte noch verstärkt werden, der Hanswurst mit seinem ständigen direkten Publikumsbezug trat zwischen Zuschauer und Stück und ließ es als Darstellung, als angenehme Täuschung erscheinen, hinter der der Sinn und die Anwendung zu finden sind. Ähnlich spielte das Marionettentheater durch die belebte Leblosigkeit der Puppen mit dem Vergnügen, die Täuschung zu genießen und zu durchdringen. Faust in einer Tragödie der Selbsttäuschung wurde, so aufgeführt, zum tragischen Spiegelbild des Zuschauers dieser Zeit.

Die Überarbeitung des Widmannschen Faustbuchs durch Pfitzer 1674 verändert erneut den Blickwinkel, unter dem der Faust-Stoff gesehen wird: Faust wird bei ihm zum wohldokumentierten Fall im Bereich des Zauberwesens, das als solches systematisch erfaßt und lebensweltlich bewältigt werden soll. In der Vorrede heißt es: »Uber das ist auch diese Edition mit vielen Christlichen Erinnerungen, welche ob besagter Author [Widmann] vor Jahren darzu gethan, stattlich, und hoffentlich erbaulich versehen: anjetzo aber fast durch und durchvermehret, verbessert, und mit vielen merckwürdigen Begebenheiten und Exempeln, nachdencklichen Fragen und deren kurtzer Erörterung, aus berühmter Leute, die von dergleichen Materie geschrieben, hinterlassenen Schrifften, ausgezieret [...].«[40]

40 Georg Rudolf Widmann, *Fausts Leben* [in der Bearbeitung von Johann Nicolaus Pfitzer, Nürnberg 1674], hrsg. von Adelbert von Keller, Tübingen 1880, Nachdr. Hildesheim / New York 1976, S. 6.

Schwarzkunst, Teufelsbündelei, Zauberei werden in Pfitzers gelehrsamen Anmerkungen, mit denen er jedes Kapitel versieht, durchaus als bestehende Realitäten genommen und durch viele Beispiele aus der Historie belegt. Fausts Geschichte wird damit eingebettet in eine Vielzahl anderer Geschichten, wird ein Fall unter vielen. Es geht dem Naturwissenschaftler Pfitzer darum, möglichst viele Aspekte des Phänomenkreises zu erfassen und zu beurteilen, um dann darzulegen, »was davon zu halten« sei[41] und wie man mit dem so erkannten Phänomen umzugehen habe. So argumentiert z. B. die 1. Anmerkung zum Zauberspiegel oder Wahrsage-Kristall: Dies könne nicht natürlich zugehen (sonst hätte jeder Spiegel die Eigenschaft, Verborgenes oder Fernes zu zeigen), sondern müsse des Teufels Werk sein. Dieser aber habe »niemal in der Warheit bestanden, Joh. 8, v. 44«, also könne niemand gewiß sein, daß das im Spiegel Gesehene kein Betrug sei. Zudem habe »die Erfahrung hundert für einmal gewiesen, daß der Teuffel entweder die Leute geäffet, und hintergangen, oder aber unschuldige in dem Crystall gezeiget, und dadurch viel Jammer und Hertzenleid angerichtet hat«.[42] Das Phänomen besteht; sich mit ihm einzulassen ist aber nicht nur gefährlich, sondern vor allem nutzlos: ganz pragmatisch-technisch geht dieser Frühaufklärer mit den im übrigen durchaus geglaubten übernatürlichen Dingen um. Auch mit dem Teufel selbst: diesen muß man, wie schon Luther gezeigt hat, nur verachten; das erträgt der stolze und hoffärtige Geist nicht und weicht von hinnen.[43]

Diese pragmatische Haltung wirkt sich auch auf Pfitzers Beurteilung Fausts aus. Wie er mit seiner Zauberkunst und Teufelsbündelei ein Fall unter anderen geworden ist, so werden auch seine Motive ›normalisiert‹: »Wenn bey manchem das Gütlein durch Spielen, Fressen und Sauffen, und tägliches

41 Ebd., S. 9 (Inhaltsverzeichnis Anm. I zu Kap. V), vgl. Anm. III zu Kap. XI, Anm. II zu Kap. XIV usw.
42 Ebd., S. 89.
43 Ebd., S. 143 f.

Wolleben ist durchgebracht worden, gleichwie allhie bey D. Fausto, kommt man alsdenn in die Armut. [...] Bey solchem Zustand pflegt ihnen der Teuffel nachzustellen, [...] hat auch manche dahin gebracht, daß sie sich ihme ergeben, und in seinen Bund getretten seynd, und diß aus Antrieb der Armut.«[44] Ablehnung der bürgerlich-protestantischen Haushaltung und Arbeitsmoral ist der eigentliche Grund für Fausts Teufelsbund: »D. Faustus setzet allhier sein Datum so gar auf das Fressen und Sauffen, und tägliches Wolleben, daß er sich auch der Haushaltung nichts annimmt, noch sorgen will, darum spricht er zu dem Geist, ich will kurzum, daß du mir gut Leben verschaffest: und diß ist eben, warum er sich dem Teuffel ergeben hat.«[45]

Die Erkenntnisfunktion wird von Pfitzer vollends entwertet, nachdem sie bei Widmann auf Erkenntnisse nur des Höllenbereichs eingeschränkt worden war. Denn, so argumentiert Pfitzer, es »hätte freilich D. Faustus aufs wenigste dieses wissen sollen, daß Christus beym Evangelisten Johanni am 8. v. 44. von dem Teuffel gesprochen: er sey in der Warheit nicht bestanden, und die Warheit sey nicht in ihm, wenn er die Lügen rede, so rede er von seinem eigenen, denn er sey ein Lügner, und ein Vatter derselben: und ihm also nimmermehr vertrauen sollen.«[46] Die Selbstkonstitution wird nicht mehr wie bei Marlowe an Gott bemessen (»a sound magician is a mighty god«), sondern gesellschaftlich, an den andern Menschen: »ob ich wol von GOtt mit einem guten Ingenio bin versehen und begabet, jedoch mit solcher Gabe nit zu frieden gewesen, sondern viel höher steigen und über andere hinaus kommen wollen«.[47]

Die Motive für den Teufelsbund sind also mit den Kategorien der sich formierenden bürgerlichen Moral faßbar geworden: Wohlleben ohne Haushaltsvorsorge und gesellschaftli-

44 Ebd., S. 146 f.
45 Ebd., S. 156.
46 Ebd., S. 165.
47 Ebd., S. 612.

tionen des trügerischen Helfers, des verderblichen Vertrags, des gräßlichen Endes werden hier freigesetzt, wie ja überhaupt die aufklärerische Verbannung des Aberglaubens schon innerhalb der Aufklärung zur Aufwertung des Wunderbaren in Phantasie, Dichtung und Märchen geführt hat.

Lessings *Faust*-Plan sollte, so melden die Berichterstatter Blankenburg und Engel[49] übereinstimmend, den vom Teufel verführten und verdorbenen Faust nur als »Phantom« einführen, das entweder einer »wirklichen« Teufelsgesellschaft von der himmlischen »Oberwelt« als Spielobjekt gegeben (Blankenburg) oder durch eine vom wirklichen Faust geträumten Teufelsgesellschaft ins Verderben geführt wird und so dem erwachten Faust zur »Warnung« dient und ihn »fester in Wahrheit und Tugend« werden läßt als jemals (Engel). Blankenburg setzt auch Lessings Hauptmotiv für diese Konstruktion hinzu; den triumphierenden Teufeln wird am Ende die Freude durch die Verkündigung vergällt: »Triumphiert nicht, ruft ihnen der Engel zu, ihr habt nicht über Menschheit und Wissenschaft gesiegt; die Gottheit hat dem Menschen nicht den edelsten der Triebe gegeben, um ihn ewig unglücklich zu machen; was ihr sahet und jetzt zu besitzen glaubt, war nichts als ein Phantom.«[50]

Worum es Lessing geht, ist das rechte Maß und die Grenze für die Ausübung dieses »edelsten der Triebe«: »Zuviel Wißbegierde ist ein Fehler; und aus einem Fehler können alle Laster entspringen, wenn man ihm zu sehr nachhänget.«[51] Da wo die Kontrolle des Triebs nach Wahrheit aussetzt, also die konstitutive Rolle des Subjekts in der Bestimmung des Willens aufhört, ist die Grenze für die Suche nach Wahrheit. Die Wahrheitssuche der Aufklärung wird kritisch überwunden durch die sittliche Verpflichtung zur Selbstbestimmung (z. B. bei der Suche nach Wahrheit). Entsprechend wird im dramaturgischen Plan des Trauerspiels die alte Faust-Ge-

49 Lessing, *D. Faust*, S. 29–31 und S. 32–36.
50 Ebd., S. 31.
51 Aus dem »Vorspiel«-Entwurf; ebd., S. 5.

schichte vom »unzuvergnügenden Sterblichen«[52] kritisch überwunden durch das Erwachen des wirklichen Faust. Dieser »dankt der Vorsehung für die Warnung, die sie durch einen so lehrreichen Traum ihm hat geben wollen«[53]; mit der Anerkennung des Traums als lehrreich und damit einer objektiven Instanz, der er für Belehrung zu danken hat, schränkt der Mensch seinen Erkenntnistrieb ein und beherrscht sich selbst. Kritisch überwunden wird damit auch die Epoche, in der der Faust-Stoff als echte Abschreckungsgeschichte erzählt wurde und wo der Gelehrte das Prinzip der Selbstbeschränkung noch nicht in sich trug: das 18. Jahrhundert ist die Epoche, wo die Aufklärung nicht nur die Welt dem wissenschaftlichen Erkennen eröffnet, sondern den Menschen über sich, über die Bedingungen und Grenzen auch seines Erkennens aufgeklärt und damit mündig gemacht hat. Der neue Faust des 18. Jahrhunderts ist möglich geworden durch die im alten »speculierer« des 16. Jahrhunderts verkörperte Gier nach Erkenntnis, durch sein Beharren auf der konstitutiven Rolle des Subjekts, durch sein Beharren auf Erfahrung in der Erkenntnis (auch Lessings Faust macht die eigene Erfahrung zum entscheidenden Maßstab für die Auswahl des schnellsten Teufels[54]). Aber der alte Faust ist überwunden, aufgehoben, zum Traum des neuen geworden, denn die Gier ist beherrscht, die Subjektivität sittlich geworden.

Die nächste Station in dieser Geschichte des Faust-Stoffs und seines Bedeutungswandels sind die *Faust*-Fragmente des jungen Goethe von 1773/75, auch sie nur eine Durchgangsphase in dem Prozeß, der bis in unsere Gegenwart führt. Goethes Werk, auch nicht der vollendete *Faust*, gibt dem Stoff keineswegs die endgültige, wenn auch vielleicht die

52 D. h. von dem nicht zufriedenzustellenden Sterblichen; ebd., S. 13.

53 Engels Bericht; ebd., S. 36.

54 »So schnell als der Übergang vom Guten zum Bösen! [...] Ich habe es erfahren, wie schnell er ist! Ich habe es erfahren!« Damit endet die im 17. Literaturbrief mitgeteilte Szene; ebd., S. 13.

tiefsinnigste Bedeutung; vielmehr steht auch sein *Faust* in der Reihe der Bearbeitungen, deren jede das neuzeitliche Bewußtsein in einer bestimmten Phase seiner Entwicklung zeigt.

Im Stoff selbst liegt als Thema zugrunde die Spannung zwischen der Konstitution des Subjekts und der Emanzipation der Sinnlichkeit (als Drang nach Empirie im Erkennen und als Sensualismus); diese Spannung gehört zu den wesentlichen Merkmalen des neuzeitlichen Bewußtseins und ist sicher der Grund, weshalb der Stoff immer wieder aufgegriffen wurde. Der Faust der *Historia* von 1587 wird gezeigt als der »thumme / vnsinnige vnnd hoffertige Kopff«, der in frecher Selbständigkeit (»Freyheit«) vollständige Erkenntnis und vollständige Erfahrung als Miterleben und als Sinnenbefriedigung fordert und dem zunächst jedes Mittel zur Erreichung dieser vollen mikrokosmischen Existenz recht ist. Der Faust der Tragödie Marlowes und der von ihr abgeleiteten Volksschauspiele und Puppenspiele erscheint in sich gespalten zwischen Selbstkonstitution und Empirie: die mikrokosmische Identifikation des Subjekts mit dem unstillbaren Begehren (»appetite«) nach Erkenntnis und Sinnenlust, auf die er sich im Pakt festlegt, erweist sich als Selbsttäuschung, die am Schluß durchschaut und durch den vergeblichen Wunsch nach Anhalten der Zeit und himmlischer Ruhe transzendiert wird. Die Pfitzersche Bearbeitung des Faustbuchs läßt Fausts Streben nach Konstitution seines Selbst sowie nach Emanzipation der Sinnlichkeit als Exzesse bürgerlicher Bestrebungen nach gesellschaftlichem Erfolg und nach Wohlstand erscheinen: falsch sind nur die Mittel zu diesen Zwecken; das wird systematisch beschrieben und begründet. Lessings Fragment zeigt einen in der Konstitution seines sittlichen Selbst kritisch sich überwindenden Faust, die unbeherrschte Identifikation von Selbst und Trieb nach empirischer Erkenntnis (»Wißbegierde«) ist ein Warntraum, der das Wachbewußtsein der Pflicht zur Selbstbeherrschung und Selbst-Einschränkung befördert.

In dieser Überschau ist sicher erkennbar geworden, wie die besprochenen Bearbeitungen des Faust-Stoffs nicht nur das zugrunde liegende Thema der Spannung zwischen Subjektkonstitution und Emanzipation der Sinnlichkeit beibehalten und variieren, sondern daß sich in diesen Variationen jeweils die Wandlungen des neuzeitlichen Bewußtseins abzeichnen. Mit Herder und dem jungen Goethe tritt dieses Bewußtsein in eine Phase der Selbstreflexion: es erkennt sich in seiner Geschichtlichkeit. Die neue Variation des Faust-Stoffs macht dies deutlich: das hochgewölbte enge gotische Zimmer ist ein historischer Raum, Zitat einer zurückliegenden Zeit. Wenn Faust dann in altertümlicher Sprache, im veralteten Maß des Knittelverses zu sprechen anfängt, dann wird der Zuschauer vollends auf die geschichtliche Differenz zwischen dem Dargestellten und seinem gegenwärtigen Selbstverständnis aufmerksam gemacht: am geschichtlich Fremden kann er sich selbst in seiner Modernität erfassen. Die Konstitution des Subjekts durch Selbstreflexion der eigenen Geschichtlichkeit wird hier zur Erfahrung des Zuschauers.

Auch die Emanzipation seiner sinnlichen Erfahrungsfähigkeit wird auf die Probe gestellt: den inneren Zusammenhang der manchmal impressionistisch geschnittenen Kurzszenen – im Gretchen-Drama besonders deutlich – kann er nur herstellen, indem er sich mittels der gezeigten Fragmente in die Personen versetzt, sich als Faust, Gretchen, Mephisto rekonstruiert und damit als neue eigen-fremde Erfahrung lebt, was er vielleicht stets verdrängt hat und nun fasziniert als Lebens- und Erfahrungsmöglichkeit in sich vorfindet. So wird im Zuschauer zwischen dem ›Das bin ich nicht‹ der Fremdheitserfahrung und dem ›So könnte ich auch sein‹ der Identifikation die Grundspannung zwischen Konstitution des Subjekts und Emanzipation der Sinnlichkeit hergestellt – das Thema des Faust-Stoffs ist nun endgültig Sache des sich selbst darin erfahrenden Rezipienten geworden. Daß es zugleich inhaltlich Thema bleibt, liegt auf der Hand: Faust versucht sein Subjekt zur Gottheit zu machen und scheitert an den Grenzen seiner empirischen Existenz; Margarete verletzt mit ihrer Sinnlichkeit die Grenzen der Gesellschaft, konstituiert aber dann ihre Persönlichkeit durch freie Annahme dieser Grenzsetzungen. Die Form, in der die Thematik hier variiert wird, ist die der Selbstreflexion, scheiternd bei Faust, gelingend bei Margarete, tragisch bei beiden.

Es wird zu zeigen sein, daß die Selbstreflexion des neuzeitlichen Bewußtseins bei Goethe auch in dem Sinne vollständig ist, daß sie die von der *Historia* an dargestellten Variationen seiner Form in sich aufnimmt und in Beziehung zueinander setzt – Faust als hybriden Mikrokosmos, als gespaltenen Transzendierenden, als aus der Art schlagenden Bürger, als sich kritisch überwindenden sittlichen Menschen und schließlich als sich selbst in seiner Geschichtlichkeit reflektierendes Ich. Und das bedeutet, daß der *Faust* schon in der ursprünglichen Gestalt die Tragödie des neuzeitlichen Menschen in seiner geschichtlichen Entwicklung von der Renaissance bis zum letzten Drittel des 18. Jahrhunderts ist und von Goethe als solche geplant war.

II

Entstehung und Konzeption des *Faust* in ursprünglicher Gestalt

Entstehung

Goethes *Faust* ist im Zeitraum von etwa sechzig Jahren in vier Etappen entstanden: 1769–75, 1788–90, 1797–1806, 1825–31. Die erste Veröffentlichung ist *Faust. Ein Fragment* im 7. Band der *Schriften*, 1790; es enthält Teile des *Faust I* mit der großen Lücke zwischen Wagner-Szene und Schüler-Szene und endet mit der Szene »Dom«. 1808 erschien *Faust. Eine Tragödie* mit dem vollendeten ersten Teil. Noch zu Goethes Lebzeiten erschienen 1827 der 3. Akt des *Faust II* unter dem Titel *Helena, klassisch-romantische Phantasmagorie. Zwischenspiel zu Faust* im 4. Band der *Werke. Vollständige Ausgabe letzter Hand* und in deren 12. Band 1828 die Szenen am Kaiserhof aus dem 1. Akt des *Faust II* (V. 4613–6036). Den fertigen, von Goethe 1831 eingesiegelten *Faust II* gaben Eckermann und Riemer 1832 im 1. Band der *Nachgelassenen Werke* heraus.

Der *Faust* in seiner ursprünglichen Gestalt, der im vorliegenden Band kommentiert wird, ist also von Goethe nicht veröffentlicht worden; auch sein Manuskript ist nicht mehr vorhanden.[1] Erst 1887 wurde im Nachlaß des Weimarer Hoffräuleins Luise von Göchhausen eine Abschrift der Szenen gefunden, die heute als »Urfaust« oder »Faust in ursprünglicher Gestalt« oder »Frankfurter Faust« bezeichnet werden.

1 Er vernichtete es wahrscheinlich nach 1816. »Ein Separatdruck von *Faust I* aus dem Jahr 1816, der an einigen Stellen auf den *Urfaust*-Text zurückgeht, zeigt, daß das handschriftliche Original zu dieser Zeit noch vorhanden war«; Werner Keller: Johann Wolfgang von Goethe, *Urfaust – Faust. Ein Fragment – Faust. Eine Tragödie*, Paralleldruck der drei Fassungen, hrsg. von W. K., Bd. 2, Frankfurt a. M. 1985, S. 628.

Um der Kürze des inzwischen populär gewordenen Begriffs willen wird im folgenden von *Urfaust* gesprochen, ohne daß damit gesagt sein soll, die Göchhausensche Abschrift (von 1776 oder 1777) enthalte erstens die f r ü h e s t e Fassung der überlieferten Szenen und zweitens a l l e bis dahin fertigen oder angefangenen Szenen.[2]

Die erste Erwähnung des Namens »Docktor Faust« findet sich bei Goethe in dem Lustspiel *Die Mitschuldigen*[3]; in diesem Stück, dessen 1. Fassung wohl noch aus der Leipziger Studienzeit 1768 stammt, erscheint auch schon ein wichtiges Motiv aus dem Gretchen-Drama: der Freigeist und Lüstling Alcest, der sich verwundert darüber ertappt, wie er die Tugend einer verheirateten Frau, die sich ihm trotz ihrer Liebe nicht hingibt, zu schätzen weiß:

> Ihr lüderlichen Herrn, so sagt mir, was ist das,
> Das hier mich immer schilt, hier immer für sie redet,
> Mir alle Kühnheit raubt, und jeden Anschlag tödtet.
> [...]
> Sie liebt mich, und verlässt doch ihre Tugend nie;
> Die Tugend glaub' ich nicht und doch verehr' ich sie.
> Heut hofft ich ziemlich viel, und wagte nichts zu nehmen.
> So bös! und doch so feig, ich muss mich warrlich schämen.
> Entweder nennet mich: Weib! Tückisch ohne Krafft!
> Wonicht, so binn ich noch nicht völlig lasterhafft.[4]

In der 2. Fassung dieses Lustspiels von 1769 wird durch den vorgeschalteten Expositions-Akt das Motiv des Geldes, der Verschwendung, des Mangels und der daraus resultierenden Versuchung für die Tugend zu einem der zentralen Motive des Stückes:

2 Ausführlich informiert über die Problematik Valters Nollendorfs, *Der Streit um den Urfaust*, Den Haag 1967.
3 1. Fassung, V. 434 – 2. Fassung, V. 786; DjG 1, S. 342, 408.
4 *Die Mitschuldigen*, 1. Fassung, V. 202–214; DjG 1, S. 324.

Es wanckt das ganze Haus;
Du nimmst allein nichts ein, und giebst allein fast aus.
[...]
Willst du ein braves Weib, so sey ein rechter Mann.
Ach, es versucht uns nichts so mächtig als der Mangel;
Die klügsten Fische treibt der Hunger an den Angel.[5]

In diesem neuen Zusammenhang erhält dann das von Alcest für die Frau geplante Geldgeschenk[6] fast die Wertigkeit des Kästchens mit Schmuck, das Faust Margarete schenkt, und deren Wort »Am Golde hängt doch alles« tönt der Sache nach schon aus dem Frohlocken des Diebs:

Habt Danck ihr Dietriche! Ihr helft mir durch die Welt!
Durch euch erlang ich ihn, den grosen Dietrich, Geld![7]

Goethe interpretierte in *Dichtung und Wahrheit* dieses Lustspiel als Stück, »dessen heiteres und burleskes Wesen auf dem düsteren Familiengrunde als von etwas Bänglichem begleitet erscheint«[8], und führte dies auf eine Erfahrung zurück, die er in Frankfurt mit einem dortigen Mädchen machte:

> Allein mich hatte eine tiefe, bedeutende, drangvolle Welt schon früher angesprochen. Bei meiner Geschichte mit Gretchen und an den Folgen derselben hatte ich zeitig in die seltsamen Irrgänge geblickt, mit welchen die bürgerliche Sozietät unterminiert ist. Religion, Sitte, Gesetz, Stand, Verhältnisse, Gewohnheit, alles beherrscht nur die Oberfläche des städtischen Daseins. Die von herrlichen Häusern eingefaß-

5 2. Fassung, V. 121–128; DjG 1, S. 364.
6 Ebd., S. 325 (1. Fass.), 389 (2. Fass.).
7 Ebd., S. 312 (1. Fass., V. 21 f.), S. 376 (2. Fass., V. 341 f.); dort ergänzend: »O komm du Heiligtuhm! Du Gott in der Schatulle, / Ein König ohne dich wär eine grose Nulle.«
8 Buch VII; HA 9, S. 286.

> ten Straßen werden reinlich gehalten, und jedermann beträgt sich daselbst anständig genug; aber im Innern sieht es öfters um desto wüster aus, und ein glattes Äußere übertüncht, als ein schwacher Bewurf, manches morsche Gemäuer, das über Nacht zusammenstürzt, und eine desto schrecklichere Wirkung hervorbringt, als es mitten in den friedlichen Zustand hereinbricht. Wie viele Familien hatte ich nicht schon näher und ferner durch Banqueroute, Ehescheidungen, verführte Töchter, Morde, Hausdiebstähle, Vergiftungen entweder ins Verderben stürzen, oder auf dem Rande kümmerlich erhalten sehen [...].[9]

Man kann also schon in den *Mitschuldigen*, insbesondere im Zusammenhang mit diesen frühen Erlebnissen, eine erste Behandlung sozial-kritischer und ökonomischer Aspekte sehen, die das Gretchen-Drama weiterführt.

Die erste Beschäftigung mit einem Faust-Drama verlegt Goethe auf das Jahr 1770, obwohl sich davon keine Spuren erhalten haben:

> Am sorgfältigsten verbarg ich ihm [Herder] das Interesse an gewissen Gegenständen, die sich bei mir eingewurzelt hatten und sich nach und nach zu poetischen Gestalten ausbilden wollten. Es war Götz von Berlichingen und Faust. Die Lebensbeschreibung des erstern hatte mich im Innersten ergriffen. Die Gestalt eines rohen, wohlmeinenden Selbsthelfers in wilder anarchischer Zeit erregte meinen tiefsten Anteil. Die bedeutende Puppenspielfabel des andern klang und summte gar vieltönig in mir wider. Auch ich hatte mich in allem Wissen umhergetrieben und war früh genug auf die Eitelkeit desselben hingewiesen worden. Ich hatte es auch im Leben auf allerlei Weise versucht, und war immer unbefriedigter und gequäl-

9 Ebd., S. 285.

ter zurückgekommen. Nun trug ich diese Dinge, sowie manche andre, mit mir herum und ergetzte mich daran in einsamen Stunden, ohne jedoch etwas davon aufzuschreiben.[10]

Auf die bemerkenswerte Zusammenstellung von *Faust* und *Götz*, der 1771–73 in zwei Fassungen ausgearbeitet wurde, komme ich gleich zurück, wie auch auf den Ausdruck »Puppenspielfabel«. Deutlich ist an diesem Zitat, daß mit dem *Faust* ein Drama geplant wurde, das ein ›Herumtreiben‹ im Wissen und im Leben und ein unbefriedigtes Scheitern in beiden zeigen sollte, so wie der *Götz* das Scheitern des »Selbsthelfers« zeigt. Das Gretchen-Drama, das ja durch die Faust-Sage kaum vorgegeben ist, wird als Gelegenheit zum Scheitern im Leben also schon von Anfang an zum Plan gehört haben; Goethe mußte dazu über den Stoff der Faust-Sage hinausgehen, die keine derartigen Gelegenheiten vorgibt. Auch die Episode mit Helena hat nach späten Äußerungen Goethes schon in die erste Planung gehört.[11]

Von dem entstehenden Stück berichten zunächst die Freunde. Friedrich Wilhelm Gotter, mit dem Goethe in Erfurt verkehrt hatte, dankte im Sommer 1773 in einem Knittelversgedicht für den zugesandten *Götz* und schloß:

Schick' mir dafür den »Doktor Faust«,
Sobald Dein Kopf ihn ausgebraust![12]

Heinrich Christian Boie notierte im Oktober 1774, der »Doktor Faust« sei »fast fertig«, während aus Knebels, des neuen Weimarer Freundes, Bericht vom Dezember 1774 eher der fragmentarische Charakter des Werks hervorgeht. Goethes erste eigene Nennung findet sich in einem Brief an Augu-

10 *Dichtung und Wahrheit*, Buch X; HA 9, S. 413 f.

11 Vgl. z. B. »Helena [. . .], der ich nun auch schon sechzig Jahre nachschleiche, um ihr einigermaßen etwas abzugewinnen« (25.5.1827 an Nees v. Esenbeck; HA Br. 4, S. 234). »Die Helena ist eine meiner ältesten Konzeptionen, gleichzeitig mit Faust [. . .]« (22.10.1826 an Sulpiz Boisserée; ebd., S. 207).

12 Hier und für die folgenden Angaben vgl. HA 3, S. 423 ff.

ste von Stolberg vom 17. September 1775: »ich machte eine Szene an meinem ›Faust‹«. Wenige weitere Erwähnungen folgen; nach der Vorlesung des »halbfertigen« Stückes in den ersten Dezembertagen 1775 vor der Weimarer Hofgesellschaft ließ Goethe sein Stück offenbar liegen, bis er 1788 in Rom einen neuen Anlauf nahm. Man kann also mit hoher Wahrscheinlichkeit annehmen, daß die Szenen des *Urfaust* oder zumindest ihr größter Teil zwischen Sommer 1773 und Ende 1775 entstanden sind.

Fragmentcharakter und Konzeptionsproblem

Die Entstehungszeit des *Urfaust* auf diese Weise einzugrenzen ist wichtig, weil die Interpretation des Stückes durch den Umkreis der gleichzeitig geschriebenen oder begonnenen Texte gestützt werden kann. Das ist im Fall des *Urfaust* besonders angezeigt, da man nicht der Versuchung nachgeben darf, die konzeptionellen Intentionen des Stückes und die antizipierten Erwartungen seiner Leserschaft vom *Fragment* (1790) oder gar von *Faust I* (1808) auf den Text von 1773/75 zurückzuprojizieren. Als Goethe zum zweiten Mal an den *Faust* ging, war er fast 40 Jahre alt, hatte die prägenden Erfahrungen seiner Tätigkeit als Minister in Weimar hinter sich und beobachtete mit der ganzen europäischen Öffentlichkeit die Zerrüttung des monarchischen Prinzips in Frankreich, den Übergang der Staatsgewalt auf neue gesellschaftliche und ökonomische Kräfte und ihre Aufgipfelung in der Französischen Revolution von 1789. »Natürlich ist es ein ander Ding, das Stück jetzt oder vor 15 Jahren auszuschreiben«, heißt es deshalb in der *Italienischen Reise* unter dem 1. März 1788, wo er es allerdings auch »merkwürdig« findet, »wie sehr ich mir gleiche und wie wenig mein Inneres durch Jahre und Begebenheiten gelitten hat«. Man muß also zwischen den Konzeptionsstufen und Arbeitsphasen zugleich mit Kontinuität wie mit Veränderung rechnen. Seit dem Erscheinen des *Faust II* gibt es eine Diskussion darüber, wie die Teile des *Faust* – also 1. und 2. Teil, aber auch innerhalb dieser Texte die zu verschiedenen Zeiten entstandenen Szenen – zusammenhängen: ob es eine einzige Idee gibt, die Goethe über sechzig Jahre hinweg verfolgt hat, oder ob die Teile mehr oder weniger oberflächlich nur durch die Figuren verbunden sind, so daß sie gegeneinander im Widerspruch stehen oder einander innerlich fremd sind, weil die Veränderungen in Goethes Denken und Wollen eine Integration des früher Gedachten unmöglich machten.

Die Position, die ich hier und in den Kommentaren zu *Faust I* und *Faust II* vertrete und durch meine Erläuterungen zu begründen suche, ist folgende: Es gibt vier verschiedene Konzeptionen des *Faust*; jede spätere hebt die frühere(n) in sich auf, in dem sie sie zum Element, Aspekt, Beispiel einer umfassenderen und abstrakteren Konzeption macht.[13] Das bedeutet, daß der Wortlaut der früheren Textstufe unangetastet stehenbleiben kann, aber durch die Vorschaltung eines interpretierenden Elements einen neuen Sinn bekommt. Die Gretchen-Handlung z. B. wird durch die Vorschaltung der »Hexenküche« und Mephistos Rede vom Muster aller Frauen, das Faust leibhaftig sehen werde (*Faust I*, V. 2601 f.), von Grund auf umgedeutet: Margarete ist für Faust nicht wie im *Urfaust* zunächst nur ein reales Mädchen, das er verführen will, sondern sie ist von vornherein die leibhaftige Erscheinung eines Idealbildes, eine Proto-Helena, deren Wert als menschliches Individuum durch Mephistos Wort »Du siehst, mit diesem Trank im Leibe, / Bald Helenen in jedem Weibe« (ebd., V. 2603 f.) von Anfang an herabgesetzt ist. So wie man dem Satz ›Ich komme morgen‹ durch ein vorgeschaltetes oder nachgestelltes ›Ich verspreche es dir‹ oder ›Ich warne dich‹ verschiedenen Sinn bei gleicher Bedeutung geben kann, so kann Goethe einem gleichbleibenden Text durch Erweite-

13 Man kann sich die Konzeptionen in vier einander umschließenden Kreisen vorstellen.

rung des Kontextes neuen Sinn verleihen, der den früheren nicht zerstört, sondern zur Ausdrucksform eines tieferen oder umfassenderen Sinnes macht.

Goethe war ja nie gezwungen, den früheren Text seines *Faust* unangetastet stehenzulassen; es gibt genügend Fälle, wo er in späteren Ausgaben frühere Texte einschneidend geändert hat, auch wenn sie schon veröffentlicht waren. Man sollte deshalb, wo echte oder scheinbare Widersprüche im Text auftauchen, diese nicht seinem dichterischen Unvermögen anlasten, sondern eher dem eigenen, noch unzureichenden Verständnis. Widersprüche können auch beabsichtigt sein, vollends bei »schwankenden Gestalten« (*Faust I*, V. 1) – es kommt dann darauf an, den Sinn der Widersprüche zu verstehen. Goethe hat sein Verfahren selbst beschrieben: »Auch wegen anderer dunkler Stellen in frühern und spätern Gedichten[14] möchte ich folgendes zu bedenken geben: Da sich manches unserer Erfahrungen nicht rund aussprechen und direkt mitteilen läßt, so habe ich seit langem das Mittel gewählt, durch einander gegenübergestellte und sich gleichsam ineinander abspiegelnde Gebilde den geheimeren Sinn dem Aufmerkenden zu offenbaren.«[15] Betrachtet man die shakespearisierenden Kurzszenen des *Götz von Berlichingen*, so erkennt man in ihnen bereits »Gebilde«, die äußerlich unverbunden nebeneinander stehen und zwischen denen der Leser oder Zuschauer, will er das Ganze verstehen, Sinnverbindungen selbst ergänzen muß. Die Selbständigkeit und »Gegenüberstellung« der Teile ist in Goethes Alterswerk (*Wanderjahre*; *Faust II*) vollends ganz schroff ausgebildet. Aber schon im Frühwerk ist das Kompositionsmittel des »Fragments«, wie Herder es eingeführt hatte – angefangene Gedanken- und Vorstellungsreihen, die sich

14 Gemeint sind: »Dichtungen«. Goethe hat soeben über den Helena-Akt in *Faust II* gesprochen.

15 An Carl Jacob Ludwig Iken, 27.9.1827; die Hervorhebungen, die die intendierten Widersprüche auch hier betonen, stammen von mir.

im Leser vollenden sollen[16] –, von großer Bedeutung, auch in der Dichtung, wo Herder es als »Sprünge und Würfe«[17] natürlicher Poesie pries und verständlich machte.

Auch wenn der *Urfaust* Lücken aufweist, die nicht mit beabsichtigter Bruchstückhaftigkeit erklärt werden können – woher kommt der Mephistopheles der Schüler-Szene? wieso verläßt der Faust der Nacht-Szene seinen Wirkungsbereich und begibt sich in Auerbachs Keller und später zu Margarete? –, sollte der Fragmentcharakter nicht in der Weise betont werden, daß man auf die Frage nach der dahinterstehenden Konzeption verzichtet.[18] Man darf nicht übersehen, daß etwa im Gretchen-Drama beträchtliche Lücken im Handlungsverlauf bis in den fertigen *Faust I* hinein stehenbleiben – wie und warum kommt Faust vom »Gartenhäuschen« in »Wald und Höhle«? – wann und woran stirbt Gretchens Mutter? – wo ist Faust zwischen der Walpurgisnacht

16 Vgl. meine Erläuterung zum Titel von Herders Fragmenten *Über die neuere deutsche Literatur* in: Johann Gottfried Herder, *Frühe Schriften 1764–1772*, hrsg. von Ulrich Gaier, Frankfurt a. M. 1985, S. 1029 f.

17 »Alle Gesänge solcher wilden Völker weben um daseiende Gegenstände, Handlungen, Begebenheiten, um eine lebendige Welt! Wie reich und vielfach sind da nun Umstände, gegenwärtige Züge, Theilvorfälle! Und alle hat das Auge gesehen! Die Seele stellet sie sich vor! Das setzt Sprünge und Würfe! Es ist kein anderer Zusammenhang unter den Theilen des Gesanges, als unter den Bäumen und Gebüschen im Walde, unter den Felsen und Grotten in der Einöde, als unter den Scenen der Begebenheit selbst.« (*Auszug aus einem Briefwechsel über Ossian und die Lieder alter Völker*, 1773; SWS 5, S. 196 f.)

18 Dies scheint die Tendenz der Kommentierung Hanna Fischer-Lambergs in ihrer vorzüglichen Neubearbeitung von *Der junge Goethe*, DjG 5, S. 466 und 467: »Der Urfaust ist keine geschlossene Dichtung, er besteht aus einer Reihe von 21, meist lose verbundenen Szenen, weist erhebliche Lücken auf, die die innere Struktur und damit das Verständnis gefährden, und hinterläßt auch in stilistischer Hinsicht keinen einheitlichen Eindruck. [...] Ob man hier schon von einer Faust-›Konzeption‹ (Nollendorfs a. O. S. 11 f.) sprechen kann, scheint mir daher fraglich, wie man überhaupt den Begriff einer Konzeption besser vermeiden sollte, da er ein kaum faßbares Stadium eines dichterischen Prozesses zu eindeutig festlegt, in einen fließenden Prozeß ein statisches Moment einbringen möchte.« Ähnlich Siegfried Scheibe, »Bemerkungen zur Entstehungsgeschichte des frühen ›Faust‹«, in *Goethe* 37 (1970) S. 61–71, hier S. 64.

und der Geburt von Gretchens Kind, der Tötung im Teich und Gretchens Gefangennahme? Goethe hat die Lücken hier ganz offensichtlich in die Konzeption aufgenommen; sie fordern und fördern eine eigene Aktivität des Lesers oder Zuschauers, der in seiner Einbildungskraft auf seine eigene Weise ergänzen muß, was ihm am Zusammenhang fehlt. Die Konzeption des *Faust* ist von vornherein auf das Fragmentarische gestellt, das, als »Same« ausgestreut[19], sich erst in den Lesern zu Blüte und Frucht entwickelt.

Daß der *Urfaust* in hohem Maße fragmentarisch ist, darf deshalb nicht von der Aufgabe des Kommentators befreien, z. B. nach dem Verbindenden zu fragen, das Goethe beim Schreiben der Szene »Nacht« und des Gretchen-Dramas das Bewußtsein gab, Szenen desselben Theaterstückes zu schreiben, nach dem Verbindenden, das die stilistischen Unterschiede der Prosa, des Knittelverses und des Hymnenstils als Klangfarben einer einzigen Komposition möglich machte und das vom Leser oder Zuschauer der Zeit verstehend rekonstruiert werden konnte. Aus der Konzeption dieses Verbindenden müßte dann auch sinnvoll vermutet werden können, warum z. B. das Problem der Herkunft des Mephistopheles in dieser Zeit keine befriedigende Lösung finden könnte. Dies scheint mir eine Art Prüfstein für eine Deutung dieser ersten Konzeptionsstufe des *Faust*.

Konzeption aus dem »geheimen Punkt«

Neben dem Fragmentcharakter[20] der Dichtungen dieser Jahre gibt es weitere Gemeinsamkeiten, mit denen eine Deutung des *Urfaust* sich auseinandersetzen muß.

19 Ein beliebtes Bild Hamanns, von dem Goethe »am meisten gelernt« zu haben behauptete (Lavater an Johann Georg Zimmermann, 16.3.1775; Steiger, *Goethes Leben von Tag zu Tag* I, S. 657).

20 Es versteht sich nach dem Dargelegten, daß mit ›Fragmentcharakter‹ die durch Schnitt-Technik und andere Mittel erzeugte ›innere Offenheit‹ des

Wie die Ablehnung des Zusammenhangs der Szenen im dramatischen Verlauf, abgesehen von dem besprochenen Zweck der Einbeziehung der Leserphantasie, sich durch das Vorbild Shakespeare rechtfertigen ließe, so wird auch eines der wichtigsten Themen Goethes und seiner jungen Zeitgenossen in diesen Jahren auf Shakespeare zurückgeführt und mit seinem neu erglänzenden Namen legitimiert: »Seine Plane sind, nach dem gemeinen Stil zu reden, keine Plane, aber seine Stücke drehen sich alle um den geheimen Punkt (den noch kein Philosoph gesehen und bestimmt hat), in dem das Eigentümliche unsres Ichs, die prätendierte Freiheit unsres Wollens, mit dem notwendigen Gang des Ganzen zusammenstößt.«[21] Ohne hier die Dichtungen vollständig interpretieren zu können, will ich andeuten, daß dies auch der geheime Punkt ist, um den sich Goethes dramatische, epische und lyrische Texte dieser Zeit drehen.

Im *Götz* stößt »die Gestalt eines rohen, wohlmeinenden Selbsthelfers in wilder anarchischer Zeit«[22] auf die historischen Bewegungen, die den herrschaftslosen Zustand in ihrem jeweiligen Interesse in eine neue Ordnung überführen: die Territorialfürsten, die die unbotmäßigen Reichsritter zu unterwerfen trachten; die Bauern, die sich revolutionär aus der adligen und territorialfürstlichen Botmäßigkeit zu befreien suchen; die ökonomischen Interessen des Fernhandels; die Tendenzen zu einer allgemeinen Rechtsgrundlage, die die Ausbildung individuellen Rechtsbewußtseins und aktiver Sittlichkeit[23] des »Wohlmeinenden« überflüssig ma-

Textes gemeint ist, nicht etwa das Fehlen des Schlusses. – Der *Clavigo* bildet gegenüber dem hier generell behaupteten Fragmentcharakter der Dichtungen Goethes aus diesen Jahren eine deutliche Ausnahme. Er ist in dieser Hinsicht der Beweis des Gegenteils, den Goethe antrat, als man (vor allem Herder) ihm die Unspielbarkeit des *Götz* vorwarf und gar dramaturgisches Unvermögen dahinter vermuten wollte.

21 *Zum Shakespeares-Tag*; HA 12, S. 226.

22 *Dichtung und Wahrheit*, Buch X; HA 9, S. 413.

23 So ließe sich Justus Mösers Argumentation in seinem Aufsatz *Der hohe Styl der Kunst unter den Deutschen* in seinen *Patriotischen Phantasien* (Tl. 1,

chen und ihn einer allgemeinen Institution ebenso unterwerfen wie den Böswilligen.[24] Progressiv wird die Bewegungs- und Denkfreiheit Götzens eingeengt und verstümmelt, so daß zuletzt sogar der ›gute Name‹ verlorengeht und die zuvor verfaßte Lebensbeschreibung zum Produkt unzeitgemäßen Bewußtseins gestempelt wird (was sie tatsächlich ist).

Der Sokrates-Stoff, den Goethe Anfang 1772 überdachte, sollte den »Heiligen« der »wahren Religion«, nämlich den »grosen Menschen« zeigen, »den Philosophischen Heldengeist«, und ihm gegenüber »die Menge die gafft, die wenigen denen Ohren sind zu hören, das Pharisäische Philistertum der Meliten und Anüten, die Ursache nicht, die Verhältnisse nur der Gravitation und endlichen Übergewichts der Nichtswürdigkeit«.[25] Auch hier sollte eine ›Verstümmelung‹ stattfinden, ein Sich-Abmatten des großen Menschen an den »Verhältnissen«, die ihn schließlich durch ihre bloße »Gravitation« überwältigen.

Der 1773 geplante und fragmentarisch ausgeführte *Mahomet* stand unter dem Gedanken, »daß freilich der vorzügliche Mensch das Göttliche, was in ihm ist, auch außer sich verbreiten möchte. Dann aber trifft er auf die rohe Welt, und um auf sie zu wirken, muß er sich ihr gleichstellen; hierdurch aber vergibt er jenen Vorzügen gar sehr, und am Ende begibt er sich ihrer gänzlich. Das Himmlische, Ewige wird in den Körper irdischer Absichten eingesenkt und zu vergänglichen Schicksalen mit fortgerissen. [...] Das Irdische wächst und

1774, Nr. LIV; Titel des Aufsatzes auch *Von dem Faustrechte*) zusammenfassen, der Goethe zum *Götz* wesentliche Anregung gab.

24 Eine der von Goethe verteidigten Thesen bei seiner Straßburger juristischen Lizentiatenprüfung lautete: »Legum corpus nunquam colligendum« (DjG 2, S. 58, Nr. XLIX) – »Man soll nie ein allgemeines Gesetzbuch zusammenstellen.« Vgl. E. Keetmann, »Götz, die Frucht des straßburger juristischen Studiums Goethes«, in: *Juristische Wochenschrift* 61 (1932) H. 12, S. 853 f.

25 An Herder, Anfang 1772; HA Br. 1, S. 130. Melitos und Anytos: die Ankläger des Sokrates.

breitet sich aus, das Göttliche tritt zurück und wird getrübt.«[26]

Im *Ewigen Juden*, den Goethe 1773 bearbeiten wollte, sollte das Thema von der Gegner-Seite her beleuchtet werden: Christus weigert sich, »Parteihaupt«, »Regent und Volkshaupt« zu werden, und stürzt damit Judas, der ihn in diese Rolle drängen will, ins Verderben, wie er selbst, weil er dem »notwendigen Gang des Ganzen« nicht folgt und die Rolle übernimmt, gekreuzigt wird. Der Schuster Ahasver, der Christus hellsichtig vor diesen Folgen gewarnt hat, wird zum »ewigen Juden«, weil er noch angesichts der Leiden Christi auf dieser pragmatischen Interpretation des Kreuzestodes beharrt.[27]

Bei Götz, bei Mahomet, Sokrates und auch hier tritt nämlich am Schluß eine Verklärung und Reinigung des ›Getrübten‹ ein, die durch die vorhergehenden Ereignisse nicht gerechtfertigt scheint: das Schweißtuch der Veronika zeigt nicht mehr das reale Gesicht des Leidenden, sondern das herrliche Antlitz des Verklärten. So läßt Götz mit dem Freiheits-Ruf nicht nur sein reales Gefängnis und das Gefängnis Welt zurück, sondern auch seine tatsächliche Existenz, die er verachtet, weil er sich selbst und »die Edlen überlebt« hat. Dieses Modell des Schlusses, der nur durch »Additionsfehler«[28] zustande kommt, verwendet Goethe bis ins Alterswerk; in den Jugenddramen findet sich eine hyperbolische Verklärung, die aber durch die Realgeschichte bestätigt wird (so noch im *Egmont*), in den *Lehrjahren* z. B. eine ironische Verkleinerung, in *Faust II* endlich eine ironische Verklärung. Zweck war, wie Goethe gestand, »meine Existenz, meine Handlungen, m e i n e S c h r i f t e n den Menschen aus den Augen zu rücken«[29] – am Ende sollte immer die Symbiose

26 *Dichtung und Wahrheit*, Buch XIV; HA 10, S. 39 f.

27 Vgl. den Bericht ebd., Buch XV; HA 10, S. 45–47.

28 Goethe an Schiller, 9.7.1796, über den Schluß von *Wilhelm Meisters Lehrjahren*; HA Br. 2, S. 230.

29 Ebd. (Hervorhebung von mir).

zwischen Autor, Text und Leser aufgelöst, der Leser auf sich selbst gestellt werden.

Im *Clavigo* (1774) formuliert der Ehrgeizige, der um seines Aufstiegs willen eine vermeintlich arme Braut verlassen hat, schon zu Beginn des 2. Akts: »Es ist wunderbar, ein Mensch, der sich über so vieles hinaussetzt, wird doch an einer Ecke mit Zwirnsfäden angebunden.« Sein Freund und Berater Carlos kettet seine Handlungsfreiheit an die öffentliche Meinung, das Gerede der Leute; die rücksichtslose Unbedenklichkeit seines Aufstrebens wird gebremst durch Begriffe bürgerlicher Tugend und Wünsche privaten Glücks. Daß der schwache Clavigo die hohen Begriffe sittlicher Werte besitzt, sich unbeeinflußt durch sie leiten läßt und nur durch die Marinelli- und Mephistopheles-Figur Carlos zweimal zum meineidigen Verlassen der Marie veranlaßt wird, das ist hier die Verklärung, die am Schluß mit dem Sterbenden versöhnt – es ist auch eine Linderung für die »düstere Reue«, die Goethe ergriff, nachdem er Friederike Brion verlassen, »das schönste Herz in seinem Tiefsten verwundet« hatte.[30]

Ein weiterer, schon 1771[31] bedachter, 1774/75 weiter ausgeführter Plan[32] ist das *Caesar*-Drama, in dem entgegen der republikanischen Geschichtssicht Caesar aufgewertet, der Mord und die Mörder Brutus und Cassius als hinterhältig und niederträchtig dargestellt werden sollten.[33] Das Muster der progressiven ›Verstümmelung‹ wird wieder erkennbar; Goethe wollte offensichtlich auch Caesar als den großen Menschen zeigen, der mit seinem Wollen durch die Bedingungen der Zeit und Gesellschaft und durch die Hindernisse in seinem eigenen Innern mehr und mehr gebremst, abgelenkt und schließlich schmählich zu Tode gebracht wird.

Das *Prometheus*-Fragment, an dem Goethe 1773 arbei-

30 *Dichtung und Wahrheit*, Buch XII; HA 9, S. 520–522.
31 Steiger, *Goethes Leben von Tag zu Tag* I, S. 474.
32 Ebd., S. 652 f., 659 f., 684, 703, 729.
33 Ebd., S. 729. Fragmente in DjG 2, S. 87.

tete,[34] zeigt den Titanen im Stadium der trotzigen Selbstkonzentration zur Unabhängigkeit von den unendlichen mütterlichen und väterlichen Göttern, und diese entrüstet (Merkur) oder gelassen (Jupiter) in der Unantastbarkeit ihrer Macht. Doch schon im Bekenntnis der Liebe zu Minerva löst sich die Selbstheit auf (»So war ich selbst nicht selbst«, V. 109), und für die Belebung seiner menschlichen Tonfiguren braucht er den Beistand der Göttin. Prometheus findet sich also in dem Widerspruch, den Liebe-Aspekt des Unendlichen zu benötigen und zu lieben, dessen Vater- und Herrschafts-Aspekt er trotzig ablehnt und herausfordert, um er selbst sein zu können. Wenn Prometheus einerseits postuliert, »Der Kreis den meine Würcksamkeit erfüllt« (V. 77) sei sein, und andererseits erkennt, »So haben meine Kräffte sich entwickelt / Mit iedem Athemzug aus deiner Himmels Luft« (V. 124 f.), so findet sich der Widerspruch tragisch-ironisch in seinem eigenen Wesen: die Bedingung der Kraft, mit der er trotzig und »sein eigener Herr« sein kann, liegt außer ihm in der Macht, der er trotzt. Er nennt die »allmächtige Zeit« den Herrn der Götter und seiner selbst (V. 28–30) und kann doch seine Ewigkeit, sein Für-sich-sein nur behaupten, weil er sich seines Anfangs nicht erinnert und das Ende nicht sieht (V. 162/165). Nur bewußter Undank[35] also, Täuschung in der Nichtanerkennung der eigenen Bedingtheit, Selbst-Aufhebung ermöglicht die Selbst-Behauptung.

Dieser Befund gilt auch für die *Prometheus*-Hymne, wo der Trotzige lauter zu seinem eigenen Mythos im Wider-

34 Vgl. DjG 3, S. 322–338.

35 »Undank« ist die Ursache der luziferischen Konzentration auf sich selbst, des Vergessens des »höhern Ursprungs« und des täuschenden Glaubens, den Ursprung in sich selbst zu haben; aus diesem Undank entspringt aber auch alle sichtbare Schöpfung – so der Schöpfungsmythos am Ende von Buch VIII in *Dichtung und Wahrheit*. Es ist das Verdienst Rolf Christian Zimmermanns, in seinem *Weltbild des jungen Goethe* (Bd. 1, München 1969; Bd. 2, ebd. 1979) diesen Schöpfungsmythos als authentisch für das Denken des jungen Goethe und als erschließend für die Deutung seiner Werke ›zurückgewonnen‹ zu haben.

spruch stehende Falschbehauptungen aufstellt und sich so die eigene Existenz entzieht, die ja nur mythologisch begründet ist.[36] Entsprechend ist der Liebes-Aufschwung des Ganymed in der gleichnamigen Hymne von fürchterlicher Täuschung bedroht: »eine Wolke umarmen« war im 18. Jahrhundert, das sich dabei an den Mythos von Ixion erinnerte, ein anderer Ausdruck für ›sich täuschen‹[37]; mythologisch wurde Ganymed ja entweder von der Göttin der Morgenröte direkt oder vom Adler des Zeus geraubt.

In *Prometheus* bedingt das Notwendige, an dem das Wollen, die »prätendierte Freiheit« sich abmattet und trübt, das wollende Ich selbst. Es wird sich zeigen, daß der *Prometheus* in diesem Sinne dem *Urfaust* am nächsten kommt, und zwar im Faust-Drama und im Gretchen-Drama.

Die 1773–75 entstandenen Satiren, Farcen und Hanswurstiaden[38] variieren das Problem der gebremsten, verwässerten, philiströs und scheinheilig-väterlich regulierten Kraft, Genialität, Ursprünglichkeit, Natur, Geistigkeit ebenfalls. In den Satiren wird das Behindernde in seinen Ausprägungen des 18. Jahrhunderts direkt und manchmal persönlich verletzend angegriffen. Aber schon der *Satyros* von 1773 zeigt, daß auch in diesen Grotesken die allgemein thematische Dialektik zwischen dem Ursprünglich-Freien und dem Zivilisatorisch-Notwendigen, zwischen dem Bedürfnis nach einem Gott und dem Bedürfnis seiner Domestizierung herrscht. Und noch in *Hanswursts Hochzeit* (1775), bis in Wortanklänge hinein als Faust-Parodie erkennbar, geht es um die Wurstelsche Triebhaftigkeit, die die »recht geschnürt und gequetschte Tugend« zu sprengen droht, und die bürgerliche Dialektik zwischen Natürlichkeit und Zivilisation, die hier auf den Doppelsinn von ›Hochzeit halten‹ derb-komisch zugespitzt wird.

36 Das Verfahren Goethes ist angeleitet durch Herders Abhandlung *Vom neuern Gebrauch der Mythologie*; *Frühe Schriften*, S. 432–455.

37 Belege aus Herder, Wieland, Schiller, Hölderlin in: Maurice B. Benn, *Hölderlin und Pindar*, 's-Gravenhage 1962, S. 14; vgl. ferner Campes, Heinsius', Grimms Wörterbücher unter »Wolke«.

38 Vgl. die Ausgabe von Martin Stern (Stuttgart 1968). Alle Texte auch in DjG.

Die Leiden des jungen Werthers (1774), das zweite große Werk dieser Jahre, stehen ebenfalls deutlich in dieser Dialektik und entfalten sie in vielen Erscheinungsbereichen von der gesellschaftlichen Existenz bis zur Lektüre Werthers. Eine Interpretation würde hier zu viel Raum einnehmen, wie ja auch das zu den Dramen Gesagte nur den Zweck hatte, die durchgängige Befassung mit der beschriebenen Problematik zu belegen und es somit plausibel zu machen, daß auch der *Urfaust* dieses Thema variiert. Ihm wenden wir uns jetzt zu.

Deutlich handelt es sich sowohl im Faust-Drama wie im Gretchen-Drama um den Zusammenstoß der »prätendierten Freiheit unsres Wollens mit dem notwendigen Gang des Ganzen«. Faust ist in seinem intensiven Studium zu der Erkenntnis gekommen, »daß wir nichts wissen können« (V. 11). Seine Erkenntnis bezieht sich nicht auf einen unvollständigen oder ungenauen Zustand seines Wissens, sondern auf die Unfähigkeit des menschlichen Erkennens überhaupt, Wahres zu erfassen. Das Wissen des Sokrates, daß er nichts wußte, ist hier um eine entscheidende Wendung verschärft. Nicht der eine Sokrates sieht ein, daß sein Wissen einer genauen Nachfrage (noch) nicht standhält, sondern »wir« als Menschen können gar nichts wissen, weil unsere Fähigkeiten dazu nicht geschaffen sind. Das Wollen Fausts, hier zunächst das Wissenwollen, stößt an die Grenze des Menschlichen überhaupt: hier stehen wieder Wollen und Notwendigkeit gegenüber; nicht nur das Wollen, der Erkenntnisdrang, ist menschlich und gehört zum »Eigentümlichen unsres Ichs«, sondern in tragischer Verschärfung gehört auch der Gegensatz, nämlich die Begrenzung der Erkenntnisfähigkeit, zum Wesen des Menschen. Es ist eine vergleichbare tragische Verschärfung wie im *Prometheus*, wo ja die trotzige Selbstbehauptung sich ebenfalls gegen die Bedingung der eigenen Existenz richtete.

Faust will nicht nur wissen, er will auch wirken: lehren, die Menschen bessern und bekehren, er möchte Gut, Geld und »Herrlichkeit der Welt« – das ist, was Jesus auf dem hohen

Berg vom Teufel gezeigt wird (Mt. 4,8); neben der Erkenntnis dessen, was die Welt im Innersten zusammenhält, möchte er »alle Würkungskrafft und Saamen« schauen, um in seinem Tun nicht mehr auf Wortkrämerei angewiesen zu sein. Seine Wendung zur Magie hat also neben der Theorie durchaus praktische Aspekte, in denen über die Versuchung Jesu bereits das Motiv der Weltbeherrschung anklingt. Der so zur Gottebenbildlichkeit und satanischen Macht Entschlossene handelt jedoch nicht, sondern sehnt sich nach einem Ende seines Leides, möchte sich auflösen, mit Geistern schweben, auf Wiesen im Mond-Dämmerlicht weben, im Tau baden – wie der trotzigen Verselbstung des Prometheus in der Szene mit Merkur die Entselbstigung[39] in der Szene mit Minerva folgt, so hier dem sich aufbäumenden Entschluß die melancholische Sehnsucht im Irrealis. Derselbe Rückfall ereignet sich noch einmal zwischen dem Selbst-Zuruf »Flieh! Auf hinaus in's weite Land!« und dem Sitzenbleiben, dem Begnügen mit dem magischen Buch, das ihm »Geleit genug« in die Natur ist. Die Begrenzung, die Faust in seiner Erkenntnisfähigkeit bewußt wird, steht auch seinem Handelnwollen als Schwäche und tatenlose Sehnsucht gegenüber.

Schließlich stehen sich noch Erkennen und Handeln gegenüber, und zwar in der Reaktion Fausts auf die beiden Zeichen des magischen Buchs: Angesichts des Makrokosmos-Zeichens wird ihm die Erkenntnis dessen zuteil, was die Welt im Innersten zusammenhält, aber sie ist nur Schauspiel, nicht Praxis; er will die unendliche Natur »fassen«: seine Erkenntnis ist nicht zugleich Handeln, wie sie es bei Gott ist. Umgekehrt besteht dieselbe Diskrepanz beim Handeln. Seine Magie ermöglicht es ihm, den mächtigen Erdgeist anzuziehen und herbeizuzwingen, aber er muß erfahren, daß er schon seinen Anblick nicht erträgt und daß er nur dem Geist gleicht, den er begreift: sein Handeln ist nicht zugleich Erkennen, wie es bei Gott ist.

39 »Verselbstung« und »Entselbstigung« sind Begriffe, die in Anlehnung an den Schöpfungsmythos (vgl. Anm. 35) gebraucht werden.

Das bedeutet, daß auch die menschliche Existenzform, in der er im ersten Monolog zwar unglücklich, aber in einer Einheit von Denken und Handeln auf niedrigem Niveau erscheint, und die künstliche Magierexistenz einander gegenüberstehen: das magische Buch erst zeigt auf einer Doppelseite das Makrokosmos-Zeichen, anhand dessen er übermenschliche Erkenntnis erlangt (»Bin ich ein Gott? mir wird so licht!«), aber seiner mangelnden Praxis inne wird; und nach dem Umschlagen auf einer zweiten Seite das Erdgeist-Zeichen, anhand dessen er übermenschliche Handlungsfähigkeit erlangt, aber auf sein fehlendes Begreifen zurückgewiesen wird. Mit der Benutzung des magischen Mittels erweitert er jeweils nur einseitig seine Fähigkeiten und kommt damit dem Ziel der Erkenntnis des Innersten der Welt zugleich mit der Herrschaft über ihre Herrlichkeit nicht näher, die nur Gott besitzt. Vielmehr verläßt Faust die natürliche Ausgeglichenheit seiner Existenz zugunsten künstlichen Ungleichgewichts; beklagt er zunächst die Eingeschränktheit seines ganzen Wesens, so spürt er in beiden Magierzuständen den Riß der Eingeschränktheit durch sein Wesen gehen, schmachtet entweder vergebens oder wird vernichtet. Das Mittel, das er wählen muß, um sein Wollen zu verwirklichen, schadet ihm also zugleich und wird ihn – das zeigt dann das Gretchen-Drama – immer weiter herunterkommen lassen, so wie z. B. bei Mahomet die reine Botschaft durch Kontamination mit dem Religionszweck immer stärker »getrübt« wird.

Die Struktur der prätendierten Freiheit des Wollens, die mit dem notwendigen Gang des Ganzen zusammenstößt, ist hier also in mehreren Hinsichten verwirklicht: Erkennen und Praxis sind durch menschliche Endlichkeit überhaupt begrenzt, magisch gesteigertes Erkennen durch die mangelnde Praxis, magisch gesteigertes Handeln durch das mangelnde Begreifen, menschliches Wollen durch die Mittel, deren es sich bedienen muß (die in diesem Fall magischen Mittel haben eine einseitig steigernde und damit den Menschen mit sich selbst entzweiende Wirkung). Diese Grenzen der menschlichen Endlichkeit zeigen sich, weil Faust derjenige ist, der gottebenbildlicher Übermensch zu sein oder zu werden meint und die dem Menschen gesetzten Grenzen zu übersteigen sucht.

Wagner dagegen bleibt innerhalb der menschlichen Grenzen. Auch er sucht seine Gelehrsamkeit und die Praxis zu verbinden – Deklamationskunst soll ihm Wirkung verschaffen, er möchte die Welt durch Überredung leiten, die rhetorische Kunst soll ihm nützen, Kritik, historische und anthropologische Studien sollen Selbsterfahrung, Ergötzen und Aufklärung bringen. Faust in seinen Gegenreden läßt Wagners Wollen jedoch immer als fruchtlos erscheinen – wo Wagner nach außen wirken und von dieser Wirkung profitieren will, hält er ihm die Äußerlichkeit und Mittelbarkeit seines Handelns vor; wo Wagner Ergötzen und Selbsterfahrung in der Wissenschaft sucht, kritisiert Faust die Subjektivität oder die Skandalträchtigkeit der Ergebnisse, die von der Öffentlichkeit verworfen werden. Fausts Gegenreden sind destruktiv; sie zielen an jedem von Wagner geäußerten gelehrsamen Interesse auf den Punkt, wo es Mißbrauch, Leerlauf, Unsinn werden kann und wissenschaftsgeschichtlich geworden ist. Faust zwingt Wagner also jeweils, eine neue Frage für sein Wissen- und Wirkenwollen zu finden: ein Wissenschaftler treibt den andern durch seine Kritik aus der jeweils eingenommenen Position; Faust läßt Wagner also immer mit dem notwendigen transitorischen Gang der Wissenschaft zusammenstoßen, der sein bisheriges Tun obsolet macht und dem Hochmütigen, der die Unmöglichkeit des menschlichen Wissenkönnens eingesehen hat, tatsächlich wie ein Regenwürmersuchen erscheinen muß.

Man sollte sich, bevor man mit Faust über Wagner spöttisch lacht, allerdings an zwei Dinge erinnern: der Erdgeist hat Faust als »furchtsam weggekrümmten Wurm« bezeichnet, und Wagners zwei letzte Fragen betrafen »des Menschen Herz und Geist« sowie das Ich, das sich mit Faust »besprechen« möchte – Wagners zuletzt geäußertes Interesse betrifft das Wesen des Menschen und des Selbst, der von ihm gesuchte »Wurm« ist der Mensch. Dazu stimmt Goethes Regiebemerkung, daß Wagner mit einer Lampe erscheinen soll: Diogenes von Sinope ging – allerdings bei Tage – mit einer Lampe herum und sagte: »Ich suche einen Menschen.« Der notwendige Gang des Ganzen, mit dem Wagners Wissenschaftsinteresse zusammenstößt, ist also die Transitorik der Wissenschaft selbst, die »lange Kunst«, an der er sich mit seinem kurzen Leben totläuft. Bezeichnenderweise treibt die Wissenschaft selbst diesen Prozeß voran – durch Mißbrauch der gesellschaftlich-praktischen Ziele oder der subjektiv-theoretischen Einsichten sowie, in Fausts Reden, durch mehr oder weniger gerechtfertigte destruktive Kritik. Auch in dem Wissenschaftler-Gespräch zwischen Faust und Wagner finden wir also das ›verschärfte‹ Modell des Wollens, das nicht nur von außen behindert wird, sondern eines Wollens, das sich in seiner Verwirklichung selbst das Hindernis schafft, an dem es zunichte wird.

Auch der Schüler ist keineswegs nur Teil einer Universitätssatire; vielmehr zeigt er Fausts Wollen auf der naiven Stufe des Anfängers, aber in seinem ganzen Umfang:

Mögt gern das gute so allzusamm,
Mögt gern das böse mir all vom Leib,
Und Freyheit, auch wohl Zeitvertreib,
Mögt auch dabey studiren tief,
Dass mirs über Kopf und Ohren lief!
O Herr helft dass meiner Seel
Am guten Wesen nimmer fehl. (V. 270–276)

»Geists Erweitrung« erwartet er (V. 308) und wünscht »rings von aller Erden, / Von allem Himmel und all Natur, / So viel mein Geist vermögt zu fassen« (V. 336–338). Daneben möchte er Freiheit, Zeitvertreib, den einträglichen Erfolg des Mediziners bei den Frauen genießen, wie der Professor ihn vormalt. Mephistopheles bestätigt ihm den Umfang seines prätendierten Wollens auch durch den Eintrag ins Stammbuch und die Rede von der Gottähnlichkeit. Die Hindernisse, die vor dem Studenten sich auftürmen, sind klar: die Sorge für die materiellen Bedingungen des Studierens, Probleme des Abgelenktwerdens durch das Freizeitangebot, der Anspruch der Professoren auf gottähnliche Verehrung, die Einteilung des Wissens in Fächer, der notwendige Gang des Lernens, die Regelhaftigkeit wissenschaftlichen Denkens, die Kaschierung des Nichtwissens in allen Fächern durch tönendes Fachvokabular, die Sinnlosigkeit des Vorlesungsbetriebs aus bereits gedruckten Büchern, endlich die Versuchung, den akademischen Titel nur als Mittel zum Geldverdienen und Lebenserfolg zu betrachten. Wird Faust mit den Bedingungen und Grenzen des Menschseins überhaupt konfrontiert, so der Schüler mit den von Menschen gesetzten Bedingungen des Lernens. Am Ende der Schüler-Szene sieht man bereits, wie sich das anfangs prätendierte Wollen einschränken und kanalisieren läßt und sich mit billigerem Ersatz begnügt. Die von Mephisto auf diesem Wege versprochene Gottähnlichkeit wird den erfolgreichen Mediziner sicher nicht bange machen – der Spruch, in seinem ganzen Umfang genommen, ist ironisch aufzufassen, denn das Wissen vom wahren Guten und Bösen läßt sich in Mephistos Wissenschaftsbetrieb nicht erlangen.

Die Gretchen-Handlung ist für Gretchen und noch einmal für Faust eine Probe, in der beider prätendierte Freiheit mit dem notwendigen Gang des Ganzen in verschiedenen Hinsichten konfrontiert wird. Faust ertappt sich in Gretchens Zimmer dabei, daß er, der nur »grade zu geniessen« vorhatte, durch die Atmosphäre dieses Raums magisch verwandelt wird. Er muß sich zurufen:

> Und du! Was hat dich hergeführt?
> Wie innig fühl ich mich gerührt!
> Was willst du hie? Was wird das Herz dir schweer?
> Armseelger Faust ich kenne dich nicht mehr.
>
> (V. 569–572)

Die Frage »Sind wir ein Spiel von iedem Druck der Lufft« zeigt, wie ernst er diesen magischen Angriff auf seine Willensfreiheit nimmt: er würde auf der Stelle verschwinden, hielte ihn nicht der von Mephisto besorgte Auftrag zurück. Die Vorwürfe des Dieners, die Notwendigkeit, ihm gegenüber das Gesicht zu wahren, geben den Ausschlag. Durch solche Nebenbedingungen läßt sich Faust hier bereits von der Richtung seines Willens ablenken. – Eine weitere Stufe tiefer und dem Triumph des Mephisto näher ist Fausts Liebesgeständnis, denn hier ist Faust sogar von Mephisto vorgewarnt, daß der Schwur ewiger Treue falsches Zeugnis sein würde wie die Bestätigung von Herrn Schwerdtleins Tod. Dennoch spricht er ihr von Liebe und Wonne, »die ewig seyn muss«, weil ihr Ende »Verzweiflung seyn« würde (V. 1040–42), und versucht dann schon verzweifelt, gegen die Verzweiflung magisch anzureden: »Nein kein Ende! Kein Ende!« Daß dieses Ende bald nach Gretchens Verführung da ist, wissen wir aus der verzweifelten Selbstanklage Fausts über sich als den Flüchtling, den Unbehausten, den Unmenschen ohne Zweck und Ruh, der nun noch den Teufel um Hilfe bitten muß, die Angst zu verkürzen (V. 1411–31). Zu diesem verächtlichen Zustand der Selbstaufgabe und, in der nächsten Szene, des kraftlosen Scheltens ist der einstige Anwärter auf Übermenschentum heruntergekommen; in der Gretchen-Handlung sind es vor allem die Gefühle, für die er durch seine Handlungen gegenüber Gretchen Dauerbeziehungen herstellt, ohne sie innerlich dauerhaft halten zu können. Der erst die Welt erkennen wollte, um sie zu beherrschen, muß nun erkennen, daß er nicht einmal sich beherrschen kann.

Auch Margarete stößt mit dem notwendigen Gang des Ganzen zusammen. Zunächst ist es der Wunsch nach sozialem Aufstieg, den Faust mit seiner Anrede »Fräulein« mächtig in dem Bürgermädchen anfacht und der durch den Anblick der »Herrlichkeit« des Schmuckkästchens vollends ausbricht:

Wenn nur die Ohrring meine wären!
Man sieht doch gleich ganz anders drein.
Was hilft euch Schönheit, iunges Blut
Das ist wohl alles schön und gut,
Allein man läßt auch alles seyn.
Man lobt euch halb mit Erbarmen.
Nach Golde drängt
Am Golde hängt
Doch alles! Ach wir Armen! (V. 648–656)

Dabei ist die Familie verhältnismäßig wohlhabend (V. 967 bis 970), und so ist es denn mit dem sozialen Aufstieg in den Adel vor allem die Flucht aus der Botmäßigkeit der allzu »akkuraten« Mutter (V. 961–966; vgl. 935 f., 749). Wie stark sie aber von außen in ihren kleinstädtischen Sozialbereich eingebunden bleibt, zeigt die Szene »Am Brunnen«, Valentins Rede in »Nacht« und die Furcht vor öffentlicher Schande wegen eines unehelichen Kindes, die sie zum Mord an ihrem Kind treibt. Vor allem aber bleibt Gretchen innerlich an die Normen dieses kleinstädtischen Bürgertums gebunden: »Am Brunnen« spricht sie von »Sünde«; im »Zwinger« von »Schmach und Tod«, die ihr bevorstehen; im »Dom« spricht der Böse Geist von »Sünd und Schand«; vor allem aber im Katechisierungsgespräch in »Marthes Garten« versucht sie angstvoll, von Faust ein Bekenntnis zu Religion und Christentum zu erwirken, wie es sich in ihrer Welt gehört. Diese Übereinstimmung mit ihrer Welt bedingt einerseits, daß Faust »in diesem Kerker … Seeligkeit« (V. 546) erfährt; andererseits bedingt sie, daß Gretchen sich in ihrem Denken nicht daraus lösen kann und deshalb für den schon flüchtenden Faust »mit kindlich dumpfen Sinnen« in ihrem »Hüttgen« zurückbleibt.

Die strengen Normen und Strafen der Gesellschaft vereiteln von außen und von innen Margaretes Wunsch nach sozialem Aufstieg, nach Flucht aus der kleinstädtischen Enge und nach dauerhafter Bindung des flüchtigen, sozial höherstehenden Faust an sie – dies ist der allererste Wunsch, den sie im Lied vom »König in Thule« schon unbewußt ausspricht. Die strengen Normen und Strafen der Gesellschaft, von außen drohend und bei Margarete selbst verinnerlicht, verhindern auch die »prätendierte Freiheit« im Wollen der Liebe schon im Keim. Das Lied am Spinnrocken beklagt zunächst nur die verlorene Ruhe, das schwere Herz, und auch der direkte Ausdruck des Wunsches am Schluß bleibt im Irrealis:

Ach dürft ich fassen
Und halten ihn
Und küssen ihn
So wie ich wollt
An seinen Küssen
Vergehen sollt. (V. 1100–05)

Sogleich danach versucht sie in der Katechisierungsszene sich und Faust eine Art von Bedingung für die Erfüllung ihrer Liebe zu setzen: die Religiosität und Christlichkeit Fausts, insbesondere die Vertreibung Mephistos (V. 1176) sind die Voraussetzungen, unter denen sie mit Faust zusammenleben und ihn lieben kann (V. 1189) – sie nennt die Voraussetzungen nicht wie Vertragsbedingungen, aber ihr Insistieren und das zweimalige »muß«, mit dem sie Faust zu ihrer Überzeugung bringen will (V. 1113, 1192), zeigen, daß sie sich vorgenommen hat, ihrem eigenen Wunsch nach Liebeserfüllung erst nach Klärung dieser Punkte nachzugeben. Doch dann gibt sie seiner verliebten Klage nach und ist selber erstaunt, warum. »Am Brunnen« rechtfertigt sie beide Triebkräfte in sich: Sünde ist, was sie getan hat, aber was sie dazu trieb, war »gut« und »lieb«. Noch in der Szene »Kerker« will sie Liebe, Küsse, Wärme von ihm; zugleich macht sie ihm ganz deutlich, was sie getan hat – ihre Mutter, ihr Kind umgebracht –, und sie übergibt sich dem menschlichen und dem göttlichen Gericht. Die mikrokosmische Harmonie Margaretes mit ihrer Umwelt hat Faust zerstört, und sie läßt sich nicht wieder herstellen. Aber eine höhere Form dieser Harmonie stellt sich in ihrem Willen selbst, ihrer Persönlichkeit her: sie nimmt die Notwendigkeit des Ganzen (ihres historisch bedingten und deshalb von außen immer noch kritisierbaren Ganzen!) in ihren Willen auf.

Margarete löst als einzige in diesem Stück die Problematik des Widerspruchs zwischen der prätendierten Freiheit des Willens und dem notwendigen Gang des Ganzen. Alle andern, am schlimmsten Faust, scheitern an dieser Problematik. Sogar Mephistopheles, wenn man ihm als willensbestimmendes Ziel einmal die Versuchung von Menschen zur Sünde, zum Abfall von Gott unterstellt, muß die Schlappe hinnehmen, daß Margarete ihm Faust eine Zeitlang entzieht und daß sie sich im Kerker trotz des Bewußtseins ihrer schweren Verbrechen und Sünden gläubig und ohne Verzweiflung dem Gericht Gottes übergibt – nur die an der Gnade Gottes Verzweifelten sind nicht mehr von der Gnade erreichbar.

Das Thema von dem Zusammenstoß von frei gewolltem Willen und notwendigem Gang des Ganzen kann nach dieser Analyse des Stückes und der Texte in seinem zeitlichen Umkreis also mit einiger Sicherheit für die Konzeption des *Urfaust* in Anspruch genommen werden.

Goethe hat mit seinem *Faust*-Projekt, wie schon mit dem *Götz*, die Forderung Lessings im 17. Literaturbrief eingelöst, und dazu noch mit dem Stoff, der dort in einem exemplarischen Fragment als besonders geeignet vorgeschlagen wurde.[40] Allerdings deutete er dabei, wohl Anregungen Herders folgend, den Faust-Stoff so um, daß daraus ein »Gedicht des Menschen« werden konnte. Mit seinem neuen Drama verfolgte Goethe ehrgeizige Ziele – man muß sich vor Augen

40 Von einer Lektüre der *Briefe, die neueste Literatur betreffend* findet sich in den Jugendschriften kein direkter Niederschlag; ihre Kenntnis wird in *Dichtung und Wahrheit* (Buch VII; HA 9, S. 277) für die Leipziger Studienzeit nahegelegt; spätestens die Lektüre von Herders Fragment-Sammlungen setzt sie voraus. Die Verbindung zwischen Shakespeare und dem deutschen »Nationalgenie« ist seit Johann Elias Schlegel und Lessings 17. Literaturbrief hauptsächlich von Gerstenberg und Herder betont worden.

halten, »daß der ›Urfaust‹ schon für die Sturm-und-Drang-Jahre Goethes nicht ein beliebiges Werk, sondern das von höchster Ambition auserlesene Hauptprojekt war, mit dem Herders Literaturprogramm erfüllt, Lessings Faust-Szene übertroffen, Shakespeare nahegekommen und Goethes Eigenstes ausgedrückt werden sollte«.[41]

Drama des neuzeitlichen Menschen

Haben wir mit dem Zusammenstoß des prätendiert freien Wollens mit dem notwendigen Gang des Ganzen den *Urfaust* strukturell mit den anderen Dramen und Dramenfragmenten dieser Zeit in Beziehung gesetzt und bereits wichtige Hinweise zu Konzeption und Interpretationsmöglichkeit des Stückes bekommen, so muß es nun noch um die nähere Bestimmung dessen gehen, was da in Faust und, zumindest auch, in Margarete, wenn nicht sogar in Wagner und dem Schüler mit dem notwendigen Gang des Ganzen zusammenstößt – Goethe spricht an der zitierten Stelle ja nicht nur formal von der »prätendierten Freiheit unsres Wollens«, sondern auch von dem »Eigentümlichen unsres Ichs«. Ist Faust wie der wohlmeinende Selbsthelfer Götz, wie der bestimmbare Aufsteiger Clavigo, wie der trotzige Schöpfer Prometheus, wie der empfindende Enthusiast Werther ein spezifisch gekennzeichneter, eventuell sogar krankhaft einseitiger Charakter?

Rolf Christian Zimmermann sieht in ihm wie in Werther einen pathologischen[42] Fall, ein »Stiefkind der Natur«[43]: »In Goethes ›Urfaust‹-Konzeption begegnet uns der Held als ein Mensch, in dem die Balance der geschöpflichen Zwienatur

41 Zimmermann, *Weltbild* II, S. 323 Anm. 10. Dort steht auch: »Wer den ›Urfaust‹ interpretiert, muß unvermeidlich den ganzen jungen Goethe interpretieren – ein Prinzip, gegen das bisher oft verstoßen wurde!«
42 Ebd., S. 278.
43 Ebd., S. 260.

gestört ist. Das heißt: sein göttliches Teil, die Tendenz nach dem Allgemeinen, Nicht-Individuellen, Nicht-Spezifizierten, also der Puls der Entselbstigung und Expansion, ist in diesem Faust (wie auch in Werther) ungleich stärker angelegt als das andere, irdische Teil, die Tendenz nach Selbstmanifestation, Verselbstung, Konzentration. Es ist diese unselige Disproportion der Lebenspulse, die Faust zum Enthusiasten macht.«[44] Aus der Annahme dieser krankhaften Einseitigkeit folgt für Zimmermann die »Passivität« des Erkennens und Fühlens, weshalb der zweifellos festzustellenden »Erkenntnisanstrengung« Fausts am Anfang nur noch der Charakter eines »bloßen Präludiums« zukommen kann.[45] Die Begegnung mit dem Erdgeist müsse fehlschlagen, weil »diese beiden Individualgeister nichts miteinander gemein haben«[46]; von dem Zusammentreffen mit Mephisto, der durch seine selbstisch-konzentrative Natur dem Entselbstigungspuls Fausts direkt entgegengesetzt ist, sei dagegen – unverständlicherweise – »Hilfe« durch »Kompensation seines Mangels« zu erwarten.[47] Da diese Hilfe lebensnotwendig sei, erübrige sich ein Pakt, denn die luziferische Kraft gehöre ohnehin zum Leben[48] – Zimmermann läßt allerdings offen, wie die »große Lücke« zwischen Wagner-Szene und Schüler-Szene zu schließen ist. Wenn der Gedanke der »Kompensation« eines Mangels durch Mephisto zuträfe, müßte Faust eigentlich von

44 Ebd., S. 258. Der Einschätzung als »Enthusiast« schließt sich Ingeborg Kluge an: *Wissenschaftskritik in Goethes »Faust«*, Frankfurt a. M. 1982, S. 57.

45 Ebd., S. 247, 250.

46 Ebd., S. 256, vgl. »wesensfremd« S. 255. Dem Argument der qualitativen Verschiedenheit wird rasch das Argument von dem quantitativen Unterschied nachgeschoben, als zugegeben werden muß, daß Faust mit seiner Behauptung »bin Faust; bin deines gleichen« eine Wesensverwandtschaft zu »Recht« behauptet, weil »in jedem lebendigen Wesen eine Flamme von der Flammenbildung des Erdgeistes lebt, eine portio divinitatis« (S. 256). Würde Zimmermann diese Wesensverwandtschaft mit dem Erdgeist überall zugeben, ließe sich die These von der enthusiastischen Einseitigkeit nicht halten.

47 Ebd., S. 259; vgl. S. 260, 265 f.

48 Ebd., S. 260 f.

da an ›richtig‹ leben. Bei Margarete zeigt sich aber: er »ist auch mit dem Beistand Mephistos nicht zu der schöpferischen Kraft jedes natürlichen Menschen gelangt, ein eigenes Wesen zu manifestieren und zu reproduzieren«[49]; vielmehr gelingen ihm nur Teufeleien, die ihrerseits nach Kompensation verlangen: Margarete sollte »im Faustplan wohl schon des jungen Goethe doch wahrscheinlich an die Seite Christi gestellt werden, als eine Erlöser-Gestalt. Die Idee lag von Anfang an nahe: Mephisto kompensiert die Schwäche des Gottesgeschöpfs in der Welt; Gretchen und die Gnade Christi kompensieren die Beflecktheit des Teufelsgeschöpfs vor dem himmlischen Gericht.«[50]

Von der Annahme der pathologischen Einseitigkeit eines von Natur aus »enthusiastischen« Faust werden also weitreichende Folgerungen abgeleitet, die eine Gesamtinterpretation des *Urfaust* auf dem Hintergrund des ganzen Frühwerks und der hermetischen Philosophie des jungen Goethe implizieren. Diese Qualitäten machen Zimmermanns Deutung weit bedenkenswerter als die in der ersten Hälfte dieses Jahrhunderts gängige Titanismus-These, mit der Faust »Titanentrotz« unterstellt wird,[51] weil man sich von dem seit dem Kaiserreich zum Nationalheros avancierten Faust und vor allem vom jungen Stürmer und Dränger Goethe eben nur ein titanisches Wesen vorstellen konnte. Zimmermanns These vom seraphischen Enthusiasten, dem die luziferische Fähigkeit der Selbstbehauptung gerade abgeht, widerspricht diesem einseitigen Bild mit der Behauptung entgegengesetzter Einseitigkeit. Wir haben jedoch schon bei unserem Referat von Zimmermanns Interpretation auf Inkonsistenzen der Argumentation hingewiesen, die die Enthusiasmus-These als

49 Ebd., S. 274.

50 Ebd., S. 276.

51 Ferdinand Josef Schneider, *Goethes Satyros und der Urfaust*, Halle 1949, S. 25. Sehr viel differenzierter: Friedrich Gundolf, *Goethe*, Berlin 1916, S. 129–151. – Vgl. auch Roethe, Rickert, Burger (s. Literaturverzeichnis, Abschn. 6).

ebensowenig haltbar erscheinen lassen wie die Titanismus-These. Die Darstellung des pathologischen Seelenzustandes eines »Enthusiasten« eignet sich in der Tat auch eher für den Briefroman des *Werther*, wo die differenzierte Entfaltung der wechselnden Stimmungen möglich ist. Das Drama mit seinen scharf geschnittenen Szenen schildert nicht den unmerklichen Fortschritt einer Krankheit. Wo Zimmermann den *Urfaust* mit dem ›Urgötz‹, dem *Clavigo* und *Mahomet*-Entwurf vergleicht, kommt er denn auch zur Feststellung, daß »am Anfang die göttliche Seele steht, die den Glanz ihrer Himmelsreinheit verliert, um desto größeren Erfolg in der Welt zu haben«.[52] Das aber ist der Befund der ›Trübung‹ oder ›Verstümmelung‹, den wir in der Diskussion des Frühwerks durchgängig feststellten, und nicht die Darstellung eines Geburtsfehlers.[53]

Friedrich Gundolf verwendet in seinem Titanismus-Begriff die spätere Selbstanalyse Fausts von den zwei Seelen in seiner Brust bereits zur Interpretation des *Urfaust*. Er verweist auf die beiden entgegengesetzten Pulse der Verselbstung und der Entselbstigung, die in den Gedichten *Prometheus* und *Ganymed* schon in der frühen Periode klar formuliert sind, und stellt fest: »Ganymed und Prometheus offenbaren kriegführende Mächte, gegensätzliche Kräfte Goethes, jede für sich – doch nicht den Krieg selbst. Eben das aber tut der Faust. Dieser Krieg zwischen dem Hunger nach Allheit und dem Willen zur Selbstheit, der im Gespräch mit dem Erdgeist unvergänglich dialogisiert ist, hat noch andere Formen: eine davon ist die zwischen dem Willen zum Leben im unwiederbringlichen Augenblick und dem ewigen Weitergetriebensein. [...] Aber wie auch immer die konkrete irdische Form dieses metaphysischen Konflikts sein mag, ob Kampf zwischen Körperlichkeit und Allheit, zwischen Augenblick und Ewigkeit, zwischen Sinnenglück und Seelenfriede, zwi-

52 Zimmermann, *Weltbild* II, S. 267.

53 »In seinem Herzen bleibt Faust unwandelbar der Enthusiast, als der er geboren wurde. Seine Natur bricht immer wieder durch.« (Ebd., S. 265.)

schen Ideal und Wirklichkeit: das Resultat eines solchen Kampfs ist das Leiden am Leben selbst.«[54]

Wenn man nicht einer einseitigen Festlegung auf ›Trotz‹ oder auf ›Schwärmerei‹ folgen müßte, sondern wie Gundolf und der Faust der Szene »Vor dem Tor« (entstanden um 1800) eine zweiseitige Anlage dieser Figur annehmen könnte, dann ließen sich viele von Zimmermanns Folgerungen nicht halten: der bloß traditionelle »Präludiums«-Charakter des ersten Monologteils, Fausts Wesensverschiedenheit vom Erdgeist, die Kompensationsfunktion Mephistos und Gretchens, die Überflüssigkeit von Wette und Pakt, der unheilbare Bruch zwischen *Urfaust*-Konzeption und späteren Konzeptionen.

Gundolfs These trägt dem Gegeneinander von Makrokosmos und Erdgeist, von Gelehrtendrama und Gretchen-Drama, von Faust und Mephisto Rechnung und löst damit eine Reihe von Problemen, die durch Einseitigkeits-Thesen erst entstehen. Sie läßt in der psychologischen Allgemeinheit der Annahme, in Faust seien wie in den andern Gestalten der frühen Dramen und Fragmente »Sinnbilder« von Aspekten der Goetheschen Existenz zu sehen, die Frage nach dem Grund offen, warum gerade der »weitbeschreite« Zauberer und Schwarzkünstler aus dem 16. Jahrhundert dem jungen Goethe für die Aufrichtung eines solchen vergleichsweise umfassenden Sinnbilds seiner Gesamtpersönlichkeit dienen mußte. Ohne Zweifel hat auch der *Götz* Elemente, die Goethe persönlich angingen, aber seine historische Situierung im 16. Jahrhundert ist unübersehbar und spielt eine tragende Rolle. Sollte sie beim *Urfaust* so ganz außer Betracht bleiben können, nur äußeres Dekor eines ganz vom Psychologischen des Charakters her gesteuerten Seelendramas sein, wie Gundolf und Zimmermann es scheinen lassen? War es doch »der notwendige Gang des Ganzen«, mit dem das »Eigentümliche unsres Ichs« zusammenstößt, und das ist seit der Begegnung mit Herder immer ein historisch bestimmtes

54 Gundolf, *Goethe*, S. 133.

Ganzes. Im *Götz* leuchtet das unmittelbar ein, aber auch im Gretchen-Drama, wo die sich frei wollende Liebe mit dem engen Kleinstadtleben zusammenstößt.

Meine These ist, daß gerade auch bei Faust nicht nur das »Eigentümliche« seines Charakters, sondern der Zusammenstoß dieses Eigentümlichen mit den Bedingungen des 16. Jahrhunderts als Denkvoraussetzungen und äußere Gegebenheiten das zentrale Interesse der *Urfaust*-Konzeption bilden. Wie beim *Götz* war dabei der Gedanke leitend, daß die im 16. Jahrhundert entstandenen Probleme in Goethes Zeit von neuem diskutiert wurden und gelöst werden mußten.

Dichtung und Wahrheit nennt bei der Besprechung der ersten *Faust*-Pläne zwei solche Probleme: die »Eitelkeit« des Wissens und die unbefriedigenden, quälenden Versuche der Lebensbewältigung.[55] *De incertitudine et vanitate scientiarum atque artium – Von der Ungewißheit und Eitelkeit der Wissenschaften und Künste*, das war der Titel eines der Werke Agrippas von Nettesheim, erschienen 1530, das Goethe spätestens seit 1770 kannte[56] und in dem er mit stupender Gelehrsamkeit alles zusammengetragen fand, was den grundsätzlichen Zweifel bestärken konnte, durch Wissenschaft zur Erkenntnis der Wahrheit zu gelangen. Die Aufklärung war stets vom Zweifel an ihrer Möglichkeit begleitet und trat zu Goethes Zeit in ein kritisches Stadium der Selbstaufklärung, nämlich der Frage nach den Bedingungen, unter denen Erkenntnis überhaupt möglich sei. In einem frühen Aufsatz zählte Herder nach einigen Erkenntniskritikern der Antike

55 Buch X; HA 9, S. 413 f.

56 Wahrscheinlich hat Goethe das Buch schon 1762 auf Empfehlung des Hofrats Hüsgen gelesen, welcher durch diese besondere Empfehlung sein »junges Gehirn dadurch eine Zeitlang in ziemliche Verwirrung setzte« (*Dichtung und Wahrheit*, Buch IV; HA 9, S. 162). Darauf bezieht sich wohl die Bemerkung, er sei schon früh auf die Eitelkeit des Wissens hingewiesen worden (ebd., Buch X; HA 9, S. 414). Erneute Lektüre Agrippas vor allem hinsichtlich der Magie bezeugen die *Ephemeriden* von 1770 (DjG 1, S. 434).

die Modernen Shaftesbury, Hume und Rousseau auf[57]; er selbst war der Ansicht, daß die einzige unumstößliche, aber dem Erkennen unzugängliche Gewißheit die der Existenz sei.[58] Auch die Naturwissenschaft stellte fest, daß sie Ursachen nicht wissen könne, nur immer Wirkungen höherer und allgemeinerer Art.[59]

Standen bei Agrippa die Wege des Glaubens und des Aberglaubens noch offen – er sah »die Religion und die Superstition« als die beiden »Hilfsmittel bei der ceremoniellen Magie«[60] –, so hatte die Aufklärung inzwischen beide aus dem Prozeß der Erkenntnisgewinnung ausgeschlossen. Mußte man sich auf menschliche, mit menschlichen Bedingungen behaftete Erkenntnis einschränken? Und wenn das so war, entstand damit nicht ein neuer Aberglaube? Beschwor man nicht statt kosmischer Geister und Dämonen jetzt die Dämonen im Innern des Menschen, die von den Bedingungen des Erkennens gar nicht zu trennen waren? Entstand da nicht eine neue Magie, ohne daß man ihre Gefahren erkannte? Die magische, alchimistische, hermetische Literatur genoß ein unglaubliches Interesse in der Spätaufklärung; neben den bestehenden Geheimgesellschaften, z. B. den Freimaurern, die einen großen Zuwachs erfuhren, entstanden immer wieder neue (Illuminaten, Spätrosenkreuzer usw.). Durch sein eigenes Interesse, das bis zu alchimistischen Experimenten

57 *Wie die Philosophie zum Besten des Volks allgemeiner und nützlicher werden kann* (1765); *Frühe Schriften*, S. 108 und 974, Anm. zu 108,8 f.

58 *Versuch über das Sein* (1764); ebd., S. 20.

59 »Wir müssen zugeben, daß die Ursachen [der beobachteten Wirkungen] uns ständig unbekannt sind und sein werden, weil unsere Sinne, selbst Wirkungen uns unbekannter Ursachen, uns Vorstellungen nur von Wirkungen, nie von Ursachen geben können. Wir müssen uns deshalb begnügen, als Ursache eine allgemein beobachtbare Wirkung zu bezeichnen und auf eine weitere Ausdehnung unserer Erkenntnis zu verzichten.« (Georges Louis Leclerc, comte de Buffon, *Histoire naturelle générale et particulière*, Bd. 1, Paris 1799, S. 71.)

60 Heinrich Cornelius Agrippa von Nettesheim, *De occulta philosophia sive de magia*, Buch III, Kap. 4; *Magische Werke*, Bd. 3, Stuttgart 1855, Nachdr. Wiesbaden [1982], S. 25.

führte, durch umfangreiche Lektüre und einen gleichermaßen interessierten Freundeskreis war der junge Goethe seit 1769 bestens in diesen Dingen bewandert und formte sich ein eigenes Weltbild, von dessen Grundzügen er zeitlebens nicht ließ.[61] Hinsichtlich des Zusammenhangs zwischen Erkenntnis und Magie kann man demnach feststellen, daß Probleme des 16. Jahrhunderts am Ende des 18. Jahrhunderts in reflektierter, auf den Menschen bezogener Form wieder auftauchten und nach neuen Lösungen verlangten. Man kann zweitens feststellen, daß Goethe sich damit befaßte, und man kann vermuten, daß die Figur Faust, aber auch Wagner, Mephisto als Professor, der Schüler, Experimentalfiguren sind, in denen diese »Erfahrungen, die man über und in der menschlichen Seele angestellet, zu poetischen Körpern umgeschaffen«[62] werden.

Ein weiteres Phänomen, das man als dem neuzeitlichen Bewußtsein eigentümlich betrachten kann, ist das der Unruhe im Dasein. Goethe spielt anläßlich der Puppenspielfabel von Faust darauf an: »Ich hatte es auch im Leben auf allerlei Weise versucht, und war immer unbefriedigter und gequälter zurückgekommen.«[63] Das Unstete im Leben des historischen Faust, das sich auch in den Volksbüchern und Puppenspielen spiegelt, das unruhige Leben des Paracelsus, des Agrippa boten ihm zunächst Anschauung im Biographischen. Daß hier nicht nur äußere Einwirkungen mitspielten, etwa Anfeindungen der Magier durch die Kirche (bei Agrippa) oder der neuen medizinischen Methoden durch die eingesessene Ärztezunft (bei Paracelsus), das zeigten ihm die Öffnung der begrenzten Weltvorstellung durch Kolumbus und die Sprengung des durch Kugelschalen eingeschlossenen Kosmos durch Kopernikus und Kepler.

61 Sehr instruktiv dargestellt bei Zimmermann, *Weltbild* I.

62 Herder, *Über die neuere deutsche Literatur. Fragmente*, 3. Sammlung (1767); *Frühe Schriften*, S. 480.

63 *Dichtung und Wahrheit*, Buch X; HA 9, S. 414.

Die ›Kopernikanische Wendung‹ des Denkens, mit der Kant 1781 seine eigene Wendung zur Kritischen Philosophie verglich, begegnete Goethe in ihrer alten und neuen Form. Kopernikus hatte das Bild des Kosmos und der Gestirnbewegungen dadurch vereinfacht, daß er Sonne und Planeten nicht mehr um die Erde und den betrachtenden Menschen kreisen ließ, sondern die Erde mit den Planeten um die Sonne. Damit aber wurde der Standpunkt des Betrachters beweglich, relativiert gegenüber einem nicht mehr zugänglichen ruhenden Zentrum, von welchem die theoretische Erklärung des Ganzen ausgehen muß, das aber mit der sinnlichen Erfahrung nicht mehr erreichbar ist.

Eine solche Wendung im Denken, wie Kopernikus sie auf die Astronomie angewendet hatte, ist nicht Zufall, sondern Ausdruck einer neuen Fähigkeit zur Erfahrung der Welt, eben des neuzeitlichen Bewußtseins. Dieses hatte sich auch schon in der Einführung der Perspektive in die Malerei Ausdruck verschafft: was von den Gegenständen sichtbar ist, hängt von dem Blick ab, den der Betrachter von genau einer Stelle aus hat, und jeder Blick von anderer Stelle würde anderes zeigen – der Fluchtpunkt in der unendlichen Tiefe des Raumes, auf den alle Fluchtlinien aller Bilder zuführen, ist jedoch (theoretisch) immer der identische. Auch hier also die Entfernung des in unzähligen möglichen Variationen denkbaren Blicks vom einen »wahren Blick Gottes«, die Relativierung des einmal Erfahrenen, die Unruhe des Weiterkommens zur nächsten Erfahrung, denn vielleicht läßt sich in der Totalität des Erfahrbaren das ersetzen, was an Zentralität, an Zuverlässigkeit der Erfahrung verlorengegangen ist. Die Renaissance ist denn auch die erste Epoche in der Geschichte des mittelmeerisch-abendländischen Raumes, die das Bewußtsein des Aufbruchs hatte, die die Unruhe, das Wegwollen von den gefestigten Strukturen in allen Lebensbereichen zum Programm erhob. Fausts Ausbruch ist kennzeichnend:

Weh! steck ich in dem Kerker noch
Verfluchtes dumpfes Mauerloch . . .
(V. 45 f.)

Und ebenso kennzeichnend:

Flieh! Auf hinaus in's weite Land!
Und dies geheimnissvolle Buch
Von Nostradamus eigner Hand
Ist dir das nicht Geleit genung?
(V. 65–68)

Denn kaum hat er sich eine Richtung gegeben, hinaus ins weite Land zu fliehen, ändert er die Richtung, nimmt ein Buch zur Hand und läßt sich durch einen Teil des »Urväter Hausrats« über die Natur aufklären. Goethe hat genau gesehen: die Aufbruchs-Bewegung des 15. und 16. Jahrhunderts war zum Teil eine Bewegung zurück in die Bindung an mehr oder weniger reine und zuverlässige Traditionen.

Die Unruhe, das Umhergetriebenwerden, die Existenzweise des Wanderers, das sind Erfahrungen des jungen Goethe, mit denen er sich immer wieder auseinandersetzte, nicht nur in seinen Dichtungen (*Werther*; *Der Wandrer*), sondern auch bei sich und seinen Freunden. Über Lavater schrieb er: »Die beste Seele wird von dem Menschenschicksaal so innig gepeinigt, weil ein krancker Körper und ein schweiffender Geist ihm die kollecktive [d. h. zusammenhaltende] Krafft entzogen, und so der besten Freude, des Wohnens in sich selbst beraubt hat.«[64] Zugleich war das Bewußtsein der zunehmenden Lebensbeschleunigung eine kollektive Erfahrung der Zeit,[65] die mit der gesteigerten und in den empfindsamen Kreisen zur Manie gewordenen Selbstbeobachtung in unmittelbarem Zusammenhang stand – mußte und wollte man doch ständig wenn auch noch so geringfügige Veränderungen an sich feststellen. Bildung, Erziehung, Ver-

64 An Gottlob Friedrich Ernst Schönborn, 8.6.1774; HA Br. 1, S. 163.
65 Vgl. Reinhart Koselleck, *Vergangene Zukunft. Zur Semantik geschichtlicher Zeit*, Frankfurt a. M. 1979.

änderung des sozialen Status, Verbesserung der Produktionsmethoden und der Agrarrenditen, der Beginn des konsequenten Denkens in ökonomischen Kategorien ließen ein Zeitklima des Projektierens[66], des Sichselbstversetzens in bessere Lagen entstehen, in dem die selbstbezogene Unruhe zur vorherrschenden Stimmung wurde. Die Intellektuellen, mit ihren Produktionen aus den festen Bindungen an fürstliche oder institutionelle Auftraggeber sich lösend und auf den literarischen Markt drängend, sahen sich in die Notwendigkeit versetzt, ständig Neues, Unerhörtes, Originelles, Geniales anzubieten, um sich Gehör und Käufer zu verschaffen.

Änderte im 16. Jahrhundert ein Wandel des Bewußtseins die Umstände, die Autoritäten, die Perspektive, so ging es am Ende des 18. Jahrhunderts darum, sich selbst zu ändern, um als ein sich ständig Wandelnder nach außen wirken zu können. Wieder sind die beiden Phasen des neuzeitlichen Bewußtseins so aufeinander bezogen, daß der späteren die frühere als Entstehungszeit eines Problems erscheint, das in verschärfter, verinnerlichter Form die Gegenwart bestimmt.

Margarete ermöglicht Faust beide Formen der Erfahrung. Als er zum ersten Mal ihr Zimmer besucht, fühlt er sich durch die ihn anatmende Stille innig gerührt, kennt sich nicht mehr, wird verwandelt, will rasch wieder fort. Später gelingt ihm die Erkenntnis, daß er selbst sich wandelt und deshalb auch keine Treue zu sich und ihr haben kann:

> Ha bin ich nicht der Flüchtling, Unbehauste
> Der Unmensch ohne Zweck und Ruh (V. 1414 f.)

»Wissen« und »Leben« sind die beiden Aspekte, unter denen Goethe in *Dichtung und Wahrheit* Faust auf sich und damit, wie gezeigt, das 16. und das 18. Jahrhundert aufeinander bezieht.

66 Der Emigrant L. A. de la Beaumelle bestimmte z. B. sein Zeitalter folgendermaßen: »L'esprit du siècle est partagé entre deux passions, entre le goût des projets et le goût des plaisirs.« (*Mes pensées, ou le Qu'en dira-t-on*, Berlin 1755, S. 1.)

Zum *Faust*-Plan gehörte mit großer Wahrscheinlichkeit seit den Anfängen das Auftreten am Kaiserhof und das Zusammenleben mit Helena, aus dem ein Sohn hervorgehen sollte.[67] Hier wären wahrscheinlich weitere Erfahrungen des neuzeitlichen Bewußtseins zu »poetischen Körpern« gestaltet worden, die Goethe in den frühen siebziger Jahren schon brennend interessierten – Probleme der gesellschaftlichen Ökonomie[68] sowie Probleme des Schönen und der Kunst. Schon im *Götz* hatte Goethe mit der Rechtsproblematik die ›Archäologie‹ gegenwärtiger Gesellschaftsfragen im 16. Jahrhundert betrieben, und der *Egmont* sollte hinsichtlich der vaterländischen Freiheit Ähnliches leisten. Beziehungen zur poetischen Theorie und Praxis des 16. Jahrhunderts stellte Goethe in *Wandrers Sturmlied* her – da ging es um die von Agrippa von Nettesheim beschriebenen Formen der poetischen Begeisterung (furores)[69] und die schon von Herder skeptisch erörterte Frage, wieweit es im 18. Jahrhundert noch möglich sei, von echter pindarischer Begeisterung erfaßt zu werden. Das Knittelversgedicht über *Hans Sachsens poetische Sendung* stellt die Beziehung zwischen zeitbedingter Denkform und Dichtung her und lehrt die verstehende Liebe für das Vaterländisch-Vergangene. Der *Tasso* nimmt den Zeit-

67 Vgl. Zimmermann, *Weltbild* II, S. 277–279. Er stützt sich dabei auf eine für Buch XVIII von *Dichtung und Wahrheit* vorgesehene Inhaltsangabe des ersten Faust-Plans, den Goethe wegen der Fortführung der Tragödie jedoch nicht veröffentlichte (abgedr. in: HA 3, S. 433–435). Vgl. auch Goethes Äußerungen zur Helena-Episode: »Es ist eine meiner ältesten Konzeptionen, sie ruht auf der Puppenspiel-Überlieferung, daß Faust den Mephistopheles genötigt, ihm die Helena zum Beilager heranzuschaffen.« (An Wilhelm v. Humboldt, 22.10.1826; HA Br. 4, S. 205. Vgl. den Brief an Sulpiz Boisserée vom gleichen Tag mit fast gleichlautender Formulierung; ebd., S. 207.)

68 Bekanntlich führte Goethe sich beim Herzog Karl August von Weimar 1774 mit einem Gespräch über Staats- und Wirtschaftsfragen ein, in dessen Zentrum Justus Mösers *Kleine Aufsätze, staatsbürgerlichen Inhalts* standen (*Dichtung und Wahrheit*, Buch XV; HA 10, S. 52 f.). Justus Möser hatte mit seinen *Patriotischen Phantasien* »eine Nationalwirtschaftslehre für das ›Deutschland‹ des 18. Jahrhunderts« geschaffen (Bernd Mahl, *Goethes ökonomisches Wissen*, Frankfurt a. M. / Bern 1982, S. 243).

69 Vgl. die Interpretation in: Zimmermann, *Weltbild* II, S. 92–106.

punkt im 16. Jahrhundert in den Blick, wo die Dichtung zum utopischen Freiraum wird, in dem sich die Versprechung einer natürlichen Lebensform gegen die Zwänge der Gesellschaft artikuliert, eine Versprechung, derer sich das Zeitalter Rousseaus erinnert und die es in der Französischen Revolution einzulösen hofft.

In diese Vielzahl poetischer Unternehmungen, ›Archäologie der Gegenwart‹ im 16. Jahrhundert zu betreiben oder die Samen des 16. Jahrhunderts im Ende des 18. Jahrhunderts aufgehen zu sehen, reiht sich der *Urfaust* zwanglos ein. Schon für Herder ist das 16. Jahrhundert »das wichtigste Seculum und die Quelle der neuen Geschichte«.[70] Für Goethe ist die Zeit des Götz von Berlichingen der »Wendepunkt der deutschen Geschichte«[71]; in Huttens Werken erscheint es ihm »wundersam genug, daß in unsern neuern Tagen sich das Ähnliche, was dort [bei Götz] hervorgetreten, hier gleichfalls wieder zu manifestieren schien«.[72]

Das »Eigentümliche« des Faust als Figur erscheint jedoch von Anfang an weiter gespannt als das des Götz, des Egmont, des Tasso, insbesondere wenn man an die zweifellos mitgeplanten Ereignisse um den Kaiser und um Helena denkt. Die Thematik von Theorie und Praxis zunächst im subjektiven Bereich – die Unfähigkeit zur Erkenntnis und die Unfähigkeit zur beständigen Liebe –, dann wohl im objektiven Bereich – gesellschaftliche Praxis und ästhetische Schau (›theoria‹) des Schönen –, diese Thematik umfaßt das menschliche Dasein nach seiner Ausmessung in die ›Breite‹. Die Einbeziehung der Gottheit in Gestalt des Paares Makrokosmos–Erdgeist und der Mächte der Finsternis in Gestalt des Mephistopheles mißt sozusagen die Vertikale des Kosmos aus. Die dritte Dimension ist die historische Achse zwischen dem 16. und dem

70 Herder, Brief an Johann George Scheffner vom Anfang November 1768; *Briefe*, hrsg. von Wilhelm Dobbek und Günter Arnold, Bd. 1, Weimar 1977, S. 111.

71 *Dichtung und Wahrheit*, Buch XIII; HA 9, S. 576.

72 Ebd., Buch XVII; HA 10, S. 117.

Ende des 18. Jahrhunderts. Messen »Horizontale‹ und ›Vertikale‹ den ganzen Menschen aus, so gibt ihm die dritte Achse eine historische Wirklichkeit als die des Menschen der Neuzeit. Der *Urfaust*, so kann man sagen, ist das Drama des neuzeitlichen Menschen.

»Wenn die Erfahrungen, die man über und in der menschlichen Seele angestellet, zu poetischen Körpern umgeschaffen würden: [...] wenn jede große psychologische Wahrheit sinnliches Leben erhielte: kurz, wenn die ganze Welt der menschlichen Seele ins Licht des poetischen Glanzes träte, dessen sie fähig ist: – welch ein Gedicht! – Wenn der Dichter die ganze Ausdehnung der menschlichen Seele, ihre Höhen und Tiefen, mit seiner mächtigen Hand umspannte: wenn er zu der Größe, deren eine menschliche Seele fähig ist, sich erheben, die Stärke des Geistes umfassen, und die Güte des Herzens, wie einen pierischen Quell, kosten könnte, da seine Ideen so hoch, seine Wahrheiten so stark, und seine Empfindungen so bezaubernd wären, als der größte Geist, die stärkste Seele, das beste Herz: – und er hiezu alle Macht der Dichtkunst aufböte – [...]«[73]

Herder, von dem dieser Plan zu einem »Gedicht des Menschen« stammt, bricht in seiner Begeisterung über dieses Thema den Satz unvollendet ab. Goethe las die *Fragmente* Herders 1772[74]; es ist nicht ausgeschlossen, daß dessen Begeisterung ihn ansteckte und der schon länger »summenden« Faust-Fabel diesen Sinn verlieh. Herder hatte zwar selbst an einem Lehrgedicht zu seinem Thema gearbeitet und gemeint, nur ein solches könnte »alle Saiten des menschlichen Herzens treffen [...], da Epopee und Drama nur immer eine oder wenige anrühren kann«[75], aber Herder hatte zu jener Zeit (1767) noch kein neues Drama von der shakespeareschen Gewalt und Umspannungskraft des *Götz* oder des *Urfaust*

73 Herder, *Über die neuere deutsche Literatur* III; *Frühe Schriften*, S. 480.
74 Brief an Herder, etwa 10.7.1772; HA Br. 1, S. 132 f.
75 *Über die neuere deutsche Literatur* III; *Frühe Schriften*, S. 481.

gesehen. Was Goethe jedenfalls reizen mußte, war Herders Gedanke, mit einem solchen »Essay on Man [...] im zwiefachen Verstande Geistschöpfer durch sich selbst werden«[76] zu können: der Dichter eines solchen Werkes mußte, da er den Stoff unmittelbar aus sich nahm, sich selbst neu erschaffen, und indem er dies tat, stellte er einen neuen Menschen aus sich heraus: »Wenn er sie [die Seele] uns, eingehüllt in die Strahlen Apolls, in dem Schmuck der Dichtkunst, von Musen umgeben und von Grazien begleitet, als eine Braut des Himmels, eine zweite Eva, unsere Hälfte, entgegen führte: wie Adam würden wir auf sie zueilen, und ihrer Umarmung entgegen jauchzen: das ist Fleisch von meinem Fleisch!«[77] Mit einem Drama des neuzeitlichen Menschen war sozusagen der höchste mögliche Gegenstand einer Dichtung gefunden, und nach einem solchen hielt Goethe, wie seine dramatischen Pläne zeigen, Ausschau. Es liegt also nahe, die Herderschen Überlegungen zumindest als Instrumente zur Schärfung von Goethes Problembewußtsein einzubeziehen.

Sprachliche Bewußtmachung der Geschichtlichkeit

Nun ist mit einem Vorhaben, das drei Jahrhunderte umfaßt, für einen Dramatiker eine schwierige Aufgabe gestellt: Wie realisiert er diese drei Jahrhunderte mit Figuren, denen der Zuschauer oder Leser zunächst die Beschaffenheit und Lebenszeit von natürlichen Menschen zuzudenken bereit ist? Sollen die drei Jahrhunderte als Verlaufsreihe dargestellt werden, soll die Figur und Lebenszeit des Helden nur durchsichtig werden auf die Gegenwart wie etwa beim *Götz*, der ja überdies am Schluß die Mahnung an das künftige Jahrhundert enthält? Soll an spätere Ereignisse erinnert werden (wie durch

76 Ebd., S. 478 f.; »Essay on Man« spielt auf den Titel eines Lehrgedichts (1733–34) von Alexander Pope an.

77 Ebd., S. 481.

die Schlußvision Egmonts), aus denen deutlich wird, daß die Gegenwart in bestimmter Hinsicht eine Folge der im Drama gezeigten Entwicklungen ist?

Durch das Experiment mit *Götz von Berlichingen* war Goethe auf diese Schwierigkeit schon aufmerksam geworden. Christoph Martin Wieland, einer der bedeutendsten Dichter und Kritiker der Zeit, hatte in seinem vielgelesenen *Teutschen Merkur* als »den größten und augenscheinlichsten Fehler« am *Götz* die »ziemlich häufige Vermengung der Sprache aus den Zeiten Maximilians I mit der von Joseph II« getadelt.[78] Es sei freilich außer Goethe »noch keinem in Europa eingefallen, daß ein dramatischer Autor, der seine Personen aus dem dreizehnten oder funfzehnten Jahrhundert nimmt, sie auch die Sprache dieser Zeiten reden lassen müsse. Aber wenn er nun ja seinem Stück eine besondere Energie dadurch zu geben glaubte, so hätte er wenigstens alle seine Personen, jeden nach seiner Art, (denn freilich sprachen auch damals die Bischöfe und die Hofleute feiner als Bauern, Zigeuner und der Wirt in der Herberge zu Schwarzenberg) sich durchgängig so ausdrücken lassen sollen, wie man unter Kaiser Maxen zu reden pflegte.«[79]

Wie soll der geschichtliche Bezug überhaupt, und wie soll er sprachlich realisiert werden? »An der Stelle, wo er wegen der Vermischung der Sprachen in verschiedenen Jahrhunderten getadelt wird, sagte er [Goethe]: auch recht, auch gut [. . .]. Freilich hat er ganz recht; ich hab's selber genug gefühlt usw. Die Folge meiner Werke soll's zeigen, ob ich meine Fehler kannte.«[80] Der *Faust* muß also in dieser Hinsicht ›verbessert‹ sein. In der Tat ist zunächst die Sprache der einzelnen

78 *Über das Schauspiel, Götz von Berlichingen, mit der eisernen Hand*, erschienen im *Teutschen Merkur* 6,3 (Juni 1774); zit nach: Christoph Martin Wieland, *Werke*, hrsg. von Fritz Martini und Hans Werner Seiffert, Bd. 3, München 1967, S. 285–294, hier S. 293.

79 Ebd., S. 294.

80 Johanna Fahlmer an Friedrich Jacobi, wohl 7.5.1774, über Goethes Reaktion auf Wielands Rezension; Steiger, *Goethes Leben von Tag zu Tag* I, S. 649.

›Stände‹ scharf differenziert – Gretchen, Bärbelchen, Valentin, Frau Marthe, die lustigen Gesellen haben ihre ungelehrte Sprache, wobei jeder noch einmal einzeln charakterisiert ist. Faust, der Schüler, Wagner, Mephisto als Professor, wiederum differenziert, werden als Gelehrte gekennzeichnet.

Die Sprache ist jedoch keineswegs nur die Sprache des 16. Jahrhunderts. Ein Ausdruck wie »Gedanken Fabrick« (V. 353) ist nicht nur eine Neubildung, sondern hat im Zusammenhang mit dem Webstuhlgleichnis im 18. Jahrhundert einen entschieden modernen Klang. Auch aus Siebels Wort »Appartinenzien« klingt neumodische Verfeinerung Leipzigs, das im 18. Jahrhundert Paris nacheiferte. Der »Minister« mit »Bändern auf dem Kleide« und dem »grosen Stern« in Mephistos Flohlied (»Auerbachs Keller«, Z. 105 ff.) kann so erst seit dem 17. Jahrhundert erscheinen. Die Szene »Nachbarinn Haus« enthält eine Reihe moderner Ausdrücke – »Galan« (V. 800), »Wochenblättgen« (V. 866) weisen ins 17. und 18. Jahrhundert –, Marthes Bezeichnungen für ihren Ehemann – »mein Schatz« (V. 864), »kaum ein herzger Närgen« (V. 848) – gehören zur Empfindungssprache des 18. Jahrhunderts, die hier parodiert wird. Daß Margarete Mephistos Frage »Wie steht es denn mit ihrem Herzen?« (V. 860) nicht versteht, bezieht sich nicht nur auf ihre Unschuld, sondern auch auf ihre Unvertrautheit mit dem galanten Ausdruck. Margarete hingegen verwendet die galante Sprache des 18. Jahrhunderts, wenn sie bei Fausts Handkuß sich zierend sagt: »Inkomodirt euch nicht! Wie könnt ihr sie nur küssen« (V. 933), und daß ihre Mutter »so accurat« ist (V. 966), sagt man erst seit dem 18. Jahrhundert.

Nun könnte Wieland argumentieren, das seien einfach wieder dieselben »Fehler« wie im *Götz*. Andere Indizien sprechen jedoch dafür, daß Goethe im *Faust* von Anfang an nicht versuchte, sprachlich in den ausgedrückten Vorstellungsweisen eine bestimmte Zeit, etwa die des Kaisers Maximilian, mit Ausschließlichkeit abzubilden. Vielmehr sollten offenbar bewußt verschiedene Zeiten angesprochen und in Erinnerung gebracht, die drei Jahrhunderte in den verschiedenen Graden ihrer geschichtlichen Vergangenheit präsent gemacht werden. Dies sollen die folgenden Kapitel über einzelne inhaltliche und formale Aspekte und Lesarten des *Urfaust* belegen.

Wir können hier eine vorläufige Bilanz über die aus der Konzeption erschlossene Funktionalität und Intentionalität des *Urfaust* ziehen:

Situation des Urfaust in der Zeit

Goethes *Urfaust* sucht wie der *Götz von Berlichingen* mit Hilfe von antizipatorischen Individuen aus dem »Wendepunkt« der Geschichte die Verfassung und Probleme des Menschen seiner Gegenwart zu rekonstruieren und zu erhellen. Die geschichtliche Gegenwart löst die dramatische Fiktion ein; der Autor wie auch der Zuschauer oder Zuhörer werden zum »Geistschöpfer« ihrer selbst »durch sich selbst«[81]. Ein solches Programm, verbunden mit den aufgezeigten vaterländischen Elementen, setzt die Linie der neuen ›Anthropologie‹ fort, die den Menschen auf allen Gebieten befähigen will, sich selbst zu fassen, zu erkennen und zu bestimmen. Er soll sich begreifen in seiner Allgemeinmenschlichkeit und vaterländischen Eigentümlichkeit, in seiner geschichtlichen Genese und Eingebundenheit in Traditionen, in seiner gesellschaftlichen Selbständigkeit als Individuum und in der äußeren und inneren Bedingtheit seines gesellschaftlichen Handelns durch historisch gewachsene Vorurteile, institutionelle und soziale Zwänge. Mit der prätendierten Freiheit des Ichs und dem notwendigen Gang des Ganzen, der Idee, die uns auch für den *Urfaust* die Hauptanstöße

81 Herder, *Über die neuere deutsche Literatur* III; *Frühe Schriften*, S. 481; vgl. schon Herders *Dithyrambische Rhapsodie über die Rhapsodie kabbalistischer Prose* von 1765: »Lieber warum bist du nicht ein Virtuose, um den Gott im Menschen zu singen, und unsre Natur zu verewigen [...]. Wo wohnt denn er, der sich an sich selbst zum Gotte schafft, wie Alexander am Achill, und dies weite Thema, groß wie eine Welt, umfasset.« (Ebd., S. 34.)

zum Verständnis gegeben hat, sind der Selbstentfaltungsaspekt und der Ordnungsaspekt formuliert, die als Forderungen der »Freiheit« und der »Gleichheit« zur Französischen Revolution geführt haben; indem er von ihrem »Zusammenstoß« spricht, zeigt Goethe auf den Widerspruch dieser Forderungen. Während die Parole »Brüderlichkeit« die Lösbarkeit des Konflikts postuliert, sind die Jugenddramen Goethes als ›Verstümmelungsdramen‹ tragisch: das Eigentümliche unseres Ichs, die prätendierte Freiheit unsres Wollens läßt sich bei den bedeutenden Individuen, die Goethe auswählt, nicht frei entfalten, sondern zerreibt und verkehrt sich an den geschichtlich bestehenden Hindernissen, an den gewählten Mitteln, an inneren Zwängen. Nicht einmal Prometheus, der schöpferische Titan, kann sich behaupten: in seiner trotzigen Undankbarkeit verkehrt er die mythologischen ›Tatsachen‹ und entzieht sich, der nur in und durch den Mythos besteht, selbst die Grundlage der Existenz.

Wenn also die Bilanz des Zusammenstoßes von prätendierter Freiheit und Notwendigkeit des Ganzen für das Individuum tragisch aussieht, so erhebt sich die Frage, warum der junge Goethe dann auf das umrissene Programm des vaterländischen »Geistschöpfers durch sich selbst« eingegangen ist; wird ein solches Programm nicht sinnlos? Welchen Wert hat das tragisch verstümmelte Leben eines großen Individuums wie Götz, wie Gretchen, wie Egmont?

Wir haben herausgestellt, daß die reale Geschichte die dramatische Fiktion einlöst, als ihre Fortsetzung, als die Erfüllung ihres Versprechens erscheinen soll. Die Geschichte wird also wie die Natur gesehen als das seinen notwendigen Gang gehende Ganze, welches das Individuum sich entfalten läßt und zerstört, aber die von ihm geleisteten Taten, oft nur die Manifestationen seines Wollens, die Erinnerung seiner Persönlichkeit und vielleicht vor allem seines Todes weiterträgt und in die Notwendigkeit ihres Ganges selbst aufnimmt. Egmont stirbt im Gefängnis, aber der Freiheitskampf der Niederlande, seine große Vision am Ende, beginnt nach seinem Tod. Sokrates' Tod wäre das Versprechen einer sich durch die ganze abendländische Geschichte ziehenden großen menschlichen Philosophie gewesen, ebenso der Tod Christi, der im *Ewigen Juden* Thema gewesen wäre. Der Ruf Lerses am Ende des *Götz von Berlichingen*: »Wehe der Nachkommenschaft die dich verkennt«, dieser Ruf fordert, daß im Gedenken an den Edlen die Späteren sich selbst veredeln sollen, und Goethes Drama ist die beispielgebende Einlösung dieser Forderung. Dies gilt im *Urfaust* auch für Margarete und den Adel ihrer Liebe; es gilt noch nicht für Faust, der sich am Kaiserhof und mit Helena erst noch hätte selbst wiederfinden müssen, um des erhebenden Gedenkens wert zu werden.

So ist das Leben und die tragische Vernichtung des großen Individuums nicht sinnlos, weil die Geschichte seinen Wert erhält und in historische Wirklichkeit transformiert. Auch das Schreiben von Stücken wie *Götz* und *Urfaust* und *Egmont* ist sinnvoll, weil es mit ihnen gelingen kann, ein Stück blinder Notwendigkeit aus dem Gang des Ganzen herauszubrechen und zur menschlich bestimmbaren Wirklichkeit zu machen: das Volk, die Gesellschaft in ihrer historischen Verfassung gehören ja, wie Margaretes Schicksal zeigt, zum notwendigen Gang des Ganzen, an dem sich das bedeutende Individuum aufreibt. Wenn es gelingt, durch die poetische Erfahrung der edlen Gesinnung des Götz oder der Liebe Margaretes oder der Freiheit des Egmont das Volk auf einen vaterländischen Geist zu einigen, in welchem diese Verhaltensweisen als eigentümliche Bestimmung gespürt werden, dann muß das bedeutende Individuum nicht mehr tragisch sich aufreiben. Es verliert seine exzentrische Position, wird zum Repräsentanten des Ganzen und kann es in sich aufnehmen, ohne wie Margarete zugleich seine physische Vernichtung zu akzeptieren. Das einzige gemeinsame Medium, in dem alle der Geschichte und ihrer selbst gedenken und sich zugleich im Geist neu erschaffen, ist die Dichtung; ihr ist damit eine Bedeutung zugemessen, die sie bis dahin und nach Goethes Tod nie wieder hatte.

III

Lesarten der Geschichtlichkeit

Betrachtet man den *Faust* in vollendeter Gestalt, so wird deutlich, daß zwischen dem Anfang im »engen gothischen Zimmer« des ausgehenden Mittelalters und dem weltumspannenden Handelsimperium und großtechnischen Eindeichungsprojekt des 5. Akts gute drei Jahrhunderte liegen; der Gelehrte vom Beginn der Neuzeit, der mit seinem Zauberbuch die Kräfte der Natur zu erfassen sucht, ist viele Lebensspannen älter als der moderne Großunternehmer, der zum Schluß mit den saint-simonistischen Sozialparolen der Jahre um 1830 spielt. Der »Walpurgisnachtstraum« am Ende des *Faust I* enthält viele Anspielungen und eine Art ›Datierung‹ (vor V. 4315) auf die Zeit um 1800; eine große Zahl weiterer versteckter Zeithinweise und -kommentare lassen sich aufdecken, die sich zu einer verbindenden chronologischen Linie über das Stück hin zusammenschließen. Daraus kann man in einer ersten Lesart schließen, daß die Figur Faust, die wir von der Szene »Nacht« an beobachten, eine Art von Prinzip ist, das sich diese dreieinhalb Jahrhunderte durchhält, das sich gestaltet und umgestaltet. Nicht einen individuellen, persönlich charakterisierten Menschen wird man hier in den Grenzen seiner Lebenszeit psychologisch verstehen und sich in ihn einfühlen; Faust ist eine »schwankende Gestalt« (V. 1) für den Menschen der europäischen Neuzeit, für sein Bewußtsein und Bestreben und für sein tragisches Schicksal.

Nun fragt sich, ob diese Konzeption schon für den *Urfaust* gilt. Er führt vom gotischen Zimmer des Renaissancegelehrten bis zum Kerker Margaretes, die wegen der Tötung ihres Kindes hingerichtet werden soll. Die Furcht vor sozialer Ächtung, die sie zum Mord getrieben hat, war um 1740–80 das vieldiskutierte Hauptmotiv für Kindstötungen; Friedrich II. von Preußen schaffte 1746 die schlimmste Form dieser Ächtung ab, nämlich die öffentliche Bloßstellung der unverheirateten Mutter von der Kirchenkanzel; 1763 diskutierten die Weimarischen Landstände darüber; Goethe kämpfte 1781 für die Abschaffung und erreichte für das Herzogtum Weimar 1786 sein Ziel. Am einschneidendsten war der Eindruck von Prozeß und Hinrichtung der Kindsmörderin Susanna Margaretha Brandt (1771/72), die Goethe sehr wahrscheinlich miterlebt hat – man datiert die drei letzten Szenen des *Urfaust* mit einiger Sicherheit auf Anfang 1772, also unmittelbar im Anschluß an diese Hinrichtung in Frankfurt. Entscheidend ist nun, daß die soziale Ächtung der unverheirateten Mutter in der Renaissance, der Zeit der Großfamilien und der aus Sachlichkeitsgesichtspunkten geschlossenen Ehen, noch kaum eine Rolle spielte (was dem Rechtshistoriker Goethe sehr wohl bewußt war). Erst im 18. Jahrhundert, der beginnenden Zeit der Liebesehe und der Kleinfamilie, der strengen bürgerlichen Tugend- und Sittenaufsicht wurde die Schande daraus, der die verzweifelten Mütter durch Tötung der Kinder zu entgehen suchten. Das Schicksal Margaretes, von der emanzipatorischen Deutlichkeit in der Formulierung ihres Liebeswunsches bis zur bevorstehenden Hinrichtung der Kindsmörderin, ist für den Dichter des *Urfaust* ein zeitgenössisches Schicksal (vgl. den Zeilenkommentar zu V. 1260).

Auch die zwischen diesen ›Eckdaten‹ liegenden Szenen fügen sich chronologisch ein; die Schüler-Szene etwa enthält neben dem Hinweis auf »Caffee und Billard« (V. 282) – Errungenschaften, in deren Genuß die Öffentlichkeit um die Wende des 17. zum 18. Jahrhundert erst zögernd gelangte – viele Anspielungen auf wissenschaftliche Diskussionsgegenstände des frühen 18. Jahrhunderts; die Szene in Marthes Garten trägt deutliche Züge des Rokoko. Die Wagner-Szene jedoch ist gewissermaßen das Modell für die Gestaltung von Geschichte: die Themen, die Wagner in jeder seiner sieben Reden anschneidet, sind in chronologischer Reihenfolge die

Interessengebiete der Gelehrsamkeit vom Humanismus der Renaissance bis zur Anthropologie und zum subjektiven Idealismus des 18. Jahrhunderts. Fausts skeptische Zwischenreden zeigen jeweils die Schwächen und Gefahren der von Wagner vorgeschlagenen Forschungsgebiete und treiben so das Gespräch, die Suche nach dem fruchtbarsten Forschungsgebiet rasch voran, während die tatsächliche Gelehrsamkeitsgeschichte Jahrhunderte gebraucht hat, um die Themen jeweils zu erschließen, aufzuarbeiten, zu mißbrauchen und zugunsten eines neuen fallenzulassen. Geschichte verläuft danach wie ein Gespräch, strickt sich weiter aus Spruch, Widerspruch und Antwort, folgt einem dialogisch-dialektischen Gesetz und geht nicht zu Ende, sondern wird »dießmal unterbrochen«, weil der Herr ruhen möchte. Geschichte geht aus vom Wort und führt zum Menschen, den Wagner mit seiner Diogenes-Lampe bildlich zu suchen ausgegangen ist: Geschichte ist also sich im Gespräch oder über die Jahrhunderte oder in Goethes Stück immer wieder vollziehende Schöpfung, wie es Herder seinen Schüler in diesen Jahren gelehrt hatte.

Wenn Wagner bei all seiner trockenen Gelehrsamkeit hier nicht mit der Verächtlichkeit behandelt wird, mit der Faust ihn lächerlich macht, dann deshalb, weil Faust nicht als Identifikationsfigur verstanden wird, sondern als eine Figur, die auf ein tragisches Ende hin angelegt und nicht als Sprachrohr für Goethes Meinung zu betrachten ist. Vor allem wenn es richtig ist, daß die Schicksale dieser Figur die des neuzeitlichen Menschen sind und zugleich auf ein tragisches Ende zusteuern, dann muß die Identifikation mit den Bestrebungen, Urteilen und Gedanken dieser Figur in eine Tragödie der tatsächlichen europäischen Geschichte führen. Das ist geschehen; die seit der Jahrhundertwende so lautstark propagierte Identifikation mit dem ›faustischen Menschen‹ hat die Deutschen in die Katastrophe geführt.

Goethes Stück ist ein Diagnose- und Warnstück; die Figuren sind Experimentalfiguren, an deren Schicksal sichtbar wird, was nach Goethes Ansicht (er nennt Faust einen »Unglücksmann«; *Faust II*, V. 4620) geschehen muß, wenn bestimmte Tendenzen des neuzeitlichen Denkens und Handelns unkontrolliert verfolgt werden. Realgeschichte als Einlösung der Entwicklung von Tendenzen eines Stücks oder, umgekehrt, ein Stück als Prophetie realgeschichtlicher Entwicklungen hat Goethe auch sonst in Verbindung gesetzt: die Freiheitsidee des *Götz von Berlichingen* war das große Emanzipationsthema, das in Frankreich zur Revolution führte; die Vision am Ende des *Egmont* wurde in der Befreiung der Niederlande und in den europäischen Demokratisierungsbewegungen eingelöst; der *Tasso* stellt, wie verschärft zur Zeit des jungen Goethe, die im Wunschdenken des schöpferischen Individuums gegebene Freiheit den gesellschaftlichen Zwängen der Praxis gegenüber. Meistens griff Goethe bei solchen geschichtsdeutenden Stücken, die die Archäologie der Gegenwartsprobleme leisten sollten, auf die Anfänge im 15. und 16. Jahrhundert zurück. Wie Herder galt ihm die Zeit des Götz von Berlichingen als »Wendepunkt der deutschen Geschichte«[1], in der Periode des *Götz*, *Faust*, *Egmont*, *Tasso* legte Goethe die Wurzeln seiner eigenen Zeit frei.

Wieland hatte bezüglich des *Götz von Berlichingen* Goethe getadelt, daß er die Sprache aus der Zeit Maximilians I. mit der Gegenwartssprache vermische; sein Verfahren wurde also bemerkt, und Goethe gab die Berechtigung der Kritik zu: »ich hab's selber genug gefühlt usw. Die Folge meiner Werke soll's zeigen, ob ich meine Fehler kannte.«[2] Der *Faust* sollte also die Fehler verbessern, wahrscheinlich indem nicht das Gegenwartsproblem mehr oder weniger unvermittelt in die Sphäre des 16. Jahrhunderts hineingespiegelt wurde, sondern indem der Geschichtsverlauf seit jener Zeit in seinen Hauptstationen sukzessive verfolgt wird und somit beispielsweise gezeigt wird, wie das Religionsverständnis des Stürmers

1 *Dichtung und Wahrheit*, Buch XIII; HA 9, S. 576.

2 Johanna Fahlmer an Friedrich Jacobi, wohl 7.5.1774; Steiger, *Goethes Leben von Tag zu Tag* I, S. 649.

und Drängers, das Faust in Marthens Garten erläutert (V. 1124–57), organisch aus der Gottesauffassung des Magiers in der Szene »Nacht« sich entwickelt. Indem er das Drama selbst zur Geschichtsdichtung macht, Sprache, Motive, Probleme sich sukzessive entfalten und umgestalten läßt, überwindet Goethe die Schwierigkeiten der historischen Differenz und Fremdheit. Kontinuität und Veränderung, der alles schon enthaltende Ursprung und die tragischen Versuche seiner Entfaltung werden als dichterisch gestaltete Geschichte miteinander vermittelt und zur Anschauung gebracht.

Der Charakter der Geschichtsdichtung erfaßt im Verlauf der sechzigjährigen Entstehungszeit endlich auch den Prozeß des Dichtens, Wiederlesens und Umgestaltens selbst; die verschiedenen späteren Konzeptionen des *Faust* enthalten jeweils die früheren, geben ihnen eine eingeschränkte Bedeutung innerhalb einer dann umfassenderen Konzeption. Es ist deshalb sinnvoll, den *Urfaust* als Dokument einer eigenen Konzeptionsstufe zu betrachten, wenn er auch als Werk keineswegs vollendet ist und Lücken etwa in der Motivierung für das Erscheinen des Mephistopheles aufweist; diese Lücken zeigen sich entsprechend in den historischen Linien der einzelnen Problementwicklungen und werden erst in *Faust I* 1797–1806 endgültig geschlossen. Dennoch sollen hier die wichtigsten, soweit möglich, nachgezogen werden, damit die Konzeption des *Faust* in den siebziger Jahren des 18. Jahrhunderts deutlich werden kann.

Wird in der nun skizzierten ersten Lesart Faust als Prinzip verstanden, das die Entwicklung des neuzeitlichen Menschen in seinen Metamorphosen darstellt, so kann man sich damit nicht nur auf die schon in den Jahren nach 1790 herrschende Meinung beziehen, »in Faust sei die Menschheit idealisiert«[3], sondern auch auf Goethes spätere Aussage, daß das Werk »für immer die Entwickelungsperiode eines Menschengeistes

3 Konrad Burdach, »Das religiöse Problem in Goethes Faust«, in: *Euphorion* 33 (1932) S. 3–83, hier S. 40.

festhält, der von allem, was die Menschheit peinigt, auch gequält, von allem, was sie beunruhigt, auch ergriffen, in dem, was sie verabscheut, gleichfalls befangen und durch das, was sie wünscht, auch beseligt worden«.[4] Es ist nicht nur ›der Mensch‹ allgemein, sondern »die Entwickelungsperiode eines Menschengeistes« und des Menschen allgemein, was der Verstand im Dargestellten als Prinzip entdeckt und womit er die dargestellten Erlebnisse Fausts als eine Art chronologisch verfahrender Allegorie liest.

Nun ist dies keineswegs die einzige Lesart des Stücks unter dem Blickwinkel seiner Geschichtlichkeit. Eine zweite Lesart versetzt sich, angeregt durch die Vorstellung des engen gotischen Zimmers am Anfang, in die Zeit der beginnenden Neuzeit zurück, sieht Faust als Menschen des 16. Jahrhunderts, den Goethe in genialer Vorwegnahme wesentlicher Entwicklungen die Schicksale des neuzeitlichen Menschen bis zu den Problemen von Goethes Gegenwart erfahren läßt. In den mikrokosmischen Raum eines Menschenlebens werden dann die makrokosmischen Zusammenhänge einer ganzen Kultur- und Zivilisationsperiode hineinprojiziert, oder umgekehrt gesehen: Goethe entwirft aus den Wurzeln im 16. Jahrhundert projektiv die Zukunft bis zum Ende des 18. Jahrhunderts (wenn z. B. das Glaubensbekenntnis Fausts in der Katechisierungsszene als spezifisch ›modern‹ gesehen werden kann). Diese Lesart hat ihren guten Sinn, denn wenn Goethe, wie zitiert, im 16. Jahrhundert den »Wendepunkt der deutschen Geschichte« sah, dann kann, organisch gedacht, in dieser Ursprungsperiode der Neuzeit gleichsam wie im Samen alles Spätere angelegt sein. Wie der Zeilenkommentar andeutet, waren bei Goethes Gewährsmännern aus dem 16. Jahrhundert auch in der Tat sehr fortschrittliche Ideen zu lesen, die eine spätere Zeit wirklich als damals unerkannte Vorwegnahmen späterer Entwicklungen verstehen konnte.

4 Anzeige einer französischen *Faust*-Übersetzung, 1828; zit. nach: HA 3, S. 457.

Wenn nun aber diese um zwei Jahrhunderte weiter fortgeschrittenen Ideen in ihrer Gegenwartsgestalt, nicht in der unentwickelten Form ihrer Ursprungszeit gezeigt und herausgearbeitet werden, dann entsteht eine Problematik in der Faust-Gestalt, die ihre Vorbilder in der Renaissance tatsächlich nicht hatten oder nur schwach erlebten: Faust wird durch seine Progressivität seinem Zeitalter und dessen Vorstellungen entfremdet; er zerrt sich selbst gewissermaßen in jedem Augenblick aus der zeitgemäßen Form des Denkens und Handelns weiter in eine zukünftige hinein und vernichtet damit jeden Erfolg durch die Skepsis gegenüber jedem eigenen Gedanken und Plan, durch die immer in die gewohnte Handlung einschließende oder sie ins Offene hinausziehende Zukünftigkeit. Das zeigt sich dem Kenner der Magie der Renaissance ganz deutlich daran, daß Faust, statt z. B. sich auf das Makrokosmos-Zeichen zu konzentrieren, ständig darauf reflektiert, was ihm nun beim Anblick des Zeichens geschieht. Diese Selbstreflexion lenkt die für den Erfolg der magischen Meditation notwendige Energie ab und ist die eigentliche Ursache dafür, daß Faust das Zeichen »ein Schauspiel nur« (V. 101) bleibt; die Anweisungen der Magier des 16. Jahrhunderts machen deutlich, daß ein solches psychologisches Experiment nur bei ungebrochenem Glauben an sich selbst und an die Sache sowie bei völlig ruhigem unabgelenktem Seelenzustand erfolgreich sein könne (vgl. den Zeilenkommentar zu V. 77–101). Indem er unruhig, ungläubig, ständig auf seinen Zustand und dessen Veränderung reflektierend, in das Experiment hineingeht, vereitelt er dessen erfolgreichen Abschluß. Die dauernde Beobachtung und Registrierung des eigenen Seelenzustandes ist aber eine spezifisch der Empfindsamkeit des 18. Jahrhunderts zuzurechnende Erscheinung; die ersten schwachen Ansätze einer magisch begründeten Psychologie und Selbstbeobachtung in der Renaissance wachsen sich erst dann zu der Stärke aus, mit der Faust ein Experiment begleitet, das in der Magie des 16. Jahrhunderts seinen Ort hat. In dieser Lesart wird Faust, der

Mensch des 16. Jahrhunderts, also durch seine genialische Progressivität seiner Zeit entfremdet und des Handlungserfolgs beraubt; er lebt die Tragik dessen, der seiner Zeit und wesentlichen Lebens- und Handlungsformen, die er selbst verwenden muß, voraus ist, erfolglos und glücklos bleibt.

Muß der Leser des 18. Jahrhunderts sich für diese Lesart mit seiner Einbildungskraft in eine vergangene Periode versetzen, aus der ihm ein geniales Individuum mit vertrauten Gesten entgegenwinkt, so nimmt eine dritte Lesart gerade diese vertrauten Gesten als Anlaß einer Identifizierung mit Faust. Der Leser oder Zuschauer vergißt tendenziell das altertümliche Gewand und die gotische Szene; Faust wird Zeitgenosse, der sich über die Fruchtlosigkeit des Studiums, über das Nichtwissen trotz Studium und Aufklärung beklagt, der ständig auf sich reflektiert, die neuesten Swedenborg-Anspielungen in seine Rede einflicht und sich als Geistesverwandter der Gegenwart zeigt. Hier sind dann die in der zweiten Lesart progressiven Züge das Normale, hier spricht Faust der jungen Generation der Stürmer und Dränger aus dem Herzen. Seine schwärmerischen, enthusiastischen[5], dem Gefühlspantheismus der siebziger Jahre entnommenen Reden sind dann unmittelbar naher, gegenwärtiger Ausdruck des eigenen Lebensgefühls der Leser und Zuhörer. Diesen Faust aber behindern die Tradition, das Erbe der Väter, die alten Zeichen und Formen, in denen er sich ausdrücken muß. Und dabei ist er äußerlich kaum behindert – er könnte ja ohne weiteres seinen »Kerker«, sein »verfluchtes dumpfes Mauerloch« (V. 46) verlassen und sich wie Goethe und sein Herzog spontan zu wildem Ritt über Land oder zum empfindsamen Mondscheinspaziergang entschließen. Daß er nicht dem eigenen Ruf »Auf hinaus in's weite Land!« (V. 65) folgt, daß er im überlieferten Buch den Ersatz für Naturerfahrung und -erkenntnis sucht und in seinem Urväterhausrat sitzenbleibt,

5 Dies ist der Hauptpunkt der *Urfaust*-Interpretation von Rolf Christian Zimmermann: *Das Weltbild des jungen Goethe*, Bd. 2, München 1979, S. 235–286.

ist die Last der Vergangenheit, ihrer Denkformen, Namen, Zeichen, die ihn von innen heraus prägt und gängelt und die verhindert, daß er eigene Formen zur Fassung seines Gefühls entwickelt. Das wird ihm (in *Faust I* ist es deutlich ausgeführt) hinsichtlich Mephistos zum Verhängnis: die Verwandlungen des Pudels zeigen an, daß es viele Gestalten gibt, in denen Faust das Böse festhalten und bannen könnte. Er aber meint, auf den Kern des Bösen gestoßen zu sein, wenn es ihm in Menschen-, ja in Gelehrtengestalt entgegentritt, in der seinem Denken gewohntesten, eingeübten Form. Und damit meint er dann umgehen zu können, als wäre das so gestaltete Böse nur ein Mensch, nur ein Gelehrter, den man mit Scharfsinn unter Kontrolle halten und zum Diener machen kann. Der Fortgang zeigt, daß das selbstgewählte Zeichen trügt und den beherrscht, der es zu benutzen meint. Der Augenblick, als Faust gegenüber Gretchen die Namenlosigkeit Gottes schwärmerisch verkündet, zeigt Faust bereits in seiner Abhängigkeit von Mephistopheles. Behindern ihn einerseits die überlieferten Formen und Zeichen, so ist er da hilflos, wo er sie abzuwerfen sucht.

Die drei Lesarten der Geschichtlichkeit erschließen einen denkbaren, einen vorstellbaren und einen einfühlbaren Faust; sie zeigen zugleich den Menschen in drei exemplarischen Verhältnissen zur Geschichte und Zeitlichkeit: den Menschen, der seiner Zeit durch die Zukunftsbezogenheit seines Strebens entzogen wird; den Menschen, der von der gelernten Sprache und Handlungsform, von der Last des Erbes der Vergangenheit innerlich daran gehindert wird, eine authentische Lebens- und Denkform für die Gegenwart zu entwikkeln; den Menschen, der nur in der Bewegung des Kulturganzen seine Existenz hat, als Prinzip und nicht als Individuum zu fassen ist, als der faustische Mensch und nicht als Faust der historische oder Faust der Zeitgenosse im historischen Gewand. Es sind drei tragische Verhältnisse des Menschen zu seiner Zeitlichkeit; in keinem von ihnen kann erfülltes Dasein im jetzt gegebenen Augenblick gelingen, da der an der Vergangenheit klebende, in die Zukunft sich entwerfende, im Allgemeinen sich verstehende Mensch immer in einer Ekstase der Abwesenheit sich befindet und nie zum Leben in der Präsenz durchdringen kann. Der glückserfüllte Augenblick des Daseins wird deshalb in *Faust I* zum Thema der Wette und in *Faust II* zum Anlaß des Todes. Diese Formulierungen fehlen in den Szenen des *Urfaust*; der Text zeigt aber die psychologische Seite und die transzendente sowie die ästhetische Lösung des Problems. Psychologisch, d. h. wieder der einfühlbaren Logik des Herzens gemäß, ist ein Indiz für Fausts Wunsch nach erfülltem Dasein die Reaktion bei Wagners Anklopfen: obwohl er, vom Erdgeist verlassen, vernichtet zusammenstürzt, ist ihm die »Fülle der Gesichte« mehr wert als die Störung durch den »troknen Schwärmer« (V. 166–168). Analog beschwört er angstvoll – und das heißt: schon im Bewußtsein der Vergänglichkeit (vgl. V. 908–919) – die ewige Dauer der Liebe zu Margarete (V. 1035–43). Die transzendente Lösung des Problems der ›Abwesenheit‹ des Menschen aufgrund seiner übermächtigen Zeitlichkeit ist in Fausts Streben nach der »Herrlichkeit« zu sehen (dazu ausführlicher im Kapitel »Kosmologische und religiöse Lesart«). Die Herrlichkeit, Erscheinung eines unfaßbaren Gottes als Ordnung und Fülle der Welt (Makrokosmos und Erdgeist-Aspekte), lehrt die Zeit nur als »Webstul« für »der Gottheit lebendiges Kleid« (V. 155 f.), für eben diese »Herrlichkeit«, zu betrachten. Könnte sich der Mensch dieser Herrlichkeit bemächtigen – das strebt Faust mit der Beschauung von Makrokosmos und der Beschwörung des Erdgeistes an –, dann hätte er die Zeit als Instrument seiner Handlungen in seine Gewalt gebracht und würde sich nicht mehr auf allen Seiten durch seine eigene Zeitlichkeit im Weg stehen. Mikrokosmisch findet Faust diese Herrlichkeit in Margaretes Zimmer verwirklicht – Ordnung, Fülle und verbindender Geist (V. 554 f.) sind präsent; deshalb tritt ihm die Beziehung zu Margarete vom Genußwunsch in den Liebestraum mit der Hoffnung auf Ewigkeit gegenüber. Gegenüber der makrokosmischen wie der mikrokosmischen Herrlichkeit scheitert Faust durch seine Zeitlichkeit (vgl. den Szenenkommentar zu »Nacht«); dennoch bleibt als transzendente Hoffnung die Herrlichkeit, und die »Glorie« der Mater gloriosa, in deren seligen Raum Faust erlöst wird, ist Herrlichkeit. Dieses Konzept ist für Faust (und Goethe) eine Lösung, weil hier Ursprung und Ziel, Dasein und Geschichtsvollzug, Offenbarung und Geheimnis dasselbe sind und sich als »farbiger Abglanz« des erscheinenden Lebens in einem ewig präsenten und doch zeitlich bewegten Dasein manifestieren.

Ästhetisch zeigt sich eine Lösung der tragischen Dimensionen der Zeitlichkeit darin, daß das Werk Goethes selbst »Herrlichkeit« im beschriebenen Sinn werden soll. Die drei Lesarten der Geschichtlichkeit Fausts sind, wie gezeigt, durch den im Stück angelegten Anachronismus und die Hinweise auf Diachronie provoziert; sie wurden auch einzeln und im Streit über ihre Richtigkeit schon lang diskutiert und werden nur hier erstmals in ihrem Verhältnis zueinander gesehen. Haben sie alle drei Gültigkeit – als Vergangenheits-, Zukunfts- und Allgemeinzeit-Bezug, für Einfühlung, Vorstellung und Verstand –, dann entsteht hier »Herrlichkeit«: die auseinanderstrebenden Zeitlichkeitsrichtungen bleiben erhalten, neutralisieren und integrieren einander jedoch in der Wirkung. So wird auch der Leser in dieser dreifachen Weise mit seinen Hauptfähigkeiten angesprochen und kann durch den intensiven ästhetischen Genuß des Werkes, so ist die Hoffnung auch der Zeitgenossen Hamann und Herder, aus der Gespaltenheit des modernen Bewußtseins in einen Zustand der Einheit mit sich selbst gebracht werden, der ihm dann als utopischer Maßstab für sein gesellschaftliches und kulturelles Handeln dient.

Hier wird eine Schwierigkeit sichtbar, die die Lektüre und noch mehr z. B. eine Aufführung des *Faust* betrifft und die wohl Goethes Auffassung bestimmt hat, der *Faust* sei nicht aufführbar. Die drei gezeigten Lesarten (und hinzu kommen die Lesarten, die in den folgenden Kapiteln behandelt werden) können nacheinander beschrieben werden und zeigen dann jeweils eine innere Logik und Richtigkeit. In der Lektüre, in der Aufführung, in der Rezeption der Aufführung, d. h. in dem ästhetischen Genuß des Werkes, sollen sie jedoch nicht getrennt und nacheinander, sondern gerade zusammen gelesen, gespielt, geschaut werden. Während die kommentierende Interpretation sich um Deutlichkeit der jeweils einzelnen Perspektiven und um Möglichkeiten ihrer Verbindung bemüht, kann die Lektüre oder die Aufführung, will sie den Text in seiner Ganzheit und in der offenbar beabsichtigten Mehrfach-Bedeutung erfassen, sich nicht um Eindeutigkeit bemühen, sondern um die durch die möglichen Lesarten begründete Mehrdeutigkeit. Der Schauspieler darf z. B. Faust nicht als eindeutige, in sich ›stimmige‹ Person spielen, sondern, wie die »Zueignung« zu *Faust I* es sagt, als »schwankende Gestalt«, ebenso Wagner, Mephistopheles und Margarethe-Margrete-Gretchen, wie Goethe es bei ihr schon durch seine Namensnennungen im Text dokumentiert. Als es um die Aufführung des Helena-Akts ging, dachte Goethe gar an zwei Schauspielerinnen für die Figur. Die »Zueignung« ist noch weiter aufschlußreich: die schwankenden Gestalten haben »früh sich einst dem trüben Blick gezeigt« – der trübe Blick, wie er am Schluß der »Zueignung« durch die Tränen im Auge wiederhergestellt wird, liefert ein unscharfes, in Regenbogenfarben irisierendes Bild (»Am farbigen Abglanz haben wir das Leben«). Dieses Flimmern der »Herrlichkeit« und ihres Glanzes zu erzeugen ist die Aufgabe einer Aufführung, das Ziel einer Lektüre oder des Zuschauens. Es soll keinesfalls durch willkürliche Ungenauigkeiten und ›wilde‹ Unschärfen erzeugt werden, sondern auf der jederzeit gegebenen Möglichkeit mehrerer, jeweils in sich stimmiger Lesarten begründet sein und an jeder Stelle des gelesenen oder gespielten Textes die letztlich nicht auslotbare Tiefe der Bedeutung zur Erfahrung bringen.

Die folgenden Kapitel besprechen inhaltliche Gesichtspunkte (Magie, Religiosität, literarische Tradition) oder Textaspekte (Figuren, Metrum, Raumvorstellungen); die meisten dieser Betrachtungsweisen begründen wieder vollständige Lesarten des *Faust*, die jeweils noch einmal den drei Lesarten der Geschichtlichkeit gemäß zu differenzieren sind.

IV

Magie

»Drum hab ich mich der Magie ergeben«, heißt es am Anfang des *Urfaust*, »Könnt ich Magie von meinem Pfad entfernen«, heißt es am Ende des *Faust II* (V. 11404); Magie zieht sich also durch das ganze Werk und durch die ganze Schaffenszeit am *Faust*. Es ist deshalb nötig, den Begriff zu klären, Goethes Interpretation der Magie zu ermitteln und den Blick auf eine Lesart des *Urfaust* unter dem Gesichtspunkt der Magie zu eröffnen.

»[...] es sind Heilige in Gott zur Seligkeit, heißen sancti, sind auch Heilige in Gott zu natürlichen Kräften, die heißen magi. [...] So ist also der Unterschied zwischen sanctum und magum, daß der sanctus aus Gott, der magus aus der Natur wirkt.«[1] So schreibt der Philosoph und Arzt Paracelsus (1493–1531), dessen Werke Goethe seit 1770 studierte, wie auch eine Reihe anderer geheimwissenschaftlicher Werke, die vom 16. Jahrhundert bis in Goethes Zeit erschienen waren.[2] Die Magie der Renaissance, auf Philosophie, Geheimlehren und Praktiken des Altertums aufbauend, verstand sich keinesfalls als Zauberei, sondern als universale Naturwissenschaft (magia naturalis), die bewirkt, daß der Magus »Dinge durch seinen Befehl [...] verändern« und, »in der Natur stehend, bisweilen über die Natur herrschen« kann.[3] Grundlage für diese Vorstellung war die Annahme, daß der Mensch ein

1 Paracelsus, *Philosophia sagax*, Buch I, Kap. 6; *Werke*, besorgt von Will-Erich Peuckert, Bd. 3, Darmstadt 1967, S. 154.

2 Vgl. *Dichtung und Wahrheit*, Buch VIII; HA 9, S. 341 f. Georg von Wellings *Opus mago-cabbalisticum* war 1735 erschienen und 1760 neu aufgelegt worden. Goethe schaffte es sich an (HA 9, S. 749, Anm. zu 341,34; vgl. 342,1). Noch die *Geschichte der Farbenlehre* (1810) bezeugt seine umfassenden Kenntnisse und seine differenzierte Betrachtung der Magie (vgl. HA 14, S. 86 f.).

3 Agrippa, *De occulta philosophia* III,6; *Magische Werke* III, S. 35.

Mikrokosmos ist: »der Mensch ist aus der großen Welt gemacht und hat ihre Natur in sich«.[4] Die große Welt, der Makrokosmos, wird verstanden als ein von Kräften, insbesondere den Kräften der Planeten durchwaltetes lebendiges Ganzes; die Substanzen, Pflanzen, Tiere, Menschen sind von diesen Kräften gebildet und enthalten sie als Energien, die wie die Anziehungskraft des Magneten mechanisch, wie die ätzende Wirkung einer Säure chemisch, wie die Heilkraft eines Krautes oder das Gift der Schlange pharmakologisch, wie die Autorität eines Menschen psychologisch wirksam sind. Von allen diesen Kräften ist der Mensch ein ›Auszug‹, er kann also diese Kräfte und ihre Wirksamkeit aufgrund der Verwandtschaft zwischen Innen und Außen erkennen, kann Mittel und Wege erforschen, wie die Kräfte hier verstärkt, da geschwächt, dort in eine neue Verbindung gebracht, da aus einer Verbindung gelöst werden können. Wichtig ist schon im Rahmen dieser Vorstellung die Verdichtung und Speicherung solcher Kräfte in Gestalt hochwirksamer Medikamente, chemischer Substanzen, psychologisch wirksamer Mittel; vielfältig sind die Versuche, an die Energiequellen und -ströme direkt heranzukommen oder sie möglichst wirkungsvoll anzuzapfen. Dabei kann der Magus zwei Wege beschreiten: den der spirituellen oder den der dämonischen Magie.[5] Die spirituelle Magie, durch den Philosophen und Arzt Marsilio Ficino (1433–99) für die Neuzeit besonders wichtig geworden, baut auf der Lehre vom Spiritus mundi, dem Lebensgeist der Welt, auf, der die planetarischen Kräfte als Medium transportiert und den der Mensch als Lebensatem besitzt. Durch Konzentration und Steigerung seiner Einbildungskraft, die ihn in Richtung der besonderen Einflüsse eines Planeten ›begeistert‹, kann der Magus die Energie dieses Planeten in sich verstärken und sich derart damit erfüllen, daß seine Begeisterung auch auf andere Menschen überspringen,

4 Paracelsus, *Philosophia sagax*, Vorr.; *Werke* III, S. 38.

5 Vgl. Daniel P. Walker, *Spiritual and Demonic Magic from Ficino to Campanella*, London 1958, z. B. S. 75.

sie psychisch verändern und damit auch in ihren Handlungen beeinflussen kann. Muster dafür ist, mit dem Bild des Magneten, seit Platons Dialog *Ion* die Kunst des Dichters, des Sängers, des Schauspielers, die ihr Publikum in die verschiedensten Stimmungen zu versetzen wissen. Mittel, die Einbildungskraft zu konzentrieren und zu lenken, sind die Melodien und Harmonien der Musik (als Nachbildungen der Planetenharmonie), die Worte der Rede und Dichtung mit ihrem Sinn, ihren Vorstellungsbildern und ihrem musikähnlichen Klang, ferner Gemälde und Zeichnungen, aber auch Farbkompositionen von Blumen in Gärten, bestimmte Düfte usw. Der Magus kann und muß sich also zunächst selbst verwandeln, sich in eine bestimmte Vorstellung ›hineinsteigern‹, psychische, sozusagen hypnotische Energie in sich ansammeln, um durch seinen eigenen Körper oder ›transitiv‹, auf andere Menschen wirkend, bei ihnen oder durch sie Wirkungen in der realen Welt zu erzielen. Faust z. B. steigert sich bei der Betrachtung des Makrokosmos- und des Erdgeist-Zeichens jeweils in bestimmte »Gesichte« (V. 167), neue Gefühle und Erfahrungen hinein, seine verächtlich skeptischen Reden treiben Wagner immer weiter zu neuen Fragestellungen, er versucht Gretchen zur magischen Selbststeigerung zu bringen (V. 1124–50) – vergeblich, weil er zu diesem Zeitpunkt schon die Kraft der spirituellen Magie verloren hat.

Die dämonische Magie geht von dem Glauben aus, daß nicht nur die Planeten und die Elemente, sondern auch Berge, Höhlen, Quellen, Flüsse, die Luft, Pflanzen, Tiere und Menschen von Geistern bewohnt seien, die mehr oder weniger rein oder vermischt planetare Energien verwalten. Gelingt es dem Magier, einen solchen Geist zu rufen, sich zu verpflichten oder dienstbar zu machen, so kann er dessen Leistungen benutzen, um Erkenntnisse zu erlangen oder übernatürliche Wirkungen zu erzielen. Der Vergleich mit der Religion, wo durch Gebete, rituelle Übungen, sakramentale Vorgänge die Wirkungsmacht Gottes, eines Engelwesens oder eines Heiligen beschworen wird, liegt hier besonders nahe; man kann die ›weiße‹ Dämonenmagie als eine Ausweitung religiöser Praxis in die Natur betrachten, die die Natur als Schöpfung in ihrer ursprünglichen Heiligkeit versteht. Durch den Fall Luzifers ist aber eine Art Gegennatur in der Natur entstanden; der Hierarchie guter Engel, Geister und Dämonen entspricht eine Hierarchie böser, die jede Gelegenheit benutzen, den heiligen Lebenszusammenhang zu stören und zu zerstören. Die wesentliche Voraussetzung für das Gelingen, die Fruchtbarkeit und Unschädlichkeit dämonischer Magie ist deshalb die Religion. Sogar Agrippa von Nettesheim (1486–1536), wie Paracelsus eines der Vorbilder für Goethes *Faust* und mit seinem schwarzen Hund des Teufelsbundes verdächtigt, betont unermüdlich: »Wer aber die Religion verläßt und nur auf Natürliches vertraut, der pflegt sehr häufig von bösen Geistern betrogen zu werden.«[6] Rechte Magie ist umgekehrt ein Verfahren, »durch die religiösen Kräfte [...] die physischen und mathematischen zu verstärken.«[7] »Drei religiöse Führerinnen gibt es, die uns auf den Pfad der Wahrheit leiten und die die ganze Religion beherrschen, auf welchen Alles beruht: nemlich Liebe, Hoffnung und Glaube.«[8] Wer als Zauberer sich ohne Glauben etwa eines heiligen Namens zur Beschwörung bedient, auf den stürzt sich der beschworene böse Geist und bemächtigt sich seiner.[9] Die Mittel der Dämonenmagie sind Edelsteine, Metallspiegel, die geheimen Namen Gottes, Gebetsformeln, Talismane, Reliquien, Wachsbilder z. B. von Menschen oder Tieren, Zeichen und Figuren (Drudenfuß), die in diesem Zusammenhang nicht wie in der spirituellen Magie als Konzentrationshilfen für die Einbildungskraft zur Steigerung des Subjekts dienen,

6 Agrippa, *De occulta philosophia* III,1; *Magische Werke* III, S. 12. Vgl. III,4; ebd., S. 25 f. u. ö.

7 *De occulta philosophia* III,4; ebd., S. 26.

8 *De occulta philosophia* III,5; ebd., S. 31. Die mehrfachen mißlingenden Versuche Fausts, sich dieser Paulinischen Trias zu versichern, zeigt der vollendete *Faust I* (»Nacht« Ende, »Studierzimmer I«); im *Urfaust* vgl. die Parodie V. 539–542.

9 Ebd., S. 33 f., mit Zitat aus Apg. 19,13–16.

sondern die als objektiv wirksame Substanzen gedacht sind. Hatte Thomas von Aquin gelehrt, daß das bloße Aussprechen der Einsetzungsworte beim Abendmahl Brot und Wein verwandle, ob nun ein gläubiger oder ketzerischer Priester die Worte spricht,[10] so mußte diese religiöse Magie übertragbar erscheinen auf andere heilige Zeichen oder besonders präparierte Substanzen. Faust »spricht das Zeichen des Geists geheimnisvoll aus«: damit vollzieht er eine dämonenmagische Beschwörung. Die Beschwörung des Pudels, das Pentagramm auf der Schwelle, der mit Blut geschriebene Pakt in *Faust I* sind ebensolche Praktiken, bei denen es auf das Zeichen als solches, auf seine Vollständigkeit und bindende Kraft ankommt, die nicht mehr vom menschlichen Willen abhängen. Sie nehmen ihn vielmehr gefangen, verleihen ihm Kraft nur unter bindenden Bedingungen. Das gilt für die Kirche, die Liebesbeziehung (V. 1218 f.), die ›weiße‹ und die ›schwarze‹ Dämonenmagie, wenn auch jeweils die Mittel und die Bindungen verschieden sind. Sind es in der weißen Magie heilige Namen, Formeln, Zeichen und Substanzen für Geister, die der lichten Seite der Natur zugehören, so sind es in der schwarzen Magie entweder heilige Namen und Substanzen, frevelhaft für Böses verwendet (Schwarze Messe!), oder Namen, Formeln, Rituale für böse Dämonen, die gebraucht werden; Zugang zu ihnen und Macht über sie sollte der bewußte Bruch religiöser Gebote, vor allem die Vernichtung von Lebendigem und die Anbetung des Bösen verschaffen. Diese Dämonen verschaffen dann Zauberkräfte, wie Faust, von Mephistopheles begleitet, sie in Auerbachs Keller vorführt.

Dies ist, grob skizziert, die Vorstellungswelt der Magie des 15. und 16. Jahrhunderts; die Beziehungen zum *Urfaust* und zu *Faust I* sind deutlich sichtbar. Um zu verstehen, was Goethe im letzten Drittel des 18. Jahrhunderts und bis zu seinem Tod an der Magie interessieren konnte, muß man den

10 *Summa theologica*, P. III, qu. 78, art. IV; Walker, *Spiritual and Demonic Magic*, S. 151.

Blick auf das Fortleben der alten Magie, auf ihre Neuinterpretationen im 17., 18. und 19. Jahrhundert richten sowie darauf, was ein Kenner der alten Magie wie Goethe als ihre Fortsetzung unter neuem Namen verstehen konnte.

Der Glaube an dämonenmagische Praktiken war in gewissen Kreisen noch zu Goethes Lebenszeit lebendig; nicht nur Schatzgräber versuchten sich magischer Bücher wie der Formeln in *Dr. Fausti Höllenzwang* zu bedienen, auch die Verbindungen zwischen Dämonenmagie und einigen Aspekten der Goldmacherkunst Alchimie schleppten die alten Geheimpraktiken weiter. Die Lehren, die der spirituellen und der weißen Magie zugrunde lagen, spielten in der Entwicklung der Naturwissenschaft immer wieder die Rolle des Gedankenanstoßes, der zum Experiment und zur Formulierung von Naturgesetzen führte; im sogenannten Hermetismus, einer Verbindung neuplatonischer Philosophie, christlicher Mystik, jüdischer Kabbala und den magischen Schriften, die aus dem Altertum unter dem Namen des Magiers Hermes Trismegistos überliefert waren, lebte die Geist und Materie verbindende Lehre der Magie fort und leitete z. B. den jungen Goethe bei seinen »mystisch-kabbalistischen« Studien an.[11] Noch in der romantischen Naturphilosophie und Naturwissenschaft, im Mesmerismus und der Erforschung der »Nachtseite der Natur« findet man magische Lehren und Praktiken fortgeführt. (In unserer Gegenwart spielt Magie in vielen Formen eine Rolle.) So konnte Goethe in der Magie, dem Hermetismus, der Alchimie eine bis in die eigene Zeit lebendige Tradition ansprechen, die allerdings in eine subkulturelle Rolle abgedrängt worden war: schon immer hatten die Kirchen die Magie bekämpft, einerseits wegen der antireligiösen Richtung der schwarzen Magie, andererseits wegen der Religiosität der spirituellen und der weißen Magie, die den Kirchen mit Recht ihre magischen Wurzeln und Praktiken nachwiesen und sie aufgrund ihres eigenen universalreligiö-

11 Vgl. Rolf Christian Zimmermann, *Das Weltbild des jungen Goethe*, Bd. 1, München 1969.

sen Anspruchs zu bloßen Sekten der Magie herabwürdigten. Einen stärkeren Gegner fand die Magie aber in der neuzeitlichen Naturwissenschaft, die zum großen Teil ebenfalls aus ihr hervorging.

Entgegen der durch das Mittelalter hindurch gepflegten Schriftwissenschaft, die die Wahrheit aus der vergleichenden Lektüre der Bibel, der Kirchenväter, einiger antiker Philosophen und Dichter zu ermitteln suchte, war die Magie seit jeher eine Praxis und wurde durch Ficino zur Erfahrungswissenschaft umgestaltet. Da für Ficino die Planeten den Menschen nicht kausal determinierten, sondern mit anderen Energiezuständen in Konkurrenz standen, konnte die Wahrheit in der Natur nur durch Zuhilfenahme von Beobachtung, Erfahrung und Experiment erforscht werden. Das Wahre konnte sich nur als das Wirksame erweisen.[12] Da die kosmischen Energien nicht nur in den Dingen, also mechanisch und chemisch wirkten, sondern, wie Magnetismus und Hypnose zeigten, auch mit unerklärten Kräften ohne materielle Berührung oder Beeinflussung, konnten auch Phänomene in diese Gesamtwissenschaft einbezogen werden, die später als Täuschung verachtet und in den Wirkungsbereich der Künste überführt wurden: so beschreibt etwa Paracelsus einen reinen Placebo-Effekt als Wirkung »allein durch den Glauben und durch die Imagination«[13], die im geschilderten Fall zu höherem Wissen führt. Eine Spaltung der Gesamtwissenschaft trat ungefähr zu Anfang des 17. Jahrhunderts ein, als z. B. Francis Bacon (1561–1626), der Methodenlehrer der Erfahrungswissenschaft, »die grundlosen und gleichsam nachgeäfften

12 Kap. 21 von Ficinos Schrift *De vita coelitus comparanda* spricht von der astrologischen Komposition von Gesängen. »Es ist allerdings äußerst schwierig zu beurteilen, welche Töne am ehesten welchen Gestirnen entsprechen, und welche Tonkompositionen insbesondere mit den Gestirnen und ihren astrologischen Aspekten übereinstimmen. Wir aber können teils durch unseren sorgfältigen Fleiß, teils durch göttliche Offenbarung zur Lösung dieser Schwierigkeiten [...] gelangen.« Dann folgen Beobachtungsregeln: Empirie und Offenbarungsglaube wirken hier zusammen.

13 *Quinque philosophiae tractatus*, tract. V; *Werke* III, S. 424 f.

Weltmodelle, welche die menschliche Phantasie in den philosophischen Systemen errichtet hat«, als »Idole«, Vorurteilsgötzen des menschlichen Verstandes bezeichnete; »die Ideen des göttlichen Verstandes sind die wahren Prägungen [signacula] des Schöpfers auf den Geschöpfen, so wie sie in der Materie nach wahren und ausgesuchten Gesetzmäßigkeiten eingeprägt und begrenzt sind«.[14] Genau diese Prägungen zu erfassen war nach Bacons Darstellung die Aufgabe der Magie: »Die Magie befaßte sich hauptsächlich damit, Symbolbezüge zwischen den Strukturen und Gestalten der natürlichen und der menschlichen Welt zu bemerken. Auch sind dies keine bloßen Ähnlichkeiten (wie es vielleicht den weniger einsichtigen Menschen scheinen könnte), sondern offenbar ein und dieselben Spuren oder Prägungen [signacula], die nur verschiedenen Materien und Unterlagen eingedrückt sind.«[15] Magie ist für Bacon immer noch eine »Wissenschaft von der Zusammenstimmung aller Dinge«[16]; er beseitigt nur z. B. das astrologische Hypothesengebäude, aufgrund dessen etwa Ficino oder Paracelsus nach Zusammenhängen zwischen Erscheinung und Wirkungskraft der Dinge gesucht hatten: solche Hypothesen konnten sich für ihn erst als Gesetzesformulierungen am Ende von vorurteilsloser Beobachtung, von Sammlung, Vergleich und Experiment wieder ergeben. E i n e Hypothese aber hielt er als Prinzip einer sammelnden und vergleichenden Naturforschung aufrecht: die Annahme einer Zusammenstimmung aller Dinge aufgrund gleicher Prägungen in verschiedenen Materien; dies war die Basis der Magie: die durch Bacon methodisch disziplinierte moderne Naturwissenschaft leitet sich also in der Grundannahme aus der Magie her, daß einheitliche, wahre und nützliche Gesetzmäßigkeiten die Natur- und Menschenwelt bestimmen und

14 *De interpretatione naturae et regno hominis*, Aph. 124; Francis Bacon, *The Works*, coll. and ed. by James Spedding, Robert L. Ellis and Douglas D. Heath, Bd. 1, London 1857, Nachdr. Stuttgart 1963, S. 218.

15 *De dignitate et augmentis scientiarum*, Buch III; *Works* I, S. 542.

16 »scientia consensuum rerum universalium«; ebd., S. 573.

die Suche nach einer Universalwissenschaft rechtfertigen. Da bei einem solchen Wissen Wahrheit und Nützlichkeit (utilitas) identisch sind, wird das Wissen praktisch umsetzbar: auch der Übergang in die technische Verwertung des Wissens ist Tradition der Magie; Bacons bekannte Maxime »Die Natur wird durch Gehorsam überwunden« – sie leitet die wissenschaftlich-technische Beherrschung der Natur ein – spielt auf die magische Identität zwischen Wissen und Praxis an, die die Natur durch Nutzung ihrer Energien und Gesetzmäßigkeiten auf sich selbst anwendet und verändert, menschlichen Zwecken dienstbar macht. Jede planvolle Nutzung von Natur, sei es im Bereich der mechanischen Leistung, der Landwirtschaft, der Landgewinnung bis hin zu Fausts Eindeichungsprojekt, wird damit für den Kenner der alten Magie und des Übergangs von Magie in Naturwissenschaft und Naturbeherrschung potentiell magisch, auch im Sinne des Sich-Einlassens mit unkontrollierbaren Kräften und bösen Dämonen. Oder umgekehrt: gefährliche Entwicklungen einer naturwissenschaftlich-technischen Zivilisation ließen sich auf die bildliche Weisheit der alten Magier zurückführen, die die Bedrohung des Menschen durch die Folgen des eigenen Handelns als Bedrohung des Zauberlehrlings durch die gerufenen Geister, die bösen Dämonen sinnlich vorgestellt hatten. Goethe blieb sich der Zusammenhänge zwischen Magie, Naturwissenschaft und Technik bewußt; die zitierten Stellen von Bacon kannte er aus Hamanns *Aesthetica in nuce*.[17]

Als Universalwissenschaft hatte die Magie auch soziale Verhältnisse beschrieben und ihre Beeinflussung gelehrt. Ficinos spirituelle Magie betrachtete die Abhängigkeitsbeziehungen unter Menschen im Zusammenhang der planetaren Einflüsse und ihrer charakterbildenden Eigenschaften: die

17 Vgl. Johann Georg Hamann, *Sokratische Denkwürdigkeiten. Aesthetica in nuce*, hrsg. von Sven Aage Jørgensen, Stuttgart 1968 [u. ö.], S. 117 und 129. Goethes Ballade *Der Zauberlehrling*, auf die ich anspielte, stellt das Verhältnis zwischen Dämonen-Magie und Technik deutlich heraus.

Liebesbeziehung gehörte der Venus, das Redner-Zuhörer-Verhältnis und das Lehrer-Schüler-Verhältnis dem Merkur, Bewunderung dem Glanz der Sonne, Verehrung dem Jupiter, Furcht dem Mars, Besänftigung oder Abkühlung dem Saturn.[18] Durch die entsprechenden Mittel konnten diese Beziehungsarten geschwächt oder intensiviert werden. Gold, der Sonne zugehörig, steigerte die soziale Bewunderung; sozialer Status, der Einflußbereich des herrscherlichen Jupiter, steigerte die Autorität und das Ansehen; Erweckung von sexuellen Wünschen erzeugte Hörigkeit im Zeichen der Venus; prunkvolle Rhetorik oder überwältigende Gelehrsamkeit sollten im Zeichen des Merkur den Anspruch des Redners oder Gelehrten auf Leitung und Führung anderer Menschen bekräftigen. – Wenn Faust das Bürgermädchen Margarete mit »Mein schönes Fräulein« anredet (V. 457), so übt er soziale Magie auf sie aus, indem er sich durch sein Auftreten den Status des Adligen anmaßt (vgl. V. 531, 533, 535) und in Margarete ein adliges »Fräulein« zu sehen vorgibt: dies soll ihr signalisieren, daß ein adliger Herr sie dafür halten kann, und den Wunsch erwecken, es zu sein (vgl. V. 644–649). Mit dem Goldschmuck verschafft er ihr den äußeren Glanz, der sie auch in den Augen der andern bewundernswert macht. »Mein schönes Fräulein« wirkt wie ein spirituell magisches Wort auf die Vorstellung, die sie von sich hat, lenkt und erhitzt ihre Einbildungskraft; das Gold wirkt als magische Substanz, von der man »vornehm« aussieht (V. 756, 763). Wenn Faust Margarete durch soziale Aufstiegswünsche reizt, so ist dies als magischer Vorgang interpretierbar; wenn umgekehrt die im 18. Jahrhundert von den Intellektuellen zum sozialen Aufstieg gereizten Bürger über diesen immer stärker werdenden Wünschen die Grundlagen ihrer bürgerlichen Sittlichkeit vergessen, dann kann Goethe diesen historischen Vorgang der Anpassung nach oben als einen magischen Vorgang deuten und im Verhältnis von

18 Ficino, *De vita coelitus comparanda*, Kap. 15.

Faust und Margarete repräsentieren. Die Szene in Marthes Garten zeigt an Margaretes Sprache und Versmaß, wie sie sich durch diese Anpassung nach oben schrittweise korrumpiert. Lessings *Emilia Galotti* behandelt in der Gegenüberstellung von Odoardo und Claudia Galotti genau dieses Problem, an dem Emilia zugrunde geht. – Eine weitere Magie ist die des Blutes, der sexuellen Wünsche, die Faust in Margarete erweckt und die sie in ihrem Lied am Spinnrocken unverhüllt äußert; sie sind stärker als der Lebenswunsch (V. 1104 f.), und nur die Sorge um das Seelenheil Fausts und der Abscheu vor dem bösen Dämon Mephistopheles lassen ihre Liebe erstarren (V. 1189, 1194); die Magie der Vorstellung unmittelbarer Trieberfüllung reißt jedoch auch diese Barriere durch (V. 1194–1212). Historisch bildet dieser Sieg der Venusmagie wieder einen Aspekt des bürgerlichen Aufstiegs im 18. Jahrhundert ab: die Korruption der strengen bürgerlichen Zucht und persönlichen Sittlichkeit durch die sinnliche Freizügigkeit der Adelsgesellschaft. Schon Richardsons Roman *Pamela, or Virtue Rewarded* (1740) hatte dargestellt, wie der soziale Aufstieg der Häuslertochter nur durch ihre kalkulierte Zurückweisung des adligen Lüstlings möglich ist. Goethes Generation thematisierte tragisch den damit geforderten Triebverzicht, die naturgewollte Gutheit der Erfüllung (V. 1276 f.), die soziale Ächtung und Gewissensqual des Menschen, der dem Trieb gefolgt ist: aus der Perle »Margarethe« wird die Dirne »Gretgen«.

Die Magie des Wortes als Argument, Vorstellungserzeuger und als Klangmittel gehört nach dem Gesang zu den stärksten Mitteln der spirituellen Magie; von seiner formelhaften Benutzung in der Dämonenmagie, die in *Faust I* relevant ist, wurde schon gesprochen. Gretchens Lieder drücken ihre Stimmung aus, geben ihr aber auch eine Form und ein Ziel; das Lied im Kerker, aus dem *Machandelboom*-Märchen genommen, wird im Namen des ertränkten Kindes gesungen und orientiert ihre entpersönlichte Einbildungskraft auf die Märchenhoffnung des Weiterlebens. Das überredende Wort und seine Magie zeigt sich in den verschiedensten Spielarten; Faust monologisiert, sich in seine Stimmungen hineinsteigernd und launenhaft abbrechend; Wagner wird durch Fausts »miesmachende« Reden vorangetrieben, der Schüler durch Mephistos Lob der Schuldisziplinen vom Ziel des »allzusamm« (V. 270) abgedrängt und auf sozialen Erfolg orientiert. Wie differenziert Goethe die Kraft des Wortes beachtet, zeigt sich an Fausts leeren Anreden und Phrasen in der Kerkerszene. Hier hat ihn die magische Kraft verlassen, er ist in Mephistos Gewalt.

Eine wichtige Zwischenstufe zwischen dem geisterbeschwörenden Wort des Anfangs und der leeren Hülse des Endes ist sein Verzicht auf den Namen Gottes (V. 1145–50): für den beschwörenden Magier sind die hebräischen Namen für die verschiedenen Aspekte Gottes, die Zahl und Art der in ihnen enthaltenen Buchstaben[19] von höchster Bedeutung, denn sie ermöglichen ihm das beschwörende Gebet zu Gott in einer bestimmten Richtung seiner Wirksamkeit. Mit Fausts Namen- und Sprachverzicht ist die Kraft der Beschwörung, Beherrschung und Beeinflussung durch den Namen aufgegeben; das Wort ist nur noch Schall, nicht mehr zugleich Sinn, Kraft und Tat (in *Faust I* bezeichnet diese Stelle den ersten Schritt zur Schwächung des Wortes). Der große Geisterbeschwörer des Anfangs kann am Ende nicht einmal mehr Mephisto in Hundsgestalt zurückverwandeln oder die Mittel zur Rettung Gretchens durch einen ähnlichen Befehl besorgen wie die Mittel zu ihrer Verführung. Man hat mit Recht Fausts Namenverzicht im ›Glaubensbekenntnis‹ auf die ›natürliche‹ Gefühlsreligion im letzten Drittel des 18. Jahrhunderts zurückgeführt; es ist die Religiosität von Rousseaus Savoyischem Vikar[20] oder von Hamanns *Aesthetica in nuce*, die beide gegen die Abstraktionen der aufgeklärten Vernunft

19 Vgl. z. B. Agrippa, *De occulta philosophia* III,10.11; *Magische Werke* III, S. 50 ff., 58 ff. u. ö.

20 Jean-Jacques Rousseau, *Émile, ou De l'Éducation*, éd. par François et Pierre Richard, Paris 1957, Buch IV.

die Sicherheiten des inneren Gefühls (Rousseau) und der Sinne und Leidenschaften (Hamann) setzten. Hamann betonte aber die Sprachlichkeit der Welt und forderte, man solle »die ausgestorbene Sprache der Natur [...] durch die Wiederherstellung ihrer [der morgenländischen] Magie« wieder erwecken,[21] womit er die Schöpfung und die Entwicklung einer analogisch verfahrenden Naturforschung und mythologischen Dichtung meinte; Rousseau dagegen spricht vom »Gott meiner Seele«, dessen unausdenkliche Existenz und Eigenschaften er fühle und erfahre, jedoch mit dem Namen Gott belege, ohne damit höhere Erkenntnis zu erlangen.[22] Die Sprachlichkeit der Welt war die tragende Idee der Lehre des »Magus in Norden« Hamann; seine spirituelle Magie sollte das gespaltene Bewußtsein der Zeitgenossen verändern und für einen neuen Aeon bereit machen. Goethe, 1770 von Herder auf Hamann aufmerksam gemacht, beschreibt in *Dichtung und Wahrheit* die Magie seines zeitweiligen »Lieblingsschriftstellers« als eine aus der Einheit von Empfindung, Imagination und Denken hervorgehende Rede, die beim Leser diese Einheit herstellen sollte.[23] Im Vergleich zum Savoyischen Vikar, der für sein unaussprechliches Religionsgefühl keinen Namen, nur ein traditionelles Wort verwendet, hat Hamann sozusagen jederzeit Namen Gottes für Empfindung, Vorstellung, Verstand des Lesers gleichzeitig, die er in einem einzigen Wort zu verdichten sucht, das dann in seiner Kürze unauslotbar, magisch faszinierend, für den Verstand nicht auflösbar bleibt.

In dieser Gegenüberstellung zwischen Rousseau und Hamann wird deutlich, daß Fausts Glaubensbekenntnis nicht das Goethes ist, der seine Experimentalfigur zwischen übermächtigem Gefühl und ohnmächtigem Redeschwall die Herrschaft über Mephistopheles, die Zaubergewalt über die Dinge und Menschen, die Faszination für Margarete verlieren

21 Hamann, *Aesthetica in nuce*, S. 129.
22 Rousseau, *Émile*, Buch IV, S. 335, 341.
23 Buch X, XI, XII; HA 9, S. 409, 451, bes. 514 f.

läßt. Goethe selbst hat ja in seinem Drama die Magie des Wortes, das auf Empfindung, Vorstellung und Verstand zugleich wirkt, poetisch genutzt und damit gewissermaßen die Hamannsche Magie im Raum der Dichtung fortgeführt[24]: er bringt es fertig, mit Faust, Wagner, Gretchen, Mephistopheles schon dem Leser, noch mehr dem Theaterbesucher Figuren poetisch vorzubilden, die seinem Verstand als geschichtswirksame Prinzipien, seiner Vorstellung als Angehörige einer vergangenen oder zeitgenössischen, ja einer dämonischen Welt, seiner Empfindung als einfühlbare, hassens- oder liebenswerte, lächerliche oder achtungswürdige Mitmenschen erscheinen. Er bringt es fertig, daß wir dem geheimnisvoll ausgesprochenen Zeichen glauben, das magisch einen mächtigen Geist beschwört oder (in *Faust I*) einen Teufel zwingt, sich von der Hunds- in die Menschengestalt zu verwandeln; daß wir der Bildkraft des Wortes gehorchen, das uns z. B. Fausts und Gretchens Zimmer als »Kerker« vorstellt (V. 45, 546) und damit auf den Kerker des Endes bezieht; daß wir die abstrakte Kraftlosigkeit des Wortes in den Phrasen des Intellektuellen erkennen, der der Angst Margaretes pathetisch zuruft: »Auf meine Liebe! Dein Mörder wird dein Befreyer. Auf! Komm, wir entgehen den schröcklichen Schicksaal.« (»Kerker«, Z. 39–42.) Das historische Prinzip Faust hat auf seinem Weg vom 16. ins 18. Jahrhundert die geisterbeschwörende, menschenlenkende Kraft des Wortes an die aufgeklärte Begriffssprache verloren, die das Gefühl nicht mehr Tat werden läßt, sondern allenfalls reflektiert und bespricht; nur die Dichtung kann diese ursprüngliche Leistung noch erbringen. So jedenfalls war die Auffassung Hamanns, Herders und Goethes zu jener Zeit.

24 Hamanns »herrliche Maxime« konnte für Goethe nur »von Leben und Kunst [...] gelten; bei jeder Überlieferung durchs Wort hingegen, die nicht gerade poetisch ist, findet sich eine große Schwierigkeit: denn das Wort muß sich ablösen, es muß sich vereinzeln, um etwas zu sagen, zu bedeuten« (ebd., Buch XII; HA 9, S. 514). Der poetische Text kann also leisten, was Hamann in mitteilender Rede vergeblich versucht.

(Wenn Goethe in *Faust II* seine Figur zum Dichter werden läßt, wird auch diese Überzeugung auf die Probe gestellt: Helena verschwindet nach dem Experiment, von ihr bleibt ein Schleier und der Anblick einer Wolke, die Faust wie einst der getäuschte Ixion umarmt hat.)

Neben der Bewußtseins- und Sprachmagie Hamanns nimmt Goethe noch eine weitere zeitgenössische Vorstellung auf, die er als magische deutet: die Lehre des Geistersehers Emanuel Swedenborg von den Wirkungskreisen der Geister. In seinen *Arcana coelestia*, von denen Goethe einen Auszug besaß,[25] erläutert er die Vorstellung, daß Geister und Menschen einen Wirkungskreis um sich hätten, der ihre guten und bösen Gedanken und Absichten wie ein wirksames magnetisches Feld räumlich um sie ausbreite und, für besonders sensible Menschen auch sinnlich wahrnehmbar, magischen Einfluß auf Menschen und Geister ausübe, die in dieses Kraftfeld kommen. Margaretes Zimmer ist ein solcher Wirkungskreis, der Faust durch einen »Zauberdufft« (V. 573) so weit bringt, daß er sich »innig gerührt« fühlt, sein ganzes Vorhaben aufgeben will und sich selbst nicht mehr kennt. Dagegen hinterläßt Mephistopheles seinen schwülen und dumpfigen Wirkungskreis, der Margarete ängstigt, nach der Mutter verlangen läßt, ihr Schauer über den ganzen Leib laufen macht und sie nach einer Schelte auf ihre eigene Furchtsamkeit das Lied vom König und seiner Buhle singen läßt, während sie sich vor einem Publikum des 18. Jahrhunderts auf offener Bühne »auszieht«. Wie Margaretes Wirkungskreis Faust von seinem Verführungswunsch abdrängt und heiligt, so macht Mephistos Wirkungskreis Margarete bereit zur Verführung, ohne daß sie noch etwas davon weiß.

25 Vgl. meinen Aufsatz »Nachwirkungen Oetingers in Goethes ›Faust‹«, in: *Pietismus und Neuzeit* 10 (1984) S. 90–123. Oetingers Buch *Swedenborgs und anderer irdische und himmlische Philosophie* (1765) informierte Goethe nicht nur über Swedenborg, auf dessen Lehren er viele Anspielungen in den *Faust* übernahm, sondern auch über Jakob Böhme und Oetingers eigene Konzepte.

Ich fasse zusammen: 1. Magia naturalis war in der Renaissance eine universale, Religion, Philosophie, Natur-, Sozial-, Geisteswissenschaft, Kunst, Theorie, Empirie und praktische Anwendung zusammenfassende Disziplin auf der Basis der Vorstellung vom Menschen als dem mikrokosmischen Abbild und Auszug des Makrokosmos.[26] Von diesem Anspruch trennten sich mit zunehmend selbständiger Begründung der Naturwissenschaften, der Technik und der Künste die wirkungsorientierten Aspekte der Naturbeherrschung, der Menschenführung, der künstlerischen Wirkung ab und wurden in die jeweiligen Wissenschaften, Künste und Praktiken einbezogen; vom Universalitätsgedanken blieb lange Zeit nur das Ideal der universalen Wissens-Sammlung (Polyhistor); universalwissenschaftliche Ansätze (z. B. Leibniz' Characteristica universalis) blieben theoretisch orientiert. Als im 18. Jahrhundert das Verhältnis zwischen Theorie und Praxis neu reflektiert wurde (Problem der Durchsetzung aufklärerischer Theorie), wurde die spirituelle Magie z. T. mit ausdrücklichem Rückgriff auf die Magia naturalis wieder aufgenommen, nun jedoch auf das Bewußtsein des Menschen bezogen: ästhetische Wirkungstheorien, psychologische Magie (Swedenborg), sprachgetragene Bewußtseinsmagie (Hamann) entstehen. Die Leistung der magischen Integration des Menschen zur Rettung vor dem Auseinanderfallen von Erkennen, Handeln und Sein (im naturbezogenen und im gesellschaftlichen Sinn) wird jedoch nur noch der Poesie zugetraut. – 2. Goethes *Urfaust* läßt eine fast alle Szenen umfassende ›magische‹ Lesart zu. Trotz der Handlungslücke vor dem Erscheinen des Mephistopheles zeichnet sich eine mit den historischen Entwicklungen vom 16. bis zum

26 Neben der Universalwissenschaft der Magie lebten selbstverständlich die durch das Mittelalter hindurch gepflegten Einzelwissenschaften (zumeist als Bücherwissenschaften), Techniken (z. B. in den Bauhütten) und Künste (in Maler- und Bildhauerschulen usw.). Die Magie erhob als erste den Anspruch auf konsequente Verknüpfung von Theorie mit Empirie des Wissenserwerbs und mit der Praxis der Anwendung.

18. Jahrhundert korrelierte Folge von Magie-Vorstellungen ab. Im ›Gelehrtendrama‹ wird dargestellt, wie die auf der Mikrokosmos-Vorstellung aufbauende Übermenschen-Magie der Renaissance bis zu den Zauberkunststückchen in Auerbachs Keller herunterkommt; im ›Gretchen-Drama‹ wird gezeigt, wie das durch soziale Magie des vornehmen Intellektuellen verführte Bürgermädchen korrumpiert wird, wie zugleich der Intellektuelle der Gewalt der von ihm gebrauchten Magie anheimfällt und machtlos wird. Mephistopheles stellt die magisch in Gang gesetzten Energien und Mechanismen dar, die sich mehr und mehr verselbständigen und den Magier schließlich unterwerfen. Sofern Goethes Text z. B. in den Figuren Verstand, Vorstellung und Empfindung anspricht und divergente Lesarten des Stücks verdichtend zusammengreift, ist er ein magisches Instrument[27], das das Bewußtsein des Lesers aus seiner Gespaltenheit wieder in eine Einheit bringen soll und damit die mephistophelische Spaltung tendenziell aufhebt.

27 Tommaso Campanella bezeichnete in seiner Poetik das Gedicht als »instrumentum magicum«; Walker, *Spiritual and Demonic Magic*, S. 235.

V

Kosmologische und religiöse Lesart

Wenn auch überschaubarer und vollständiger erst in *Faust I* und *Faust II* ausgearbeitet, ist die kosmologische Symbolik des Männlich-Weiblichen und des Licht-Nacht-Komplexes schon im *Urfaust* sichtbar. Sie ist Teil des religiösen Aspekts der Magie und steht damit der kirchlichen Religiosität gegenüber. Der Gegensatz zwischen Universalreligion und Kirchenfrömmigkeit stiftet wieder eine für den ganzen Text aufschlußreiche Lesart.

Männliches und Weibliches

Das Urverhältnis zwischen Männlichem und Weiblichem bezieht die beiden Teile des vollendeten *Faust* komplementär aufeinander: im ersten Teil herrschen die männlichen Gott- und Teufelgestalten, eine Frau geht tragisch zugrunde und wird gerettet; im zweiten Teil herrschen die großen Muttergottheiten – selbst Mephisto erscheint als Phorkyas –, ein Mann endet tragisch und wird gerettet. Diese Komplementarität mag schon in der ersten Konzeption gelegen haben, die ja über die Szenen des *Urfaust* hinaus mindestens die Helena-Episode einschloß. Die Zweiteilung des *Urfaust* in die Tragödie eines ›männlichen‹ und nur unter Männern spielenden Problems – das Herunterkommen des übermenschlichen Anspruchs zur Kneipengaukelei – und die Tragödie einer Frau, die den sozialen Aufstieg ohne Selbstverlust versucht, zeigt die männlich-weibliche Opposition im Feld der Einzelschicksale; komplementär zeigt dann *Faust II* den geistigen Aufstieg des Mannes zur idealen Frau in der Tragödie des 1. bis 3. Akts und den Weg der Männerfiguren zum sozial-verbrecherischen Übermenschentum (4. und 5. Akt) im Feld der objektiven Geschichte. Die Opposition setzt sich bis in die Teile hinein fort: so sieht Faust in dem Schauspiel des Makrokosmos ein weibliches Prinzip (V. 102–106); das Zeichen des Erdgeistes wirkt anders, (männlich) ermutigend auf ihn ein. Margarete ist ihm Puppe und Engel (V. 503/511, 564, 1168/1186). Margarete verlangt von Faust ein Bekenntnis zu Gott und betet zur Muttergottes; ihre kirchliche Frömmigkeit hat also ebenfalls ein männliches und ein weibliches Antlitz.

Auch die Negativ-Figuren in ihrer Umgebung folgen dem Muster: der Kupplerin Marthe steht der Böse Geist im Dom gegenüber, der Gretchen ängstigt und zu weiteren Verbrechen treibt. Fausts böser Geist Mephistopheles benutzt Margarete als Verführerin Fausts, nachdem er »durch allerley Brimborium / Das Püppgen geknät und zugericht« (V. 502 f.); er erreicht durch Fausts Liebe zu Margarete die entscheidende Schwächung des Magiers, den er von da an in seiner Gewalt hat. Sinnlicher, vor allem sexueller Genuß schwächt nämlich den Magier in seiner Kraft entscheidend: wenn unser Geist »allzu sehr in die Gemeinschaft des Fleisches versenkt und mit der sinnlichen Seele unseres Leibes beschäftigt ist, so verdient er keine Herrschaft über die göttlichen Substanzen, und deshalb suchen Viele vergeblich in dieser Kunst zu wirken«.[1] Die sexuelle Beziehung zwischen Margarete und Faust macht nicht nur sie zur Verbrecherin und sozial Geächteten, sondern entmachtet Faust vollends und bringt ihn unter die Herrschaft seines bösen Geistes. Insgesamt läßt sich feststellen, daß der kosmologische Gegensatz des Männlichen und Weiblichen den *Faust*, und zwar bereits den *Urfaust*, vom Großzusammenhang der Dramenteile bis in die Figurenkonstellation hinein bestimmt.

Dieser Gegensatz hat seine Vorbilder in der Magie, wo ihn auch die Tiefenpsychologie schon aufgespürt hat. Paracelsus zum Beispiel lehrt, »daß auch die ganze Welt nicht anders

1 Agrippa, *De occulta philosophia* III,3; *Magische Werke* III, S. 20 f. Vgl. III,64; ebd., S. 367 f.

denn eine Frau und Mann ist«.[2] Dies wird näher erklärt anläßlich des vierten Schöpfungstags: »So hat Gott den Himmel mit den himmlischen Körpern und Sternen der Planeten und den zwei großen Lichtern, welche Tag und Nacht schön scheinen und viel schöner und klarer denn der Himmel sind, geziert, um der Feurigkeit der Quinta Essentia willen, welche der Masculus ist, und der Himmel die Foemina [...].«[3] Wenn Goethes Erdgeist sehr viele Eigenschaften des Spiritus mundi, der Quinta essentia trägt (vgl. den Zeilenkommentar zu: vor V. 107), dann ist auch die Zuordnung des Makrokosmos zum weiblichen, des Erdgeistes zum männlichen Prinzip im Sinne des Paracelsus und vieler anderer Magier richtig. Auch im Elementarbereich unterscheidet Paracelsus die zwei spiritualen Elemente Luft und Feuer als männlich, die körperlichen Wasser und Erde als weiblich[4]; insgesamt sind die Elemente »vier Mütter [...], die da alle corporalische Ding gebären, und aber nur e i n Vater, der der Himmel ist«.[5] Und endlich erscheint auch die Lehre von den zwei Seelen in dieser Opposition, d. h., der einzelne Mensch ist in sich männlich-weiblich vorgestellt: Gott hat »zwei Wesen im Menschen gemacht [...], das irdische und das ewige. [...] So soll der Mensch in zwei Lichten leben, und keines hindert das andere, sondern sie sind miteinander vermählt wie Mann und Weib. [...] Der eine Teil redet von oben herab, der andere von unten hinauf, und beide sind recht in ihrem Licht.«[6]

2 Paracelsus, *De pestilitate*; *Werke* V, S. 198.
3 *De secretis creationis*; *Werke* V, S. 36.
4 Ebd., S. 30.
5 *Quinque philosophiae tractatus*, tract. II; *Werke* III, S. 409.
6 *Philosophia sagax*, Vorr.; *Werke* III, S. 44 f.

Hier schließt sich bei Paracelsus die Opposition des Männlichen und Weiblichen mit der Licht-Metaphysik zusammen, die ebenfalls auf eine uralte Tradition zurückgeht und im *Faust* als Opposition zwischen Licht und Finsternis mit den Schattierungen von Abend, Dämmerung, Trüber Tag, Licht in der Nacht eine durchgängig beobachtbare Rolle spielt, die in ihrer Konsequenz und ihrer strukturbildenden Kraft in *Faust I* besonders deutlich wird. Aber schon der *Urfaust* knüpft ein dichtes Netz von Licht-Finsternis-Bezügen.

Die Szene »Nacht« steht unter dem Licht des Vollmondes, das allerdings durch die »gemahlten Scheiben« (V. 48) getrübt ist; die Schau des Makrokosmos wirkt als Lichterscheinung auf Faust und zeigt mit dem Ausruf »Bin ich ein Gott?« (V. 86) zugleich die Zuordnung des Lichts zum göttlich-ordnenden Prinzip. Das Nahen des Erdgeistes jedoch ist eine rote Feuer-Erscheinung mit Rauch, der den Mond und die Lampe verdunkelt (V. 115–118). In diese Verfinsterung tritt Wagner mit seiner Lampe und »klärt auf«. Umgekehrt ist die Szene in Auerbachs Keller, abgesehen von der Finsternis des Gewölbes, eine Nachtszene (Z. 70); Mephistos Angebot: »dergleichen Sozietät schaff ich dir Nacht nächtlich« (Z. 58 f.), macht deutlich, daß die Nacht nicht nur Abwesenheit von Licht, sondern auch Zeit des Teufels ist. In der gleichen Weise sinnbildlich verläuft die Szene »Abend« in Margaretes Zimmer vom »Dämmerschein« (V. 539) des Heiligtums, in dem Hoffnung ist und innere Umkehr geschieht, zur Nacht hin, in der Margarete trotz ihrer Lampe dem Wirkungskreis des Mephistopheles und des Goldes verfällt; hier dient die Lampe der ›Aufklärung‹ – die Parallele zu Wagner kann man in diese Lesart zwanglos einbeziehen – zur Selbstbespiegelung mit dem Schmuck und zur Erweckung des Wunsches nach sozialem Aufstieg. In der Tat hat ja die Aufklärung dem einfachen Volk gezeigt, daß die Armut, in der es von den oberen Ständen gehalten wurde, kein gottgewollter

Zustand ist; die Erweckung des Wunsches nach Besitz, Reichtum, sozialem Ansehen und Aufstieg ist Folge der Aufklärung und Reflexion über sich selbst, zu der Margarete hier gebracht wird. Marthe, die Margarete mit dem zweiten Schmuck bei sich »dem Spiegelglas vorüber« spazieren lassen will (V. 743), wirkt an dem Emanzipations- und Reflexionsprozeß kräftig mit, der Margarete gleichzeitig Faust in die Arme treibt und sie in ihrem Wesen von dem Idealbild entfremdet, das er sich von ihr in ihrem Zimmer gemacht hat: eine sozial aufstrebende, sich nach oben anzugleichen suchende Margarete paßt nicht mehr zu dem Eindruck Fausts:

> Wie athmet rings Gefühl der Stille,
> Der Ordnung, der Zufriedenheit,
> In dieser Armuth welche Fülle!
> In diesem Kerker welche Seeligkeit!
> (V. 543–546)

Die Lehre Rousseaus, daß Glück nicht eine Funktion des Reichtums, sondern des ausgeglichenen Verhältnisses zwischen den Wünschen und der Möglichkeit ist, sie aus eigener Kraft zu erfüllen,[7] bestätigt sich in diesen Versen Fausts: Zufriedenheit, die er nicht kennt, kann sich auch auf niedrigem ökonomischen Niveau und mit bescheidenen Mitteln herstellen. Wenn Margarete sich nun zu Wünschen treiben läßt, wird das Gleichgewicht des Glücks gestört und damit auch das Idealbild, das Faust in Margarete so fasziniert.

Aufklärung, die ja mit Margaretes Reflexion auf ihre Armut und niedere soziale Stellung geschieht, bringt nicht nur Verbesserung, sondern auch Verluste für die Menschen; Goethes Lehrer Hamann und Herder hatten dies wie schon Rousseau herausgestellt und waren auf verschiedenen Wegen um Kompensation der Verluste, um vollgültige Humanität bemüht. Auch Goethe folgt nicht der Faust-Auffassung Les-

7 Vgl. Jean-Jacques Rousseau, *Émile, ou De l'Éducation*, ed. par François et Pierre Richard, Paris 1957, Buch II, S. 63–67.

sings, für den die Verdammung des menschlichen Erkenntnisdrangs allenfalls ein böser Traum sein konnte. Dem Schüler, so prophezeit Mephistopheles, wird einmal bei seiner durch die Erkenntnis erlangten Gottähnlichkeit bange werden (V. 444); Faust hat mit seinem Erkenntnis- und Erfahrungsdrang eine doppelte Niederlage erlitten und erfreut schließlich Zechgesellen mit Zauberkunststückchen. Aufklärung ist durchaus ambivalent und erfährt deshalb von Goethe keine Bewertung: Wagners Lampe beleuchtet den Weg zur Humanität und führt ihn zur Frage nach dem Menschen und nach sich selbst; Margaretes Lampe zeigt ihr das Kästchen im Schrank, beleuchtet den Schmuck auf ihrem entkleideten Körper und ermöglicht mit dem Blick in den Spiegel die Erkenntnis geschmückter Armut, die Entstehung von Aufstiegswünschen und die Zerstörung der Zufriedenheit. Fausts Lampe, mit der er in den Kerker Margaretes eindringt, weist keinen Weg mehr; sie beleuchtet nur noch Tatsachen, vor denen Faust »inneres Grauen der Menscheit« ankommt (»Kerker«, Z. 1 f.). Die Lampe der ›Aufklärung‹ zeigt schließlich nur noch prosaisch nüchterne Fakten, nachdem die Utopie der Erkenntnis und des sozial-ökonomischen Aufstiegs sich in ihrer Ambivalenz erwiesen haben. Ihr Schimmer wird überwunden durch den wirklichen Tag, von dem Margarete sagt:

> Tag! Es wird Tag! Der lezte Tag! der Hochzeit Tag!
> (Ebd., Z. 95 f.)

Das ist einerseits die Helligkeit, dann der Tag ihres Todes, aber auch schon der Tag einer immer erhofften, erst im Jenseits verwirklichten Hochzeit mit Faust, endlich, wir können es hinzufügen, der Tag des göttlichen Gerichts, dem sie sich übergibt (ebd., Z. 95–106). In diesem »Tag« verdichten sich alle Aspekte des Lichtes – das unbarmherzig nüchterne Tageslicht, das schon die Hinrichtung anzeigt, das Licht der Ewigkeit als Freude und als Gericht, das Licht der Erkenntnis und das Licht der vereinigenden Erhöhung.

Umgekehrt verdichten sich alle Aspekte der Finsternis in Fausts Seele:

> Wie von dem Fenster dort der Sakristey
> Der Schein der ewgen Lampe aufwärts flämmert,
> Und schwach, und schwächer seitwärts dämmert,
> Und Finsterniss drängt rings um bey;
> So siehts in diesen Busen nächtig. (V. 1398–1402)

Auf dem Weg zu Gretchen, und damit zum sinnlichen Genuß, ist Faust von Schuldgefühl, von Erkenntnis seiner Unmenschlichkeit, Gottverhaßtheit, Abhängigkeit vom Teufel erfüllt, zugleich finster entschlossen, den Weg der Zerstörung bis zu Ende zu gehen, der schon eine eigene Notwendigkeit angenommen hat. Während das Licht nüchtern alles zeigt, verwirrt die Nacht alles, läßt Sinnengenuß und »Himmelsfreud« zu Instrumenten der Zerstörung werden, scheint Notwendigkeit und Geschick zu schaffen (V. 1429 f.), wo ein einfacher Entschluß Fausts, zu seinen Taten und Versprechen zu stehen, schon alles ändern könnte. Auch Erkenntnis und Selbsterkenntnis hat die Finsternis, aber sie führt nur in Verzweiflung und verbale Selbstbezichtigung ohne Handlungskonsequenz; ja, sie enthält schon alle Elemente der Reinwaschung von Schuld: Faust beruft sich auf sein Wesen als Flüchtling, Unbehauster, auf ein Verhaßtsein bei Gott, auf die Hölle, die ein Opfer haben will – das sind alles Dinge, an denen sich nichts ändern läßt, mit deren Nennung Faust sich rhetorisch aus der Verantwortung schleicht. Indem er sich mit diesen Notwendigkeiten entschuldigt und am Ende gar in Mitleid mit sich selbst ausbricht (V. 1428–31), bindet er sich aber auch an diese Notwendigkeiten, anerkennt ihre Gewalt über sich und leugnet damit jede Entscheidungsfreiheit oder Hoffnung auf göttliche Gnade. Der Faust, der sich anfangs aus allen Bindungen befreien wollte, sogleich allerdings am Buch wieder hängenblieb, der in *Faust I* eine Wette auf Rastlosigkeit als Erscheinungsform der Freiheit abschließt (V. 1710), dieser Faust bindet sich hier an objektive Gegebenheiten wie Charakter, Geschick, Notwendigkeit,[8] um nur die Freiheit von sich abzuwälzen, die ein Eingeständnis seiner Verantwortung für Margaretes absehbares Schicksal impliziert hätte. Goethe führt vor, wie die »prätendierte Freiheit«, wo sie nicht einmal mit großen gesellschaftlichen Bewegungen wie etwa im *Götz*, sondern nur mit den Folgen des eigenen Handelns zusammenstößt,[9] sich sogleich hinter objektiven Notwendigkeiten zu verschanzen geneigt ist. Das ist nicht nur ein psychologisches Phänomen, sondern trifft wieder für die fortschreitende Aufklärung im 18. Jahrhundert zu, die mehr und mehr determinierende Gewalten für das Handeln und Verhalten des Menschen ausfindig machte und auf der andern Seite seine sittliche Freiheit immer reiner definierte und postulierte. Der Vergleich zwischen Flamme und zudringender Finsternis, den Faust gebraucht, ist also zugleich ein Bild für einen individuellen Seelenzustand wie auch für den Zustand aufgeklärter Mentalität in Goethes Lebenszeit, auf die der letzte Teil des Gretchen-Dramas ja bezogen ist, wie wir gezeigt haben.

Der scheinbar nur für die Bühnenbeleuchtung wichtige Bereich der Szenennamen »Nacht«, »Abend«, des Requisits der Lampe, der vielen eigentlichen und übertragenen Verwendungen von Wörtern aus dem Licht-Finsternis-Bereich hat sich bei näherer Betrachtung wiederum als sorgfältig geknüpftes Bezugsnetz und Lesart des *Urfaust* herausgestellt. Vom Bühnenbeleuchter der frühen Goethezeit hätte das Stück, wäre es aufgeführt worden, wohl Unmögliches verlangt, denn angesichts der von Hand anzuzündenden und zu löschenden Leuchten wäre ein rascher Wechsel von hellen und dunklen Szenen, ja schon ein Hereinbrechen der Nacht oder ein Kommen des Tages kaum zu bewältigen gewesen.

8 Es sind dies drei der fünf Begriffe aus den *Urworten. Orphisch*. Die Hoffnung als »ewge Lampe« fühlt Faust noch in sich brennen (V. 1399), aber die Finsternis läßt keine Wirkung zu.

9 Formulierung aus der Rede *Zum Shakespeares-Tag*, vgl. das Kapitel »Entstehung und Konzeption des *Faust* in ursprünglicher Gestalt«.

Um so ernster müssen angesichts der damals technischen Undurchführbarkeit die Bedeutungsaspekte von Licht und Finsternis genommen werden, die Goethe seinem Leser mit der dichten Verflechtung der Motive suggerierte. Es sind kosmische Prinzipien wie das Männliche und Weibliche, die in allen Goethe bekannten religiösen und naturphilosophischen Traditionen eine Rolle spielten und mit denen Tiefenschichten unserer Welterfahrung angesprochen sind.

Der eindeutigen Abwertung und Verteufelung der Finsternis gegenüber dem göttlichen Licht in der Bibel stellt z. B. Jakob Böhme eine Lehre entgegen, in der Finsternis und Licht als Aspekte der göttlichen Offenbarung erscheinen, als Gottes Zorn und Liebe,[10] als die drei materiebildenden Kräfte des göttlichen väterlichen Grimms und die drei organisierenden und ordnenden Kräfte der göttlichen Sohnes-Liebe, die »in einem ewigen Wirken und Gegenwirken« aufeinander bezogen sind und deshalb durch die siebte Kraft zur Leiblichkeit vereinigt und versöhnt werden können.[11] Diese Finsternis wird auch oft als »Feuer« dem Licht entgegengesetzt.[12] Während in Gott selbst eine unzertrennliche Verbindung der Licht- und Finsternis-Prinzipien gedacht wird, sind sie in der Offenbarung und vollends in der Schöpfung trennbar. Teuflisches Wesen, Bosheit und Sünde bestehen nur darin, daß ein Geschöpf allein aus dem finsteren Prinzip leben und nicht sich dem Lichte zubewegen oder daß es umgekehrt sich aus einem einigermaßen lichten Zustand in die Finsternis

10 Vgl. Friedrich Christoph Oetinger, *Swedenborgs irdische und himmlische Philosophie*, hrsg. von Karl Chr. Eberhard Ehmann, neu hrsg. von Erich Beyreuther, Stuttgart 1977 (Nachdr. der Ausg. Stuttgart 1858), S. 246. Goethe besaß das Buch und bezog neben Swedenborg-Kenntnissen umfassende Kenntnisse über Böhmes Lehre daraus. Vgl. auch meinen Aufsatz »Nachwirkungen Oetingers in Goethes ›Faust‹«, in: *Pietismus und Neuzeit* 10 (1984) S. 90–123.

11 Oetinger, *Swedenborg*, S. 351 f.; vgl. S. 13 u. ö. Die Darstellung enthält hier Oetingers eigene, Böhme interpretierende und stärker auf das 18. Jahrhundert bezogene Gedanken; ich kann diese Anteile hier nicht trennen und nehme nur auf die Gesamttradition Bezug.

12 Ebd., S. 257.

zurückbewegen will.[13] Man erkennt hier, wie bedeutungsvoll Licht, Finsternis, aufklärende Lampe und die Lichtveränderungen schon im *Urfaust* zu verstehen sind (in *Faust I* systematisiert Goethe diese Veränderungen noch stärker).

Goethe hat die von Oetinger weitergeführte Annahme potentieller Finsternis in Gott aufgenommen und das »Wirken und Gegenwirken« dieser in der Offenbarung sich trennenden und manifestierenden Prinzipien zur Vorstellung des Lebens-Pulses von Zusammenziehung und Ausdehnung, Verselbstung und Entselbstigung weiterentwickelt.[14] Wenn Oetinger, der die Gleichnotwendigkeit von Finsternis und Licht ebenfalls betont, noch ein eher statisches komplementäres Verhältnis zwischen diesen Gegensätzen annimmt,[15] sieht Goethe überhaupt das Leben der Welt als ein Pulsieren zwischen den beiden Prinzipien, von denen zwar jedes das andere stört und schädigt und ›das Böse‹ für das andere dar-

13 »Für sich [d. h. nach vorn] wird etwas aus der Finsternis ins Licht bewegt; hinter sich [d. h. zurück] aus dem Licht in die Finsternis; alles Tohu und Bohu, alles Wüste und Leere, ist nach heiliger Schrift Finsternis. Diß sehnet sich regulär zu werden.« (Ebd., S. 3.)« [. . .] in dem principio activo [der drei ersten Kräfte] ist ein großer Überfluß von Selbst-Bewegung; diese Selbst-Bewegung kann durch falsche Vorstellung wieder rückwärts in die ersten principia gehen, und dadurch eine Verkehrung und Abirrung des Geschöpfs verursachen. Darin besteht eigentlich die Sünde, die Verkehrung und der Abfall, daß eine Creatur nicht in der Wahrheit besteht, sondern etwas erregt, das wider Gottes Ordnung ist, wie der erste Engel oder der erste Mensch.« (Ebd., S. 2, Swedenborg-Referat Oetingers). Vgl. den Schöpfungsmythos am Ende von Buch VIII in *Dichtung und Wahrheit* (HA 9, S. 351 f.).

14 So dargestellt im Schöpfungsmythos. »Attraction« und »Extension« sind Bestimmungen der beiden ersten Kräfte (Oetinger, *Swedenborg*, S. 351 u. ö.); Goethes Begriffe »Systole« und »Diastole« stammen wahrscheinlich ebenfalls aus diesem Werk (S. 231).

15 »[. . .] Finsternis und Licht wohnen in einander; keines begreift das andere, und ist doch eines des andern Arzt durch eine geistliche imaginative Wirkung. Freiheit beschattet sich mit der Begierde Wesen: daher sind zwei Contraria.« (Ebd., S. 241.) Begierde ist dabei »ein strenges In-sich-Ziehen«, also die Attraktion, deren Resultat Materialität, Leiblichkeit ist; Freiheit ist umgekehrt »Extension« mit dem Resultat der Auflösung des Materiellen; das eine ist »principium tenebrarum«, das andere »principium lucis«, das eine hat eine Tendenz zum Verbergen, das andere zum Manifestieren (ebd., S. 239). Goethes »offenbares Geheimnis« steht in der Spannung dieser Prinzipien.

stellt, zwischen denen aber keine objektive, letztgültige Auf- und Abwertung stattfinden kann und berechtigt ist. Die Himmelskräfte steigen auf und nieder, das lebendige Kleid der Gottheit ist aus Geburt und Grab gewoben; Margaretes Christentum enthält einfache Frömmigkeit und Katechismusglauben, rettende Mater dolorosa (Zwingerszene) und rächenden zornigen Gott (Domszene), die »gute« »Sünde« der Hingabe an Faust (V. 1275–77). Fausts Magier-Religiosität enthält eine namenlose Gottheit, aber auch deren Erscheinungsformen Makrokosmos, Erdgeist, die in Zeichnungen eines Buches festzuhalten sind; sie enthält die unbestimmte Menge böser Geister, mit denen Faust »Gemeinschaft« macht (S. 56 f., Z. 9, 33 f.), und einen Spezialteufel mit Namen Mephistopheles; dieser hat eine unbestimmte Gestalt zwischen Hund (S. 57), Professor anstelle Fausts (Schüler-Szene), vornehmem Reisenden inkognito oder Komödiant (S. 18), Reisendem, den »Gewerb und Pflicht« von Ort zu Ort treiben (V. 938) – jedenfalls trägt er verschiedene »Mäskgen«, hinter denen sich »ein Teufel« verbirgt (V. 1231–33; vgl. S. 18, Z. 66 f.) –, und dennoch sind Faust und die Leser oder Zuschauer dauernd in Versuchung, ihn für eine bestimmte berechenbare menschenähnliche Persönlichkeit zu halten. Die religiöse Sphäre ist also durchgängig gekennzeichnet von dem kosmischen Puls von Finsternis und Licht, Verhüllen und Offenbaren, Attraktion und Expansion, Begierde und Freiheit, Körperlichkeit und Geistigkeit.

Dieser Puls ist jedoch auch nur e i n e Gegensatzhälfte der Beziehung zwischen Licht und Finsternis; die andere Seite ist ihr zeitloses Aufgehobensein in der Gottheit. Ewigkeit und Zeit stehen einander in einer höchsten Opposition gegenüber. Fausts ständiges Beginnen, Scheitern und Neubeginnen, das im *Urfaust* als Gelehrtendrama und Gretchen-Drama wenigstens zwei Verwirklichungen hat und das der »Prolog im Himmel« später als Zikadensprünge bezeichnet, entspricht dem Pulsieren, dem Schaffen und Erfüllen von Zeit. Die Spannung zwischen Finsternis und Licht, Materialität und Geistigkeit der Erscheinung als makrokosmischer Ordnung und dem Verschwinden im namenlosen Ungrund entspricht dem Ewigen. Fausts Gleichnis vom »Schein der ewgen Lampe«, um den sich rings die Finsternis drängt (V. 1398–1402), zeigt diese Verhältnisse für die Religiosität allgemein wie für den Menschen und den momentanen Zustand Fausts gültig; der Ewigkeit des Lampenschimmers steht die »Zeit der Angst« gegenüber, die ihm der Teufel verkürzen soll, der damit auch dem Reich der Zeit zugeordnet erscheint (V. 1428 f.).

Licht und Finsternis sind also tragende Prinzipien schon für die Lektüre des *Urfaust*; aus der durch diese Opposition gegebenen Perspektive lassen sich alle Figuren und ihre Schicksale in bestimmter Weise lesen, so wie auf andere Art aus den Gesichtspunkten des Männlich-Weiblichen, der Magie, der Geschichte usw.: alle diese Lesarten erscheinen selbst als »farbiger Abglanz«, als die durch verschiedenartige Trübung des Lichts entstehenden Farben, die nach Goethes Auffassung aus dem Zusammenwirken von Licht und Finsternis hervorgehen.[16]

Formen der Religiosität

Auch die Religiosität im engeren Sinne gründet auf dieser dialektischen Basis. Man kann zunächst die magische Religiosität Fausts und die christliche Religiosität Margaretes unterscheiden. Die magische Religiosität ist entstehungsgeschichtlich die Quintessenz aus den vorderasiatischen Religionen; wie Herders *Älteste Urkunde des Menschengeschlechts* (1774–76) am Beispiel der Schöpfungshieroglyphe historisch

16 Goethe las schon 1770 eine Abhandlung über farbige Schatten (vgl. DjG 1, S. 426, Z. 16 f.); das Zustandekommen der Farben durch die Wechselbeeinflussung von Licht und Finsternis (»Trübung«) wird in dem *Swedenborg*-Buch Oetingers mehrfach besprochen (S. 39, 153, 196). Zur Trübung des reinen »lieben Himmelslichts« vgl. V. 47 f.

nachzuweisen sucht, gibt es einen gemeinsamen Grund, eine Urreligion, die später in den Einzelreligionen in bestimmten historischen Metamorphosen wieder erscheint. Wenn auch Herder den naheliegenden Schluß nicht ausdrücklich zog, so mußte dem jungen Goethe, für den »die Lehre Von Christo« ein »Scheisding« war,[17] die hebräische und die christliche Religiosität neben der islamischen (er las in diesen Jahren den Koran) und der griechischen als Abschattung, Transformation und Festlegung dieser Urreligion erscheinen: magische und christliche Religiosität stehen also im Verhältnis von Geist und Zeichen, Geheimnis und Offenbarung, Ewigkeit und Zeitgebundenheit zueinander; die Dialektik von Licht und Finsternis wiederholt sich auch in diesem Bereich.

Nun ist auch die magische Religiosität wieder mehrfach in sich dialektisiert zwischen Geistigem und Zeichenhaftem, Ewigem und Zeitlichem, Geheimnis und Offenbarung. Wie in dem Kapitel über Magie dargestellt, ist die Voraussetzung ihres gefahrlosen Gelingens der Glaube; Glaube, Liebe, Hoffnung sind die drei ›Leiterinnen‹ des Magiers. Glaube bedeutet dabei nicht den Glauben an die Lehren der christlichen Kirche, sondern die unerschütterliche Zweifelsfreiheit in der Überzeugung, daß der Mensch mit dem Makrokosmos im Einklang steht, in den heiligen Zusammenhang der das All durchwirkenden Lebenskräfte eingebunden ist und daß deshalb durch die Intensität seiner Begeisterung die Kraft des Kosmos magnetisch in ihn gezogen wird und die ersehnten Wunder durch ihn wirkt. Wer diese Voraussetzung aller Magie kennt, weiß schon von der Unruhe und Melancholie Fausts im ersten Monolog an, daß ihm die Magie nicht gelingen oder wenigstens nicht fruchtbar und segensreich werden kann. Faust, der sich so klug der Magie

17 »Wenn nur die ganze Lehre Von Christo nicht so ein Scheisding wäre, das mich als Mensch als eingeschränncktes bedürftiges Ding rasend macht [...]« (An Herder, etwa 12.5.1775; HA Br. 1, S. 182). Herders *Älteste Urkunde des Menschengeschlechts* wird hoch gelobt (an Gottlob Friedrich Ernst Schönborn, 8.6.1774; ebd., S. 162).

zu ergeben meint, um durch sie Erkenntnisse zu gewinnen, ist ein Zauberlehrling, der das Wichtigste nicht weiß und deshalb in schlimmer Weise scheitert und getäuscht wird. Goethe hat im *Urfaust* die Kenntnis dieser Basis der Magie beim Leser vorausgesetzt; *Faust I* verdeutlicht sie mit dem Eingeständnis des fehlenden Glaubens schon hinsichtlich der christlichen Botschaft am Schluß der Szene »Nacht«.

In der Magie dem Glaubensaspekt entgegengesetzt sind die Zeichen; im *Urfaust* sind es die Zeichen des Makrokosmos und des Erdgeistes (*Faust I* fügt weitere hinzu). Dem freien, bestimmungslosen Glauben stehen die Zeichen insofern als einschränkend, bestimmend, der Finsternis zugewandt entgegen, als sie die Ganzheit des göttlichen Alls in zwei Aspekte auseinandersetzen: das Makrokosmos-Zeichen steht für die lebendige, als Harmonie erscheinende Ordnung des Alls, das Erdgeist-Zeichen steht für die lebendigen generierenden und zerstörenden Energien des Alls. Beide gehören als »Fülle« und »Ordnung« zu der Vorstellung von der Herrlichkeit Gottes,[18] die im Alten und Neuen Testament als »Ehre« oder »Herrlichkeit Gottes« eine wichtige Rolle spielt,[19] aber auch als glänzende Erscheinung der Schöpfung mit der Vorstellung vom Schleier der Maja oder Isis in Verbindung steht und damit wieder ein Element jener Urreligion darstellt; *Faust II* verwendet die Vorstellung, angefangen vom »farbigen Abglanz« über den Schleier der Maja/Helena bis zur Mater gloriosa. Diese Herrlichkeit wird nun in zwei Zeichen auseinandergesetzt, und Faust, der Glaubenslose, ist nicht fähig, aus der konzentrierten Kraft seiner Begeisterung den jeweils andern Aspekt zu ergänzen, wie es die magische Begeisterungslehre vorgesehen hätte (vgl. den Zeilenkommentar zu V. 77–101, 107–128). Die zwei Zeichen stehen für den lichten und den feurig-finsteren Aspekt der Herrlichkeit (V. 86, 116–119); Fausts Weg vom lichten zum finsteren Aspekt zeigt im Sinne der dargelegten Licht-Metaphysik seine verkehrte

18 Vgl. dazu meinen in Anm. 10 genannten Aufsatz, S. 114–123.
19 Vgl. Ps. 19,2 und z. B. die ›Doxologie‹ am Ende des Vaterunsers.

Richtung. Auch die spirituell magische Verwendung des Makrokosmos-Zeichens als Meditationsbild und die zeremoniell dämonenmagische Verwendung des Erdgeist-Zeichens zur Beschwörung des Dämons zeigen seinen Weg vom lichten in den finsteren Bereich der Magie, zunächst noch der ›weißen‹, mit dem Teufel Mephistopheles der »schwarzen‹ Magie.

Die Namen »Makrokosmus« und »Erdgeist« sind von Goethe geprägt; magische Vorstellungen der Renaissance, des 17. und des 18. Jahrhunderts sind in ihnen mit den Vorstellungen aus dem Altertum verbunden und an den von Faust berichteten Beobachtungen ablesbar (vgl. den Zeilenkommentar zu: vor V. 77, vor V. 107). Zu dem Konzept der Herrlichkeit und seinen beiden Aspekten der Ordnung und der Fülle treten z. B. die Vorstellungen Paracelsus' vom aetherischen oder firmamentischen Geist in der Welt und im Menschen, der der Gestirnsordnung entspricht und damit astrologisch die Kräfte der Gestirne in ihrer Auswirkung auf die Schöpfung und den Menschen betrifft; diesem steht der elementische Geist oder »Geist der Erde« gegenüber, der als Leben (vivum) und Bewegung den Leib der Elemente (und den Körper des Menschen) regiert und »aus ihnen treibt, was in ihnen ist. Er treibt das Feuer, daß es brennen muß, die Erde, daß sie Frucht geben muß, treibt das Wasser, das Fische erhalten muß, treibt die Luft über die ganze Erden, treibt Sonne und Mond und alle Sterne in ihrem Lauf.«[20] Van Helmonts Vorstellung von den auf- und absteigenden Himmelskräften, Klopstocks Vorstellung von den Eimern der Schöpfung, an denen die Erde nur ein Tropfen ist, alle diese Vorstellungen werden in die zwei Zeichen projiziert, die zusammen die urreligiöse Vorstellung der Herrlichkeit als Ordnung und Fülle entfalten. Faust ist unfähig, sie als Ganzheit zu realisieren oder auch nur eine davon voll zu begreifen; sie sind ja auch, ernst genommen, Totalvorstellungen der Gottheit als

20 Paracelsus, *Philosophia sagax* I,1: *Werke* III, S. 48–54.

Schöpfung und Schöpfer, als »Modell der ewigen Lust«, »Bild der Beschauung« und als »Begierde«, »wallendes Wesen«, »Bewegnis im Fiat (d. i. Selbstbewegungs- und Generirungs-Quelle)«.[21]

Nachdem es Faust nicht in einem Anlauf gelingt, die Totalvorstellung der Gottheit zu begreifen, d. h. seiner Erkenntnis und seinem Willen zu unterwerfen und damit selbst Gott ähnlich zu werden,[22] muß er in der Sukzession der Zeit und in Teilvorstellungen das dialektische Bild der Gottheit sich anzueignen suchen. Goethe fügt z. B. mit den zwei Seelen in der Brust und der Opposition zwischen Paulus- und Johannes-Evangelium am Anfang von »Studierzimmer I« in *Faust I* wichtige Stationen dieses Prozesses ein; dennoch ist schon im *Urfaust* die Absicht deutlich, Faust mit Metamorphosen der Makrokosmos-Erdgeist-Dialektik zu konfrontieren. Zugleich mußte es ihm angesichts der schon angedeuteten Opposition zwischen magischer und christlicher Religiosität darum gehen, auch deren dialektische Spannung und Wechselwirkung darzustellen und in diese Metarmorphosen einzubeziehen.

Auf der Schnittlinie zwischen Dämonenmagie und Christentum steht ja z. B. M e p h i s t o p h e l e s, der als dienstbarer Geist eines Magiers harmlos sein kann und den Teufel nur spielt (V. 404), der als Spezialteufel mit bestimmtem Namen gefährlich und als ›der‹ Teufel im Sinne der christlichen Lehre absolut verderblich ist. Im Licht der magischen Religiosität, des Urgegensatzes von Licht und Finsternis betrachtet, kann Mephistopheles als Vertreter des notwendigen Systole-Prinzips im Kosmos verstanden werden, als magische Projektion,

21 Oetinger, *Swedenborg*, S. 196, der hier Jakob Böhme zitiert. Für die Szene »Studierzimmer I« des *Faust I* ist es wichtig, daß Böhme diese zweifache Entfaltung Gottes in die Schöpfung als »Aussprechen seines Wesens [...] durchs Wort« bezeichnet.

22 Dem gläubigen Magier verspricht Agrippa von Nettesheim, daß sie »wahre Kinder Gottes und Gott ähnlich [werden], indem [sie] Werke Gottes thun und vollbringen« (*De occulta philosophia* III,13; *Magische Werke* III, S. 78 f.) Marlowes Faust sagt: »A sound magician is a mighty god.«

mit der Faust eine materialistische Form seiner selbst aus sich herausstellt und die mit ihm gleichnotwendig ist. Im Licht der christlichen Religiosität betrachtet, ist Mephistopheles das von außen kommende, den Menschen verführende und seiner ewigen Bestimmung entfremdende Prinzip – so sieht ihn Margarete: »der will mich!« (S. 62, Z. 104).

Es gibt meines Erachtens zwei Gründe, warum Goethe die Lücke zwischen Wagner- und Schüler-Szene entweder noch nicht ausgefüllt hatte oder die Szenen dem Fräulein von Göchhausen noch nicht zur Abschrift überlassen wollte. (Daß eine Hundsgestalt als erste Erscheinungsform geplant war, zeigt die Prosaszene S. 56–58, hier S. 57, Z. 17–22.) Ein Grund war sicherlich das ungeklärte Verhältnis zur »Lehre Von Christo«, zur Sünde, zum Teufel, zur Fähigkeit des Menschen, sich aus eigener Kraft zum Guten zu wenden (Goethes »Pelagianismus«[23]); mit einer Auffassung vom Christentum als »Scheisding« wäre allenfalls eine Karikatur des christlichen Glaubens und seines Teufels herstellbar gewesen, nicht aber eine ernsthafte dialektische Gegenposition zu Fausts Versuch magischer Religiosität. Mit dieser Argumentationslinie stimmt zusammen, daß Faust in der Katechisierungsszene »Marthens Garten« die Frage nach seinem Christentum nur mit »Liebes Kind!« (V. 1161) abwendet und Margaretes alleinseligmachenden Glauben verständnisvoll gegenüber Mephisto verteidigt (V. 1220–25): Faust nimmt nicht inhaltlich zum christlichen Glauben Stellung, sondern anerkennt nur das Gläubigsein Margaretes; Goethe konnte diese Szenen vollenden, ohne sich über seine eigene Einstellung zu dieser Frage endgültig im reinen zu sein.

Der zweite Grund hängt mit der im Pelagianismus behaupteten, wenigstens partiellen Autonomie des menschlichen Subjekts zusammen. Im Kapitel über die Konzeption des *Urfaust* habe ich nahegelegt, daß auch dieses Stück sich um den »geheimen Punkt« drehen sollte, an dem »die präten-

23 Vgl. *Dichtung und Wahrheit*, Buch XV; HA 10, S. 44 f.

dierte Freiheit unsres Wollens, mit dem notwendigen Gang des Ganzen zusammenstößt«. Im religiösen Kontext und vollends angesichts der christlichen Sünden- und Teufelskonzeption bedeutet es einen entscheidenden Unterschied, ob pelagianisch auch eine religiöse Freiheit des Menschen prätendiert werden kann oder nicht. Mußte Goethe, nach Klärung seiner religiösen Unsicherheit, die Frage verneinen, so war die magische Religiosität ein Irrtum und die Einführung des christlichen Teufels kein Problem. Bejahte er die Frage, so kam er in zwei Schwierigkeiten: Einmal enthielt sein Stoff in zentraler Rolle einen Teufel, dem Faust sich verschreibt und der ihn nach Ablauf des Pakts holt. Die Lessingsche Lösung mit dem Traum Fausts hat Goethe nie in sein Konzept einbezogen; also mußte ein Modus gefunden werden, wie bei einer pelagianisch prätendierten religiösen Freiheit ein christlicher Teufel glaubhaft gemacht werden kann. Die zweite Schwierigkeit ist die Formulierung des »notwendigen Gangs des Ganzen« im religiösen Kontext, wenn diese Notwendigkeit nicht mehr in der Erbsünde bestehen soll, deren objektiver Exponent der Teufel ist. Andererseits mußte, dem Stoff gemäß, diese Notwendigkeit weiterhin durch Mephistopheles repräsentiert werden. Der prätendierten Freiheit des Wollens können äußere Zwänge, die Willen der andern, die historische Bewegung der Gesellschaft entgegengestellt werden. Der prätendierten Freiheit zum Streben nach Gerechtigkeit vor Gott kann nichts Äußeres entgegengestellt werden; vielmehr muß es etwas sein, das als menschliche Notwendigkeit selbst das Streben bremst, behindert oder beirrt. Mephistopheles, vom Stoff als Figur gefordert, müßte also als das Prinzip umgedeutet werden, das im Menschen das Streben des Menschen behindert. Wenn er aber in diesem Sinne nur eine Projektion ist, die Hinausstellung der eigenen Negativität aus dem Menschen, wie kann er dann wieder vor Margarete zum christlichen Teufel werden?

Die ungeklärte religiöse Position Goethes in diesen Jahren, die Widersprüche, in die er bei der einen oder der anderen

Entscheidung mit seiner Kombination magischer und christlicher Religiosität kommen mußte und die sich in der Figur Mephistos konzentrierten, scheinen mir Gründe genug dafür zu sein, daß Goethe mit der Einführung und damit der Festlegung dieser Figur noch zögerte. Nach 1797, als sich ihm das religiöse Problem geklärt hatte und er die Formel von der prätendierten Freiheit, vom notwendigen Gang des Ganzen in die gesetzhafte Opposition von Energien und Prinzipien weitergedacht hatte, konnte die Einführung des Mephistopheles gelingen.

Im *Urfaust* hat die Figur einen Status, wie ihn etwa Paracelsus beschreibt: »Dem Kaufmann ist er ein Kaufmann; Gott ist dem Kaufmann auch ein Kaufmann, wisset aber, der eine ist aus dem Teufel, der andere aus Gott. So ist der Teufel dem Könige ein König, dem Propheten ein Prophet, dem Apostel ein Apostel, dem Doktor ein Doktor. [...] Denn das dünkt mich ganz und gar nützlich zu sein, daß ein Kaufmann den Teufel erkenne und also ein jeglicher wisse, wie der Teufel einen Kaufmann belehre, einen doctorem, einen Propheten, und womit er ihn fange und erschnappe.«[24] So erscheint Mephistopheles dem Schüler als beratender Professor, der dem Anfänger seinen Erkenntnishunger disziplinär zersplittert und endlich zur bloßen Funktion herabsetzt; er erscheint den Gesellen in »Auerbachs Keller« als guter Geselle, der sie mit seinem Lied potentiell politisch hellhörig macht oder auf die vielbeklagte Korruption der Feudalgesellschaft hinweist, aber durch die groteske märchenhafte Behandlung des Themas aus dem empörenden Gesellschaftsproblem ein Kabarettstückchen macht und damit die Entrüstung ›kulinarisch‹ ablenkt. Er erscheint Margarete als vornehmer Herr, der ihr den »Galan« als Alternative zu einem Ehegatten empfiehlt, und erweckt mit dem Goldschmuck ihre Wünsche nach Reichtum und sozialem Aufstieg zu Faust. Erst später, als sie sich selbst der Sünde bezichtigt, deckt sie sukzessive seine

24 *Philosophia sagax* III, Vorr.; *Werke* III, S. 372 f.

Teufelsnatur auf. Während Margarete ihn erkennt und sich damit vor ihm hüten kann, wird Faust immer mehr der Gewalt des Mephistopheles unterworfen und verliert sukzessive die Macht über ihn, gerade weil er ihn zu kennen und zu beherrschen meint.

Mephistopheles, so können wir zusammenfassen, ist schon im *Urfaust* eine hochkomplexe Figur, in der sich Magie und Christentum als Formen der Religiosität überschneiden, und innerhalb der Magie noch einmal spirituelle und dämonische Magie (Mephisto als Projektion oder als Dämon), innerhalb der christlichen Religiosität noch einmal das Böse überhaupt und der Spezialteufel Fausts. Erst diese komplexe Negativität macht es möglich, daß die Figur eine so undurchsichtige »schwankende Gestalt« ist, die eigentlich nur durch ihren (im Text nur einmal gesprochenen) Regienamen zusammengehalten wird, die sich auf der Bühne gewissermaßen ständig in neuer Kleidung und Maske zeigen müßte und die deshalb das Böse und jedem das eigene Böse sein kann. Daß Mephistopheles nicht gleich in der ersten Szene eingeführt wird, kann unter dem Gesichtspunkt seiner Komplexität verschieden erklärt werden: sofern er magische und christliche Religiosität negativ verkörpert, muß er kompositorisch erst an einer Stelle auftreten, wo die magische Religiosität schon eine Schwächung erfahren hat; als spirituell magische Projektion muß er dann erscheinen, wenn Faust (oder historisch der durch ihn repräsentierte abendländische Mensch) in seiner Reflexionsfähigkeit so weit fortgeschritten ist, daß er das Negativ seiner selbst sich gegenüberstellen kann; als dämonenmagischer ›Helfer‹ muß er dann erscheinen, wenn Faust sich nicht mehr selbst zu helfen traut. Als Böses für jeden einzelnen (den Schüler, die Zecher usw.) tritt er im Verlauf der Handlung auf, wo es um das Stadium der Versuchung und Verführung geht; als das Böse enthüllt er sich, wo es im christlichen Sinn um das Heil der Seele geht.

Ist Mephistopheles eine komplexe Negativfigur, so gibt es im *Urfaust* mindestens eine komplexe Zusammenführung von magischer und christlicher Religiosität im positiven Sinne: Margaretes Zimmer, dessen Eindruck Faust augenblicklich vollständig verändert. Mit den Aspekten der Fülle und Ordnung (V. 544 f., 555) sind die zwei besprochenen Aspekte der »Herrlichkeit« anwesend; in Margaretes Zimmer erscheinen also Abglänze von Makrokosmos und Erdgeist, sofern diese die Herrlichkeit Gottes repräsentieren. Sie sind nun nicht mehr getrennt, sondern im »Geist« des Mädchens vereinigt (V. 554 f.), wobei dieser Geist als magisch konkretes Fluidum, als Atem gedacht werden kann (V. 543, 555, 573, 576), aber auch im übertragenen Sinn als mütterlich Unterweisendes (V. 556; man beachte wieder die männlich-weibliche Doppelung); dieser spirituelle Aspekt der Magie ist aber abgeschwächt,[25] wie ja auch Faust sich fast fetischistisch an das Zimmer des Mädchens hält und die eigentliche Idolisierung Margaretes von ihrem Zimmer her vornimmt; die magische Religiosität hat hier ihren spirituellen Aspekt verloren und nur noch den substantiellen und dämonischen Aspekt bewahrt, der Faust denn auch so in Besitz nimmt, daß er sich selbst nicht mehr kennt (V. 572).

Entsprechend werden die Begriffe von Glaube, Liebe und Hoffnung, die man einerseits als ›Leiterinnen‹ des Magiers, andererseits als christliche Haltungen verstehen kann, am Anfang regelrecht parodiert:

> Willkommen süsser Dämmerschein
> Der du dies Heiligthum durchwebst
> Ergreif mein Herz du süse Liebespein
> Die du vom Tau der Hoffnung schmachtend lebest.
> (V. 539–542)

Immerhin, für den Magier über die Liebe vermittelt treten sie alle drei auf und bewirken seine Verwandlung in der Begeisterung nun vollständig (die Begeisterungen bei Makrokosmos

25 Der mütterlich unterweisende Geist stellt sich ja später als Margaretes Mutter heraus, die diesem ganz normalen Mädchen viel zu »accurat« ist (V. 966, 936).

und Erdgeist waren unvollständig und endeten deshalb nicht mit der Verwandlung Fausts, vgl. den Zeilenkommentar zu V. 77–101, 107–128). Vom Standpunkt der christlichen Religiosität her handelt es sich um eine blasphemische Verwendung der Begriffstrias, ebenso bei der Christus-Anspielung (V. 564), die aber auch als Form der Vorwegnahme einer Christus-Rolle Margaretes gedeutet werden kann – sie stirbt für Faust und kann ihn erlösen, ihre Liebe ist der Abglanz der Liebe Christi oder spiegelt eine Interpretation dieser Liebe und Erlösungstat, wie sie etwa bei einigen pietistischen Kreisen gehegt wurde. Fausts Nennung des »heilgen Christ« für das Weihnachtsgeschenk (V. 551) ist durchaus ernsthaft. Christlich gesehen, rufen die Aspekte von Fülle und Ordnung Gott den Vater, der »eingebohrne Engel« den Sohn, der vereinigende Geist den Heiligen Geist auf – so wie die Magie in einer substantialisierten Form erscheint, so zeigt sich auch die christliche Religiosität bis zur Blasphemie materialisiert, was aber tatsächlich wenigstens der Metaphorik einiger Gruppierungen des 17., 18. Jahrhunderts entsprach. Immerhin ist höchst bemerkenswert, daß Faust an dieser Stelle seine Privatversion der Trinität und der Trias christlicher Haltungen entwickelt (in *Faust I* steht die Szene in einer konsequenten Reihe solcher Entwicklungen), daß er für ›Gott‹ hier ganz konkrete und materielle Namen entwirft, die er in einem späteren Stadium ja ablehnt.

Die christliche Kirche tritt als weltliche Institution auf in Gestalt des Pfaffen, der den ersten Schmuck einstreicht; Faust vergleicht sie in dieser Beziehung mit »Jud und König« (V. 696). Von der geistlich-institutionellen Seite zeigt sich das Christentum in Gretchens Katechisierungsversuch. Sie klagt die Sakramente, das Abendmahl, den Kirchgang, das Credo und schließlich das Christentum ein und bringt die Gesellschaft des Mephistopheles in unmittelbaren Zusammenhang mit dem fehlenden christlichen Glauben Fausts. Auch die Kirchenbuße im »Sünderhemdgen« (V. 1260), vor der sie sich fürchtet, gehört zu diesem institutionellen Aspekt der Kirchenfrömmigkeit, auf deren disziplinierenden Charakter Mephistopheles hinweist (V. 1217–19).[26]

Faust dagegen sieht in Gretchens Katechisierungsfragen den gläubigen Versuch der Rettung eines vom Standpunkt dieses Glaubens Verlorenen (V. 1220–25), einen Versuch, den er trotz seines Unglaubens als heiliges Sich-Quälen aus Liebe versteht und gegen die pragmatisch-skeptische Interpretation Mephistos verteidigt. Auch scheint er durchaus damit zu rechnen, daß er im Sinne des christlichen Glaubens »verlohren werden soll«; seine Rede, Gretchen sei »von ihren Glauben voll / Der ganz allein / Ihr seelig machend ist« (V. 1222–24), zeigt seine Anerkennung dieses Glaubens als mögliche, aber beschränkte Anschauungsweise. Sein ›Verlorenwerden‹ nach dieser Anschauungsweise wird nicht ironisiert oder auch nur durch indirekte Rede relativiert. Aber Faust hat ja die modern-magische, spirituelle Religiosität des Gefühlspantheismus, in der das Göttliche in allem und durch alles ist, in der gar kein ›Verlorenwerden‹ denkbar und das christlich Böse, wie gezeigt, nur der notwendige negative Puls in dem ewigen Atmungsrhythmus der Welt ist. Doch geht ihm mit der zunehmenden Benutzung des Mephistopheles als Helfer in allen praktischen Belangen mehr und mehr die magische Handlungsfähigkeit ab; sie macht sich in Mephisto immer selbständiger, will gebeten werden (V. 1428), läßt sich nicht mehr beherrschen (S. 57, Z. 15–22) und zeigt sich als auf Technisches begrenzt (S. 57 f.): die dämonische Magie wird zur Technik mit ihren eingeschränkten Bedingungen, der früher so mächtige Magier ist von dieser eingeschränkten, wenn auch immer noch wunderbaren Technik (Zauberpferde) abhängig, sein spirituell magisches Bekenntnis zum Gefühlspantheismus umschließt zwar theoretisch den christlichen Glauben, hat aber lebenspraktisch keine entsprechenden Folgen. Wenn Faust in der Szene »Nacht. Vor Gretgens Haus« seine Seele mit dem Licht der ewigen Lampe ver-

26 Vgl. damit Goethes Bericht über seine Dissertation: *Dichtung und Wahrheit*, Buch XI (HA 9, S. 472 f.)

gleicht, sich als Gott Verhaßten kennzeichnet und Mephistopheles mit »Teufel« anredet, die »Hölle« anerkennt (V. 1399, 1422, 1427 f.), dann kommt dies einem halben Bekenntnis zum christlichen Glauben mit seinen Konsequenzen gleich.[27] Die Rückkehr zur (fruchtlosen) Anrufung des unendlichen, des großen herrlichen Geistes, die Reduktion Mephistos auf einen »Schandgesellen« (S. 57, Z. 40 f.) ohne Anerkennung seines höllischen Ursprungs[28] zeigt neben der Annahme, er sei vom großen Geist an Mephisto geschmiedet, nur noch seine Ohnmacht und das Fehlen jeder genauen religiösen Vorstellung. Als der selbstbewußte Magier des Anfangs hätte Faust niemals von einer Fesselung an Mephistopheles, geschweige denn durch den Erdgeist, gesprochen; Wette und Pakt des *Faust I* entlarven die Stelle als Zweckbehauptung, mit der er die Schuld an Gretchens Schicksal auf höhere Mächte schieben möchte.

Das Durcheinander in Fausts Reden zwischen christlichem und pantheistisch-magischem Diskurs und der Erinnerung an die hohe Magie des Erdgeistes und den vergeblichen Versuchen, die in Mephisto verselbständigte magische Praxis sich wieder zu unterwerfen, dieses Durcheinander ist der Ausdruck von Fausts Tragödie auf der Ebene des Religiösen. Der zunächst so sicher war in seiner Hingabe an die Magie, der weder Hölle noch Teufel fürchtete (V. 16), klagt jetzt Teufel und Hölle an und muß sich ins Gesicht sagen lassen: »Wo so ein Köpfgen keinen Ausgang sieht, / Stellt es sich gleich das

27 Durch die Umstellung des zweiten Teils der Szene in die Szene »Wald und Höhle« wird in *Faust I* ein genaues Gleichgewicht zwischen dem »Großen Geist« des Anfangs und der Teufels- und Höllenberufung des Endes dieser Szene hergestellt, bevor Faust sich dann dem magischen Gefühlspantheismus einerseits, dem Christlich-Satanischen der Walpurgisnacht andererseits hingibt. Die Umstellung und die Position dieses ›christlichen‹ Bekenntnisses in »Wald und Höhle« vor der endgültigen Verführung Margaretes steht in *Faust I* in einer durch die starke Ausarbeitung des Christlich-Satanischen und die »Stimme von oben« (*Faust I*, V. 4611) veränderten Reihe, die mit der Entgegensetzung der heidnischen Religiosität in *Faust II* zusammen gesehen werden muß und von daher ihren Sinn bekommt.

28 Allerdings spricht er von Mephistos »Teuflischen Augen« (S. 56, Z. 6).

Ende vor.« (V. 1434 f.; S. 57, Z. 31–33.) Das Ende ist nicht die gefühlsgetragene Namenlosigkeit, sondern das Stimmengewirr, das Durcheinander der Konzeptionen, der Versuch der Schuldabwälzung, die falsche Zuordnung, die Lüge, so wie in der Beziehung zu Margarete die wortreiche Unfähigkeit zu lieben das Ende im »Kerker« darstellt.

Margarete ergänzt ihren Katechismusglauben durch den Gefühlsaspekt der Anrufung der Mater dolorosa; ihre Bitte um Rettung aus der Not bleibt unerfüllt, im Gegenteil, der mittelalterliche Hymnus vom Endgericht, von der Aufdekkung des Verborgenen und der totalen Rache spricht von der Vergeblichkeit jeder Bitte (V. 1361 f.). Verwirrung ergreift auch sie; während es beim Gelehrten die Verwirrung der Diskurse ist, ist es bei ihr die Verwirrung der Realitäten von Erinnerung, Vorstellungsprojektion, Zukunftsvorwegnahme, Märchen und Wirklichkeitspräsenz. Erst Mephistopheles schreckt sie in eine ungebrochene Klarheit, die zugleich ein Durch-Schauen der Wirklichkeitsoberfläche ist: Sie erkennt den Teufel in Mephistopheles, »der will mich!«. Sie übergibt sich dem Gericht Gottes und der Bewahrung durch die heiligen Engel – das System des christlichen Glaubens stellt sich bei ihr am Schluß vollständig her, gerade durch die Anerkennung des göttlichen Gerichts, dessen Vorstellung ihr im Dom so schrecklich war.

Die Versuchung Margaretes durch Magie – Gold, sozialer Status, Blut, die spirituelle Magie des namenlosen Gottes – ist gescheitert; durch ihr Bekenntnis der Schuld und die Übergabe an das Gericht Gottes stellt sie ihre soziale und religiöse Identität bewußt wieder her, obwohl sie damit Strafe und Tötung anerkennt für Taten, die sie aus Liebe und sozialer Not begangen hat. – Anders Faust: Für ihn, für seinen Entschluß, sich der Magie zu ergeben, ist das Christentum als die (aus dieser Sicht) eingeschränkte Religionsform die Versuchung: Mephistopheles gibt sich nie als magischer Dämon, sondern stets als Teufel und damit der christlichen Religionssphäre zugehörig zu erkennen. Er ist die Versuchung, die eigene Verantwortung für das Schicksal Margaretes auf ein in der christlichen Lehre so genau bekanntes und in seiner Unausweichlichkeit feststehendes Böses abzuschieben:

Sie! Ihren Frieden m u s s t ich untergraben,
Du H ö l l e w o l l t e s t dieses O p f e r haben!
(V. 1426 f.)

Während sich das Christentum Margaretes durch die magische Versuchung reinigt und festigt, erliegt Fausts magische Religiosität der Versuchung durch die christlich festen Vorstellungen vom Bösen, die ihn als Teufel begleiten, denen er sukzessive die Praxis der Magie zurechnet und von denen er gerade deshalb abhängig wird. Daß er die magische Praxis aus der Hand gibt, sich als Technik gegenüberstellt und sie verteufelt, führt in die Magie die christlichen Kategorien von Böse und Gut ein und reduziert den kosmischen Puls von Licht und Finsternis und ihrer Durchdringung auf eine schwärmerisch gefühlspantheistische Theorie einerseits (nicht einmal das liebende Gretchen wird davon begeistert) und auf eingeschränkte Techniken vom Besorgen des Schmucks bis zum Bereitstellen rascher Fortbewegungsmittel andererseits.

Wird bei Faust der Puls zwischen Ausdehnung und Einschränkung gestört, so bleibt er in Goethes Text in den beschriebenen Pulsen zwischen Männlich und Weiblich, Finsternis und Licht, magischer und christlicher Religiosität, Herstellung und Zerfall religiöser Überzeugung erhalten. Es zeigt sich also nicht nur, daß der *Urfaust* eine oder mehrere Lesarten erlaubt, die auf den kosmologischen und den religiösen Prinzipien aufbauen, sondern daß darüber hinaus die Anlage des Textes das Verhältnis unter diesen Prinzipien verschieden lesbar macht: Erstens entfalten sich die Geschichten, Bilder, Prinzipien und Lesarten nebeneinander, können für sich genommen und geschaut werden und ermöglichen je nach Reichweite eine gesamte oder partielle Deutung des Textes. Zweitens treten sie, wie etwa magische und christliche Religiosität, in eine Beziehung gegenseitiger Versuchung und stellen damit der narrativen Entfaltung der Bilder ein finales Verhältnis von Kampf, Sieg, Entscheidung (vgl. die Wette in *Faust I*) gegenüber, das auf mehreren Ebenen tragisch-dramatisch ausgetragen wird. Drittens sind, schon im *Urfaust*, sowohl die Bilder wie auch die dramatischen Finalitäten sorgfältig komplementär ausgebildet und aufeinander bezogen, so daß ihr Nebeneinander sich in Ordnung, ihre Zielbezogenheit wegen der Gegeneinandergerichtetheit in lebendiges Pulsieren verwandelt. Entfaltung der Bilder und Finalitäten bleiben als solche weiterhin lesbar (und haben viele Lesarten des *Faust* angeleitet); aufgehoben sind sie in der »Füll und Ordnung« eines sich als »Herrlichkeit« zeigenden Textes.

VI

Figuren, Geschichten und ihre Lesarten

Faust

Fausts Name und Geschichte sind aus der Tradition des immer wieder bearbeiteten und gespielten Sagenstoffs bekannt, dessen Lebendigkeit Lessing im 17. Literaturbrief bestätigt. Das etymologische Spiel mit der Namensbedeutung ›der Glückliche‹, das Helena in *Faust II* (V. 9940) treibt, spielt offenbar für den *Urfaust* noch keine Rolle. Der Name erscheint im Text nur zweimal (V. 148, 572) und steht dort für die Behauptung der Gesamtpersönlichkeit. Mit seinem tradierten Vornamen Johann[1] spielt Faust im Zusammenhang der Redensart vom Großhans: »Der grose Hans, ach wie so klein / Läg weggeschmolzen ihr zu Füssen.« (V. 579 f.) Die Redensart im originalen Wortlaut wird von Mephistopheles verwendet (S. 57, Z. 31); dies rechtfertigt die Annahme, daß Faust mit dem abweichenden Wortlaut eben die Beziehung auf den Vornamen dem Hörer ins Gedächtnis rufen soll. Um so bemerkenswerter ist der Vorname Heinrich, den Margarete genau von dem Zeitpunkt an, seitdem sie mit dem Regienamen »Gretgen« eingeführt wird, durchgehend verwendet (V. 1106 ff.). Man kann den Namen als Decknamen verstehen (Atkins), wie ja auch der historische Faust unter verschiedenen Namen auftrat, denn in Goethes Stück muß Faust z. B. für Marthe vor dem Richter (falsches) Zeugnis ablegen (V. 870). Man kann ihn mit Heinrich Cornelius Agrippa von Nettesheim verbinden, dessen Magiergestalt Goethe außer dem schwarzen Teufelshund eine Menge Züge entlieh; man

1 Der Vorname des authentischen Faust war wohl Georg; Johann der in den literarischen Verarbeitungen verwendete Vorname. Vgl. das Kapitel »Geschichte und Bedeutungswandel des Faust-Stoffs«, bes. Anm. 9.

kann Johann Heinrich Merck dahinter vermuten,[2] den Goethe in *Dichtung und Wahrheit*[3] wie Mephistopheles als »Schalk« bezeichnet, denn von dem Zeitpunkt ihrer Hingabe an handelt Faust mephistophelisch an ihr. Alle diese Beziehungen sind möglich; keine davon ist die einzig ertragreiche für die Bedeutung der Faust-Figur, auch nicht in der Beziehung zu Margarete.

Der veränderte Vorname macht den Zuschauer oder Leser jedoch wie die Gretchen-Handlung selbst auf die »Abweichung von der Tradition«[4] aufmerksam: Goethes *Faust* ist nicht einfach die Neubearbeitung eines bekannten Stoffes, sondern eine neue Dichtung, die sich die Bekanntschaft des Lesers mit dem alten Stoff zunutze macht und erst ihren Sinn entfaltet, wenn der Leser auf die Abweichung, die neuen Teile und Wendungen der Geschichte, die Neukonzeption der Figuren aufmerksam wird. Herder hatte in dem von Goethe am aufmerksamsten studierten Teil seiner Fragmente *Über die neuere deutsche Literatur*[5] die Lehre vom »neuern Gebrauch der Mythologie« dargelegt. Die Mythologie könne im 18. Jahrhundert keineswegs um ihrer Wahrheit willen gebraucht werden, wohl aber wegen »ihrer poetischen Bestandheit«, d. h. wegen ihrer festen Verankerung im kulturellen literarischen Bewußtsein des Publikums. Aber hier durfte es nicht um bloße Wiederholung gehen: »wer hundertmal auf einerlei Art gebrauchte Bilder, auf e i n e n e u e A r t braucht, wer hundertmal gebrauchte Personen zu Maschinen einer im ganzen neuen Fiktion braucht, wer in hundertmal

2 Vgl. Hanne Weill Holesovsky, »Heinrich Faust. Zur Abweichung von der Tradition bei Goethe«, in: JbFDH (1978) S. 165–172.

3 Buch XII; HA 9, S. 506.

4 Vgl. den Untertitel der in Anm. 2 genannten Abhandlung. Die Verfasserin sieht jedoch in der Abweichung nur persönlich-biographische Gründe.

5 In seinem Brief an Herder, etwa 10. 7. 1772, pries Goethe die Ausdruckstheorie der 3. Fragment-Sammlung als »Göttererscheinung« (HA Br. 1, S. 133; vgl. auch Herder, *Frühe Schriften*, S. 402–413). Im unmittelbaren Anschluß daran und in Verbindung damit steht das Kapitel »Vom neuern Gebrauch der Mythologie« (*Frühe Schriften*, S. 432 ff.).

gesehene Körper, einen neuen Geist hauchet, daß sie ihm zu großen Zwecken dienen, und in einer neuen Sphäre, ihrem Charakter gemäß, poetischschön handeln: der ist mehr als ein mittelmäßiger Kopf«.[6] Mythologie der Griechen hatte die Zwecke, Geschehenes und Gegebenes zu würdigen und zu heiligen sowie umgekehrt allegorisierend die Weisheit auf die Erde zu führen. Diese Zwecke habe Dichtung immer noch; also ruft er die modernen Dichter auf: »Lernet von ihnen die Kunst, euch in eurer ganz verschiednen Sphäre eben so einen Schatz von Bildern verdienen zu können.« Da die Neuerfindung schwer sei, könne man einen leichteren Weg gehen: »Man wende die alten Bilder und Geschichte auf nähere Vorfälle an: legt in sie einen neuen poetischen Sinn, verändert sie hier und da, um einen neuen Zweck zu erreichen; verbindet und trennet, führt fort und lenket seitwärts, geht zurück, oder steht stille, um alles bloß als Hausgerät zu seiner Notdurft, Bequemlichkeit und Auszierung nach seiner Absicht, und der Mode seiner Zeit, als Hausherr und Besitzer zu brauchen.«[7]

Dies ist ohne Zweifel die Theorie für Goethes Verfahren. Mit dem Faust-Stoff ist ein deutscher Nationalmythos aufgenommen, der nach Lessings Zeugnis und Goethes Kindheitserfahrungen »poetische Bestandheit« hat; Goethes »neuerer Gebrauch« dieses Mythos muß also erkannt werden. Die Einführung der Gretchen-Handlung an einer Stelle, wo allenfalls die Episode am Kaiserhof und die Helena-Handlung zu erwarten gewesen wären, ist der deutlichste modernisierende Eingriff. (Auch der zweite Teil verfährt so: Kehrt *Faust* mit dem Kaiserhof und der Helena-Beschwörung zunächst in die alten Bahnen zurück, so ist mindestens der 5. Akt wieder ein deutlicher modernisierender Eingriff.) Die Gretchen-Handlung ist ein bürgerliches Trauerspiel des 18. Jahrhunderts, sowohl dem Problem wie der Behandlung nach. Die ›verführte Unschuld‹ hatte ihre »poetische Bestandheit« seit etwa

6 Herder, *Frühe Schriften*, S. 433 f.
7 Ebd., S. 449 f.

1730.[8] Wer in dem Faust der Szene »Nacht« einen – vielleicht seiner Zeit vorauseilenden – Magier des 16. Jahrhunderts gesehen hatte, muß ihn vom Beginn des bürgerlichen Trauerspiels ›Margarete‹ an als Menschen des 18. Jahrhunderts verstehen. Dies erfordert dann eine nachträgliche Uminterpretation des ersten Teils, so daß Faust nun in den ersten Szenen als Gelehrter des 18. Jahrhunderts erscheint, dessen Denken durch alte Traditionen und Geheimlehren gefangen und befangen ist. Bei dieser Uminterpretation stört dann aber wieder die Fortführung der Dämonen- oder Teufelsgestalt Mephistopheles, die doch in einem modernen Drama des 18. Jahrhunderts nichts zu suchen hat. Wer die beiden Lesarten der Faust-Geschichte vereinigen will, kann in einer dritten Lesart die Geschichte Fausts als Geschichte des neuzeitlichen Menschen zwischen Beginn des 16. und Ende des 18. Jahrhunderts lesen (vgl. das Kapitel »Lesarten der Geschichtlichkeit«).

Da die beiden ersten Lesarten der Figur (Faust der Progressive des 16. oder der Konservative des 18. Jahrhunderts) durch die Einführung des Trauerspiels ›Margarete‹ bzw. durch die Fortführung der Mephisto-Handlung darin einen Interpretationsschock erfahren, kann die Figur Faust nicht einfach als »Charakter« genommen und der Einfühlung zugänglich gemacht werden. Das gilt in verstärktem Maße dann, wenn die Geschichte Fausts als Allegorie der neuzeitlichen Bewußtseinsgeschichte genommen wird. Eine Figur, die drei Jahrhunderte Entwicklung sukzessiv darstellt, kann man nicht wie einen individuellen Charakter verstehen oder schauspielerisch darstellen. Es ist durchaus angemessen, bei Goethe die Brechtsche Dichotomie zwischen einfühlendem und zeigendem Spiel oder Verständnis aufzugreifen und durch eine dritte Haltung der Schau zu ergänzen.

Einfühlen kann sich der Zuschauer, Leser und Schau-

8 *The London Merchant* (1731) von George Lillo ist als eines der gattungsbildenden bürgerlichen Trauerspiele ein Stück über verführte (männliche) Unschuld.

spieler des 18. Jahrhunderts am ehesten in die moderne Problematik: Faust ist fasziniert von der erfrischenden Natürlichkeit und Unantastbarkeit Margaretes – das ist die Schwärmerei des 18. Jahrhunderts für das Natürliche, Naive, Unberührte. Er exaltiert nicht nur sie, sondern ihr Zimmer zur Erscheinung der göttlichen Herrlichkeit – das ist die Idealisierung der Frau im 18. Jahrhundert, der die Lösung der neuen, sozialgeschichtlich begründeten Konflikte zwischen Privatheit und Öffentlichkeit, Freiheits-. und Gleichheitsorientierung zugemutet wird und die (seit Rousseaus Julie) fast regelmäßig an dieser Zumutung zugrunde geht. Faust überfordert mit dieser Idealisierung Margarete; auf der andern Seite erniedrigt er sie zur Dirne. Zwischen »Engel« und »Puppe« verschwindet ihm der reale Mensch Margarete; auf die Beschreibungen ihres Alltags, die das wahre Gesicht eines Menschen zeigen, reagiert er mit Floskeln (V. 975, 988): er will das nicht zur Kenntnis nehmen. Einfühlen soll sich darum auch der Leser und Zuschauer in einen Faust, der in dem Augenblick, da sein Engel zur Puppe, sein Ideal zur Dirne geworden ist, auch das schwärmerische Gefühl verliert, das er als Liebe, volle Hingabe und Gefühl ewiger Wonne interpretiert hatte (V. 1035–41). Rhetorisch klagt er sich als Unmensch an, hält sich aber sorgfältig von Schuld frei und führt alles auf äußere Notwendigkeiten zurück (V. 1426–28). Dann läßt er sich von Mephisto »die Zeit der Angst verkürzen« (V. 1428), beschimpft ihn aber nachträglich wegen der »abgeschmackten Freuden«, in denen er ihn eingewiegt und ihm Margaretes Schicksal verborgen habe (S. 56, Z. 1 ff.); er versucht Mephisto die Schuld zuzuschieben, bis der die Verhältnisse klarstellt (ebd.). Er versucht Margarete aus dem Kerker zu retten, jedoch ohne Liebe, ohne das einst beschworene ewige Gefühl. Das Ende ist »Verzweiflung« (V. 1042). Einfühlen kann man sich also in einen modernen Charakter, seine »gemachten Gefühle«[9], seine

9 In einer wahrscheinlich von Schlosser und Goethe verfaßten Rezension in den *Frankfurter Gelehrten Anzeigen* (Nr. 46, 9. 6. 1772) heißt es: »Warum sind

Illusion über sich selbst und andere Menschen, seine verlogene Rhetorik, das Herunterkommen seines idealen Anspruchs, sein Erwachen und Rettenwollen, wenn es zu spät ist.

Dies scheint mir auch die Einführung des Vornamens Heinrich an der Stelle der tatsächlichen Verführung Margaretes und ihres Übergangs zum Gretchen insbesondere anzuzeigen: der neue Name weist auf die Modernität des Charakters, dessen Beschaffenheit spätestens an dieser Stelle bewußt werden, befragt werden soll. Hier setzt sich der »neuere Gebrauch« des Faust-Stoffs explizit vom seitherigen ab und fordert die Frage heraus: Wen sehe ich in diesem Faust eigentlich? Und mit dieser Frage wird der Leser oder Zuschauer zum Nachdenken über den Stückverlauf gebracht, wird gleichsam über das Stück katechisiert wie Faust über das Christentum und seinen Glauben. Antwortet er wie Faust: »Gefühl ist alles / Nahme Schall und Rauch« (V. 1148 f.), so hat er wie Faust eine wichtige Chance zum Verständnis und Selbstverständnis vertan.

Das Leiden Goethes und seiner Zeit an der Gebrochenheit, der Unstetigkeit, der Vermitteltheit des Gefühls[10] kann im Verhalten Fausts gegenüber Margarete nachgefühlt werden.

die Gedichte der alten Skalden und Kelten und der alten Griechen, selbst der Morgenländer so stark, so feurig, so groß? – Die Natur trieb sie zum Singen wie den Vogel in der Luft. Uns – wir können's uns nicht verbergen –, uns treibt ein gemachtes Gefühl, das wir der Bewunderung und dem Wohlgefallen an den Alten zu danken haben, zu der Leier, und darum sind unsere beste Lieder, einige wenige ausgenommen, nur nachgeahmte Kopien.« (Zit. nach: Steiger, *Goethes Leben von Tag zu Tag* I, S. 510.)

10 ›Sturm und Drang‹ war keineswegs Ausdruck tatsächlichen Gefühls, sondern des beobachteten, skeptisch analysierten und relativierten Gefühls, oft der Sehnsucht nach dem ausgedrückten Gefühl. Der Titanentrotz des Prometheus beruht auf lauter mythologisch falschen (d. h. gegen die »poetische Bestandheit« verstoßenden) Äußerungen und entzieht dem Helden damit die einzige Grundlage seiner Existenz. Die Hingabe des Ganymed läuft am Ende in die grausame Täuschung des Ixion aus, der eine Wolke statt der Juno umarmte und dennoch dafür schrecklich bestraft wurde. Auch in diesen beiden Texten hat Goethe also die Lehre vom »neuern Gebrauch der Mythologie« genutzt.

Rückwirkend läßt sich diese Lesart auch auf das Gelehrtendrama anwenden. Dort fällt dann der Unmut über das unzureichende Wissen, der Versuch der Selbsthilfe, vor allem die Unruhe auf, die Goethe schon in der ersten Regieanweisung benennt. Diese Unruhe bedingt Wünsche, die jedoch nicht verfolgt werden (Fluchtwunsch – Zuhausebleiben), bedingt Inkonsequenz (Faust ist enttäuscht über das »Schauspiel« des Makrokosmos, will dennoch den Erdgeist sehen); Ungerechtigkeit (Wagner wird kritisiert für Fehler, die auch Fausts Fehler sind). Diese Unruhe stört das Gelingen der magischen Operationen entscheidend; sie ist es aber auch, die Wagner in einem rasanten Flug durch die Gelehrsamkeitsinteressen von drei Jahrhunderten vorantreibt. Faust hat hier den Mephistopheles noch in sich, das Prinzip der Unruhe, Unrast, Skepsis, Negativität, das nichts Rechtes gelingen läßt und dennoch unablässig vorantreibt.

Ginge es nur um diesen nachfühlbaren Charakter Fausts, die Existenz des Flüchtlings, des Unbehausten, des Unmenschen ohne Zweck und Ruh (V. 1414 f.), so wäre Mephistopheles in dem Stück gänzlich überflüssig. Denn von dieser dem 18. Jahrhundert angehörenden Lesart her ist Mephistopheles allenfalls die Personifikation oder Projektion eines Teils der Seele Fausts, und so wird die Figur in der Faust-Literatur auch weithin aufgefaßt. Aber wozu ist sie dann nötig? Sollte Goethe nur um eines im Stoff vorkommenden Dämons willen so ungeschickt sein, die interessanten Elemente der Selbstbehinderung, der negativen Kräfte, die auch den Fortschritt bedingen, aus einem dramatischen Charakter hinauszustellen, statt den tragischen Widerspruch der zwei Seelen in seiner Brust in einer einzigen Figur sich austragen zu lassen? Mit dem Auftreten des Mephistopheles verarmt dann die Faust-Figur psychologisch; er wird zu dem einseitigen »Enthusiasten«[11], der durch das konzentrative Wesen

11 So versteht ihn Rolf Christian Zimmermann: *Das Weltbild des jungen Goethe*, Bd. 2, München 1979, S. 235–267.

Mephistos monströs kompensiert wird. Seine ganze Sinnlichkeit, der Spaß in »Auerbachs Keller«, der »Apetit« auf Margarete, der sogar Mephisto in eine peinliche Situation bringt und quasi moralisch entrüstet (V. 471–510), das alles sind dann Wirkungen des Mephistopheles auf Faust, tangieren seinen Charakter nicht mehr von innen. Man sieht, daß die einfühlende Lesart, die durch die Mephisto-Gestalt den Charakter der Faust-Figur geschwächt sehen muß, nicht die einzige ist, die Goethe intendiert hat und seinem Leser/Zuschauer anbietet.

Die zweite Lesart ist die vorstellende, kritisch die Distanz zu der Figur Fausts ermessende; der Schauspieler zeigt den Charakter, ohne sich mit ihm zu identifizieren. (Brecht hat mit dem »zeigenden« Spiel nur mimische Darstellungsformen neu belebt und für seine Zwecke genutzt, die in der Schaupielkunst bis zur Mitte des 18. Jahrhunderts die Regel waren.[12] Lessing kämpft im 3. bis 5. Stück seiner *Hamburgischen Dramaturgie* erst für das einfühlende Spiel.) Auf diese Weise muß ein Faust gespielt werden, der nicht nur zufällig als mythisches oder historisches Exempel aus der Geschichte geschöpft ist, sondern der als Mensch des 16. Jahrhunderts, fast drei Jahrhunderte vor der Zeit des Zuschauers und Schauspielers, gezeigt werden soll und sich durch seine Knittelverssprache auch gleich als solcher verrät. Er muß gerade in seiner Fremdheit und Veraltung erscheinen, damit man in dem historischen Guckkastenbild seines »hochgewölbten engen gothischen Zimmers« als moderner Zuschauer den Abstand zur Gegenwart, aber auch die Wur-

12 Es war ein von der rhetorischen Actio angeleitetes Spiel mit weitgehend festgelegten Posituren, Deklamationsregeln, Charakterfächern. An ein reflektiertes Zeigen im Brechtschen Sinn war nicht zu denken, obwohl die dargestellten Figuren weitgehend Exempelcharakter hatten. Der Akteur wurde vielmehr im Sinne seiner Kunstleistung von der repräsentierten Figur abgetrennt gesehen (vgl. Lessings *Hamburgische Dramaturgie*, 3.–5. Stück u. ö.). Eine »zeigende« Distanz des im Lessingschen Sinn »empfindenden« Schauspielers von einer historisch als fern/fremd gezeigten Figur kommt erst bei Goethe zustande.

zeln der Gegenwart erkennen kann und sich im eigenen Ursprung selbst verstehen lernt.

In dieser Lesart wird verständlich, warum Faust der Unzufriedene sich der Magie hingibt, ohne zu befürchten, als Gelehrter unglaubwürdig zu werden. Im 18. Jahrhundert hatte doch die Naturwissenschaft die Alchimie und Hermetik schon weit zurückgedrängt, Swedenborgs Geistervisionen waren durch Kants *Träume eines Geistersehers* diskreditiert worden, der Dämonen- und Teufelglaube gehörte mindestens in den aufgeklärten Kreisen zu den Ammenmärchen. Im 16. Jahrhundert hatte dies alles zum Kernbestand einer geheimnisumwitterten, aber in ihren ernst zu nehmenden Vertretern hoch angesehenen und wirkungsvollen Gelehrsamkeit gehört; als neues experimentelles, Erkenntnis und Praxis verbindendes Paradigma wurde sie zwar von der Bücherwissenschaft der Zeit attackiert, Magier wie Paracelsus oder Agrippa wurden von Ort zu Ort vertrieben oder waren ohnehin unruhige, unstete Wanderexistenzen, aber sie hatten ihre Gemeinden, und ihre Schriften fanden weite Verbreitung. Die Wendung des Bücherwissenschaftlers Faust zur Magie ist, vom 16. Jahrhundert her gesehen, die Wendung des Wissenschaftsskeptikers Agrippa von Nettesheim (*De incertitudine et vanitate scientiarum atque artium*, 1530, von Goethe schon 1762 gelesen) zum Magier Agrippa von Nettesheim (*De occulta philosophia sive de magia*, 1531). Der Weg einer Gesamtwissenschaft und Praxis, der zu Goethes Zeit schon der Arbeitsteiligkeit und Abgeschlossenheit der Disziplinen wich, schien damals möglich.

Goethe zeigt nicht nur die spirituell magischen und dämonenmagischen Zugänge, er zeigt auch die Gründe des Scheiterns: Unruhe, Ungeduld. Dies sind nun aber keine psychischen Faktoren mehr, sondern Symptome für das Fehlen der wichtigsten Voraussetzungen der natürlichen Magie: Glaube, Liebe, Hoffnung. Diese aus dem Menschen auf Gott sich richtenden religiösen Energien werden wesentlich geschwächt durch die ständige Selbstreflexion und -beobachtung, mit der Faust seine magischen Erfahrungen begleitet, mit der er schon seine Hinwendung zur Magie begründet: sie soll ihm nicht die Erfüllung seines Daseins sein, sondern zu Zwecken dienen. Selbstbezogenheit und Zweckdenken sind die Tendenzen des neuzeitlichen Geistes, die sich zum 18. Jahrhundert hin verstärken; Faust behindert sich also durch seine Progressivität; seine magischen Experimente, die ihm hätten Gottähnlichkeit, Gottessohnschaft, Erkenntnis und Schöpferkraft einbringen sollen, mißlingen wegen seiner mangelnden Fähigkeit zu ›begreifen‹, d. h. die (durch Selbstreflexion ungeschwächte) Energie seiner Imagination auf den objektiven Dämon zu richten und ihn zu beherrschen (»capere Jovem« nennt es Agrippa).

Im Denksystem des 16. Jahrhunderts ist nicht nur die objektive Existenz eines Dämons wie des Erdgeistes plausibel, sondern auch die Existenz des Teufels, ja eines Spezialteufels wie des Mephistopheles. Wie Faust diesen ›begreift‹, ist im *Urfaust* offen; *Faust I* zeigt es als ein selbstbetrügerisches Sich-Anverwandeln des Bösen, ein Begreifen als Reflexion, als Spiegeln des Ich und Gestalten des Andern gemäß dieser Spiegelung (so wie auch Margaretes Idealisierung das Ergebnis einer Spiegelung Faustischer Sehnsüchte ist). Aus dieser Sicht ist Mephistopheles keineswegs ›überflüssig‹, sondern hat als ein objektiv existierender böser Dämon zu gelten. Wie bei den magischen Experimenten wird Faust im Verhältnis zu diesem Dämon von seiner Selbstreflexion gestört; er meint, sich seinen Teufel nach seinem eigenen Bilde machen zu können und mit ihm umzugehen wie mit seinesgleichen, statt sich seine Gefährlichkeit durch grotesk-monströse Gestaltung vor Augen zu halten, wie das 16. Jahrhundert dies getan hatte. So täuscht Faust sich über die Beherrschbarkeit des Mephistopheles und schreibt, als dieser ihm sukzessive seine Macht entzogen hat, in einer vergleichbaren Projektion seiner augenblicklichen Ohnmacht dem großen Geist die Schuld zu, ihn an diesen »Schandgesellen« geschmiedet zu haben (S. 57, Z. 40 f.). Wegen der Lücke vor der Schüler-

Szene ist im *Urfaust* nicht zu erkennen, wie Goethe sich die Herkunft und Gestaltgewinnung des Mephistopheles dachte. Die Szene S. 56–58 zeigt aber am Analogiefall der Zuschreibung von Schuld am Schicksal Gretchens, daß Faust, weil ihm »das Köpfgen überschnappt«, die tatsächlichen Verhältnisse verkehrt und andere für die eigenen Handlungen verantwortlich macht: wie Faust es war, der Margarete »ins Verderben stürzte«, so hat nicht der große Geist Faust an Mephistopheles geschmiedet, sondern Faust hat »Gemeinschaft« mit den Dämonen gemacht, hat sich aufgedrungen (S. 57, Z. 33–36), wie auch immer das Verhältnis zwischen Erdgeist und Mephistopheles von Goethe gedacht sein mag.

Der Leser oder Zuschauer des 18. und noch mehr des 20. Jahrhunderts muß sich hinsichtlich der Magie oder des Mephistopheles in Verhältnisse hineindenken, deren Voraussetzungen für ihn nicht mehr gelten. Er kann sich nicht einfühlen; sie erscheinen seiner Vorstellung als fremd, wiewohl als Ursprungsperiode mit der eigenen Gegenwart verwandt. Faust erscheint im Guckkasten, wird gezeigt, wird kritisierbar: da man den Fortgang der Geschichte seit dem 16. Jahrhundert kennt, sieht man an seinen Taten und Fehlern gewissermaßen, was zum Zustand der Gegenwart geführt hat. Es ist die Selbstbespiegelung, Selbstbeobachtung, Reflexivität, die den Totalzugang der Magia naturalis zur Welt und zu Gott schwächte und in Einzeldisziplinen zersplitterte (Mephisto führt das dem Schüler vor); sie ist es, die dem Bösen (Mephisto) und dem Guten (Margarete) eine Spiegelgestalt des Ich aufprägt und es nicht in seiner Gefährlichkeit oder realen menschlichen Liebenswürdigkeit und Not anerkennt. Sie ist es, die deshalb dem zweiten bösen Ich verfällt und das zweite gute Ich zerstört. Sofern der Leser des ausgehenden 18. Jahrhunderts seine Gegenwart von Rationalität, Reflexivität, Subjektphilosophie dominiert, Wissen und Praxis auseinanderstrebend, die Menschen arbeitsteilig ihrer »Menschheit« entfremdet sieht – Einsichten, die man z. B. bei Hamann und Herder reich dokumentiert findet –, kann er im fremden Bilde Fausts die Ursprünge dieses Zustands erkennen und gleichsam Archäologie der Gegenwart betreiben. Mit neuem Blick wird er dann die zeitgenössischen Bemühungen um eine Gesamtwissenschaft, um Einheit von Wissen und Handeln, um Einheit des Menschen sehen. Damit aber ›kippt‹ seine Sicht wieder in die erste Lesart der Figur Fausts um, in den Zeitgenossen, der sich nun aber wieder durch die Tradition, das festgelegte Zeichen, das Erbe der Alten behindert sieht.

Hier kann die dritte Lesart der Figur Fausts einsetzen, die ihn weder als progressiven Altdeutschen noch als konservativen Stürmer und Dränger, sondern als neuzeitlichen Menschen versteht, dessen Lebensdauer in schwankender, d. h. sich immer transformierender Gestalt sich über drei Jahrhunderte hin erstreckt. Dieser Faust ist sich und seiner Zeit immer gleichzeitig voraus und in anderen Hinsichten hinterher. Einerseits folgt er nicht seinem Bedürfnis, in die Natur zu fliehen, sondern bleibt an einer Schwarte aus dem »Bücherhauf« hängen; andererseits treibt er durch seine »miesmachenden« Reden Wagner in rasantem Tempo durch die Geschichte der Gelehrsamkeitsparadigmata voran. Einerseits formuliert er mit unglaublicher Hellsicht die Unbehaustheit des modernen Menschen (V. 1414 f.) und ist (d. h. Goethe, der ihn das sagen läßt, ist) damit der Bewußtseinslage seiner Zeitgenossen am Ende des 18. Jahrhunderts in genialem Vorgriff voraus; andererseits macht er die »Hölle« für die Folgen seines Wesens verantwortlich und bittet den »Teufel«, ihm die Zeit der Angst verkürzen zu helfen. Dieses Zuspät- und Zufrühsein bedingt eine prinzipielle Unfähigkeit zur Präsenz, zum ›Dasein‹ im Hier und Jetzt. Nur in Margaretes Zimmer heißt es: »Hier mögt ich volle Stunden säumen« (V. 562), nachdem mit dem alten Ledersessel die Präsenz der »Vorwelt«, mit dem »täglichen« Unterweisen durch den mütterlichen Geist die Dauer, mit dem werdenden Himmelreich die Präsenz der eschatologischen Zukunft erfahren sind. Dieses Zimmer enthält für Faust die Ekstasen der Zeit; es ist der Abglanz der erscheinenden göttlichen Herrlichkeit, deren aktiver Teil ja am »Webstul der Zeit« (V. 155) die Ekstasen des Vor und Zurück, Moment, Dauer und Ewigkeit dem lebendigen Kleid der Gottheit einwebt. Deshalb auch der Versuch Fausts, diese Erfahrung durch einen Schwarm emphatischer »Hier« zu befestigen, bevor er wieder in die Selbstreflexion, den Vergleich seines vorigen mit dem jetzigen Zustand zurückfällt. Faust, in dieser Lesart das Prinzip des neuzeitlichen Geistes, kommt an dieser Stelle für einen Moment zur Ruhe und zu einer festen Gestalt, in der er sich auch schon im nächsten Moment wieder fremd ist.

Es ist, von der Lesart des Faust als Prinzip der Gespanntheit zwischen Progressivität und Selbstfestlegung, Unbehaustheit und Erbeverpflichtung her gesehen, der Moment in der Geschichte der Neuzeit, wo dieses Prinzip die Idee des Natürlichen entwirft und einem Wirklichen, dem ›einfachen Volk‹, idealisierend und mystifizierend überstülpt (wir haben schon festgestellt, daß Goethe die Begeisterung Fausts als Idealisierung kennzeichnet, die der realen Margarete nicht gerecht wird). Der Weg und die Geschichte dieses Prinzips lassen sich nach Goethes Darstellung fast systematisch aufzeichnen.

Nach Art der Goetheschen Schemata ist es vielleicht sinnvoll, Facetten dieses Grundwiderspruchs zunächst zu notieren:

Systole	Diastole
Erkennen	Handeln
Rationalität	Sinnlichkeit
Ordnung	Fülle
Festlegung	Progressivität
Erbeverpflichtung	Unbehaustheit, Unruhe

Natürlich handelt es sich nicht um klare Dichotomie, sondern einige der Begriffspaare sind aus systolischen und diastolischen Tendenzen gemischt. Wenn sie dichotomisch gruppiert stehen, so bedeutet dies dann eine stärker systolische bzw. diastolische Gewichtung. Es erscheinen folgende

Hauptstationen auf dem Weg dieses Prinzips – alle Figuren erscheinen dabei als seine Funktionen und Exponenten:

- Faust, unzufrieden mit dem Wort-Erbe der Wissenschaft, verschreibt sich der Magie als Erkenntnis-Handlungswissenschaft und sucht die Herrlichkeit als objektive Totalität und Ursprung aller genannten Begriffe zu ›begreifen‹ (erkennend-handelnd). Er scheitert wegen Unruhe (negativer Progressivität) und Festklammern am Buch (negative Festlegung).
- Wagners progressive Rationalität, Fausts unruhige Rationalität antizipieren den Progreß der Rationalität.
- Mephistos verpflichtende Festlegung der Rationalität, des Schülers progressive Fülle der Rationalität rekonstruieren die Ursache der Unzufriedenheit Fausts am Anfang. Mephisto schlägt Festlegung der Rationalität um der Sinnlichkeit willen vor.
  Schüler–Wagner–Faust–Mephistopheles bilden vier Aspekte oder Alterungszustände wissenschaftlichen Strebens ab.
- Diese Vierergruppierung erscheint gespiegelt in den lustigen Gesellen von »Auerbachs Keller«[13], hier sind es ›Lebensalter‹ der Sinnlichkeit. Faust steigt im Sinne von Mephistos Empfehlung an den Schüler zu ihnen herunter: völlige Aufgabe des Anspruchs der ersten Station.
- Margarete und ihr Zimmer: Neuformulierung des Anspruchs der ersten Station – Totalität, systolisch eingeschränkt und menschlich festgelegt im Idealbild des Natürlichen. Der Versuch des Selbstbegreifens angesichts dieser mikrokosmischen Totalität scheitert: Faust kennt sich nicht mehr, die sinnlich-diastolische Tendenz (V. 575) überrascht ihn; andererseits läßt er sich gegen die eigene Erkenntnis und Absicht durch Mephistopheles in seinem Handeln festlegen (V. 582, 590). Dem gedachten Idealbild

13 Auch hier gibt es wohl drei Akademiker (Fuchs, Brander, Alten sind von studentischen Biernamen abgeleitet) und einen unbestimmten vierten.

von Margarete widerspricht Margarete als sinnliches Realwesen sowie Mephistopheles als Betreiber der Festlegung auf Sinnlichkeit.

- Katechisierung in Marthes Garten: Gretchen sucht zwecks Sicherung vor ihrer diastolischen Sinnlichkeit Faust und sich selbst auf das kirchliche Erbe festzulegen. Faust setzt diastolische Religiosität dagegen. Die Sinnlichkeit, der bei beiden die religiöse Äußerung nur als Instrument diente, wird durch diese Neutralisierung freigesetzt.
- Nacht. Vor Gretgens Haus: Fausts Erkenntnis seiner Festlegung auf Unbehaustheit sowie der Festlegung Margaretes auf Ordnung im beschränkten Bereich; Erkenntnis seines Unruhe stiftenden Handelns, Selbstfestlegung auf ›Unschuld‹ und Handlungsunfähigkeit.
- Tatsächliche Erkenntnis- und Handlungsunfähigkeit Fausts in den Prosaszenen des Schlusses trotz Wortreichtums. Umgekehrt Margaretes innere Erkenntnis- und Handlungsfähigkeit trotz verwirrter Rede.

Faßt man die Figuren als Exponenten des Prinzips, wie es die Verergruppierungen nahelegen[14], so spaltet sich das Prinzip in immer mehr Exponenten und komplexere Selbstbeziehungen auf; jeder Dialog ist dann eine Form, in der das Prinzip sich in den Entgegensetzungen seiner Exponenten weitertreibt. Margarete und ihre Sphäre ist dann die Form, in der das Prinzip sich in seiner ursprünglichen Andersheit entdeckt und sich in sich selbst verliebt, während Mephisto (dies wird erst in *Faust I* durch Ausfüllung der Lücke klar) die Form ist, in der das Prinzip sich in seiner Negativität entdeckt und sich sukzessive davon abhängig macht, indem es dem abgetrennten Negativ im technisch-ökonomischen Bereich Zuständigkeit und Handlungsmöglichkeit einräumt. Mephisto formu-

14 Auch bei den Frauenfiguren kann man mit Margarete, Liesgen, Marthe und dem Bösen Geist im Dom eine solche Vierergruppierung erkennen, wenn man den Bösen Geist, wie im Kapitel »Kosmologische und religiöse Lesart« angedeutet, weiblich sieht.

liert dies noch in *Faust II*: »Am Ende hängen wir doch ab / Von Kreaturen, die wir machten.« (V. 7003 f.)

In dieser abstrakten Lesart werden die Figuren zu Personifikationen, die Spielhandlung zur Allegorie der Transformationen, Selbstkonfrontationen und Komplexionen des Prinzips des neuzeitlichen Geistes, wie natürlich auch zur deutenden Allegorie der Geschichte der Neuzeit. Die Verliebung dieses Prinzips in das Idealbild seiner ursprünglichen Natürlichkeit trifft dann z. B. auf die Entdeckung des natürlichen Menschen, des ›Volkes‹, des einfach-idyllischen Daseins um die Mitte des 18. Jahrhunderts – Goethes Allegorie ist aber dann eine kritisch entlarvende Interpretation dieses Vorgangs als Selbstbespiegelung, Selbstverliebung, Bildung eines Idols, analog zur Kritik Fausts an Wagners Geschichtswissenschaft:

> Was ihr den Geist der Zeiten heisst
> Das ist im Grund der Herren eigner Geist,
> In dem die Zeiten sich bespiegeln. (V. 224–226)

Wenn diese Lesart zutrifft und der in Faust und den andern Figuren personifizierte neuzeitliche Geist die tatsächliche Geschichte allegorisch abbildet, dann haben wir es (schon im *Urfaust*) mit drei verschiedenen Interpretationen der neuzeitlichen Geschichte zu tun: In zwei Versuchen eines direkten Begreifens der »Herrlichkeit« als der Totalität der Natur und eines Begreifens über das Selbstbegreifen, wobei Natur als Natürliches erscheint, scheitert Faust wegen seiner inneren Gespanntheit zwischen Progressivität und Selbstfestlegung, transzendentaler Unbehaustheit und Abhängigkeit vom Ererbten, Zeichenhaften. Wesentlich ist nun aber, daß nur das Faust-Element des Prinzips scheitert, das die in sich gespannte Ganzheit des Prinzips personifiziert und die andern Figuren als Aspekte aus sich entläßt, sich entgegenstellt. Mephistopheles plattet den hochgespannten Widerspruch Fausts ins Spannungslose, Prosaisch-Banale ab, indem er alles in seiner Umgebung auf Sinnlich-Materielles festzulegen sucht und in der Eigendynamik des Sinnlich-

Materiellen eine Progressivität ohne Ziel, einen bloßen Fortgang findet. Fausts Problem existiert gar nicht für ihn. Mephistopheles, dem Schüler gegenüber die Verlockung zur Funktionalisierung des Wissens für materiale Zwecke, Margarete gegenüber die Verlockung zur Emanzipation der Sinnlichkeit, zum Reichtum als Schlüssel sozialen Aufstiegs, Faust gegenüber die Verlockung zur sinnlichen Zerstreuung, zum Vergessen des ihn als Prinzip konstituierenden Widerspruchs – Mephistopheles ist die Form des Faustschen Prinzips, in der Progreß und Festlegung im materiell Nützlichen zusammentreffen, der »Herrlichkeit der Welt« (V. 22). Mephistopheles, skrupellos, amoralisch, zynisch und fast gefühllos, bleibt und holt am Ende Faust ab.

Auch Margarete bleibt: diejenige Form des Faustschen Prinzips, in der wegen der Eingeschränktheit in die »kleine Welt« die Progressivität und die Festlegung nicht in tragischen Widerspruch geraten. Faust zerschlägt die Eingeschränktheit als äußeren Panzer, der Margarete ohne Bewußtsein ihrer selbst, »mit kindlich dumpfen Sinnen« (V. 1418) gehalten hatte; Margarete entwickelt mit ihrer Unterwerfung unter menschliches und göttliches Gericht die Einschränkung als inneren Halt und Identität, in der sie das Ideal einer selbstgeschaffenen Humanität und Harmonie mit sich in der Entsagung wird.

Die drei Hauptfiguren zeigen sich so als Erscheinungsformen verschiedener Verhältnisse desselben Grundwiderspruchs zwischen Progressivität und Festlegung. Sofern sie wiederum auf die Geschichte der Neuzeit bezogen sind, erhält diese drei verschiedene Interpretationen, nämlich eine tragische durch die Faustsche Hochspannung und ihren zweimaligen prosaischen Untergang, eine banale prosaische durch Mephistos Reduktion aller Spannung auf den »Lauf der Welt« (V. 1053) und die Interpretation als ›bürgerliches Trauerspiel‹ durch Margaretes sozialen Aufstieg und Niedergang, Selbstverlust und Selbstkonstitution.

Eine allegorische Interpretation der Figuren, wie sie hier

versucht wurde, wird bei der Allegoriefeindlichkeit moderner Ästhetik für manchen Leser befremdlich wirken. Sie scheint mir bei dem zweifelsfreien ›Schwanken‹ des Stücks zwischen 16. und 18. Jahrhundert (nicht zu vergessen die ›Zwischenstationen‹!) als notwendige dritte Lesart vom Stück gefordert zu sein; anders ließe sich ein historischer Weg über drei Jahrhunderte nicht in einen sinnvollen Zusammenhang bringen. Deutliches Indiz im Stück scheint mir die Wagner-Szene, die gewissermaßen das Modell dieser Lesart darstellt, indem sie die Stationen des gelehrten Interesses vom Sprachhumanismus der Renaissance bis zur Subjektphilosophie des ausgehenden 18. Jahrhunderts chronologisch darstellt. Allegorie ist, wie am Anfang dieses Kapitels dargelegt, einer der Zwecke der Mythologie nach Herders Analyse und damit auch einer der Zwecke des »neuern Gebrauchs der Mythologie«. In der Tat lassen sich die Lesarten der Figuren, wie sie bisher an der Figur des Faust gezeigt worden sind, genau auf die drei Aspekte der Mythologie beziehen: Die einfühlende Lesart des Faust als eines Zeitgenossen des 18. Jahrhunderts mit mythologischem Hintergrund entspricht der Funktion der Heiligung des Lokalen, Faktischen, Individuellen durch die Verbindung zum Ursprung, zum Göttlichen, zum Vaterländischen. Die allegorisch-philosophische Lesart als eines geschichtlichen und geschichtsbildenden Prinzips entspricht der Funktion der Mythologie, die Weisheit einzukleiden, »Philosophie auf die Erde« zu führen[15]. Die Lesart als einer Geschichte von »poetischer Bestandheit« aus dem 16. Jahrhundert, in der damalige Weisheit eingekleidet und Ereignisse geheiligt wurden, nimmt Faust als distanzierte, gezeigte Figur und stellt ihn der unterscheidenden und verbindenden Einbildungskraft vor.

So wie Herder selbst sich zu seinen historischen Gegenständen als »triceps« zu verhalten suchte[16] in der Verbindung

15 Herder, *Über die neuere deutsche Literatur* III; *Frühe Schriften*, S. 449.

16 *Von der Ode* (1764/65); ebd., S. 98. Vgl. *Über die neuere deutsche Literatur* II; ebd., S. 274 u. ö.

von sinnenhafter Einfühlung, unterscheidender/vergleichender Vorstellung und systematischem Verstand, so müßte auch der Leser oder Zuschauer und der Darsteller einer solchen Figur in drei Haltungen zugleich sich der Figur zuwenden. Darin liegt nach meiner Meinung der wichtigste Grund der von Goethe immer wieder betonten Auffassung der Unspielbarkeit des Stücks.[17] Ein Teil der Probleme, die in dieser Mehrfachlesbarkeit, der gleichzeitigen Geltung unterschiedlicher Gesichtspunkte, Wertungen und Interpretationen liegen, kann heute vielleicht durch Hintergrundsprojektionen mit kontrastiver Wirkung zur Kleidung der Figuren oder ähnliches aufgefangen werden; ganz lassen sie sich nicht beseitigen. Wichtig scheint schon in der Darstellung und Lesung des *Urfaust*, daß die Figuren nicht auf Eindeutigkeit, sondern auf Widersprüchlichkeit hin angelegt werden sollten, eine Widersprüchlichkeit, die Verwirrung beim Zuschauer dadurch abbauen muß, daß die Richtungen des Widerspruchs in sich konsistent sind und über das Stück hinweg gleich bleiben.

Mephistopheles

Für Mephistopheles gilt Gleiches wie für die Figur Fausts. Der Name gehört in die Volksbuch-Tradition; die in *Faust I* versteckten Interpretationsversuche Fausts fehlen im *Urfaust* und bedürfen deshalb hier noch keiner Diskussion. Im gesprochenen Text erscheint der Name überhaupt nur einmal (V. 453) in der Kurzform »Mephisto«: durch die locker-selbstverständliche Verwendung des Namens dokumentiert Faust an dieser Stelle, daß er über seinen Begleiter verfügt. Diese Gewalt spricht sich auch dadurch aus, daß Faust von ›seinem‹ Mythos abweicht und vor die Erlebnisse im Herr-

17 *Goethe über seine Dichtungen*, hrsg. von Hans Gerhard Gräf, Tl. 2,2, Frankfurt a. M. 1904, Nachdr. Darmstadt 1968, S. 213, 300 f., 442, 448, 509, 511.

schaftsbereich (»altes Schloß«) gewissermaßen eigenmächtig die Episode mit Margarete einschaltet, die vielleicht eine besondere Probe darstellen soll, ob Mephistopheles im christlich-bürgerlichen Kleinstadtbereich (das »Kreuz am Wege«) sein – im *Urfaust* nur zu vermutendes – Versprechen der Dienstbarkeit halten kann.

Wie im Kapitel »Kosmologische und religiöse Lesart« schon dargelegt, gibt es für die Figur Mephistopheles ebenfalls verschiedene Lesarten, die hier nun in dem Lichte gezeigt werden sollen, wie sie unter dem Blickwinkel des dreifachen »neuern Gebrauchs der Mythologie« erscheinen. Für die Einfühlung in die Figur Faust als Zeitgenossen des 18. Jahrhunderts bildet Mephistopheles, der ja als Teufel aus der Faustsage bekannt ist, ein Hindernis. Die »Spottgeburt von Dreck und Feuer« (V. 1228), deren »Mäskgen ... borgnen Sinn« weissagt (V. 1231), stört in ihrer Handgreiflichkeit den psychischen Prozeß, den Faust im bürgerlichen Trauerspiel ›Margarete‹ vorführt: die Verführung des Mädchens aus einer widersprüchlichen Ausgangslage von reiner Triebhaftigkeit und Überidealisierung, der Verlockung zum sozialen Aufstieg mit fürstlichen Geschenken, die dem eigenen Simplizitäts- und Natürlichkeitsideal widersprechen; das Liebesversprechen trotz bereits nagenden Zweifels an seiner Beständigkeit (V. 1042 f.); die Vereinigung mit Gretchen trotz der in der Katechisierung erscheinenden geistigen und gefühlsmäßigen Kluft, eine Vereinigung, in der die Liebe bei beiden (V. 1189) schon problematisch ist, die fast nur den unerfüllten Trieb zum Grund hat und den Tod der Mutter nach sich zieht; die Fortführung der Beziehung trotz der Verzweiflung Gretchens und des Bewußtseins, schon längst genug davon zu haben (V. 1411–35); nach langer Abwesenheit das Entsetzen über das Angerichtete, der Versuch, die Schuld abzuwälzen, der schwächliche, nicht von innerem Gefühl getragene Rettungsversuch.

In diesem Drama des Lüstlings aus den oberen Ständen hat Mephistopheles keine Funktion als die einer Projektion derjenigen Kräfte in Faust selber zu erfüllen, die völlig amoralisch und skrupellos auf die Erfüllung des Triebwunsches hinarbeiten. Lenz' *Soldaten* oder Wagners *Kindermörderin* aus derselben Zeit haben Figuren, die, wenn auch weniger komplex, eine ähnliche psychische Entwicklung vorführen, ohne einen Helfershelfer wie Mephistopheles zu brauchen. Daß es ihn gibt, stört also die psychologische Einfühlung durch Darsteller oder Leser/Zuschauer, weil immer eine Figur da ist, die durch ihren Einfluß auf Faust für seine Handlungsweise mitverantwortlich gemacht werden kann. Dadurch kommt eine Doppelbegründung für jede Handlung zustande, die die Einfühlung stört, das bürgerliche Trauerspiel als Drama privater Beziehungen sich nicht rein entwickeln läßt, sondern innerhalb dieses Stücktyps ein Relikt aus veralteten Dramenformen wie etwa dem konfessionellen Drama des 16. Jahrhunderts darstellt. So wie die Figur Faust im einfühlenden Blick ihr unglückliches Bewußtsein dadurch hat, daß sie bei aller Zeitgenossenschaft sich durch konservative Relikte selbst bremst, behindert und ungleichzeitig macht, so wird auch das bürgerliche Trauerspiel ›Margarete‹, in dem sich die Zeitgenossenschaft der Figuren entfalten könnte, durch das Teufelsrelikt aus dem 16. Jahrhundert gestört und gleichsam um zwei Jahrhunderte Entwicklung der Dramaturgie zurückgeworfen.

Von hier auf den Anfang des *Urfaust* zurückblickend, ergibt sich dort dieselbe Problematik. Das Gelehrtendrama muß vom modernen Blick des 18. Jahrhunderts als Farce erscheinen, in der wie in den andern Hanswurstiaden Goethes ein anthropologisches Problem durch den verkleinernden Rahmen ins Lächerlich-Groteske gezogen wird. Der Rahmen ist die ins Puppentheater gesetzte und überdies mit Signalen der Veraltung und Überlebtheit gespickte Universitätssituation, in deren Betrieb jeder neue Gedanke bekrittelt, jeder Spaß am Lernen und Wissen verdorben, jedes selbständige und gesamtwissenschaftliche Denken durch disziplinäre Schranken zerstückt und wirkungslos gemacht wird. Anspielungen auf moderne Wissenschaftsthemen und Universitätsverhältnisse machen aus der Farce zugleich noch eine Satire auf den Universitätsbetrieb des 18. Jahrhunderts. Das anthropologische Problem, das verhandelt wird, ist die unaufhebbare Dialektik zwischen der angestrebten Einheit des Wissens mit dem Handeln und den partikularen Bedingungen des Wissenserwerbs und Handelns, zwischen der Progressivität des Wissenwollens und den notwendig ihnen nachhinkenden sprachlichen und wissenschaftlichen Mitteln der Formulierung und Fassung der Erkenntnis. Die Veraltung des Rahmens, zu der Mephistopheles als der Spezialteufel eines Magiers konstitutiv gehört, stört gewissermaßen mutwillig die Entfaltung der anthropologischen Konstanz und der aktuellen Virulenz dieser Probleme angesichts einer im 18. Jahrhundert zunehmenden Spezialisierung der Wissenschaften, einer z. B. von Herder als veraltete Denkgewohnheiten konservierend gescholtenen Wissenschaftssprache,[18] einer durch Arbeitsteiligkeit der Gesellschaft befestigten Trennung zwischen Theorie und Praxis. Man sieht also, daß Mephistos figürliche Existenz auch hier eine moderne Dramenform und die einfühlende Haltung zu ihren Problemen stört und um Jahrhunderte zurückwirft.

Umgekehrt bildet Mephistopheles auch im vorstellungsbezogenen, »gezeigten« Drama des 16. Jahrhunderts einen Stein des Anstoßes. Denn läßt er sich wirklich in eine einheitliche Figur bringen? Abgesehen davon, daß er wegen der Lücke zwischen Wagner- und Schüler-Szene im *Urfaust* einfach da ist, läßt sich über seine Herkunft und Beschaffenheit nichts Bestimmtes sagen. Fausts Magie-Verbindungen legen zunächst nahe, den Mephistopheles als magischen Naturdämon zu sehen. Einige seiner Charakteristika könnten aus einer Paracelsischen Schrift genommen sein:

18 Vgl. z. B., in der Auseinandersetzung mit Alexander Gottlieb Baumgarten, Herders Bruchstück *Von Baumgartens Denkmal*; *Frühe Schriften*, S. 681–694.

> [...] der Teufel ist die ärmste Kreatur [...]. Er hat auch kein Geld [...], er begehrt auch keiner Verschreibung mit eines Menschen Blut, oder sonst ein Verbündnis. Es sind aber andere, die solches begehren, das sind die sylphes oder pygmaei. Obwohl sie von Natur kleiner Person und Leibes sind, so können sie doch, wie sie wollen, groß, klein, schön oder ungestalt, in Herrlichkeit oder Armut, dem Menschen erscheinen, denn es mangelt ihnen keine Kunst, so weit das Licht der Natur vermag. Sie haben Kunst und Geldes genug, und alle Schätz, Silber und Gold und alle Metall in der Erde zu hüten und zu verwalten. [... sie sind] in den ersten Zeiten der Natur oft für Gott gehalten und angerufen worden. [...] sind des ewigen Lebens und der ewigen Freud beraubt. Darum, einem jeglichen, der sich ihnen verschreibt oder ein Gelübd tut, geschiehts gleicherweise wie ihnen. [...] Und obwohl auch diese Geister dem Teufel nah verwandt und oftmals auch Gottes Henker sind, so sind sie auch oft unsere Warner, Wächter und Beschützer in großen Nöten, helfen einem oft aus dem Gefängnis, und dergleichen Hülfe mehr.[19]

Die Schmuckkästchen, die Verwandlungsfähigkeit, die Blutverschreibung in *Faust I*, das warnende Lied für Gretchen, die Befreiung aus dem Gefängnis sind hier zusammen, ferner für alle diejenigen, die die Verbindung zwischen Mephistopheles und dem Erdgeist suchen, die Zugehörigkeit zu den Erddämonen (pygmaei). Mephistos Äußerung »Warum machst du Gemeinschafft mit uns [wenn du nicht mit uns] auswirthschafften kannst. Willst fliegen und der Kopf wird dir schwindlich« (S. 57, Z. 33–35) spricht dagegen eher für seine Zugehörigkeit zu den Luftgeistern, wie es auch die Szene »Vor dem Tor« des *Faust I* nahelegt. Gegen diese Herleitungen spricht die häufige Bezeichnung »Teufel«; Mephi-

19 Paracelsus, *De occulta philosophia*; *Werke* V, S. 149–152.

sto benutzt sie selbst mehrfach (von V. 404 an), wobei er manchmal offenläßt, ob er ihn nur spielt und als Teufel gesehen werden will oder tatsächlich ein Teufel ist (eindeutig aber V. 662). Faust bezeichnet ihn mehrfach als Teufel (V. 495, 1428). Es gibt eine Flut von Literatur über diese Probleme, vor allem über die Frage, ob der Erdgeist den Mephisto zu Faust gesandt habe. Merkwürdigerweise las man da immer ungenau; Faust behauptet nur, der Erdgeist habe ihn an den Schandgesellen geschmiedet (S. 57, Z. 40 f.), so wie er auch von ihm erfleht, »den Wurm wieder in die Hundsgestalt« zu wandeln (ebd., Z. 16 f.). In *Faust I* verwandelt Faust den Pudel in die Menschengestalt des Mephistopheles: der Magier bedient sich des großen Geistes, erhält seine verwandelnde Kraft vom Spiritus mundi, mit dem er sich in Verbindung setzt. Wenn Faust Mephisto in Menschengestalt gebracht und sich durch den Blutpakt an ihn gebunden hat, so konnte er dies wie alle Dämonenmagier nur mit Hilfe des Spiritus mundi. Folglich ist es ein Sophismus, der im Zusammenhang seiner lügnerischen Schuldabwälzungen in dieser Szene steht, wenn er jetzt statt seines eigenen Willens die die Ausführung ermöglichende Kraft für das Unheil verantwortlich macht.

Aber diese Fragen sind falsch gestellt: die erste Zeile der »Zueignung« zum *Faust* hätte Auskunft geben können, daß Mephistopheles eine »schwankende Gestalt« ist, er am meisten von allen hinsichtlich seiner Vorstellbarkeit. Er ist abwechselnd Hund, Professor, Reisender, vornehmer Herr usw., sein »Wesen« ist pygmäisch, sylphisch, teuflisch, seine Substanz »Dreck und Feuer«, organisch in der Hunds- und Menschengestalt, endlich dämonisch. Es ist müßig, aus seinen vielen »Mäskgen« Herkunft und Wesen lesen zu wollen. Einheitlich ist nur die Konsequenz seines Wirkens: Schüler, Faust, Margarete werden auf Sinnlichkeit, Triebhaftigkeit, Materialität und die Funktionalisierung des Geistigen für das Materielle hingedrängt. Mephistopheles wirkt also in der vorgestellten Welt des Faustmythos aus dem 16. Jahrhundert nicht als vorstellbarer Teufel oder Dämon, sondern als Prinzip, das sich eine verwirrende Zahl von Gestalten gibt. Insofern stört er hier die Entfaltung des Stücks als historisches Schauspiel, wie er zuvor durch seine figürliche Vorstellbarkeit die Entfaltung des Stücks als bürgerliches Trauerspiel oder als satirische Farce gestört hat.

Die dritte, allegorische Lesart des Mephistopheles haben wir schon im Zusammenhang mit der Faust-Figur besprochen. Er ist da ein Prinzip der banal-prosaischen Abspannung des für Faust bestimmenden Widerspruchs zwischen Progressivität und Selbstfestlegung. Indem er auf die sich ewig selbst reproduzierende und verschlingende Dynamik des Sinnlich-Materiellen sich verläßt, sind für ihn Fausts Bestrebungen Schwärmerei, seine Leiden überflüssig, seine Liebesleidenschaft ein temporäres biologisches Ereignis, der Ewigkeitsschwur Lüge (V. 903–919), sein Jammer über Gretchens Schicksal Dummheit, denn »sie ist die erste nicht« (S. 57, Z. 14). An diesem Prinzip, das alles Geschehende, Gutes und Böses, Erfreuliches und Schmerzliches, auf den »Lauf der Welt« reduziert und das allenfalls an dem ungestörten Gang dieses Weltlaufs seine Freude hat (V. 1235), muß alles zunichte werden, was der Geist oder die Seele erstrebt, was den Menschen als höherer Wert erscheint, für den sie leben, notfalls sterben, in dem sie den Sinn ihres Daseins erblicken können. All das ist für dieses Prinzip Selbsttäuschung, Lüge, Angeberei (S. 57, Z. 31), unnötiges Getue, unehrliche Verbrämung der faktischen Vorgänge und Zusammenhänge, auf die doch alles hinausläuft. Dieses Prinzip des absolut Prosaischen, des Banalen läßt damit auch aus jeder Tragödie, jedem Trauerspiel ›die Luft raus‹ und stört damit durch seine nicht hinterfragbare Konkretheit und Faktizität jedes sich entfaltende Drama. Wenn Faust den Anblick des Makrokosmos als »Schauspiel nur« deklariert, obwohl er ihm doch alle Erkenntniswünsche erfüllt, so sieht man, daß er anfangs diesen zersetzenden Antitheatraliker in sich hat, während sich in der historischen Transformation des neuzeitlichen Geistes dann die Skeptiker und Empiriker von den Schwärmern und

Mystikern, die Materialisten von den Idealisten gewissermaßen arbeitsteilig getrennt haben.

Auch die Figur des Mephistopheles hat ihre drei Lesarten, denen durch historische, kosmologisch-religiöse oder magische Gesichtspunkte noch manche Modifikation hinzugefügt werden kann. In jeder der Geschichten, die sich aus einer solchen Lesart ergeben, stört er, indem er die Erscheinungsform einer anderen Lesart einblendet: im einfühlsamen bürgerlichen Trauerspiel erscheint er als Rest eines historischen Schauspiels, in diesem wirkt er als allegorisches Prinzip, in der Allegorie spannt er alles Anders-Sagen (allegoria) auf die Wiederholung des Gleichen, auf das Unmittelbar-Faktische und seine Dynamik ab. Die Figur wirkt also nicht nur auf das Schicksal der andern Figuren, sondern auch auf das Stück, das Theater, die Schauspieler, die Zuschauer: das Interesse am Stück *Faust* wird durch die Figur implizit als Teil des hochgestochenen Selbstbetrugs denunziert, der zur Kaschierung der »unerträglichen Gegenwart« (S. 56, Z. 7 f.), der wertneutralen Banalität des »Laufs der Welt« inszeniert wird.

Margarete

Margarete gehört nicht zum Personal der Faustsage, auch wenn in einer der Bearbeitungen die Rede von einer Magd ist – es handelt sich bei ihrer Geschichte um eine Ergänzung, mit der Goethe seinen »neuern Gebrauch der Mythologie« demonstriert. Er stellt mit Faust gleichsam ein Experiment an: wie wird sich ein Mensch, der im 16. Jahrhundert mit diesen Problemen und Ansprüchen auftrat, in der Gegenwart verhalten; wie wird sein Scheitern an einem modernen Problem verlaufen?[20] Wie wird die moderne Konstellation – plötzliche Eröffnung sozialer Aufstiegsmöglichkeit für ein

20 Später lege ich nahe, daß auch dem Gretchen-Drama ein alter ›Mythos‹ zugrunde liegt, nämlich die Legende(n) von der heiligen Margareta. Da dieser Bezug nicht direkt nachweisbar ist, gehe ich hier noch nicht darauf ein.

wohlbehütetes Bürgermädchen – unter dem Einfluß eines mit solchen Problemen behafteten Liebhabers sich entwickeln?

Da Margarete ›von außen‹ kommt, muß nach der Herkunft ihres Namens und seiner Bedeutung gefragt werden, vor allem da Goethe in den Regienennungen der Figur auffällig und bedeutungsvoll zwischen den Formen »Margarethe«, »Margrete«, »Gretgen« wechselt und schon damit wieder eine schwankende Gestalt ankündigt.

Die biographische Forschung hat mit Recht hingewiesen auf das Schicksal der Kindsmörderin Susanna Margaretha Brandt[21], die von einem Goldschmiedgesellen verführt, wegen der kirchlichen und sozialen Ächtung ihr Kind umbrachte und in Frankfurt 1772 hingerichtet wurde; Goethe lebte zu dieser Zeit in Frankfurt und verfolgte den Prozeß aus nächster Nähe. Bedeutend scheint mir zweitens, daß die erste (vielleicht sogar fiktive) Jugendliebe Goethes in *Dichtung und Wahrheit* den Namen »Gretchen« offenbar ähnlich verliehen erhält wie das Leipziger Kätchen Schönkopf den Namen »Ännchen«.[22] Die Geschichte »Gretchens« im 5. Buch, bei der es um die Liebe des Patriziersohns zu einem Mädchen aus einfachen Verhältnissen geht, wobei die Verliebtheit des jungen Verseschmieds und Schriftgelehrten von betrügerischen Bekannten des Mädchens zu mehr oder weniger kriminellen, jedenfalls gewinnbringenden Fälschungen ausgenutzt wird, diese Geschichte beurteilt Goethe folgendermaßen:

> Allein mich hatte eine tiefe, bedeutende, drangvolle Welt schon früher angesprochen. Bei meiner Geschichte mit Gretchen und an den Folgen derselben hatte ich zeitig in die seltsamen Irrgänge geblickt, mit welchen die bürgerliche Sozietät unterminiert ist. Religion, Sitte, Gesetz, Stand, Verhältnisse, Ge-

21 Vgl. Ernst Beutler, »Die Kindsmörderin«, in: E. B., *Essays um Goethe*, Bremen 1962, S. 87–102.

22 Buch V; HA 9, S. 283. Kätchens erster Vorname war allerdings Anna.

> wohnheit, alles beherrscht nur die Oberfläche des städtischen Daseins. Die von herrlichen Häusern eingefaßten Straßen werden reinlich gehalten, und jedermann beträgt sich daselbst anständig genug; aber im Innern sieht es öfters um desto wüster aus, und ein glattes Äußere übertüncht, als ein schwacher Bewurf, manches morsche Gemäuer, das über Nacht zusammenstürzt, und eine desto schrecklichere Wirkung hervorbringt, als es mitten in den friedlichen Zustand hereinbricht. Wie viele Familien hatte ich nicht schon näher und ferner durch Banqueroute, Ehescheidungen, verführte Töchter, Morde, Hausdiebstähle, Vergiftungen entweder ins Verderben stürzen, oder auf dem Rande kümmerlich erhalten sehen [...].[23]

Unter den jungen Leuten, mit denen Goethe verkehrte, wurden Geschichten, Pläne, Träume von raschem sozialem Aufstieg erzählt,[24] er selbst wurde betrügerisch dazu mißbraucht, wobei ihn das einige Jahre ältere Gretchen vor Schlimmem bewahrte. Dieses Mädchen wird mit dem zurückhaltenden Anstand ausgestattet, mit dem Margarete den stürmischen Faust abweist, aber auch sie muß um des sozialen Aufstiegs im Putzmacherladen willen »sich zu einem gewissen Anputz bequemen«[25] und will Französisch lernen – alles Dinge, die Fausts Margarete in ihrer Verwendung französisierender Metren und Sprachmasken dokumentiert, mit denen sie sich dem vornehmen Ton Fausts und Mephistos meint anpassen zu müssen. Während in *Dichtung und Wahrheit* Gretchen sich weder dem verliebten Jüngling hingibt noch ernsthaft in die Kriminalaffäre verstrickt wird, verbindet der *Urfaust* gewissermaßen die Geschichte der Susanna Margaretha Brandt sowie die in den Kriminellen aus Gretchens Umgebung zutage tretende Problematik des sozialen

23 Buch VII; HA 9, S. 285.
24 Buch V; HA 9, S. 173 f.
25 Ebd., S. 179.

Aufstiegsdrangs mit der Liebesgeschichte und stellt somit ein nach vielen Gesichtspunkten modernes Drama dar. Hinzu kommt im 5. Buch von *Dichtung und Wahrheit* die auffällige Verschränkung der Geschichte aus dem unterminierten Bürgertum mit dem Bericht über die Kaiserwahl Josephs II. in Frankfurt, bei der Goethe die Mischung altehrwürdiger, aber auch bloß historisch oder geschmacklos nachgemachter Traditionselemente mit modernen Erscheinungen, vor allem den Schauspielcharakter betont. Daß er wegen der Verdächtigungen im Zusammenhang der Kriminalgeschichte die letzten Akte dieses Schauspiels gar nicht mehr miterlebt, kann symbolisch gelesen werden: dem Beobachter und dem Zeitgenossen dieser Periode werden die Probleme der Emanzipation des Bürgertums wichtiger als das glanzvollste Schauspiel, mit dem das Reich seinen Zerfall maskieren mag. Das »alte Schloß« und das »Bauerhüttgen« in der Szene »Land Strase« markieren die Ausgangspunkte von Emanzipations- wie von Dekadenzprozessen der Gesellschaft. Den Emanzipationsprozeß erzählt die Gretchen-Handlung, den Dekadenzprozeß die Handlung am Kaiserhof in *Faust II*. Es ist sicher auch kein Zufall, daß die angefangenen und zu Ende gesungenen Lieder in »Auerbachs Keller« die Themen Liebe und Politik nicht nur nebeneinanderstellen, sondern auch grotesk verquickt zeigen, wie eben auch das 5. Buch von *Dichtung und Wahrheit*: in den beiden ›echten‹ Liedanfängen sind die Themen noch getrennt; in dem Rattenlied wird die Vergiftung eines Parasiten mit Liebe verglichen, im Flohlied die groteske Liebe des Königs zu einem Parasiten mit den politischen Zuständen in Verbindung gebracht. So erhält in *Faust I* das Gretchen-Drama durch Hexenküche und Walpurgisnacht eindeutig politisch-zeitkritische Dimension, in *Faust II* gewinnt die politische Handlung durch die Helena-Beschwörung eine Dimension des Liebes-Raubs. Goethe sah offenbar, wie die Dichter sozialer Emanzipationsromane und -dramen seit Lillo und Richardson, die moderne Liebe im politisch-sozialen Spannungsfeld. Dies plausibel zu machen und damit auch schon die Gretchen-Handlung des *Urfaust* in ihrer politisch-sozialen Dimension zu zeigen, diente der Exkurs zum 5. Buch von *Dichtung und Wahrheit*, in dem Gretchens Name meines Erachtens nicht ohne Bezug zum *Faust* verwendet ist.

Die auffällige Verwendung des Regienamens »Gretgen« von »Gretgens Stube« bis »Nacht. Vor Gretgens Haus« betrifft genau die Periode im Stück, in der Margarete als Dirne gesehen werden kann, wo sie dem Triebwunsch und ihrer Liebe zu Faust nachgibt. Anfangs heißt sie für den Leser »Margarethe«, während Mephisto von »Margrete« und »Margretlein« (V. 665, 681), Faust bereits von »Gretgen« spricht (V. 703). In der Szene »Nachbarinn Haus« schwankt der Autor zwischen »Margrethe«, »Margarethe«, »Margrete«, »Margareth«, läßt aber Mephisto bereits einmal »zu Gretgen« sprechen (vor V. 860), als er ihr einen »Galan« empfiehlt. Sie ist ihm auch im Text von nun an »Gretgen« (V. 881, 905), da er sich ihrer Verführbarkeit bereits sicher ist. Der Name »Margrete« in den Szenen »Garten« und »Ein Gartenhäusgen« stellt die Zwischenstufe zwischen »Margarethe« und »Gretgen« dar. »Gretgen« ist sie endgültig (mit Ausnahme der einen Regienennung vor V. 1106) bis zum »Kerker«, wo der Regiename »Margarethe«, die Abkürzung »Margr.« und im Text der Name »Gretgen« verwendet wird – alle drei Erscheinungsformen des Mädchens treffen hier noch einmal zusammen.

Die Symbolik des vollständigen, des zwieschlächtigen und des verniedlichend gekürzten Namens ist klar; sie stellt verschiedene Stufen der Achtung vor dem Mädchen dar, die der Autor dieses Lesedramas durch seine Regienamen-Verwendung nahelegt. Hinzu kommt die etymologische Bedeutung des Namens Margarete: ›die Perle‹, eine Bedeutung, mit der der Name ein Beiname Mariens ist. »Grete« dagegen weist in Goethes Zeit in den Bereich des Hausgesindes, auch der Dirnen.[26]

26 Vgl. Grimms *Deutsches Wörterbuch* unter »Grete«.

Eventuell steht dahinter das Schicksal der heiligen Margareta von Cortona, die zunächst Dienstmagd und Geliebte des Barons in einem Adelshaus in Montepulciano war und einen Sohn geboren hatte, als der Baron erschlagen wurde. Die Heimkehrende wurde sozial geächtet, wählte statt des nun erzwungenen Dirnenlebens Buße und Kasteiung im Kloster, wurde nach drei Jahren Prüfung aufgenommen und starb 1297 als begnadete Mystikerin. – Die heilige Margareta von Antiochia wurde vom römischen Präfekten in Liebe verfolgt und, da sie ihn ablehnte, ins Gefängnis geworfen. Dort trat sie den Teufel, der sie zur Nachgiebigkeit verführen wollte, aufs Haupt; so malte sie Raffael – Goethe kannte das Bild sicherlich.[27] Sie gehört übrigens zu den 14 Nothelfern; Margarete, die im Kerker dem Teufel widersteht, begründet damit ihre Rolle als zukünftige Retterin Fausts.

Goethes wahrscheinliche Kenntnis dieser Heiligenlegenden vorausgesetzt, machen diese Geschichten der beiden heiligen Margareten im Hintergrund aus dem Gretchen-Drama ein Legendenstück; auch Gretchen hat wie Faust einen Mythos, eine lange Tradition, die sie mit dem Mittelalter und der Antike verbindet und die durch religiöse Verehrung und Gebet eine ähnliche Andacht und »poetische Bestandheit« durch die Jahrhunderte impliziert wie der Faust, der seine Magier-Ahnen übrigens auch in der Antike und im Mittelalter hat. Wie aber der Faust-Stoff in seiner poetischen Bestandheit durch die Einführung des Gretchen-Dramas

27 Vom Erblicken der Bildteppiche, die nach Raffaels Entwürfen hergestellt waren, datierte Goethe »eine neue Epoque meiner Kenntniße« (Brief an Ernst Theodor Langer, 29. 4. 1770; HA Br. 1, S. 107); Raffael hatte die heilige Margareta von Antiochia gemalt. Von Raffaels »geistlichen Geschichten« spricht Goethe in dem Aufsatz *Nach Falconet und über Falconet* (1775; HA 12, S. 25); außerdem zeichnete er nach Raffael und besprach ihn in Lavaters *Physiognomischen Fragmenten*. Die Kenntnis der Margareta-Darstellung darf also vorausgesetzt werden; da Goethe gerade im Zusammenhang mit Raffaels Bildern davon sprach, »daß Bilder etwas vorstellen, daß Bilder auf Sinn und Gefühl wirken« (*Dichtung und Wahrheit*, Buch IX; HA 9, S. 363), kann man annehmen, daß Goethe auch die Legende zusammen mit dem Bild zur Kenntnis nahm.

einem »neuern Gebrauch« unterworfen wird, so wird der Margareten-Stoff erstens durch seine Bindung an den Faust-Stoff, zweitens durch die offensichtliche Kontamination zweier Legenden ›erneuert‹. Diese Kontamination der zwei Margareten-Legenden stellt sowohl den Verlauf wie das Ziel eines Legendenstücks, etwa eines konfessionellen Schuldramas aus dem 16. Jahrhundert, in Frage: Gretchen ist nicht unschuldig im Kerker wie die antiochenische Margareta, sondern sie hat als sündige Margareta von Cortona begonnen, sich zu Verbrechen verleiten lassen durch die Liebe zum Galan, durch die Angst vor der sozialen Ächtung. Genau die heldenhaften Schritte, die die Heiligkeit der Italienerin begründeten, hat sie nicht getan: diese hatte ihr Kind geboren und behalten, hatte sich der Beschimpfung und dem Anspukken ausgesetzt, war aber nicht bereit, den Stand der Prostituierten zu wählen, den das Mittelalter in Fällen erzwang, wo die Großfamilie eine außereheliche Beziehung nicht mehr schützte. Gretchen wurde jedoch Dirne und lebte, wie Valentins Rede und die folgende Unterhaltung zwischen Faust und Mephisto belegen, trotz des öffentlichen Geredes und stadtbekannten Falles als Dirne zumindest Fausts weiter[28] – außerehelicher Verkehr wurde im 16., 17. Jahrhundert schlicht als Hurerei bezeichnet. Daß sie eingekerkert wird, hat strafrechtliche Gründe. Daß sie dem Rettungsversuch des ehemals Geliebten nicht folgt, liegt an dessen Kälte und ihrer Angst vor den rächenden Geistern; daß sie dem Teufel nicht folgt, liegt an ihrer Angst, für ihre Sünden sogleich in seinen Fängen büßen zu müssen. Nichts mehr bleibt vom christlichen Heldentum der Margareta von Antiochia als das Bild, daß der Teufel (noch) unverrichteter Dinge abziehen muß. Die Legendenkontamination erzeugt nicht etwa eine Über-Legende, sondern eine Legendenkritik.

28 Die Formulierung »vor Gretleins Tür« ist im Grimmschen Wörterbuch (»Grete« 1b) seit dem 16. Jahrhundert belegt für ›vor der Tür einer Dirne‹. In *Faust I* wählt Goethe präzisierend diese Formulierung statt der Szenenbezeichnung »... Vor Gretgens Haus«.

Die Kritik wird verschärft und auf den Heiligenkult bezogen, wenn man die Faust-Handlung hinzunimmt. Faust ist weder ein Baron, der seine Dienstmagd verführt, noch ist er ein römischer Statthalter, der eine der Töchter des Landes bedrängt. Im Gegenteil: kaum hat ihn sein Teufel in das Zimmer des Mädchens geführt, erklärt er sie regelrecht zur Heiligen, zur Verkörperung der Trinität und der göttlichen Herrlichkeit, der er sich in Glaube, Liebe und Hoffnung nähert. Genau diese Heiligenverehrung erweist sich als teuflische Machenschaft: das Mädchen versucht der Wertvorstellung nachzuleben, die der vornehme Herr von ihr gefaßt hat, und da Reinheit, Sittlichkeit, Natürlichkeit, Religiosität ihr bisher nicht als verlierbare Werte zum Bewußtsein gekommen sind, versucht sie eben vornehm zu werden; wie in Kleists *Marionettentheater* verliert der Mensch die natürliche Anmut, wenn er in den Spiegel – hier den Spiegel fremder Bewunderung – blickt. Um so uninteressanter wird sie dem Verehrer, wenn sie die Aura der Heiligkeit verliert und sich als ganz normaler Mensch ›entpuppt‹ (vgl. V. 503, 1052). Hinzu kommt die ungute Mischung von Triebwunsch und Heiligenverehrung, die Faust in seinen ersten Worten in Margaretes Zimmer zeigt, die sich hier noch in Scheu vor der Profanierung auflöst, später aber zum Wunsch führt, »Brust an Brust und Seel an Seele« zu drängen (V. 1196). Scheitert Faust im Gelehrtendrama mit dem Versuch, sich selbst Gott gleich zu machen, so scheitert hier sein Versuch, einen andern Menschen heilig zu sprechen und göttlich zu verehren. Die religiös durchmischte Verehrung von Menschen durch Menschen erweist sich als perfideste Versuchung des Teufels für den Verehrten und den Verehrenden. Nur er hat seine »Freude dran« (V. 1235).

Goethes Legendenkontamination entmythologisiert den christlichen Heroismus der Legendenfiguren und zeigt in ihnen normale Menschen; die Einführung des Legendenstücks in den Faust-Komplex entlarvt die Legendenbildung und Heiligung als Vermischung sinnlicher mit religiösen, subjektiver mit objektiven Interessen und dadurch als Machenschaft des Teufels, Profanierung des Göttlichen und als Selbstbetrug. Indem Margarete sich als Gretchen erweist gerade aufgrund der Verehrung Fausts, zeigt sich die tragische Konsequenz der Idealisierung des Eingeschränkten, Einfachen, Natürlichen, sei es in der Legendenbildung von der Antike bis in die Neuzeit, sei es in der Mythisierung des ›Volks‹ zu Goethes Zeit, sei es in Privatbeziehungen einzelner Menschen. Wenn im Gelehrtendrama die natürliche Eingeschränktheit des Menschen, z. B. die Notwendigkeit des Zeichens zum Begreifen des Übermenschlichen, das tragische Scheitern bedingt, so ist es im Gretchen-Drama die idealisierende Ausdehnung des Eingeschränkten ins Unendliche, Übermenschliche, Göttliche, die das Absterben von Fausts Liebe und Gretchens Tod tragisch bedingen. In dieser Hinsicht verhalten sich Gelehrten- und Gretchen-Drama wie Systole und Diastole eines tragischen Pulses im Verhältnis zwischen menschlicher Eingeschränktheit und göttlicher Unendlichkeit.

Unter dem Leseaspekt des Vorstellens und Zeigens, der Beziehung des Gretchen-Dramas auf die Margareten-Legenden und deren Konstitutionsprinzip der idealisierenden Vorstellung zeigt also das Gretchen-Drama die tragischen Konsequenzen eben dieser Idealisierung. Der »neuere Gebrauch der Mythologie« wendet hier die Mythologie an, kritisiert sie aber zugleich und zeigt die tragischen Folgen für das bei lebendigem Leib Mythisierte und den Mythisierenden. Auch die zeitgenössische Lesart der Einfühlung in ein bürgerliches Trauerspiel wird durch die Natürlichkeit dieser Figur kritisiert. Die Emanzipation des bürgerlichen Bewußtseins im 18. Jahrhundert führte nicht nur in die Dialektik zwischen der »prätendierten Freiheit« des einzelnen und den bestehenden sozialen Schranken, sondern auch in die Dialektik zwischen dem subjektiven Fürguthalten und den öffentlich akzeptierten Normen des sittlichen Handelns. Die Bedrängung der Unschuld eines sozial niedriger stehenden Mädchens, das sich ›tugendhaft‹ hält, gleichwohl durch den Glanz und Reichtum des Verführers fasziniert ist, wird zum Thema in den Romanen *La vie de Marianne* (1731–42) von Marivaux und *Pamela, or Virtue Rewarded* (1740) sowie *Clarissa* (1748) von Richardson. Lessing nimmt in seinen Dramen *Miß Sara Sampson* (1755) und *Emilia Galotti* (1772) das Thema der bedrängten Unschuld in dem Sinne auf, daß er die von dem Mädchen selbst mit tiefer Verwirrung gefühlte Verführbarkeit zum dramatischen Problem werden läßt. Während Richardsons Pamela den sie bedrängenden Mr. B. zwar liebt, aber durch geschickt gehandhabte Tugendhaftigkeit erzieht und schließlich zum Ehemann gewinnt, müht sich Lessings Sara um die tragisch unmögliche Reparatur der von ihr als »Verbrechen« gesehenen Flucht mit dem Geliebten. Emilia Galotti bringt ihren Vater dazu, sie zu töten, weil sie spürt, der Faszination der Sinnlichkeit und des verführerischen Glanzes nicht widerstehen zu können und dadurch ihre sittliche Achtung vor sich selbst zu verlieren. Durch die Einführung des Kindesmords und weiterer Verbrechen verschärft Goethe die Spannung zwischen dem, was ein verführtes Individuum aus Liebe oder Verzweiflung tut, und den öffentlichen und internalisierten Normen der Sittlichkeit:

> Und bin nun selbst der Sünde blos
> Doch – alles was mich dazu trieb
> Gott! war so gut! ach war so lieb!
> (V. 1275–77)

Während Lessing bei Emilia die Verunsicherung des Gefühls zwischen Faszination der Sinnlichkeit und Sittlichkeitsempfindung erst andeutete und gleich zum Grund tragischen Todes werden ließ, zeigt Goethe die tragische Verwirrung des Gefühls bei Margarete dadurch, daß er das verbindende Element zwischen Gelehrten- und Gretchen-Drama, den ›Shakespeareschen‹ Zusammenstoß des eigentümlichen Ich und seines prätendiert freien Willens mit dem »notwendigen

Gang des Ganzen« sich nahezu ausschließlich in Margaretes Seele abspielen läßt.

Dieses »Ganze« wird für sie zunächst repräsentiert durch den sozialen Unterschied, den sie in Kategorien von Armut und Reichtum sieht (V. 644–656); sie hofft ihn umgehen zu können durch den Schmuck und durch geziertes Betragen (Alexandriner!) gegenüber Faust und Mephisto, die sie als Fräulein, d. h. als Adlige, ansprechen und ihr damit Hoffnung auf sozialen Aufstieg machen. Das »Ganze« wird zweitens repräsentiert durch die »akkurate« Mutter, die trotz ansehnlichen Vermögens und Geldverleihs (V. 639) Margarete Magddienste tun läßt und das erste Schmuckkästchen zum Pfaffen bringt. Die Mutter wird umgangen mit Hilfe der Kupplerin Marthe. Das »Ganze« wird drittens repräsentiert durch die von Margarete verinnerlichten Werte von Christentum und Achtung der Sakramente, die durch den geliebten Faust und seine verhaßte »Gesellschaft« so bestürzend in Frage gestellt werden. In der Katechisierungsszene versucht sie zunächst Faust zum Kirchen- und Sakramentsglauben zu zwingen und ihn vor die Alternative ›Mephisto oder Margarete‹ zu stellen (V. 1187–94); dann aber läßt sie sich gegen ihre Überzeugung »nach seinem Willen« treiben und schätzt das, was sie nun für ihn zu tun bereit ist, als »fast nichts mehr« ein.[29] Das »Ganze« wird viertens repräsentiert durch die öffentliche Schande und Schmähung für das, was Gretchen nach der Verführung in seiner ganzen Gewalt als »Sünde« erkennt und an dessen Ächtung sie sich früher selbst so leidenschaftlich beteiligt hat. Hier, in der Szene »Am Brunnen«, tritt die Spaltung des Bewußtseins nach außen, die sich »am Spinnrocken« in Unruhe und Schwermut und in der Katechisierungsszene als »Weis nicht was mich nach deinem Willen treibt« (V. 1210) angekündigt hat: Bewußtsein, dem öffentlichen Sündenvorwurf preisgegeben zu sein, steht dem Bewußtsein gegenüber, daß »alles was mich dazu trieb / Gott!

29 Dazu Heinz Politzer, *Das Schweigen der Sirenen. Studien zur deutschen und österreichischen Literatur*, Stuttgart 1968; über Gretchen S. 312–339.

war so gut! ach war so lieb!« (V. 1276 f.). Das »Ganze« kündigt sich fünftens in der Szene »Dom« an in der vom Chor gesungenen Sequenz »Dies irae...«, die vom Jüngsten Gericht handelt, begleitet von den Einflüsterungen des Bösen Geistes; hier rettet sich das beengte und verzweifelte Bewußtsein Gretchens in eine Ohnmacht. Das »Ganze« tritt sechstens auf als Einkerkerung und bevorstehende Hinrichtung, denen gegenüber die Angst ihr Bewußtsein partiell verwirrt, ferner als Möglichkeit der Befreiung durch einen ehemaligen Liebhaber, dessen Kälte sie spürt, endlich die Vorstellung ihrer begangenen Verbrechen, die sie materiell in die Wirklichkeit außerhalb des Kerkers projiziert: das Ganze ist hier sie selbst mit ihrer Liebe und ihren Taten, mit den verinnerlichten Werten der Gesellschaft und der Religion, zu deren Notwendigkeit sie sich nun, nicht mehr in Bewußtlosigkeit oder Verwirrung fliehend, entschließt und damit zur freien Persönlichkeit wird. Die letzte und umfassendste Form des »Ganzen« begegnet ihr mit dem plötzlich erscheinenden Mephisto, in dem sie mit dem »der will mich!« (»Kerker«, Z. 104) intuitiv den Teufel identifiziert. Die Anrufung des göttlichen Gerichts, vor dessen Vorstellung sie im Dom ohnmächtig wurde, beweist auch hier ihre klare und freie Entscheidung. Das Grauen vor Faust, den sie hier erst mit dem Teufel verbunden erkennt, entfremdet ihn ihr und macht ihre Liebe zu ihm unabhängig von seiner Person, erhebt sie sozusagen bereits in den Status der himmlischen Liebe. Denn ihre Rufe »Heinrich! Heinrich!« zeigen, daß sie ihn nicht aufgibt trotz des Grauens, mit dem sie jetzt vielleicht das Maß seiner Schuld an ihrem Schicksal ausmißt. Diese aus den spärlichen Worten erschließbaren psychischen Steigerungen zeigen die Größe, zu der Goethe in dem Zusammenstoß ihrer Liebe mit dem notwendigen Gang des Ganzen Margarete sich erheben läßt.

Überblickt man die aufgeführten Erscheinungsformen des »Ganzen«, so erkennt man, daß das bürgerliche Trauerspiel hier um einen entscheidenden Schritt über Lessing hinausgeführt wird. Die Liebe, als natürliches schönes Gefühl bei Margarete gezeigt und nicht mehr von vornherein mit dem Odium des Unerlaubten behaftet, diese unschuldige Liebe wird verstümmelt, verbrecherisch, zweifelt an sich (V. 1189), verkehrt sich in Grauen vor dem Geliebten. Die Gründe dafür liegen in den Normen der Gesellschaft, die Erfüllung der Liebe nur in der Ehe zuläßt, wobei Gretchen diese Normen internalisiert hat und gegen sich selbst ausspielt; die Gründe liegen im mangelnden Beistand dessen, der sie zu lieben vorgibt und ihr eben auch nur Gefühl anzubieten hat (V. 1035–43, 1148–50) statt eines Haltes im Leben. Nachdem ihr Gefühl am Spinnrocken sich überbordend ausgedrückt hat, sucht sie Schutz im festen Rahmen der kirchlichen Ordnungen; Faust antwortet nur mit unbestimmtem Gefühl und hilft ihr nicht, sich selbst wiederzufinden im Andrang dessen, »was mich nach deinem Willen treibt« (V. 1210). Dieses bürgerliche Trauerspiel ist eine erste große Rechtfertigung des Gefühls, aber zugleich eine scharfe Kritik des bloßen Gefühls. Ist das Gretchen-Drama im Leseaspekt der Vorstellung eine Kritik an der Mythologisierung und Idealisierung, so ist es im Leseaspekt der Einfühlung eine Kritik an der Ausschließlichkeit des Gefühls. Margarete, in einem beschränkten Lebenskreis zufrieden und für Faust sogar bis zum Exzeß der göttlichen Herrlichkeit idealisierbar, braucht die Beschränkung als Halt gegen das Überströmen der Seligkeit wie gegen die Anfälle der Verzweiflung. Wird ihr der äußere Halt durch Faust systematisch zerschlagen – Verlokkung zum Wunsch nach sozialem Aufstieg und Reichtum, Weckung der Triebwünsche, Infragestellung der Kirche als Instanz der Sittlichkeit –, so baut sie ihn durch bewußte Entscheidung von innen her wieder auf. Auch ihre Geschichte ist eine Antwort auf Mephistos Hohn: »Willst fliegen und der Kopf wird dir schwindlich.« (S. 57, Z. 35; vgl. V. 1074–77.)

In der allegorisch-verstandesmäßigen Lesart, die wir im Zusammenhang mit der Figur Fausts auch schon für die Figur Margarete skizziert haben, zeigt sie sich als das Prinzip, das den durch Faust personifizierten hochgespannten Widerspruch zwischen Progressivität und Selbstfestlegung im Mittelzustand einer dem Menschen zuträglichen Einschränkung zu halten strebt und da unglücklich wird, wo die anthropologische Einschränkung gestört ist. Faust dagegen, so hatten wir gesehen, wird unglücklich deshalb, weil es diese anthropologische Einschränkung gibt. Mephistopheles endlich ist dasjenige Prinzip, das die Einschränkung absolut setzt, das alles darüber Hinausdenkende und -gehende für überspannt hält und gleich gar nicht zu verstehen sucht: »Ja wenn man's nicht einbissgen tiefer wüste« (V. 903) drückt die Haltung des Wert- und Erkenntnisskeptikers, des Materialisten aus, der auch noch Gretchens angstvolle Besorgnis um das Seelenheil Fausts als Machtinteresse auslegt (V. 1217–19). Damit wird das unglückliche Bewußtsein zum Prinzip selbst erhoben: der Teufel ist der völlig Hoffnungslose, der radikal Verzweifelte, der dann aber auch nicht mehr leidet, weil das Leiden am Unglück schon wieder Hoffnung implizieren würde. Durch das anklägerische Pathos des »Prolog im Himmel«, durch die ewig durchkreuzte Hoffnung auf die Vernichtung des Lebens und Lichts hat Goethe dem Prinzip in *Faust I* wieder eine aggressive Negativspannung verliehen; *Faust II* setzt sogar wie der Maskenzug von 1818 die Hoffnung auf Erlösung als weiter komplizierendes Moment ein.

Zusammenfassung

Zusammenfassend kann zu den Hauptfiguren und ihren Geschichten gesagt werden: Die drei Lesarten der Geschichtlichkeit bewähren sich hier durchgängig. Im Sinne der Einstellung des Rezipienten auf menschliche Figuren verbindet sich die ›moderne‹ Lesart mit der ›Logik des Affekts‹, des sinnenhaft empfindenden identifikatorischen Zugangs, zur Haltung der Einfühlung in problematische Charaktere und den Versuch der unmittelbaren Einbringung der eigenen seelischen Kompetenzen zum Verständnis dieser ›Zeitgenossen‹ oder ›Mitmenschen‹. Die ›historische‹ Lesart verbindet sich mit der ›Logik der Einbildungskraft‹, des vorstellend-unterscheidenden und vergleichenden Zugangs, zur Haltung der kritisch beurteilenden Vorstellung des wesentlich Fremden, wenn auch für die eigene Gegenwart Ursprünglichen und Bedingenden. Die ›allegorische‹ Lesart verbindet sich mit der ›Logik des Verstandes‹ zur Haltung der Reduktion des Gezeigten auf Prinzipien und deren Transformationserscheinungen in einem Geschichtsgang zwischen ›Ursprung‹ und ›Gegenwart‹ der Neuzeit.

Jede der drei Hauptfiguren erscheint demnach als unmittelbar einfühlbarer Mitmensch des 18. Jahrhunderts, als historisch distanzierte Gestalt des 16. Jahrhunderts, als abstraktes Prinzip. Dabei sind nun die Figuren so angelegt, daß sie, jede auf ihre Weise, jene drei Lesarten und angesprochenen Haltungen des Rezipienten zueinander in Beziehung und damit die Rezipienten selbst in Modifikationen der Integration ihrer ›Logiken‹, Seelenkräfte, Haltungen, Diskurse setzen.

Die Einfühlung des Zuschauers schlägt bei der Faust-Figur durch deren Magie, Festkleben am Buch, Geisterbeschwörung in historisch distanzierende Betrachtung um; die einfühlbare Figur wird auf ein Prinzip reduziert, wo das Erscheinen des Mephistopheles als Projektion Fausts aufgefaßt wird. – Die historische Betrachtung des Zuschauers schlägt durch Szenen erstaunlicher Modernität in Einfühlung um; da das historisch betrachtete 16. Jahrhundert in Faust immer wieder seinen Ursprungscharakter für die Gegenwart offenbart, schlägt die historische Distanz in die Abstraktheit des Prinzips um. – Faust läßt endlich das Prinzipielle, den bei ihm hochgespannten Widerspruch zwischen Progressivität und Selbstfestlegung, durch die historische Progressivität in die Einfühlung des Zeitgenössischen, durch die historische Selbstfestlegung auf Traditionelles in die kritisch distanzierte Betrachtung des Veralteten und der Relikte münden.

Mephistopheles, fühlt man sich in seine prosaische Banalität ein, destruiert den Versuch der Einfühlung in die Faustschen Idealisierungen oder in Gretchens heilige Qual um den alleinseligmachenden Glauben, er destruiert mit dem Hinweis auf den »Lauf der Welt« den Versuch der Vorstellung, Unterscheidung und Kritik historischer Unterschiede, er destruiert mit demselben Hinweis den Versuch, ein Prinzip historischer Transformation geschichtsphilosophisch zu erfassen. – Als vorgestellte christlich-mittelalterliche Teufelsfigur oder magische Dämonenfigur destruiert er durch sein Schwanken hinsichtlich Herkunft, Gestalt, Zuordnung die Versuche der unterscheidenden Vorstellung, was sich auch auf die Vorstellbarkeit der andern Figuren auswirkt. Er destruiert als figürlich auftretender Teufel die Versuche der Einfühlung in sich und seine Handlungsweise und verfremdet die Einfühlbarkeit der andern Figuren. – Als Prinzip der totalen Abspannung des Gegensatzes von Progressivität und Selbstfestlegung zur Ideologie der bloßen Dynamik des Materiellen, seiner ewigen Wiederkehr in Aufbau und Zerstörung destruiert er Versuche der Prinzipienbildung und gedanklichen Durchdringung der Geschichte, er destruiert durch seine skeptischen Analysen die Versuche der Einfühlung und die Versuche der verstehenden Rechtfertigung des Andersartigen (z. B. Gretchens heilige Qual).

Margarete ruft bei der Einnahme einer Lesehaltung die andern auf und integriert jeweils alle auf dem kritisch eingependelten Niveau des anthropologisch Zuträglichen. Fühlt man sich in die verführte Unschuld ein, so wird das Fühlen im Sinne des Mitfühlens ihres Schicksals und des Rechtfertigens ihrer Liebe und ihres Triebwunsches bestätigt, das bloße übermäßige »Gefühl ist alles« jedoch als destruktiv in die Haltlosigkeit führend kritisiert; mit Fausts Erfahrung von Margaretes Zimmer wird die Vorstellung zur Ergänzung der Einfühlung aufgerufen, zugleich aber in ihrem Exzeß der Idolbildung kritisiert, der Margaretes Schicksal negativ bestimmt; sozialer Aufstiegswunsch und Aussagen wie »Am Golde hängt / Doch alles! Ach wir Armen!« (V. 655 f.) rufen die verstandesmäßige sozialkritische Analyse auf, enthalten aber zugleich auch die Warnung vor dem bloß analytischen Zugang, denn z. B. ist Margarete gar nicht »arm« (vgl. V. 967–970), sondern kommt sich (in psychologisch nachfühlbarer Weise) angesichts des Schmucks nur so vor. Die Lesarten müssen also bei Margarete zusammenwirken, aber auf einem eingeschränkten Niveau durch- und aneinander relativiert werden. – Das trifft auch für die Vorstellung zu, wenn sie sich Margaretes im Sinne einer heiligen Legendenfigur annimmt. Durch die besprochene Legenden- und Heiligenkontamination wird die idealisierende Heiligung ebenso kritisiert wie Fausts Idealisierung von Gretchens Zimmer; die einfühlende Verehrung Margaretes als einer Heiligen der Natürlichkeit wird aufgerufen, aber zugleich kritisch in die Schranken gerufen z. B. durch ihre frühere Teilnahme an der sozialen Ächtung anderer (V. 1268–74), die ihr nun ihre »Sünde« besonders schwarz erscheinen läßt; der »neuere Gebrauch« der Legende ruft den Verstand zur vergleichenden Analyse der Legendenbildung und Heiligenverehrung und ihrer Folgen auf, doch wird auch hier vor zu großem Ernst gewarnt: die kecke Kontaminierung zweier heiligen Margareten und der im *Urfaust* ganz offene Schluß (»Sie ist gerichtet!«) erlauben keine eindeutige Zuordnung zur Bestätigung der Legende oder zur Satire auf die Legendenbildung, zu einer über das (wiederum psychologisch nachfühlbare) Faktum der Idolisierung durch Faust hinausgehenden Problematisierung. – Margarete als Prinzip der »Herrlichkeit« im »Kerker«, der präsenten Erscheinung der festgelegten und täglich erneuerten Ordnung und der aus der Vergangenheit in die eschatologische Zukunft progredierenden Fülle, die sich beide in der mikrokosmisch eingeschränkten Enge eines Zimmers zeigen, Margarete als dieses Prinzip kritisiert ebenfalls nicht nur die andern Formulierungen des Verhältnisses zwischen Festlegung und Progressivität (Faust und Mephisto), sondern durch die Emphase der Eingeschränktheit zugleich die Prinzipienbildung überhaupt, die einem nur in seiner

Endlichkeit lebensfähigen menschlichen Verstand gar nicht zukommt; als mikrokosmische Natürlichkeit ruft sie die Einfühlung jedes Menschen auf, als bestimmt eingeschränkte Figur macht sie auf ihre Individualität aufmerksam, die der Einfühlung eine prinzipielle Grenze setzt; in ihrer Natürlichkeit wird sie zum sentimentalischen Gegenstand der Vorstellung, weist diese aber durch ihre eigenen realistischen Korrekturen an diesem Bild (V. 961–1000) in ihre Schranken.

Die Figuren sind also hinsichtlich der Lesarten so komponiert, daß sie den Leser potentiell in drei Formen seiner geistigen Existenz, die sich aus dem Verhältnis seiner Fähigkeiten der sinnlich-affektischen Einfühlung, der Vorstellung und des Verstandes konstituiert, zu sich bringen. Faust läßt jede der Fähigkeiten bis zum Exzeß und zum Umschlagen in die beiden andern sich entwickeln; Mephistopheles destruiert jede der Fähigkeiten und von da aus zugleich die andern; Margarete fügt sie in einem kritisch eingeschränkten menschlichen Maß integrativ zusammen. Die Figuren übertragen sich sozusagen magisch auf die Haltungen des Lesers.

Wir haben sie bisher nur quasi statisch genommen. Nun lassen sich auch ihre Geschichten und Entwicklungen einfühlend, vorstellend und rational lesen; ich deute dies nur an: Für die psychologische Einfühlung enthält Faust am Anfang Margarete (als Makrokosmos-Erdgeist) und Mephistopheles (z. B. in seinem getrennten Zugang zu beiden und dem Scheitern daran); er projiziert sie aus sich heraus, wodurch sie sich zugleich der Vorstellung aufdrängen; er konstituiert diese Projektionen zu einem Zeitpunkt seiner Geschichte, in dem sein Bewußtsein zu solcher Gegenüberstellung reif ist.

Für die Vorstellung treten die Figuren einander als relativ geschlossene Gestalten und Charaktere gegenüber; ihre Beziehungen machen sie der Einfühlung zugänglich; der schwankende Charakter insbesondere Mephistos öffnet die Konstellation an dieser Stelle zum Prinzipiellen hin.

Für den Verstand sind die Prinzipien in der Präzision ihrer Zuordnung zueinander systematisch gefordert; der hinzutretenden Vorstellung ordnen sie sich in historischen Konstellationen einander zu; der hinzutretenden Einfühlung konfrontieren sie sich in Verhältnissen der Liebe und des Streits.

Hinzu kommen unter dem Gesichtspunkt der Konstellationen und Geschichten die dargelegten ›Lebensalter‹-Reihen unter den Männer- und Frauenfiguren als Bekräftigung der allegorisch-prinzipiellen Lesart,[30] der »neuere Gebrauch der Mythologie« als Bekräftigung der vorstellenden und die Verarbeitung vieler Formen der literarischen Kommunikation als Bekräftigung der Einfühlung. Über diesen Komplex des Synkretismus von Gattungen von der Tragödie bis zum Volkslied wird in einem eigenen Kapitel zu reden sein.

30 Ilse Graham sieht z. B. in den Gelehrten und Studenten der Wagner- und Schüler-Szene sowie in »Auerbachs Keller« eine Aufsplitterung der Faustschen Totalität; vgl. »›Geeinte Zwienatur‹? On the Structure of Goethe's Urfaust«, in: *Tradition and Creation. Essays in Honour of Elizabeth Mary Wilkinson*, ed. by Charles Ph. Magill [u. a.], Leeds 1978, S. 131–145, hier S. 137.

VII
Metrik

Goethe verwendet im *Urfaust* Vers und Prosa, seinem Vorbild Shakespeare gemäß. Während bei Shakespeare aber z. B. einzelne Personen einen Prosa-Ton um sich verbreiten (z. B. Jago und der Narr in *Othello*) und damit die Prosa als Charakterisierungsmittel für eine bestimmte Handlungs-Sphäre verwendet wird, kann man im *Urfaust* die Prosa als Ausdrucksmittel des »Prosaischen« sehen. Herder hatte in seinen Fragmenten *Über die neuere deutsche Literatur* die Prosa als die Signatur der Zeit gekennzeichnet, nüchtern, verstandesmäßig, zweckbetont, bürgerlich. Die moderne Poesie sollte nach seiner Lehre auf einer prosaischen Grundlage aufbauen; Bildlichkeit und poetische Form sollten das Gedankliche des Gedichts für die Einbildungskraft und die ästhetische Empfindung zum Ganzen des Ausdrucks runden, der dann den Leser oder Hörer als ganzen Menschen anspricht. Wo diese Ganzheit nicht hergestellt werden kann, in »schöner Prose« und »philosophischer Poesie«[1], da bleibt die nüchterne Prosa übrig, der Mensch wird in einer verstandesmäßigen Form angesprochen, die ihn nur als Teil meint, seiner Ganzheit entfremdet erscheinen läßt und die in poetischer Umgebung kahl, dürftig, mangelhaft wie die prosaische bürgerliche Realität wirken muß.

Wenn Goethe »Auerbachs Keller« und die drei Schlußszenen[2] des *Urfaust* in Prosa gestaltet, so sind das die Enden des Gelehrtendramas und des Gretchen-Dramas: Fausts Über-

1 Herder, *Über die neuere deutsche Literatur* I; *Frühe Schriften*, S. 184–187 und 240.

2 Die kurze Szene »Nacht. Offen Feld« (V. 1436–41) ist zwar stark rhythmisiert, kann aber wegen ihrer Kürze allenfalls als Ansatz zum Prosagedicht gewertet werden (wie etwa »Dom«); ein poetischer Zusammenhang stellt sich zwischen den zwei Prosaszenen, vom Rhythmus her gesehen, wohl nicht her.

menschentum und hoher Anspruch sind in den Keller lärmender und zechender Kleinbürger heruntergekommen; Fausts ewige Liebe zur idealisierten Margarete wird vor die ernüchternde Erkenntnis gestellt, sie ins Verderben gestürzt zu haben, und Margaretes Wunsch nach sozialem Aufstieg endet im Kerker. Dies in hartem, unbeschönigtem Licht zu zeigen ist die Funktion der Prosaszenen. Sprache und Denkform in ihnen schließen sich nicht mehr zum schönen menschlichen Ganzen zusammen, sie zerfallen in Aussagesätze, Splitter von Bildern und abgebrochene Rede der Leidenschaft und des Gefühls. In »Auerbachs Keller« klingen die eingestreuten Lieder, abgesehen von ihrem ›unpoetischen‹ Personal aus der Sphäre des Ungeziefers, unecht; das Volkslied und das politisch-historische Lied mit dem jeweils authentischen Klang werden nach der zweiten Zeile unterbrochen; statt dessen singen Frosch ein grobianisches Liebeslied und Mephistopheles ein satirisch-politisches Agitationslied gegen die Neffenwirtschaft des herrschenden Adels. Margaretes altes Märchen-Volkslied aber klingt in der prosaischen Kerker-Umwelt fremd, märchenhaft-utopisch angesichts des bevorstehenden Todes. Man kann also sagen, daß die Lieder den prosaischen Charakter der Szenen, das Zerfallen des ganzen Menschen in Elemente und Bruchstücke, nur unterstützen.

Der Vers ist schon im *Urfaust* in außerordentlich vielen Varianten verwendet; dies macht darauf aufmerksam, daß mit jeder hörbar abgesetzten Variante ein Ausdruckswert oder eine Bedeutung verbunden werden kann. Ausdruckswert haben die Verse, sofern sie sich an die Stimmung des Sprechers, seine Gemütsverfassung, sein Wesen anpassen. So kann derselbe Knittelvers unruhig, stoßend verwendet werden,

> Hab nun ach die Philosophey
> Medizin und Juristerey (V. 1 f.)

oder aber ein einfaches natürliches Wesen abspiegeln, dessen Gemütsruhe noch nicht gestört ist:

> Ich gäb was drum wenn ich nur wüsst
> Wer heut der Herr gewesen ist. (V. 530 f.)

Erst am Ende dieses ersten Margarete-Monologs, der durch die einsilbigen Wörter und die glatten Jamben gekennzeichnet ist, kommt durch Doppelsenkungen leichte Unruhe auf:

> Das konnt ich ihn an der Stirne lesen.
> Er wär auch sonst nicht so keck gewesen.
> (V. 534 f.)

Goethe hat mit wenigen Ausnahmen (der Liedstrophen) Versarten verwendet, in denen eine mehr oder weniger große Freiheit zu Kürze und Länge des Verses, Anzahl der Senkungen und Anordnung der Reime schon von vornherein bestand; die rhythmische Modulierbarkeit der Verse mit dieser Wahl locker geregelter Versarten zusammengenommen verschaffte ihm ein Höchstmaß an Spielraum, indem er die Verssprache dem Wesen, der Stimmung des Sprechers anpassen und ihr Ausdruckswert geben konnte.

Beachtenswert sind darüber hinaus die historischen Bedeutungen der verwendeten Versmaße. Der Knittelvers (vgl. die vorigen Zitate) in der von Goethe weithin verwendeten Form des ›freien Knittels‹ ist ein vierhebiger gereimter Vers mit Auftakt- und Senkungsfreiheit.

> –◡–◡–◡◡– (V. 1)
> ◡◡–◡–◡–◡– (V. 7)
> ◡–◡–◡–◡–◡ (V. 12)
> ◡–◡◡–◡◡–◡◡–◡ (V. 13)

Der Knittelvers ist der Vers des frühbürgerlichen 16. Jahrhunderts, der Meistersinger, des Poeten Hans Sachs; er war in Goethes Zeit heruntergekommen und diente den Puppenspielern und Bänkelsängern als Erzählvers. Goethe verwendete ihn in der Zeit des *Urfaust* als Vers für seine Hanswurstiaden und Farcen und für satirische Versepisteln, wohl aber auch deutlich aufwertend für ein Gedicht wie *Hans Sachsens poetische Sendung.*[3] Auch dieses Gedicht läßt jedoch den Leser wie durch eine altertümlich machende, ins treuherzig Altdeutsche transformierende Brille auf das Problem des Künstlertums blicken. Dies ist auch die Bedeutung des Knittels für den *Urfaust*: er verlegt durch seinen Hans-Sachs-Ton das Geschehen entweder ganz ins 16. Jahrhundert (vor allem wo er über lange Strecken verwendet wird – Szene »Nacht«), oder er gibt einem Menschen wie Margarete den Ton des Naiv-Unverbildeten, der altdeutschen Volksmäßigkeit, wie sie von Goethes Zeitgenossen als neuer Wert entdeckt wurde. In der Schüler-Szene (bis V. 404) dient der Knittelvers im Sinne von Goethes Farcen als zeitgenössisches Mittel des satirischen Angriffs: durch ein Versmaß, das den Ton des Veralteten, Allzubiederen und Vereinfachenden trägt, wird von einem »Professor« eine Einführung ins Studium gegeben – dieses Verfahren verkleinert die Universität und ihren wissenschaftlichen Anspruch, entlarvt ihren veralteten Betrieb und macht sie lächerlich.

Der zweite Teil der Schüler-Szene bringt eine andere Versart – Mephistopheles ist »des Professor Tons nun satt«, will »den Teufel spielen« (V. 403 f.); damit geht er in den Madrigalvers oder freien Vers über. So wird die Folge ungleich langer, unregelmäßig gereimter, meist jambischer[4] Verse genannt, die ursprünglich in Verbindung mit Gesang in ›Madrigalen‹, auch Kantaten und Opern verwendet wurden. Diese waren durchkomponiert, d. h., sie wiederholten nicht liedhaft die musikalischen Sequenzen, sondern suchten für jeden sprachlichen Ausdruck, jede Stimmungs- und Gedankenwendung einen eigenen musikalischen Ausdruck; Ge-

3 Vgl. Goethes Urteil über den Knittelvers: *Dichtung und Wahrheit*, Buch XIV und XVIII; HA 10, S. 29 f., 122.

4 Andreas Heusler, *Deutsche Versgeschichte*, Bd. 3, Berlin ²1956, § 1036, gebraucht »den Namen Faustverse für die Unterart des madrigalischen Genus, die sich auf jambischen Gang einschränkt«.

danke, Vers und Musik waren genau aufeinander bezogen. In nicht-vertonter Dichtung waren die Madrigalverse im 17. Jahrhundert in Frankreich beliebt; vor allem aus Komödien Molières und den witzigen Fabeldichtungen La Fontaines waren sie bekannt (Schullektüre!) und wurden von da auch in die deutsche Fabeldichtung und, in Goethes Zeit, in die witzigen, französisch inspirierten Verserzählungen Wielands aufgenommen. Wenn Mephistopheles diese Versart verwendet, setzt er gegen den derben altdeutschen Knittel den tänzerischen, ›welschen‹, geistreich-skeptischen, elegant und biegsam sich allen Wendungen anpassenden Plauder-Ton der französischen Salons:

Besonders lernt die Weiber führren
Es ist ihr ewig Weh und Ach
So tausendfach,
Aus Einem Punckte zu kuriren. (V. 417–420)

Je häufiger diese Versart den Vers commun und den Alexandriner benutzt, desto stärker setzt sich darin der Ton durch, der in die hohe französische Dichtung und damit in die Sphäre der im 18. Jahrhundert Frankreich und die deutschen Höfe dominierenden französischen Adelskultur weist – in Goethes Zeit waren damit schon die Assoziationen des sittenlosen Hoflebens, der zynischen Unterdrückung des seine Selbständigkeit erstrebenden Bürgertums, der Dekadenz einer überlebten Schicht verbunden. Der Alexandriner, im Deutschen sechshebig jambisch mit Zäsur nach der dritten Hebung, ist der Vers der französischen Tragödie und des Sonetts und wurde im 17. Jahrhundert auch im deutschen Sprachraum für diese Gattungen verwendet.

Zu schauen wie vor uns ' ein weiser Mann gedacht,
Und wie wirs dann zulezt ' so herrlich weit gebracht.
(V. 219 f.)

Wagner formuliert hier in kürzester Fassung den Inhalt eines »Streits der Alten und der Modernen« (»Querelle des Anciens et des Modernes«), der am Ende des 17. Jahrhunderts, von Frankreich ausgehend, ganz Europa erfaßt und Nachahmung der Antike oder ihre Überwindung in der Kunst zum Gegenstand gehabt hatte: diese mit der französischen ›doctrine classique‹ unmittelbar verbundene Streitsache wird hier im Alexandriner, d e m französischen Versmaß, ausgesprochen. Der V e r s c o m m u n ist ein um den ersten Jambus verkürzter Alexandriner; die Sprechpause liegt also nach der zweiten Hebung:

Allein die Welt! ' des Menschen Herz und Geist!
Mögt ieglicher ' doch was davon erkennen.
(V. 233 f.)

Wer darf das Kind ' beym rechten Namen nennen?
Die wenigen ' die was davon erkannt
Die Thörig gnug ' ihr volles Herz nicht wahrten.
Dem Pöbel ihr Gefühl ' ihr Schauen offenbaarten
Hat man von ie ' gekreuzigt und verbrannt.
Ich bitt euch Freund ' es ist tief in der Nacht
(V. 236–241)

Außer V. 239 (Alexandriner) werden hier nur Vers communs verwendet; sie haben nicht den vollen höfisch-repräsentativen Klang wie der Alexandriner, sondern gehören mehr in die Sphäre des Gesprächs der höfischen Gesellschaft; auch bei ihnen ruft ihre Beliebtheit in der französischen Dichtung des 17. und 18. Jahrhunderts deutlich die Erinnerung an die französische Zivilisation und Adelskultur auf. Wenn deshalb der Schüler am Ende der Unterweisung durch Mephistopheles Alexandriner (V. 431) und Vers communs verwendet (V. 434 f., 439), dann hat Mephistopheles ihn nicht nur inhaltlich von der skeptisch-materialistischen Wissenschaftsauffassung französischer Denker des 18. Jahrhunderts überzeugt, sondern ihn auch im Gestus der Ausdrucksweise darauf eingestimmt. Besonders hervorstechend und die metrische Anpassung Helenas an Faust (*Faust II*, V. 9367–84,

9411–18) analog vorwegnehmend ist das Gesellschaftsspiel des Bastelns von Vers communs und Alexandrinern zwischen Margarete, Faust, schließlich auch Mephistopheles und Marthe (V. 1055–59): damit hat sich Margarete ganz aus ihrer altdeutsch naiven Wesensart heraus in die geziert französische Sprech- und Verhaltensart hinein entfremdet. Wenn sie danach wieder ihren vertrauten Knittel spricht (V. 1060–65), so legt sie eine Sprachmaske ab. Zwischen den Knitteln und den Madrigalversen herrschen also vier Spannungen: die historische Spannung zwischen einer altdeutschen Versart des 16. Jahrhunderts und einer erst im 17., 18. Jahrhundert eingeführten Versart; die soziale Spannung zwischen einem bürgerlich-biederen und einem höfisch-galanten Versmaß; die nationale Spannung zwischen dem deutschen Knittel und dem ins ›Welsche‹ weisenden Madrigalvers; die ethisch-religiöse Spannung zwischen der naiven christlichen Sittlichkeit Margaretes und der Lüsternheit, die Mephistopheles um sich verbreitet – dieser verwendet ja den Madrigalvers schon in der Schüler-Szene, um vom Professoren-Ton in den des Teufels umzuwechseln. Margarete entfremdet sich in jeder Hinsicht von ihrem Wesen, wenn sie die andere Versart annimmt. Von Marthe hört sie den Madrigalvers (V. 741–748), gegenüber Mephistopheles, der sie ebenfalls für ein »Fräulein« hält, verwendet sie ihre ›ersten‹ fünfhebigen Jamben (V. 763, 795)[5] und den Alexandriner (V. 796). Gegenüber Faust, der ihre Hand küßt, parliert sie schon ganz geziert in Madrigalversen:

> Inkomodirt euch nicht! ' Wie könnt ihr sie nur küssen,
> Sie ist so garstig, ist so rauh
> Was hab ich nicht ' schon alles schaffen müssen,
> Die Mutter ist gar zu genau. (V. 933–936)

Zu den z w e i h e b i g e n, stark tänzerischen Versen des Erdgeistes (V. 150–154) hat Goethe sich vielleicht durch Herders Übersetzung eddischer Lieder in seinem Aufsatz *Auszug aus*

5 Vgl. schon V. 635, 643 angesichts des Kästchens von Mephistopheles. In *Faust I* verstärkt Goethe den madrigalischen Charakter dieser Verse noch.

einem Briefwechsel über Ossian und die Lieder alter Völker (1773) inspirieren lassen:

> Wir weben, wir weben
> Schlachtgewebe!
> Hinaus, hinaus!
> Wo die Waffen tönen
> Und Helden fechten![6]

Diese Übersetzungen sind wie die Originale nicht gereimt; die Erdgeist-Verse haben Reim und den Wechsel mit längeren Versen. Wahrscheinlich kannte Goethe schon aus Herders Volkslieder-Sammlung die gereimten zweihebigen Übersetzungen oder original deutschen Lieder mit gereimten Zeilen.[7] Daß er hier einen alten, magischen Klang aufnahm, dessen war sich Goethe bestimmt bewußt.

Anders hat er sicher die ungleich langen, metrisch ungebundenen Verse verstanden, die oft als ›freie Rhythmen‹ bezeichnet werden und die ich p r o s a i s c h e V e r s e nennen möchte. Seit Klopstock hymnische Gedichte in dieser Versart geschrieben hatte, war eine Diskussion darüber im Gange, wie sie aufzufassen seien – als »künstliche Prosa« (Lessing), als »Archaismus«, der die Psalmen nachbildete (Hamann), oder als alles zugleich: »ursprünglichste Poesie«, Archaismus erster kunstmäßiger Dichtung in Psalmen und bardischen Gesängen der *Edda* und endlich künstliche Prosa (so Herder). Herder hatte eine ganze Poetik für diese ihm sehr hilfreich und für die Moderne geeignet scheinende Versart skizziert[8]: sie hatte für ihn Möglichkeiten vom höchsten hymni-

6 Aus *Der Webegesang der Valkyriur* im genannten Aufsatz; SWS 5, S. 180.

7 Etwa Lied 1,2,18 der Sammlung von 1778 (Strophe abgedruckt in der einleitenden Abhandlung zu Buch III der Sammlung von 1774; SWS 25, S. 69). Auch das Liebeslied »Über die Berge! / Über die Quellen! / Unter den Gräbern, / Unter den Wellen ...« im *Briefwechsel über Ossian* (nach englischem Original; SWS 5, S. 199) ist zweihebig gereimt. Zur möglichen Beziehung zwischen Herders Edda-Übersetzung und Goethes Versen (allerdings dort den »Freien Rhythmen«) vgl. Heusler, *Deutsche Versgeschichte*, § 1261.

8 Vgl. *Über die neuere deutsche Literatur* I, Nr. 15; *Frühe Schriften*, S. 232–234.

schen Schwung bis zum prosaischen alltagssprachlichen Klang, der in Theaterstücken manchmal nötig sei. Entsprechend verwendet Goethe die prosaischen Verse, wo der Sprecher »zusammenstürzend« keine Kraft mehr zum rhythmisierten Vers aufbringt (V. 161–164), wo er, zutiefst ergriffen durch das Gelingen seiner magischen Begeisterung, gleichsam erst wieder auf dem Weg zum rhythmisierten und gereimten Vers ist (V. 115–121); aber er verwendet ihn auch, wo Faust im hohen »herzrührenden« Klopstockschen Ton Gretchen von seiner gefühlhaften Gottesauffassung zu überzeugen sucht (V. 1124–50). Eine Sonderstellung nehmen die prosaischen Verse in der Szene »Dom« ein: im Wechsel mit dem mittelalterlichen Hymnus des Chors erscheinen die prosaischen Verse wie Rezitativ-Strophen eines Oratoriums. Schon Lessing hatte Klopstocks Verse für das Rezitativ besonders geeignet gesehen, weil der Komponist dann die Metrik eines gebundenen Verses erst gar nicht zerstöre.[9] Vom rein prosaisch gesprochenen Beginn hebt sich die Rede des Bösen Geistes in den drohenden gehobenen Ton (V. 1318 ff.), der den Sinn des lateinischen Hymnus auf Gretchen direkt anwendet. Gretchens verängstigte Rede dagegen bleibt prosaisch aufgelöst. So stellt sich zwischen Orgelmusik, Chorgesang, deklamatorischem Ton des Bösen Geistes und prosaischer Rede ein vierfach gestufter bedrängender Ton- und Bedeutungsraum her, der Gretchen erdrückt.

Geht Goethe mit den zweihebigen Erdgeist-Versen auf archaische Dichtungsform zurück, die vom Hymnus über den Schlachtgesang zum Liebeslied alle Bereiche zusammenschloß, so verwendet er mit den prosaischen Versen eine ganz moderne, ebenso universale Dichtungsform. Zwischen diesen historischen Extremen liegen die besprochenen Versarten des Knittels und der Madrigalverse. Wieder zeigt sich eine geschichtliche Reihe, in der die Versarten der Epoche gemäß eingesetzt werden, der sie entstammen: die Erdgeist-

9 Lessing, 51. Literaturbrief; vgl. auch Herder, *Frühe Schriften*, S. 233.

Verse sind urzeitlich, Knittel und Madrigalvers weisen auf die Entwicklung vom 16. bis ins 18. Jahrhundert, prosaischer Vers in die zeitgenössische Gegenwart. Hinzu kommen die Zuordnungen der Versarten zu religiösen, sozialen, ja nationalen Bedeutungszusammenhängen. Insgesamt ergibt sich ein so dichtes Netz von Bezügen, daß man fast von einer metrischen Lesart schon des *Urfaust* reden könnte, die dann in *Faust I* und *Faust II* vervollständigt und noch konsequenter durchgeführt wird.

In den Zusammenhang der Metrik kann man auch die Strophik stellen; so ist es sinnvoll, die liedhaften Formen hier ebenfalls zu besprechen. Goethe verwendet sie im selben Sinne wie die Metren. Der unermüdliche Frosch in »Auerbachs Keller« stimmt zwei Lieder an, die jedoch sogleich verworfen werden. Das eine, ein reflektierendes Lied über den Zustand des heiligen römischen Reichs, erinnert an die historisch-politischen Lieder des 16. Jahrhunderts, in denen z. B. die Humanisten durch die in Flugblättern verbreiteten Lieder in die religiöse und politische Meinungsbildung eingegriffen hatten. Da die Gesellen dieses »politisch Lied« als »garstig« bezeichnen, bricht Frosch ab. Sein zweiter Versuch erinnert deutlich an die von Herder als Volkslieder gesammelten gesellschaftlichen Liebeslieder des frühen Bürgertums. Auch damit hat Frosch kein Glück. Erst als er die Travestie eines Liebeslieds singt – Vergiftung einer Ratte mit der »Lieb im Leibe« gleichgesetzt –, machen die andern »jauchzend« mit. Es ist ein »neu Lied«, obwohl es sich um ein »alt Lied« handelt; *Faust I* nennt es »ein Lied vom neusten Schnitt« (V. 2124). Die zeitgenössische Gegenwart behandelt also noch das alte Thema, aber die genießt es nur in einer travestierten, künstlich herabgesetzten, in den Bereich des Ungeziefers und der bloßen materialistischen Erklärung der Liebe (Vergiftung) degradierten Form. Es ist bemerkenswert, mit welcher selbstkritischen Distanz Goethe das von ihm selber auf seine eigene Liebe angewandte Bild[10] einem der

10 Vgl. seinen Brief an Auguste v. Stolberg, 17. 9. 1775; HA Br. 1, S. 193.

wüsten Gesellen in den Mund legt. Ebenfalls in einer travestierenden Modernisierung wird das politische Lied in Gestalt von Mephistopheles' Flohlied genossen. Die alte Sorge um den Bestand des Reichs ist zur Satire auf die Günstlingswirtschaft der Höfe geworden, die implizit den Appell zur Revolution schon hörbar werden läßt: »Wir knicken und ersticken / Doch gleich wenn einer sticht« (Z. 129 f.).

Statt Froschs verworfenen Liedern, die z. B. für Herder den »natürlichen« Ton des 16. Jahrhunderts hatten, finden zwei moderne Travestien Anklang: die geschichtliche Distanz zwischen dem Beginn der Neuzeit und der Szene »Auerbachs Keller« wird deutlich, durch die Ankündigung des »neu Lied« unterstützt und als ein Herunterkommen des damals Frischen, Natürlichen zur Travestie in den Bereich des Ungeziefers und des Mechanistisch-Materiellen dargestellt. Dieser Befund unterstützt noch einmal das zur Prosa Ausgeführte. Die Gegenwartsdiagnose wird fast apokalyptisch: wenn sich die Gesellen, nachdem sie den Wein des Teufels getrunken haben, mit fünfhundert Säuen singend vergleichen, stellen sie sich typologisch zusammen mit der Herde Säue, in die die Legion Teufel fuhren, nachdem Jesus sie aus dem Besessenen vertrieben hatte (Mt. 8,30; Mk. 5,11; Lk. 8,32 f.).

Zeitlich ›zurück‹ in die Entstehungsperiode der Gesellschaftslieder, die Volksmäßiges mit Gelehrtem (»Thule«) in kunstvoller Naivität verbanden, weist Margaretes Lied vom König in Thule; dagegen ist ihr Lied am Spinnrocken ein Ausdruckslied des Sturm und Drang, wie Goethe sie geschrieben hatte. Auch Margarete, die beim Singen des zweiten Liedes zum ersten Mal als »Gretgen« eingeführt wird, ist durch dieses Selbstbekenntnis zu einer Liebe, die sie bis zur Verrückung des Kopfes treibt, in gefährlicher Weise heruntergekommen. Das Gebet- und Andachtslied im »Zwinger« vereinnahmt durch seinen privaten Bekenntnischarakter die mittelalterliche Sequenz des *Stabat mater* in die empfindsame religiöse Dichtung des 18. Jahrhunderts, während der Böse Geist den lateinischen Hymnus des Chors im »Dom« ins objektive Mittelalter zurückführt. Der Kontrast zwischen der unpersönlichen finsteren Drohung des Hymnus und dem privaten Ausdruck des Gebetlieds ist auch ein historischer Kontrast der Formen christlicher Frömmigkeit. Wie »Gretgen« zu »Margarethe« zurückkehrt, so verläßt sie im »Kerker« die empfindsame Marienfrömmigkeit des »Zwinger«-Liedes und gibt sich dem »Gericht Gottes« hin, von dem der mittelalterliche Hymnus im »Dom« so drohend singt. Margaretes letztes Lied ist das Lied aus dem *Machandelboom*-Märchen, neben dem Hymnus das einzige zitierte Lied – alle andern klingen an traditionelle Liedtypen an –, mit dem Margarete sich also, wie der unpersönlichen Frömmigkeit, einer objektiven Überlieferung anheimgibt. Diese sichert aber tröstlich ihrem getöteten Kind das märchenhaft wunderbare Weiterleben zu, während sie mit hartem Ausdruck die Mutter als Hure und Mörderin verdammt. Indem Margarete sich und ihr Kind in die Rollen des Lieds und des Märchens einbezieht, stellt sie eine verlorengegangene Ordnung wieder her, die im Märchen und Lied des Volks bewahrt ist. Sie kehrt damit nicht nur zum volksmäßigen Liedton zurück, sondern zu dem Ideal der Natürlichkeit, Reinheit und zum Ausdruck von »Gottes Stimme«, die nach Herders Preis des Volkes mit seinen ursprünglichen Dichtungen verbunden wurden.

Auch die gesungenen Lieder sind also nicht bloße musikalische Einlagen; sie verweisen auf markante Stationen in der Geschichte des Liedes, tragen deren Ton (was sich auch in der Musikbegleitung und Melodieführung der Lieder ausdrücken muß) und deren Wertkonnotationen, die sie zu Goethes Zeit erhalten hatten. Versuchsweise ›chronologisch‹ gereiht, ergeben die Lieder folgende Linie: Machandelboomlied (a-historisch), mittelalterlicher Hymnus, Volkslied von der Nachtigall (frühe Neuzeit), historisch-politisches Lied über den Zustand des Reichs (frühe Neuzeit), balladisches Gesellschaftslied vom König in Thule[11] (etwa 17. Jahrhundert), Lied der privaten Andacht im »Zwinger« (individuelle Frömmigkeit des 18. Jahrhunderts), Ausdruckslied am Spinnrokken (letztes Drittel des 18. Jahrhunderts), Travestien des volksmäßigen Liebeslieds und des politischen Liedes als Lieder vom »neusten Schnitt«[12]. Ohne daß Goethe nun der tatsächlichen Chronologie dieser Lieder nachgegangen wäre, muß ihm Herder, der ihn in sein Unternehmen zur Sammlung und Echtheitsdiagnose von Volksliedern einbezogen hatte, das Gespür für die Tonunterschiede, Symptome früherer und späterer Entstehung, größerer Ursprünglichkeit bzw. Abgeleitetheit mitgegeben haben. Wenn dies so ist, dann ist die Verwendung bestimmter Lieder bei bestimmten Gelegenheiten, z. B. Gretchens Rückkehr vom modernen Ausdruckslied zum zeitlos-ursprünglichen Märchenlied, von hoher Bedeutsamkeit.

11 Das Lied ist durch die Verwendung des gelehrsamen Thule-Begriffs für ein utopisches Land als kunstmäßiges Lied im Volkston gekennzeichnet, wie es in den Gesellschaftsliedern des 17. Jahrhunderts auftritt.

12 Vielleicht Bezugnahme auf die gegen Herders (und Goethes) Volksliedsammlung gerichtete Nicolaische Sammlung, vgl. S. 250.

VIII

Raumvorstellungen

Goethe hat die Szenenbilder ganz offensichtlich sehr bewußt gewählt und läßt seine Personen immer wieder Aussagen dazu machen. So bezeichnet Faust sein »hochgewölbtes enges gothisches Zimmer« als »Kerker ... Verfluchtes dumpfes Mauerloch« (V. 45 f.) und wünscht, er könnte »auf Berges Höhn« im Mondlicht gehen, »Um Bergeshöhl mit Geistern schweben / Auf Wiesen in deinem Dämmer weben« (V. 39–42). In Auerbachs Keller wird auf »das verflucht niedrige Gewölbe« gescholten (Z. 4 f.), das damit dem »hochgewölbten« Zimmer Fausts entgegengesetzt ist. So wie dort der Wunsch nach der freien Natur den Raum imaginär weitet, wird hier den Gesellen durch Fausts Zauber der Blick in Weinberge mit Trauben illusionär eröffnet – die Vorstellung von Freiheit und Genuß müssen die Gesellen jedoch beinahe mit dem eigenen Blut bezahlen. Margaretes kleines Zimmer wird von Faust wiederum als »Kerker« (V. 546), als arme »Hütte« (V. 560) interpretiert (obwohl es sich um die Behausung relativ wohlhabender Bürgersleute handelt); Faust verkleinert die Realität dessen rhetorisch, was ihm zugleich als »Himmelreich« und damit als unermeßlich weiter Raum erscheint. Wie sich hier für ihn die göttliche Herrlichkeit manifestiert, so imaginiert er auch nicht einen Raum außerhalb des Zimmers, sondern verkleinert und erweitert es gleichzeitig in seiner Vorstellung. Margarete dagegen, schon nicht mehr zufrieden mit der Enge ihres Zimmers, imaginiert sich Thule, die sagenhafte Insel am Rand der Welt. In Marthes Haus und Gretchens Stube – wohl wegen der Heizbarkeit (»Stube«) ein größerer Gemeinschaftsraum und nicht identisch mit ihrem Zimmer (»Kammer«, V. 995) – wird nicht auf die Raumwirkung reflektiert. Es sind die halböffentlichen Räume von Bürgerhäusern, in denen auch Gäste empfangen werden; wenn Gretchen in einer solchen Stube allein spinnt, so macht dies für die Goethezeit ihre Isoliertheit deutlich, denn auch das Spinnen wird außer in ganz armen Verhältnissen als eine gesellige Beschäftigung verstanden. Mit dem »Zwinger«, dem öden, durch hohe Wände beschränkten Raum zwischen äußerer und innerer Stadtmauer, verband schon das Kind Goethe ungute Vorstellungen: es ist »die Gegend, welche mit Recht den Namen ›schlimme Mauer‹ führt: denn es ist dort niemals ganz geheuer«.[1] Das Andachtsbild ist obendrein in einer Mauerhöhle: Gretchen geht mit ihrer heimlichen Not an einen ängstigenden Ort, der sie beengt und ihr durch die beiden Mauern nur eine einzige Wegrichtung ermöglicht: »Wohin ich immer gehe, / Wie Weh wie Weh wie wehe / Wird mir im Busen hier« (V. 1293–95). Im Dom beengt und bedrängt sie der weite Raum, das hohe Gewölbe (V. 1351–55); wie bei Faust entsteht der Wunsch: »Wär ich hier weg« (V. 1342). Der Kerker, erster tatsächlicher Raum mit dieser Bestimmung, ist auch der Raum mit der größten Komplexität der Beziehungen zwischen Realität und Vorstellung. Bühnentechnisch stellte Goethe sich offensichtlich vor, daß der Zuschauer Margarete nur durch das »eiserne Türgen« sehen sollte, das Faust aufschließt und das am Ende zurasselt, denn ehe das Türchen offen ist, hört man sie nur »innwendig« singen, und am Schluß hört man ihren verhallenden Ruf hinter der Tür. Hier wird der Blick des Zuschauers also durch den kleinen Ausschnitt und die große Fläche der Gefängnismauer selbst beengt. Faust möchte Margarete befreien; sie schwankt zwischen der Angst vor dem gespenstisch Lauernden in der Welt draußen und dem Wunsch: »Ach Heinrich könnt ich mit dir in alle Welt« (Z. 78 f.). Raumvorstellungen von der Reihe der Gräber und dem Teich, in dem sie das Kind ertränkt hat, von der Mutter mit dem schweren wackelnden Kopf plagen sie. Durch das enge Türchen blickt der Zuschauer sozusagen in einen ständig

1 *Dichtung und Wahrheit*, Buch II; HA 9, S. 52 f.

kaleidoskopartig sich verändernden Vorstellungsraum hinein, der sich erst stabilisiert, als Mephistopheles erscheint: Margarete will, daß Faust ihn fortschickt, weigert sich mitzugehen, verabschiedet Faust; sie wählt den Kerker als Ort, so wie sie Gottes Gericht statt des Teufels wählt. In diesen letzten Momenten kommt Margarete endgültig zu sich, während Faust sich an Mephistopheles verloren hat. Ihre Stimme hinter der verschlossenen Tür ist noch auf der Szene präsent, als Faust schon ein erstes Mal »vom Teufel geholt« und verschwunden ist.

Die geschlossenen Räume sind also sehr genau gewählt. Vorstechend ist der Raum als Beengung, oft noch bedrückender durch spärliche Lichtquellen, dessen Oppression mit vorgestellten idealen Freiräumen konfrontiert wird. Eine bewußt gesetzte Entwicklung wird an den drei »Kerkern«[2] sichtbar: Faust sehnt sich aus der Enge seines Zimmers, könnte sie unschwer verlassen, läßt sich aber durch ein Buch gefangennehmen – der Kerker ist in ihm selbst; Margaretes Zimmer ist ihm Heiligtum, Kerker und Himmelreich zugleich, hier und nur hier ist Enge gleich Weiträumigkeit, die Vorstellung wandert nicht nach außen; Margaretes Kerker wird geöffnet, sie könnte ihn unschwer verlassen und wird dazu gedrängt, aber sie wählt ihn für sich selbst als den besseren Ort statt der ›Freiheit‹ mit Mephistopheles und den rächenden Geistern, die auf sie warten. Der Kerker wird ihr zum Schutzraum, die Mater dolorosa hat sie in ihre Mauerhöhle aufgenommen.

Die psychologische Lesart der Räume war zu Beginn des Jahrhunderts schon von Joseph Addison in dem berühmten Journal *The Spectator* formuliert worden: »Der menschliche Geist haßt von Natur aus alles, was wie eine Beschränkung

2 Zum Motiv des Kerkers vgl. insbesondere: Hildegard Emmel, *Weltklage und Bild der Welt in der Dichtung Goethes*, Bern / Frankfurt a. M. / Las Vegas ²1979, S. 25–37; Ilse Graham, »›Geeinte Zwienatur‹? On the Structure of Goethe's Urfaust«, in: *Tradition and Creation. Essays in Honour of Elizabeth Mary Wilkinson*, ed. by Charles Ph. Magill [u. a.], Leeds 1978, S. 131–145.

seiner selbst aussieht, und kann sich in einer Art Gefangenschaft vorkommen, wenn die Aussicht auf einen engen Raum beschränkt und auf allen Seiten durch die Nachbarschaft von Mauern oder Bergen begrenzt ist. Dagegen ist ein weiter Horizont ein Bild der Freiheit.«[3]

Eine soziologische Lesart der Räume erkennt, daß im Gelehrtendrama nur halböffentliche und öffentliche Räume gewählt sind: das Studierzimmer des Gelehrten dient auch dem Empfang des Schülers und dem wissenschaftlichen Gespräch mit dem Famulus. Auerbachs Keller ist eine Gastwirtschaft. Der Privatraum des Bürgerhauses erscheint erst im Gretchen-Drama; private Räume, die Einzelpersonen ›gehören‹, kennt in bürgerlichen Kreisen erst das 18. Jahrhundert. Das Eindringen eines Fremden in diesen Privatraum – Fausts und Mephistos Eindringen in Margaretes Zimmer – muß diesem Jahrhundert als schmerzhaft-unverschämte Verletzung des Intimsten erscheinen; das Zuschauen des Publikums, wenn Margarete sich auskleidet, als eine unerhörte Entblößung und als Erniedrigung des Zuschauers zum Voyeur. In seinen bürgerlichen Trauerspielen hatte Lessing das Eindringen einer Person in den privaten Raum einer andern zum Moment der entscheidenden Schwächung oder Beeinflussung gemacht; Goethe greift dies auf. Mephistopheles, überall herumspürend, hinterläßt die magischen Spuren seines Wirkungskreises, die Margarete einen Schauer über den ganzen Leib laufen lassen (V. 609); gleich darauf singt sie ein Lied vom König und seiner Buhle und ist zum Anlegen des Schmucks, zur Begier nach sozialem Aufstieg bereit. – Auch das Mithören des bekennenden Ausdrucksliedes in der Spinnstube macht den Zuschauer zum Voyeur; er betrachtet aufgrund dieser Enthüllungen im privaten Raum Margarete als »Gretgen«, als Dirne, die sich verführen läßt und damit zum fiktionalen Ziel eigener Wünsche oder entrüsteter Vorwürfe gemacht wird.

3 *The Spectator* by Joseph Addison, Richard Steele and others, ed. by C. Gregory Smith, Bd. 3, London [2]1945, S. 279 (Nr. 412).

Im *Urfaust* gibt es etwa gleich viele Szenen in offenen wie in geschlossenen Räumen. Damit ist wie zwischen Licht und Finsternis auch zwischen offenem und geschlossenem Raum ein annäherndes Gleichgewicht hergestellt. Hinzu kommt, daß trotz Fausts Sehnsucht ins Freie das Gelehrtendrama sich nur in geschlossenen Räumen abspielt. Die Reihe der Szenen mit offenen Prospekten läßt ein Bauprinzip erkennen: Landstraße – Allee – Garten mit Gartenhäuschen – Garten – Am Brunnen – Vor Gretchens Haus – (Trüber Tag. Feld) – Nacht. Offen Feld. Die Straßen laufen gewissermaßen auf den Garten zu und führen wieder von ihm weg. Marthens Garten als Ort der Liebeserklärung, der religiösen Rhetorik und der Einleitung von Verbrechen und Unglück ist gewissermaßen der Kreuzungs- oder Ausgangspunkt aller Wege und Straßen.

Die kleine Szene »Land Strase«, die in *Faust I* herausgefallen ist, zeigt eine offene Landschaft, die vielleicht die möglichen Richtungen von Fausts Weg allegorisch andeutet – zum Kaiserpalast mit Helena oder zur einfachen Behausung mit Margarete[4], zur christlichen Religiosität als realer Macht oder als »Vorurtheil«. Da Faust hier noch die volle Bestimmungsgewalt über Mephistopheles hat und, auch durch die Namensnennung, ausübt, zeigt die Ankunft im christlich-bürgerlichen Raum Margaretes, daß Faust für Mephistopheles sozusagen die schwereren Aufgaben, die größeren Hindernisse wählt, die diesem ja auch zunächst mächtig zu schaffen machen (V. 478–510, 657–702). – Nach der Offenheit dieser Landschaft ist die Straße, Margaretes Heimweg von der Kirche, ein städtisch begrenzter Prospekt; die »Allee« als der Achsialstruktur der französischen Parks des 17. und

4 Auch dem Kreuz, vor dem Mephisto (der hier das einzige Mal im Stück mit Namen genannt wird) die Augen niederschlägt, wird hinsichtlich seiner religiösen Bedeutung und magischen Wirksamkeit mit zwei Haltungen begegnet: mit der rationalistisch-aufklärerischen Betrachtung als Vorurteil und mit der Anerkennung seiner magisch religiösen Gewalt, die Mephisto zuwider ist und ihn dazu bringt, die Augen niederzuschlagen.

18. Jahrhunderts folgender Spazierweg zeigt kunstvoll beherrschte Natur, geometrisch kanalisierte Offenheit der Landschaft. Marthes Garten ist wieder städtisch, ein Garten hinterm Haus (V. 877), in den die Nachbarn Einblick haben (V. 1045–50), doch immerhin so groß, daß die beiden wandelnden Paare unabhängig voneinander spazieren können und sich aus den Augen verlieren; der Garten enthält einen längeren Gang (V. 1051) und ein Gartenhäuschen. Auch Marthe kann also unter die wohlhabenden Bürgerinnen gezählt werden; das Gartenhäuschen mit seinem auf England deutenden literarischen Hintergrund (vgl. das Kapitel »Dialogische Lesarten«) verweist ebenfalls in die besseren bürgerlichen Kreise, die sich Gärten nicht nur zum Nutzen, sondern als Inszenierungen der Seele, Seelengemälde gestalteten. Von der offenen Landstraße mit Blick auf altes Schloß und Bauernhüttchen über die bürgerliche Stadt, die französisierende Allee bis zum Gartenhäuschen der englischen Tradition bietet sich wieder der historische Weg vom Ende des Mittelalters zur Gegenwart des 18. Jahrhunderts als Lesart an. Selbstverständlich können diese Elemente auch in einer Gegend gleichzeitig gedacht werden, eröffnen dann aber in einer zweiten Lesart den Blick aus der Gegenwart des 18. Jahrhunderts zurück in die Vergangenheit des 17., 16. und 15. Jahrhunderts. Wichtig ist auch die tanzartige Choreographie der Szene in Marthes Garten: die Paare treten nacheinander auf, gehen vorüber und kehren von der andern Seite wieder; am Schluß treffen beide Paare aufeinander und trennen sich dann nach Geschlechtern. Die Künstlichkeit der Natur im Garten überträgt sich auf die Menschen, die sich darin bewegen: Margarete hat in dieser Szene auch eine Sprachmaske der feinen Gesellschaft aufgesetzt, mit der sie ihren sozialen Aufstiegsdrang dokumentiert, aber zugleich sich von Fausts Naivitätsideal entfernt.

Nach den zwei Gartenszenen geht die Reihe der offenen Szenen wieder auf die städtische Straße (»Am Brunnen«, »Vor Gretgens Haus«); die Prosaszene S. 56–58, die in

Faust I den Titel »Trüber Tag. Feld« trägt, spielt entfernt von der Stadt (S. 58, Z. 54–68); die Szene »Nacht. Offen Feld« betont wieder die unbestimmte Offenheit der Landschaft, in der sich nur eine Hinrichtungsstätte, der »Rabenstein« als Signalobjekt für wenig Geheures, befindet. Hier entgrenzen sich also die offenen Szenen vollständig, weiter ins Unbestimmte als auf der Landstraße, mit der die Reihe beginnt. Dem steht die endgültige Bestimmtheit und Ausweglosigkeit des Kerkers in der letzten Szene diametral gegenüber.

Hält man die Reihen der geschlossenen und der offenen Szenen gegeneinander, so wird auch die genaue Komposition ihrer Abwechslung deutlich: die offenen entwickeln sich von bedeutender Landschaft in Richtung auf kunstmäßige kulturelle Gliederung des Natürlichen, die geschlossenen (im Gretchen-Drama) vom Privatzimmer zum halböffentlichen Gesellschaftsraum. Kreuzungspunkt beider Linien ist die Gruppe der Gartenszenen und »Gretgens Stube«; von da aus löst die Natur sich ins Unbestimmt-Drohende auf, die gebauten Räume verfestigen die Öffentlichkeit zum Einzelkerker. Goethe hat zweifellos die psychische, sozialgeschichtliche und kulturelle Bedeutsamkeit der Szenen und Szenenreihen seines Stücks bedacht; Szenenanweisungen, wie bei »Land Strase« oder »Nacht. Offen Feld«, weisen darauf hin. Sein Vorbild, auch für die kurzen Szenen, ist dabei Shakespeare; er ist nach den erwähnten Ansätzen bei Lessing meines Wissens der erste, der diese Anregungen aufnimmt und weiterentwikkelt, auch über Diderots Forderungen einer realistischen Theaterszene[5] hinaus. Wie gezeigt, kommen bei ihm, abgesehen von der Antirealistik einer Hexenszene, starke Elemente von soziologischer und psychologischer, historischer und typologischer Bedeutung und assoziativer Wirkungsmächtigkeit zum Tragen. Vor allem aber unterscheidet ihn von den Früheren die Weiterentwicklung der Bühnenbilder zur pro-

5 Vgl. Denis Diderot, *Œuvres esthétiques*, éd. par Paul Vernière, Paris 1968, S. 112 ff. (»Entretiens sur le Fils naturel«, Nr. 2.) Dieser Text war von Lessing übersetzt worden.

zeßhaften Dialektik in sich gestufter und sich entwickelnder Serien, die wir beobachtet haben und die für das Stück wiederum eine vollständige Lesart konstituiert. Diese Lesart wird in ihrer Differenzierung, Dialektik und Prozeßhaftigkeit bei der Betrachtung der szenischen Anweisungen deutlicher, als wenn man nur auf das Erscheinen der Opposition von Wanderer und Hütte hinweist[6]; vor allem wirken die Szenen sowohl auf die Figuren des Stücks wie auf den Zuschauer und bestimmen dessen ästhetische Erfahrung direkt, während das von Faust benannte Motiv (V. 1414–21) in seiner betonten Bildlichkeit (Wassersturz, Felsen, Alpenfeld) zur rationalen Deutung aufruft.

6 Vgl. Helmut Rehder, »Das Symbol der Hütte bei Goethe«, in: DVjs 15 (1937) S. 403–423; vgl. auch Hans Joachim Schrimpf, »Gestaltung und Deutung des Wanderermotivs bei Goethe«, in: WW 3 (1952/53) S. 11–23.

IX

Lesarten der poetischen Gestalt

Trialog und Form des poetischen Zeichens

Wie schon erwähnt, hatte Herder in seinen Überlegungen zur Poetik einer auf der prosaischen Basis der Moderne aufbauenden Literatur schon für denjenigen, der über Literatur schreibt, »drei Talente« gefordert: er muß selbst dichterisches »Genie«, »Kenner des Altertums« und »Weltweiser« sein. »Dieser triceps« muß die »Bewegungshebeln« der »poetischen Empfindung« mitfühlen, er muß als »philologischer Seher« den »Ursprung der Dichtkunst« im Orient, in Griechenland, in den »heiligen Eichenwäldern« des Nordens vergleichend und unterscheidend erfassen, er muß als »kalter Zergliederer« »den Geist der Nationen um sich [...] kennen« und aufgrund dieser Kenntnis Wesentliches von Nebensächlichem trennen können. Keiner dieser Zugänge genügt für sich: bloß empfindend wird man »vom Strome fortgerissen«, bloß vergleichend/unterscheidend oder bloß zergliedernd behält man »Wasser und Staub in der Hand [...], und der Geist verflog unsichtbar«.[1] Für Herder war die Verbindung dieser »Talente« der Empfindung, der Vorstellung und des Verstandes deshalb so wichtig, weil nach seiner geschichtsphilosophischen Analyse die abendländische Kultur in die Entwicklungsphase des prosaischen Verstandes getreten war, in der die sinnlichen und vorstellenden Fähigkeiten des natürlichen Menschen verlorengehen und so mit der Verengung der poetischen Muttersprache des Menschengeschlechts auf Prosa »unser bürgerliches Volk [zu] Antipoden der Menschheit« wird und »seine Muttersprache verlernt«

1 Herder, *Von der Ode*; *Frühe Schriften*, S. 98. Der Gedanke des »triceps« erscheint mehrfach auch in den von Goethe gelesenen Fragmenten *Über die neuere deutsche Literatur*.

hat.[2] Ursprüngliche Dichtung, deren Lektüre und sogar deren kritische Bearbeitung nicht ohne Empfindung und Einbildungskraft auskommen kann, ist deshalb ein Mittel, diese absterbenden Fähigkeiten wiederzuerwecken und so der verstandesmäßigen Einseitigkeit das Komplement der Empfindung und Vorstellung hinzuzufügen, den Bürger zu seiner »Menschheit«, zu seinem Wesen als Mensch zu vervollständigen und zu integrieren. Schon die Befassung mit Poesie war ein Mittel der Erziehung zur Humanität.

Herder sah in diesen »Talenten« eigene Zugänge zur Welt, die jeweils ein vollständiges Bild von Welt entwerfen und das Erkennen und Handeln des Menschen darin anleiten, indem sie jeweils die Leistungen der anderen Vermögen mit eigenen Mitteln rekonstruieren. Herder sprach von »Logik des Affekts«[3] und »Logik der Einbildungskraft«[4] neben der Logik des Verstandes. Sein Stil und seine Argumentationsweise zeigen mitteilende, bildhafte und exklamatorische Rede, Schlußfolgerung, analogisches Argument und Appell an die Erfahrung immer zugleich und in enger Verbindung, im ständigen Trialog.

Dies gilt offenbar auch für Goethes *Urfaust*. Wir haben festgestellt, daß für die Geschichtlichkeit, für die Figuren, für Magie und religiöse Aspekte drei Lesarten möglich und so miteinander verbunden sind, daß sich keine von ihnen ohne Störung und Ergänzung durch die andern ganz durchhalten läßt. Wenn Faust und Margarete der Erfahrungswelt

2 *Dithyrambische Rhapsodie über die Rhapsodie kabbalistischer Prose*; ebd., S. 31.

3 *Von der Ode*; ebd., S. 90.

4 Ebd., S. 71. Später werden die Begriffe der »Ordnung des Affekts und der Vernunft [als] 2 Extreme« gesehen, zwischen die die Ordnung von »Phantasie Gedächtnis Dichtungskraft« zu stellen ist. Jede dieser Ordnungen ist Form, die sich eines bestimmten Materialen bemächtigt; die Wissenschaft, die sich der Regeln dieser Ordnung vergewissert, ist dann eine »Logik« (»Untersuchungslogik«) dafür (aus dem Bruchstück einer Kritik von Baumgartens *Aesthetica*; ebd., S. 667). Vgl. meinen Aufsatz »Poesie als Metatheorie. Zeichenbegriffe des frühen Herder«, in: *Johann Gottfried Herder (1744–1803)*, hrsg. von Gerhard Sauder, Hamburg 1987, S. 213–234.

des 18. Jahrhunderts zugehörig erfahren und der »Logik des Affekts« gemäß durch Empfindung und Einfühlung erschlossen werden, stört als Relikt einer früheren Epoche die Teufelsfigur des Mephistopheles, abgesehen von der Dämonenmagie des Anfangs. Wenn man umgekehrt Faust, Mephistopheles und die Legendenfigur Margarete als historisch vergangen betrachtet und der »Logik der Einbildungskraft« gemäß die Vorstellung einer alten Welt aufbaut, sie von der gegenwärtigen unterscheidet und das Verbindende im Unterschiedenen aufsucht, dann stört die Modernität des bürgerlichen Trauerspiels ›Margarete‹ und das im Ton der Frankfurter Hymnen gesprochene Bekenntnis Fausts zur Totalität des Gefühls. Wenn man der ›Logik des Verstandes‹ gemäß das Geschehen des *Urfaust* analysiert, so erscheint es als Abbildung der Geschichte des neuzeitlichen Geistes zwischen dem Ende des 15. und des 18. Jahrhunderts; dabei stört dann wiederum die sinnlich erfahrbare und einfühlbare Lebenszeit von Figuren wie Faust und Margarete wie auch die Vorstellung eingeschränkter Verhältnisse an einer deutschen Universität und in einer deutschen Kleinstadt. Jede der Lesarten ist notwendig und für sich berechtigt, bedarf aber zur Ergänzung und Korrektur der andern; auch hier wird der Text als Trialog konstituiert, und zwar vom Autor wie vom Leser, sofern dieser dem Autor nachzuarbeiten sucht.

Nun gilt der Trialog bei Herder schon für wissenschaftliche Texte, die in »schöner Prose« geschrieben sein sollen. Poetisch oder ästhetisch relevant[5] werden Texte darüber hin-

5 Zur Bestimmung des Begriffs der ästhetischen Relevanz vgl. mein Buch *System des Handelns*, Stuttgart 1986, S. 461–479. Schon den Trialog muß man als ästhetisch relevantes Sprechen betrachten, sofern er die Diskurse verschiedener Logiken miteinander kombiniert, komplementär oder kritisch oder wechselwirkend aufeinander bezieht und so den Leser in seinen Fähigkeiten mit sich selbst konfrontiert. Ferner läßt sich der beschriebene Trialog mit dem von Bachtin beschriebenen Phänomen der »Dialogizität« vergleichen, wo z. B. verschiedene gesellschaftliche Sprachen/Wertsysteme/Ideologien miteinander »hybridisiert« werden (Michail M. Bachtin, *Die Ästhetik des Wortes*, hrsg. von Rainer Grübel, Frankfurt a. M. 1979, insbes. S. 192 ff.). Bei Herder und

aus, wenn, nach Herder, die in den einzelnen Sinneshorizonten entwickelten Künste in der »sinnlichen Wissenschaft« der Poesie »nachgeahmt« und mit den Erkenntnisformen der Logiken, die »vorausgesetzt« sind, verbunden werden.[6] Die Rede ist dann etwa von Rhythmus oder Melodie der Vorstellungen, d. h., die Logik der Einbildungskraft wird zusätzlich musikalischen Gesetzmäßigkeiten unterworfen und durch sie moduliert. Die Rede ist, etwa in der *Ältesten Urkunde des Menschengeschlechts* (1774–76), vom »Denkbild« der Schöpfungshieroglyphe, d. h., die Logik des Verstandes wird durch eine bestimmte Vorstellungsreihe angeleitet und zur Entwicklung von Gedanken angeregt. Die Rede ist, im *Briefwechsel über Ossian und die Lieder alter Völker* (1773), von den »Sprüngen, Würfen, Wendungen« volksmäßiger Dichtung, die »aus unmittelbarer Gegenwart, aus unmittelbarer Begeisterung der Sinne, und der Einbildung« entsteht[7], wo also die sinnliche Präsenz die Vorstellung nicht zur konsequenten Ausbildung einer Vorstellungsreihe kommen läßt, sondern zu Sprüngen zu dieser oder jener Teilvorstellung oder Szene lockt, weil sie alle in einem »Bilde in der Seele« beisammen sind und zu einem solchen wieder einfühlend, ergänzend rekonstituiert werden sollen. Die Rede ist, in der *Shakespeare*-Abhandlung (1773), von Shakespeares »Göttergriff eine ganze Welt der Disparatesten Auftritte zu Einer Begebenheit zu erfaßen«[8], »wenn er seine Weltbegebenheit und Menschenschicksal durch alle die Örter und Zeiten wälzte«[9] und dabei »Ort und Zeit jedesmal zu idealisiren« wußte[10], statt sie an eine »reale« Raum-Zeit-Situation zu binden: Wie die volksmäßige Dichtung, aus der Shakespeare sein

Goethe handelt es sich, ihrem Verständnis nach, um die Logiken oder Ordnungen anthropologisch konstanter Grundvermögen.

6 Herder, *Frühe Schriften*, S. 669 (Vorwegnahme der Ästhetik der *Kritischen Wälder*).

7 SWS 5, S. 185.

8 Ebd., S. 222.

9 Ebd., S. 226.

10 Ebd., S. 222.

Drama entwickelt, »um daseiende Gegenstände, Handlungen, Begebenheiten, um eine lebendige Welt«[11] webt und durch sprunghaft wechselnde Teilvorstellungen das Ganze dieser Welt evozieren will, so bildet im selben, nun schöpferisch gewendeten Zusammenspiel zwischen Empfindung und Vorstellung »die einzelne Hauptempfindung, die also jedes Stück beherrscht, und wie eine Weltseele durchströmt«[12], die vorgestellten Personen, Örter und Zeiten: »Aus Scenen und Zeitläuften aller Welt findet sich, wie durch ein Gesetz der Fatalität, eben die hieher, die dem Gefühl der Handlung, die kräftigste, die idealste ist; wo die sonderbarsten, kühnsten Umstände am meisten den Trug der Wahrheit unterstützen, wo Zeit- und Ortwechsel, über die der Dichter schaltet, am lautesten rufen: ›Hier ist kein Dichter! ist Schöpfer! ist Geschichte der Welt!‹«[13]

In all den aus Herders Lehre aufgezählten Fällen spielen je zwei Logiken in spezifischer Weise zusammen und begründen eine feste Struktur – Melodie der Vorstellung, Denkbild, Sprünge und Würfe der volksmäßigen Dichtung, szenische Disparatheit der »Geschichte der Welt« in Shakespeares Drama –, die zum ästhetisch relevanten poetischen Zeichen wird und sogar Dichtungsarten charakterisieren kann: »lyrische Gemälde«, neue populäre Dichtung, Dramen des ›Sturm und Drang‹ mit ihrer am neu interpretierten Shakespeare orientierten Form.

Dies gilt auch für den *Urfaust*. Die Zitate aus Herders *Shakespear*-Aufsatz beschreiben auch die dramatische Form dieses Stücks in der zeitlichen und räumlichen Disparatheit seiner Szenen, in der »Weltseele« der »Hauptempfindung«, im Anspruch, »Geschichte der Welt« zu sein. Auch die Hieroglyphe des »Denkbilds« verwendet Goethe, wenn auch im *Urfaust* wegen der Lücken noch nicht in der Konsequenz der Durchführung erkennbar wie in *Faust I* und *Faust II*; die

11 Ebd., S. 196 (Formulierung aus dem *Briefwechsel über Ossian*).
12 Ebd., S. 224.
13 Ebd., S. 222 f.

Wagner-Szene ist jedoch ein Musterbeispiel dafür (vgl. den Einzelkommentar). Und eine »Melodie der Vorstellungen« mit »Wechsel der Töne« oder transformierender Wiederaufnahme eines Bildes (z. B. Höhlen- und Kerkerbild) wird ebenfalls vernehmbar. Die Ästhetik der aus dem Zusammenspiel der Logiken konstituierten poetischen Zeichen hat Goethe für den *Urfaust* in vollem Umfang übernommen und damit Herders auf ihn bezogene Anrede am Schluß des *Shakespear*-Aufsatzes nach dem *Götz* ein zweites Mal eingelöst:

> Glücklich, daß ich noch im Ablaufe der Zeit lebte, wo ich ihn begreifen konnte, und wo du, mein Freund, der du dich beim Lesen erkennest und fühlst, und den ich vor seinem heiligen Bilde mehr als Einmal umarmet, wo du noch den süssen und deiner würdigen Traum haben kannst, sein Denkmal aus unsern Ritterzeiten in unsrer Sprache, unserm so weit abgearteten Vaterlande herzustellen. Ich beneide dir den Traum, und dein edles Deutsches Würken laß nicht nach, bis der Kranz dort oben hange.[14]

Daß die »romantische« Shakespearesche Tragödie nicht die einzige Dramenform ist, die Goethe verwendete, haben wir schon im Kapitel über die Figuren angedeutet; vom Synkretismus der Gattungen im *Urfaust* soll später die Rede sein. Hier ging es zunächst darum, die Konstitution bestimmter Arten poetischer Zeichen aus dem Zusammenspiel der Logiken nachzuweisen.

14 Ebd., S. 231. Goethe bedankte sich mit einem Brief vom 5. 12. 1772 für »den Seegenswunsch überbracht von Ossian« (WA IV 2, S. 42), d. h. von der *Ossian*-Abhandlung, deren Gegenstand er zum Überbringer der *Shakespear*-Abhandlung stilisierte. Mit dem »Denkmal aus unsern Ritterzeiten« ist *Götz von Berlichingen* gemeint, aber auch der *Faust* greift ja in diese Epoche zurück.

Dies läßt sich auch beobachten, wo auf der Ebene poetischer Fiktionalität der »triceps«-Gedanke bei Goethe wiederkehrt: in der Gleichzeitigkeit von Magie, Mythos und Allegorie, von denen wieder jede notwendig und als Lesart des Textes gefordert ist, aber endlich doch die beiden andern herbeiruft und auf diese Weise mit ihnen zusammen ein poetisches Zeichen von äußerster Dichte konstituiert. Allegorie kann im Sinne der drei Logiken als Schematisierung eines verstandeslogischen Zusammenhangs im Bereich der sinnlichen Wahrnehmung und der Erfahrungswelt beschrieben werden; Mythos entsteht da, wo die Einbildungskraft die Funktionen des erklärenden und erkennenden Verstandes übernimmt oder wo die sinnliche Erfahrung durch idealisierende Vorstellung über die bloße Faktizität erhoben wird; als magisch bezeichne ich die Fälle, in denen sinnenhafte Präsenz oder intensive Vorstellung die Überzeugung der faktischen Wirklichkeit verschaffen können, obwohl der Verstand keine Erklärung, die Vorstellung keine Analogie, die Erfahrung kein Beispiel dafür haben. Diese Formen der Fiktionalität können also ebenfalls durch das Zusammenspiel der Logiken beschrieben werden; Herder hat im Aufsatz *Vom neuern Gebrauch der Mythologie* für Mythos und Allegorie in dieser Weise argumentiert; die bei Lessing und Herder laufende Diskussion über theatralische Illusion befaßt sich mit magischer Fiktionalität.

Die Sage von Faust ist ein nationaler Mythos, in dem eine zwielichtige, aber reale Figur von der Einbildungskraft umsponnen, mit Magier- und Teufelsbündlergeschichten aus der antiken, biblischen und mittelalterlichen Tradition besetzt, mit weiteren Erfindungen ausgeschmückt wurde, vom Volk zweifellos zum Zweck der Erklärung spektakulärer Tricks, die der Scharlatan durchgeführt hatte und die den staunenden Zuschauern nur durch Dämonenhilfe erklärbar schienen. Dem Verfasser des Faustbuchs diente die wuchernde Sage z. B. zur Warnung der Gelehrten vor der selbständigen Neugier und Unzufriedenheit mit der gottgegebenen Einschränkung des menschlichen Wissens, also zum pädagogisch eingesetzten Exempel, mit dem der mitzuteilende Gedanke durch die abschreckende Geschichte eindrucksvoll wird. – Goethe macht »neuen Gebrauch« von diesem Mythos: nicht mehr die Warnung, sondern der Hinweis auf die damals erfolgte Warnung ist seine Absicht, nicht mehr das Geholtwerden vom Teufel wird der Einbildungskraft vorgeführt, sondern die Schicksale jener frevelhaften, über das dem Menschen Erlaubte hinausgehenden Neugier in den folgenden Jahrhunderten sind sein Gegenstand. Der Mythos, die Sage wird damit allegorisiert, die Figuren zu Prinzipien, die zusammen Aspekte des neuzeitlichen Geistes und seiner Geschichte darstellen:

> Ich hatte nemlich als Knabe in meinem Geburtsorte ein Puppenspiel gesehen, ›der Erzzauberer Dr. Faust‹ genannt. Das Ding mochte schlecht genug sein, ergötzte oder ergriff mich jedoch unbeschreiblich. Bald nachher fiel mir das bekannte Volksbuch, das in Cöln, denke ich, gedruckt ist, in die Hände, und regte meine Phantasie gewaltig an. Als mir daher in Bremen, etwa im Jahre 1797 oder 1798, der Goethesche ›Faust‹ vor die Augen kam, griff ich mit beiden Händen zu, fand aber meinen alten ›Faust‹ nicht wieder. Indess las ich fleissig in demselben [...]. [... Meine Freunde] behaupteten, man müsse sich zu der Anschauung des Geistes erheben, aus welchem das Einzelne hervorgegangen sei. In der Anschauung dieses Geistes aber erkenne man und müsse man erkennen, dass dieses Fragment, ›Faust‹ genannt, ein Bruchstück aus einer grossen, erhabenen, ja göttlichen Tragödie sei. In dieser Tragödie, wenn sie einst vollendet erscheine, werde der Geist der ganzen Weltgeschichte dargestellet sein; sie werde ein wahres Abbild des Lebens der

> Menschheit sein, Vergangenheit, Gegenwart und Zukunft umfassend. In ›Faust‹ sei die Menschheit idealisirt; er sei der Repräsentant der Menschheit.[15]

An dieser Äußerung eines Besuchers von Goethe (des Historikers Heinrich Luden) 1806 erkennt man, wie nach dem Erscheinen des *Fragments* 1790 der *Faust* weiterhin als Mythos, aber nicht mehr im Sinne der Zauberer- und Dämonensage, sondern allegorisch idealisiert als Mythos der Menschheit gelesen wurde.[16]

Umgekehrt, wer wie etwa Ludens Studiengenossen in Mephistopheles »die Personification des bösen Princips« sah, konnte nicht umhin, dieses Prinzip in der Darstellung Goethes mit menschlichen Maßstäben zu messen – Faust sei »zu Schlechtigkeiten und Verbrechen gekommen, zu welchen Mephistopheles [...] ihn verleitet und unterstützt habe«: sowohl Faust, »der Repräsentant der Menschheit«, wie Mephistopheles, »Personification des bösen Princips«, werden hier wie andere Dramenfiguren als Charaktere genommen; wenn Faust »in Verzweifelung gerathen« ist, so wird das psychologisch erklärt und gar nicht mehr auf die »ganze Weltgeschichte« oder die »Menschheit« angewandt, in deren abstraktem Gedankensystem dann doch konsequenterweise eine abstrakte Entsprechung für »Verzweifelung«, »Ekel«, »Gefühl des Unglückes« gefunden und bestimmt werden müßte. Die Allegorie, die sinnliche Darstellung des Gedanklichen und Prinzipiellen, schlägt um in die Illusion, es mit einem psychologisch verstehbaren und ›wie unsereiner‹ zu behandelnden Menschen zu tun zu haben. Die Magie der sinnlichen Präsenz eines Schauspielers läßt die Menschheit auf einen individuellen Charakter, das Prinzip des Bösen auf einen fahrenden Scholaren zusammenschnurren – wenn

15 Gräf, *Goethe über seine Dichtungen* II,2, S. 124–126.

16 Die ebd., S. 126 f., anschließenden, die allegorische Lesung rechtfertigenden Ausführungen Ludens beziehen sich im wesentlichen auf die schon im *Urfaust* vorliegenden Teile. Die folgenden Zitate stehen ebenfalls auf diesen Seiten.

Faust in der Studierstube des *Faust I* aufhört zu beschwören und mit dem hervortretenden Gelehrten »des Pudels Kern« zu haben meint, macht er seinen größten Fehler: er reduziert, was ihm der Erdgeist verweigerte und was das Lügenprinzip zuläßt, ein Unermeßliches, eine Idee, ein Prinzip auf etwas, das er mit seinem Menschengeist zu »begreifen« meint. Der Zuschauer, der in Faust, Wagner, Mephistopheles, Margarete Prinzipien vermutet, sich aber dann doch von der punktuell jeweils meisterlichen, in der Sequenz immer wieder widersprüchlichen Charakterisierung der Figuren zu ihrer psychologischen Auffassung hinreißen läßt, verfällt wie Faust der magischen Illusion sinnlicher Präsenz. Faust löst sich nie davon, Goethe versuchte mit der ersten Zeile der »Zueignung«, dem »Vorspiel auf dem Theater«, dem ganzen Stück, vor allem mit der Theatralik der »Bergschluchten« seine Leser und Zuschauer sich dieser Illusion bewußt werden zu lassen und damit Magie von ihrem Pfad zu entfernen. Aber bisher ist die tragische Illusion Fausts weithin auch eine seiner Leser geblieben.

Und doch wird die Magie der sinnlichen Präsenz und psychologischen Einfühlbarkeit immer wieder gestört; Mephistopheles macht ganz deutlich:

> Mein Mäskgen da weissagt ihr borgnen Sinn,
> Sie fühlt daß ich ganz sicher ein Genie
> Vielleicht wohl gar ein Teufel bin. (V. 1231–33)

Margarete durchstößt also die Magie der sinnlichen Präsenz, während Faust in der höheren Illusion befangen bleibt, ein als »Teufel« erkanntes Prinzip »begriffen« zu haben: es gehört zu den Problemen des neuzeitlichen Geistes, sich in Projektionen seiner selbst zu vergaffen. Während sich Mephistopheles immer wieder ›selbst‹ als maskiert zu erkennen gibt und so die sinnliche Präsenz durchbricht, sind es bei Faust die psychologisch unbegründeten Widersprüche in seinen Handlungsweisen, die die Illusion eines einheitlichen Charakters stören. Wer aus dem »Bücherhauf« ins weite Land fliehen will und doch über einem Buch sitzen bleibt, weil ihm dies »Geleit genug« ist, wer beim Makrokosmos das »Schauspiel nur« beklagt und alles daransetzt, den Erdgeist zu sehen, wer nach einem »Übermenschen«-Anspruch sich herbeiläßt, vor den wüsten Gesellen in Auerbachs Keller mit einem Zauberstückchen aufzuwarten, wer nach der großen Liebe zu Margarete und dem Verständnis für ihre Seelennot sich monatelang von Mephistopheles »in abgeschmackten Freuden« einwiegen läßt, um dann mit pathetischer Klage und mit Verfluchungen über den »Schandgesellen« herzufallen, der läßt sich nicht als Charakter betrachten, aus dessen psychischer Logik nach Lessings Forderung seine Handlungsweisen zwingend ableitbar sind. Um ja nur an der magischen Illusion des Individualcharakters festhalten zu können, hat sich die Goethe-Forschung über ein Jahrhundert dazu hergegeben, die Brüche und Widersprüche als Fehler Goethes auszugeben, die auf unterschiedliche Entstehungszeit schon der *Urfaust*-Szenen zurückzuführen seien. Als ob Goethe, wenn er seine Texte wieder las und weiterschrieb, nicht mindestens ebensogut hätte lesen und Fehler korrigieren können! *Faust*, so könnte man angesichts dieser unausrottbaren Tradition der *Faust*-Erklärung sagen, ist die Satire auf die *Faust*-Erklärer, die sich wie er selbst nicht von der Magie der sinnlichen Präsenz lösen können.

Sich davon zu lösen heißt jedoch nicht, sie zu leugnen: dieses Verfahren der Schaffung fiktionaler Wirklichkeit muß nur in seiner magisch verführenden Gewalt einerseits, in seinem Übergang in die andern Verfahren andererseits gesehen werden. Mephistopheles interpretiert seine sinnliche Präsenz zur Allegorie hin, Faust hingegen wird zur Vorstellung hin geöffnet, denn die Lücken und Widersprüche in seinen Handlungsweisen reizen, analog zu den »Sprüngen und Würfen« volksmäßiger Dichtung, zur Ausfüllung, Ergänzung und mythischen ›Erklärung‹ durch die Einbildungskraft. Margarete endlich muß vom Zuschauer innerlich verteidigt werden gegen die beiden Attacken Fausts, nämlich die anfängliche Reduktion auf die schlechteste Form sinnlicher Präsenz als Dirne einerseits und die Reduktion auf das bloße Ideal andererseits; an ihrem Schicksal wird gewissermaßen ersichtlich, was eine einseitige Betrachtungsweise anrichtet, und das gilt für das Verhältnis zwischen Faust und Margarete wie für das Verhältnis zwischen Zuschauer/Leser und den Personen des Stücks: sie dürfen weder nur als sinnlich präsente Personen noch als Prinzipien und Ideale, noch als mythisch tradierte oder mythisierend imaginierte Wesen genommen werden, sondern müssen im lebendigen Zusammenspiel, im Wechsel, in der Dialektik der fiktionalen Verfahren der Magie, des Mythos und der Allegorie aufgefaßt werden.

Wie wir im Kapitel über die Figuren bei Faust die Hoch- und Überspannung der systolischen und diastolischen Tendenzen, bei Mephistopheles ihre Abspannung ins Banal-Prosaische, bei Margarete ihren anthropologisch verträglichen gespannten Ausgleich sahen, so erkennen wir jetzt, gleichsam im Wirkungskreis der Figuren, verschiedene Formen der poetischen Fiktionalität im Zusammenspiel von Magie, Mythos und Allegorie: Faust begehrt zugleich oder kurz hintereinander z. B. Dirne und Engel, Margarete als sinnlich präsente, durch ihren »süßen Leib« magisch anziehende Frau und Margarete nur als Personifikation des Prinzips der Herrlichkeit, das sich in ihrem Zimmer manifestiert. Ihm folgend wird auch der Zuschauer zwischen diesen Extremen hin und her geworfen. Mephistopheles sieht in diesem »übersinnlichen, sinnlichen Freyer« (V. 1226) einen Schwärmer, in Margarete ein »interessiertes« Mädchen, das seinen Freier durch Kirchenfrömmigkeit disziplinieren möchte (V. 1217–19): er reduziert alles auf die Reproduktion des Sinnlichen, in der deshalb die Magie, das Faszinierende und Illusionäre verschwindet, weil das Sinnliche in seiner Präsenz nur die Erscheinungsform des Allgemeinen, des Laufs der Welt ist. Hier braucht es auch keinen Mythos und keine Allegorie mehr, alles Fiktionale und Poetische sind bloße Ablenkungen vom Prosaischen, in dem nun Sinnlichkeit, Einbildungskraft und Verstand funktionalisiert sind. Vom Gesichtspunkt des poetischen Zeichens her ist Mephistopheles das Prinzip der Vernichtung der Poesie, der Überlebendigkeit Fausts entgegengesetzt. Margarete dagegen, so haben wir gesehen, vermittelt auch zwischen der Übertreibung und der Vernichtung der poetischen Fiktionalität: um sie als ›normales‹ Wesen zu betrachten, muß der Zuschauer oder Leser die Fiktion von Engel/Puppe (V. 1168, 1186) und die Prosa des interessierten, nasführenden Mägdeleins überwinden und in dem Zusammenspiel seiner eigenen magisierenden, mythisierenden und allegorisierenden Fähigkeiten ein Bild Margaretes entwerfen.

Eigentliches Zeichen und Hieroglyphe

Die Logiken von Sinnlichkeit, Einbildungskraft und Verstand, das Zusammenwirken der Logiken in festen Strukturen (z. B. »Sprünge und Würfe«), die Dialogizität der Logiken in poetischer Fiktionalität, das Zusammenspiel der Formen poetischer Fiktionalität, die drei Hauptfiguren als Repräsentanten bestimmter Spannungszustände auf der Ebene der Dialogizität der Logiken wie des Zusammenspiels der Formen poetischer Fiktionalität – diese im *Urfaust* herausgehobenen Erscheinungs- und Komplexionsformen der drei zugrunde liegenden Logiken wirken nun zusammen und machen den Text zu einem vollständigen, ›eigentlichen‹ Zeichen. Die Zeichentheorie des 18. Jahrhunderts unterschied Zeichen, »die poetisch oder kyriologisch, historisch, oder symbolisch oder hieroglyphisch – – und philosophisch oder charakteristisch seyn können«[17]. Die letzten sind z. B. Buchstaben, die nur in einem willkürlich gesetzten abstrakten Zusammenhang mit der bezeichneten Sache stehen, die mittleren solche, die in einem Einschränkungs- oder Über-

17 Johann Georg Hamann, *Sokratische Denkwürdigkeiten. Aesthetica in nuce*, hrsg. von Sven-Aage Jørgensen, Stuttgart 1968 [u. ö.], S. 87/89.

tragungszusammenhang zu ihr stehen, den man erzählend (historisch) oder erläuternd auflösen muß; die ersten sind Zeichen, die den vollständigen Sinn und die ganze Bedeutung der Sache unmittelbar dem Hörer in die Seele und die Erkenntnis reden. Solche Zeichen glaubte man in der Gewalt ursprungsnaher Menschen und Völker; die poetische »Muttersprache des menschlichen Geschlechts« bestand aus ihnen. Die abstrakte, schriftliche, »philosophische« Prosa der Gegenwart war ihnen diametral entgegengesetzt; Dichtkunst als künstliche Ergänzung der verstandesmäßigen Prosa um die verlorenen Fähigkeiten der Sinne, Leidenschaften und Phantasie mußte versuchen, sie zu rekonstruieren und damit von der Sprache her auch den Menschen wieder in seiner integralen Menschheit herzustellen. Da die Transformation der kyriologischen in philosophische Zeichen auch eine Entfaltung vom momentan-schlagenden zum sukzessiv entfalteten und in langen Syntagmen zusammengesetzten Zeichen mit sich brachte, läßt sich ein kyriologisches (wesentliches, eigentliches), poetisches Zeichen auf der Basis der inzwischen ins Prosaische entfalteten Sprache nicht mehr einfach herstellen. Hamann versuchte es, mit dem Erfolg, daß sein Stil als kryptisch und unlesbar verschrien und verlacht wurde. Herders Theorie des poetischen Ausdrucks rechnete mit der Sukzessivität und Künstlichkeit und der Erzeugung des unmittelbaren Eindrucks durch kunstvoll gehandhabte Sukzessivität:

> Du mußt den natürlichen Ausdruck der Empfindung künstlich vorstellen, wie du einen Würfel auf der Oberfläche zeichnest; du mußt den ganzen Ton deiner Empfindung in dem Perioden, in der Lenkung und Bindung der Wörter ausdrücken: du mußt ein Gemälde hinzeichnen, daß dies selbst zur Einbildung des andern ohne deine Beihülfe spreche, sie erfülle, und durch sie sich zum Herzen grabe: du mußt Einfalt, und Reichtum, Stärke und Kolorit der Sprache in deiner Gewalt haben, um das durch sie zu

> bewürken, was du durch die Sprache des Tons und der Geberden erreichen willst – wie sehr klebt hier alles am Ausdrucke: nicht in einzelnen Worten, sondern in jedem Teile, im Fortgange derselben und im Ganzen.[18]

Diese Poetik war auf Goethe, wie er Herder im Juli 1772 schrieb, »wie eine Göttererscheinung [...] herabgestiegen«[19]; man kann die beschriebene Weise, wie die Logiken und ihre fiktionalen Komplikationen zusammenspielen, in Handlungen und Personenkonstellationen ausgefaltet sind, als die Herstellung eines in diesem Sinne auf Empfindung, Einbildung und Gedanke unmittelbar wirkenden, aber sukzessiv sich entfaltenden Zeichens betrachten. Das Zeichen spricht nicht nur die Hauptvermögen der Seele an, sondern ihre poetisch wirksamen dia- und trialogischen Verbindungen; sogar die Formen der Fiktionalität, von denen eine zur Konstitution des poetischen Zeichens ›ausgereicht‹ hätte, werden verdreifacht, und als Kulmination dieser Verdichtungen bezieht der Text sogar noch das Banal-Prosaische in den poetischen Vollzug als eine destruktive Lesart ein.

Bei der Besprechung des *Faust I* muß außerdem noch die Verwendung des ›Denkbilds‹ der Schöpfungshieroglyphe für die Organisation der Melodie der Vorstellungen, der Empfindungen und gedanklichen Bezüge besprochen werden. Die Lücke im Gelehrtendrama läßt im *Urfaust* für das Ganze des Stücks noch keine Aussage zu. Insbesondere die Wagner-Szene erweist sich jedoch nach Maßgabe des Denkbilds organisiert, das Herder selbst für seine Abhandlungen verwendete[20] und den Dichtern als »höchstes und simpelstes Ideal der Dichtkunst« empfahl[21]. Das Denkbild interpretiert die

18 *Über die neuere deutsche Literatur* III; *Frühe Schriften*, S. 403.

19 HA Br. 1, S. 133.

20 Vgl. z. B. die Einleitungen meiner Kommentare zu den Fragmenten *Über die neuere deutsche Literatur* und zur Abhandlung *Über den Ursprung der Sprache*; *Frühe Schriften*, S. 1010–17 und 1279–84.

21 *Älteste Urkunde des Menschengeschlechts*; SWS 6, S. 322.

siebentägige Schöpfungsgeschichte der Genesis als Zuordnung von drei dialektischen Dreischritten: 1–3 Dialektik des Materiellen, 4–6 Dialektik des Lebendig-Spirituellen, (1–3)–(4–6)–7 Dialektik des Materiellen und Spirituellen, aufgehoben im Sabbat oder Reich Gottes.[22] Herder wie offenbar auch Goethe sahen darin eine mindestens durch ihre mehrtausendjährige Tradition und Anwendung geheiligte Methode der Gedankengenerierung, der ›Naturgeschichte‹ und Strukturierung von Verläufen. Wenn Wagners sieben Reden auf die skizzierte Weise dialektisch geordnet sind und wenn sie eine chronologische Folge der Paradigmata der Gelehrsamkeit zwischen dem 16. und dem Ende des 18. Jahrhunderts repräsentieren, dann ist die Geschichtsentwicklung der Gelehrsamkeit dieses Zeitraums von Goethe poetisch als dialektischer ›Schöpfungsprozeß‹ strukturiert. Dieses Verfahren läßt er später im »Vorspiel auf dem Theater« den Dichter beschreiben:

Wenn die Natur des Fadens ew'ge Länge,
Gleichgültig drehend, auf die Spindel zwingt,
Wenn aller Wesen unharmon'sche Menge
Verdrießlich durcheinander klingt –
Wer teilt die fließend immer gleiche Reihe
Belebend ab, daß sie sich rhythmisch regt?
[...]
Des Menschen Kraft, im Dichter offenbart.
(*Faust I*, V. 142–157)

Auch Geschichte wird damit Zeichen: die »ew'ge Länge« des Geschehensfadens wird schon durch die normal wirkende Kraft des Menschen abgeteilt, in Ereignisse, Verläufe, Geschehnisse mit Anfang, Höhepunkt und Ende strukturiert

22 Untersuchungen über die Anwendung des Denkbilds zur Strukturierung von Dichtung und zur Theoriebildung finden sich in meinen Büchern *Der gesetzliche Kalkül. Hölderlins Dichtungslehre* (Tübingen 1962) und *Krumme Regel. Novalis' Konstruktionslehre des schaffenden Geistes und ihre Tradition* (Tübingen 1970).

und damit zur Geschichte. Wo nun der Dichter diese strukturierende Kraft »offenbart«, indem er sie zum Bewußtsein bringt durch auffällig harmonisierende oder komplizierende, sinnreiche Strukturen, wo er Geschichte belebt, »daß sie sich rhythmisch regt«, da wird sie selbst poetisches Zeichen. Das Denkbild macht den so strukturierten Geschichtsprozeß zur Allegorie der Schöpfung; es mythisiert die Ereignisse oder Handlungen der Personen, die in diesem Schöpfungsprozeß ihre Stelle im Werden einer Welt bekommen; es wirkt magisch, indem die belebte Reihe sich »rhythmisch regt«. Dies geschieht nun auch schon im *Urfaust*; der Szenenkommentar zeichnet die dreifach dialektische Struktur der Wagner-Szene nach, die damit, vom 16. Jahrhundert aus gesehen, als schöpferische Projektion des neuzeitlichen Geistes in seiner Dialektik von optimistischem Streben und kritischer Skepsis erscheint, vom 18. Jahrhundert her als nachträgliche Sinngebung des gesellschaftlichen Bezugs und Erkenntnisinteresses der Gelehrten, die doch nur »Regenwürmer« gefunden haben; dem distanzierten Überblick erscheint die Szene als Modell der Selbstschöpfung des Menschen, der in der Wechselwirkung zwischen aufbauender und destruktiver Tendenz zu sich selbst kommt.

Das Denkbild ermöglicht Goethe also den Aufbau eines Textes, der die Dichte des »kyriologischen« Zeichens in der Sukzession eines zeitlich, ›logisch‹ und poetisch entfalteten Zeichens wieder erreicht. Alle Aspekte, die wir in diesem Kapitel zum poetischen Zeichen beigetragen haben, wirken in diesem Text zusammen und konstituieren dieses poetische Zeichen, dessen ununterbrochene Wirkung seit seinem Erscheinen Beweis genug für seine unausschöpfbare Tiefe ist. Der hier vorgelegte Kommentar soll sie nicht etwa ausschöpfen; sein Ziel ist nur, zu zeigen, daß nicht nur viele einzelne Lektüren und Interpretationsaspekte des *Faust* möglich sind, sondern daß dieses poetische Zeichen tatsächlich mehrere Lektüren zugleich fordert und zueinander ins Verhältnis setzt.

X

Dialogische Lesarten

In diesem Kapitel wird auf Lesarten des *Urfaust* hingewiesen, die sich aus den Beziehungen des Textes zu anderen Texten, zu Bildern und zu Formen der literarischen Kommunikation ergeben. Seit dem 19. Jahrhundert hat man solche Beziehungen in einer Art von Kausalitätsdenken als Ursachen, Anregungen, Impulse[1] für das dichterische Schaffen gesehen und die zitierten Texte und die mehr oder minder deutlich nachgestellten Bilder als »Quellen« und »Einflüsse« bezeichnet. Damit wurde die schon mehrfach angesprochene literarische Beziehungstheorie Herders *Vom neuern Gebrauch der Mythologie*, in der er die freie Aneignung, die moderne Umdeutung der überlieferten Vorstellungen gefordert hatte, auf ein Funktionsmodell reduziert, das gerade diese Freiheit, dieses Hausherrenrecht[2] des schaffenden Dichters gegenüber den tradierten Stoffen der Mythologie und der Literatur[3] aus dem Blick rückte.

1 Vgl. z. B. Otto Pniower, »Goethes Faust und das Hohe Lied«, in: GJb 13 (1892) S. 181–198, hier S. 193: »Es soll ja auch nicht mehr vermuthet werden als möglicher Weise eine Einwirkung des biblischen Gesanges auf die Conception der ersten Gartenscene in einer Weise, dass Goethe von ihm den Impuls zur Ausführung einer im Geiste schon längst umrissenen Scene empfing, so dass sie jetzt unter dem lebendigen Eindruck des hebräischen Liedes Form und Farbe erhielt. Es war dadurch nur der Anstoss zur Production gegeben, die nun eigenartig in gewaltigem Strom hervorschoss [...].«

2 »Man wende die alten Bilder und Geschichte auf nähere Vorfälle an: legt in sie einen neuen poetischen Sinn, verändert sie hier und da, um einen neuen Zweck zu erreichen; verbindet und trennet, führt fort und lenket seitwärts, geht zurück, oder steht stille, um alles bloß als Hausgerät zu seiner Notdurft, Bequemlichkeit und Auszierung nach seiner Absicht, und der Mode der Zeit, als Hausherr und Besitzer zu brauchen.« (Herder, *Frühe Schriften*, S. 450.)

3 Herders Abhandlung vertieft und wendet auf den Bereich mythologischer Stoffe und Figuren an, was Lessing in seinen Abhandlungen zur Fabel schon gefordert und mit seinen Fabeln in Prosa demonstriert hatte. Es handelt sich also um ein Verfahren, das auf überlieferte Vorstellungen aller Art, literarische

Das Interesse des auf Quelle und Einfluß fixierten Forschers richtet sich auf die Elemente, die in dem Quellen- und dem quellenverarbeitenden Text gleich sind; hat er sie aufgezählt, ist sein Ziel erreicht. Das Interesse des Forschers, der, dem Herderschen Konzept entsprechend, sich mit der Beziehung zwischen überlieferten Vorstellungen und einem sie ›neu gebrauchenden‹ Text befaßt, richtet sich auf zwei Probleme: erstens auf den Nachweis, daß eine Beziehung zwischen überlieferter Vorstellung/Quelle und verarbeitendem Text behauptet werden kann, zweitens auf die Untersuchung, wie die Beziehung vom verarbeitenden Autor gestaltet ist. Nachweispflicht und Verfahren der Einflußforschung sind hier Voraussetzung; die im Verlauf der *Faust*-Kommentierung zusammengetragenen Literatur- und Kunstbeziehungen können aufgenommen und ergänzt werden.

Die Art der Beziehung kann sehr differenziert gesehen werden und ist auch schon in Herders Abhandlung vielfältig beschrieben. Sie setzt zunächst den Autor als Leser und Deuter der verarbeiteten Vorstellung oder des überlieferten Textes, als Betrachter des Bildes voraus; Verstehensvoraussetzungen und Schulmeinungen seiner Zeit spielen dabei eine Rolle. Sehr vielfältig kann die Beziehung zwischen verarbeiteter Vorstellung und verarbeitendem Text gestaltet sein. Sie

und nichtliterarische, anzuwenden war. Das Verfahren des »neuern Gebrauchs« überlieferter Vorstellungen, das zugleich das Tradierte und seine moderne Variante präsent hält, ist strukturanalog zu dem Verfahren, das Michail M. Bachtin als »Dialogizität« der Rede in Romanen vor allem des 19. Jahrhunderts beschrieben hat; was dort in Dialog zueinander tritt, sind nach Bachtin die »Sprachen«, Sozial- und Kommunikationsformen, Wert- und Ideensysteme sozialer Gruppierungen, während es sich beim neuern Gebrauch der Mythologie oder Literatur um die Vorstellungswelten, Problemstellungen und -lösungen von Vergangenheit und Gegenwart handelt, wie im Trialog von Herders »Logiken« um anthropologisch begründete, in der Philosophie des 18. Jahrhunderts zu philosophischen Richtungen ausgebildete Weltsichten. Die Beziehungen von Herders Literaturtheorie zur gegenwärtigen literaturwissenschaftlichen Diskussion über Dialogizität und Intertextualität können hier nicht diskutiert werden; sichtbar wird jedoch die Notwendigkeit, diese Diskussion im Blick auf die historische Differenzierung der Verfahren zu führen.

geht von der Benutzung des vorausliegenden Textes als Vorlage für eine Formulierung (Zitat oder Anspielung), für eine Figur, Figurenkonstellation, Handlungssequenz, die Gesamthandlung (etwa bei Neubearbeitung eines Dramenstoffs) über parodistische und travestierende Verfahren bis zur Auseinandersetzung mit dem überlieferten Text oder Bild. Im Bereich der Benutzung des überlieferten Textes als Vorlage liegt es auch bei ›neuerem Gebrauch‹ oft nicht im Interesse des Autors, dem Leser die Beziehung zum gebrauchten Text durch deutliche Markierungen ins Gedächtnis zu rufen; gerade die Verschwommenheit des Déjà-vu kann sein Ziel sein wie bei Goethes *Märchen*, durch das seine Zuhörer »an nichts und an alles erinnert werden sollen«.[4] Je deutlicher der Autor den fremden und den eigenen Text auseinanderhalten, sich vom Überlieferten abstoßen und daran Profil gewinnen will, desto sichtbarer müssen die Markierungen sein, die dem Leser den neu gebrauchten Text und seine Transformation, seine Aneignung, seine Umdeutung im verarbeitenden Text zum Bewußtsein bringen und im Bewußtsein halten. Denn in diesem Fall gewinnt der verarbeitende Text eine wesentliche Schicht seines Sinnes aus der Auseinandersetzung mit dem (vom Autor interpretierten!) Sinn des früheren Textes. Hier muß sich der Leser einstellen auf den verarbeiteten Text (wie er selbst ihn liest), auf die Interpretation des verarbeiteten Textes durch den Autor, auf die Neuverarbeitung des überlieferten Textes im Ganzen oder in Teilen durch den Autor, auf den ständigen Dialog des Neuen mit dem Alten.

Goethes *Faust* in endgültiger Gestalt ist zum Teil aus solchen Dialogen konstituiert und, besonders der zweite Teil, deshalb dem Leser ohne weltliterarisches Wissen manchmal schwer zugänglich. Die Helena des 3. Aktes wird durch Zitate aus der Geschichte der Liebesliteratur als literarische Kunstfigur für Faust zugänglich, nachdem dieser sich in der Klassischen Walpurgisnacht die Identität antiker Heroen von

4 HA 6, S. 209.

Herakles bis Achill zugelegt hat, um ihr zu begegnen. Das Hiob-Thema des »Prologs im Himmel« zieht sich als Versuchungsproblematik von der Wette zwischen Herr und Mephistopheles über Wette und Pakt zwischen Faust und Mephistopheles, über die zweite Wette zwischen Faust als idealem und Faust als realem (*Faust II*, V. 6493 f.) bis hin zur Versuchung mit den Reichen der Welt und ihren Herrlichkeiten (ebd. V. 10128–34) und dem Deichprojekt, das die Taten des alttestamentlichen Gottes (Hiob 38,8–11) in den vom Teufel geführten Händen des Menschen zeigt (V. 10228–33), ja bis hin zu den hiobsartigen Beulen des Mephisto im Satyrspiel der Grablegung. Bezüglich des Hiob-Themas ist also festzustellen, daß eine Lesart des ganzen Stücks aus der Beziehung zu diesem Text gewonnen werden kann – Goethe geht es hier um die Frage nach der Modalität der Versuchung des modernen Menschen im Vergleich zu einem Menschen früherer Kulturstufe; Lessing hatte diesen Menschen mit einem Kind verglichen, das z. B. »durch unmittelbare sinnliche Strafen und Belohnungen« moralisch erzogen werden muß, wie auch im Buch Hiob materielles Unglück und Bestrafung durch Gott in eins gesetzt werde[5]; der christliche Mensch wird versucht wie Jesus (Mt. 4); Goethes *Faust* stellt die Versuchung des modernen Menschen als Versuchung durch sich selbst dar. Das Stück steht damit in einem potentiell konstant durchgehaltenen, von Zeit zu Zeit deutlich hörbar werdenden Dialog mit dem Text des alttestamentlichen Buches, seiner Problematik und seinen bildhaften Vorstellungen. Mindestens an diesen Stellen ist es dann angezeigt, sich den alten Text zu vergegenwärtigen und mit dem neuen zu konfrontieren, d. h. den Sinn des neuen als im Dialog mit dem Sinn des alten Textes gewonnen zu betrachten. Die Stellen, an denen der Dialog deutlich hörbar wird – z. B. »Kennst

5 *Die Erziehung des Menschengeschlechts*, §§ 16 und 29. Hier zeigt sich die Bedeutung der zeitgenössischen Interpretation; in dieser Lesart ist *Faust* sozusagen eine poetische Umsetzung der drei Erziehungsstufen, die von Lessing in dieser Abhandlung angesetzt werden.

du den Faust? – Den Doktor? – Meinen Knecht!« (*Faust I*, V. 299; vgl. Hiob 1,8) –, gehören gewissermaßen dem alten und dem neuen Text an, lassen die Rede und Stimme des alten im neuen Text erklingen. Nimmt man den *Faust* als konstante Auseinandersetzung mit dem Buch Hiob, so ist potentiell jede Formulierung zweistimmig und kann daraufhin überprüft werden, ob sie zu der Auseinandersetzung der beiden Texte etwas beiträgt. Wenn Goethes *Faust* darüber hinaus mit weiteren Texten und Vorstellungsrepertoires der Weltliteratur einen Dialog führt, der mehr oder weniger konstant den Text durchzieht, dann wird daraus ein polyphones Gebilde auch in literarischer Hinsicht, nachdem wir die Vielzahl der Lesarten schon in anderen Hinsichten gezeigt haben. Sichtbar ist dann auch, daß das Suchen nach ›der‹ Quelle, ›dem‹ Einfluß auf eine bestimmte Stelle verkehrt ist; je mehr Bezüge eine Stelle des Textes herzustellen nahelegt, desto sinn-reicher, vielstimmiger ist sie. Daß dieser Sinnreichtum sich bei Goethe keineswegs zur Einheit und Harmonie der Stimmen ergänzen muß, haben wir im Kapitel über das poetische Zeichen erkannt: den Tendenzen Fausts, Mephistos, Margaretes entsprechend, müßten sich hier Stellen mit der Stiftung kühner, weitreichender Sinnbezüge zwischen disparaten Werken, Stellen mit der Vernichtung von Sinnbezügen durch gleichzeitig mögliche mit anderer Tendenz und Stellen mit der harmonischen Ergänzung des Text-Sinns durch Sinnbezüge zeigen. Diese Hypothese über die den Figurentendenzen analogen Tendenzen der Sinnstiftung kann erst durch den Kommentar überprüft werden; auf jeden Fall ist deutlich, daß der Kommentar, will er der Textkonstitution des *Faust* entsprechen, sich nicht mehr mit einer Quellenangabe wie bisher zumeist begnügen kann: einerseits müssen möglicherweise mehrere Textbezüge einer Stelle angezeigt und dann vor allem deren Verhältnis zum Text Goethes und untereinander besprochen werden.

Abgesehen von der Beziehung auf den Faust-Stoff und seine Verarbeitungen in Puppenspiel, volksmäßigen Büchern und bei Lessing, scheinen die Beziehungen des *Urfaust* zu Einzeltexten oder bestimmten Textgruppen noch nicht so umfassend zu sein und eine Lesart des ganzen Textes anzuleiten, wie die als Beispiel herangezogene Beziehung zum Buch Hiob sie für den vollendeten *Faust* nahelegt. Der Eindruck mag natürlich durch die Lückenhaftigkeit des Textes entstehen; andererseits finden sich diejenigen Passagen, in denen die für den *Faust* insgesamt wichtigen Beziehungen zum Buch Hiob, zu Dantes *Divina Commedia* und zu Shakespeares *Sommernachtstraum* deutlich markiert werden, erst in der endgültigen Fassung. Goethe scheint solche übergreifenden literarischen Lesarten erst im Zusammenhang mit Schillers Forderung einer »Idee« und eines »poetischen Reifs«, der die »hoch aufquellende Masse [...] zusammenhält«, konzipiert zu haben.[6] Vorläufig setzte er, wie etwa mit Homer und Ossian in *Die Leiden des jungen Werthers*, zur Erschließung eines bestimmten Verständnishorizonts einen eingeschränkt wirksamen Bezug zu einem literarischen Text oder einer bestimmten Textgruppe ein. Ohne diese Beziehungen erschöpfen zu wollen (der Kommentar verzeichnet weitere), versuche ich an Beispielen im folgenden Goethes Verfahren des »neuern Gebrauchs« überlieferter Vorstellungen aus antiker und christlicher Vorstellungswelt, Magie und Literatur zu kennzeichnen.

Für die Verarbeitung des Faust-Stoffs ist Ludens schon zitierte Aussage bezeichnend:

> Ich hatte nemlich als Knabe in meinem Geburtsorte ein Puppenspiel gesehen, ›der Erzzauberer Dr. Faust‹ genannt. Das Ding mochte schlecht genug sein, ergötzte oder ergriff mich jedoch unbeschreiblich. Bald

6 Schiller an Goethe, 23. 6. und 26. 6. 1797; HA Br. (an Goethe) 1, S. 271, 272.

> nachher fiel mir das bekannte Volksbuch, das in Cöln, denke ich, gedruckt ist, in die Hände, und regte meine Phantasie gewaltig an. Als mir daher in Bremen, etwa im Jahre 1797 oder 1798, der Goethesche ›Faust‹ vor die Augen kam, griff ich mit beiden Händen zu, fand aber meinen alten ›Faust‹ nicht wieder.[7]

Die ›Dialogizität‹ des Lektüre-Erlebnisses ist klar: Luden verglich ständig Goethes *Faust*-Fragment von 1790 mit Puppenspiel und Volksbuch; beide Texte waren ihm ständig präsent; die Veränderungen an der Handlung und Tendenz, vor allem an der gedanklichen und sprachlichen Dichte fielen ihm auf, denn »viele Reime, Kernsprüche enthaltend, blieben mir im Gedächtnisse hängen«. Bei Luden hatte Goethe also nur einen Teil seines Zwecks im »neuern Gebrauch« des Faust-Mythos erreicht, nämlich das Befremdungserlebnis, »meinen alten ›Faust‹ nicht wieder« zu finden. Die Frage, was wohl der Grund für die Veränderung war oder was sie dem Leser anzeigen sollte, stellte Luden sich nicht. Die Jenaer Studenten, die »meine Auffassung des Einzelnen im ›Faust‹, welchem ich den Sinn gab, der in den Worten liegt«, verwarfen, hatten jedoch über diese Frage nachgedacht:

> In dieser Tragödie, wenn sie einst vollendet erscheine, werde der Geist der ganzen Weltgeschichte dargestellet sein; sie werde ein wahres Abbild des Lebens der Menschheit sein, Vergangenheit, Gegenwart und Zukunft umfassend.[8]

Das Fragment von 1790 enthielt über den *Urfaust*-Text hinaus (der allerdings nur bis zur Domszene abgedruckt war) vor allem die Richtungsänderung Fausts vom Weltbegreifen zum Weltgenuß (*Faust I*, V. 1770–1867) und die Szene »Wald und Höhle«, wenn auch an früherer Position als im endgültigen

7 Gräf, *Goethe über seine Dichtungen* II,2, S. 124. Die beiden folgenden Zitate ebd.

8 Ebd., S. 125 f.

Text. Faust als »Repräsentant der Menschheit« konnte hier abgelesen werden. Aber daß hier Geschichte abgebildet wird, daß der Faust-Stoff aus dem Beginn der Neuzeit benutzt wird, um eben jene Geschichtsepoche zu markieren, daß der Gretchen-Stoff neu eingeführt wird, um ein Gegenwartsproblem zu kennzeichnen, daß die Richtungsänderung Fausts damit als ein historischer Sinneswandel zwischen diesen Epochen aufzufassen ist, daß damit Geschichte nachgebildet und gedeutet ist – das konnten diese Jenaer Studenten nur aus der Konfrontation der ihnen bekannten Puppenspielfabel mit dem »neuern Gebrauch« durch Goethe entnehmen. Hier hatte Goethe seinen Zweck erreicht, daß der Leser sozusagen beide Texte zugleich sich präsent macht, die befremdlichen Abweichungen des neuen Textes als Signale spezifischer Sinngebung auffaßt und diese zu verstehen sucht.

Für Goethes Freunde, denen er um 1775 den neu entstehenden *Faust* zur Kenntnis gab, mußte die Farce *Hanswursts Hochzeit*, die zum Teil unter ihrer Mitwirkung um dieselbe Zeit geschrieben wurde, als Parodie des *Faust* erscheinen. Der Untertitel ist »Der Lauf der Welt, ein mikrokosmisches Drama«.[9] Der *Faust* konnte demgegenüber als ›makrokosmisches‹ Drama verstanden werden, in dem der mikrokosmische Mensch aufgrund seiner konstitutiven Begrenzung tragisch scheitert und in dem nur die unbefragte oder die bewußte Beschränkung in der »kleinen Welt« (V. 1421) einen Zustand von Glück ermöglicht. »Lauf der Welt« erinnert an die alles auf die Reproduktion des Materiellen reduzierende Weltsicht des Mephistopheles (V. 1053): sie wird, gegen die Erziehungsbemühungen und die ständigen Ermahnungen des Kilian Brustfleck zu Größe, Ansehen und Leistung, durch Hanswurst bestätigt, der sich in seinem Wesen nicht stören lassen und von den Hochzeitsgästen mit großen Namen aus der deutschen Welt nichts wissen will: »Sie mögen fressen und ich will vögeln« (*Hanswursts Hochzeit*, V. 97). Die

9 DjG 5, S. 183.

mephistophelische Ablenkung des Strebens nach Erkenntnis, Sitte und Kultur auf den sinnlichen Genuß von Wohl und Wehe der Menschheit, das Genügen an den »Sauereien« der Gesellen des Auerbach-Kellers ist hier das Ziel der emanzipatorischen Tendenz der Hauptfigur, der die Empfindsamkeit, die schwärmerische Idealität des »lieben Wertherischen Bluts« nur als Paradepferd für die Öffentlichkeit und die höheren Ansprüche seiner Frau dient:

> Und hinten drein komm ich bey Nacht
> Und vögle sie dass alles kracht
> Sie schwaumelt oben in höhern Sphären
> Lässt sich unten mit Marcks der Erde nähren
> Das giebt Jungs Leibseelig brav
> Allein macht ich wohl ein Schweinisch Schaf.[10]

In den grobianischen Namen der Hochzeitsgesellschaft spielt »Margretlin« eine hervorstechende Rolle: »Margretlin«, »Musgretgen«, »Margretlin Mad[re] de tuti i Santi« erscheinen da[11]; Margarete ist der am häufigsten in grobianischer Verzerrung erscheinende Name. Fischer-Lamberg erläutert »Margretlin« als »Bezeichnung für das weibliche Genital«, »Musgretgen« bezieht sich auf »in der Dirnensprache Mus = Maus = vagina«.[12] Für »Madre de tuti i Santi« hat Fischer-Lamberg keine Erklärung. Die heilige Margareta von Cortona ist jedoch als ehemalige Dirne wie Maria Magdalena eine Patronin (»Madre«) der Prostituierten (»Sünderinnen«) – so sind ja auch in *Faust II* die mit Gretchen bittenden »Büßerinnen« ausnahmslos ehemalige Prostituierte –; daß es statt »tutti i penitenti« in *Hanswursts Hochzeit* »tuti i Santi« heißt, gehört in die grobianisch verkehrte Welt dieser Farce, in der nach mephistophelischer Weltsicht die Heiligkeit nur eine illusorische Verbrämung des Sinnlichen ist. Diese Beziehung auf die heilige Margareta von Cortona in der *Faust*-Parodie

10 *Hanswursts Hochzeit*; ebd., S. 193, Z. 21 und 25–30.
11 Ebd., S. 189, Z. 8; S. 190, Z. 5; S. 190, Z. 34.
12 Ebd., S. 438 f.

bestätigt die Annahme eines Legendenstücks ›Margarete‹; die hier eindeutigen Dirnenbezeichnungen auf »-gretgen« oder »-gretlin« bestätigen auch die Bedeutung des Übergangs der Figurenbezeichnung »Margarete« in »Gretgen« und ähnliches. Insgesamt setzt die Nähe des *Urfaust* zu *Hanswursts Hochzeit* den frühen *Faust* in den Kontext der farcenhaften Stücke dieser Zeit, von denen Goethe einige mit einem Prolog unter dem Titel *Neueröfnetes moralisch-politisches Puppenspiel* 1774 erscheinen ließ.[13] Auch *Hanswursts Hochzeit* nannte gleich in der zweiten Zeile den »moralisch politischen Schweis«, den Kilian Brustfleck die Erziehung seines Mündels Hanswurst gekostet habe. Wie der *Urfaust* auf weite Strecken, so pflegen diese farcenhaften Stücke den Knittelvers des alten Fastnachtspiels und der öffentlichen Puppenspiele; die reinen Knittelversszenen vom Anfang des *Urfaust* und die Knittel Margaretes werden durch diese Nachbarschaft als »moralisch-politisch« gekennzeichnet, d. h. in der Spannung zwischen bürgerlicher Privatheit und Öffentlichkeit stehend, in der sich nach Aussage des Prologs weder der seine Nägel beschneidende Kleinbürger noch der Herr Jupiter friedlich erhalten kann:

So ist die Eitelkeit der Welt
Ist keines Reich so fest gestellt
Ist keine Erdenmacht so gros
Fühlt alles doch sein Endelos
Drum treibs ein jeder wie er kann
Ein kleiner Mann ist auch ein Mann.
Der Hoh stolzirt der Kleine lacht
So hat's ein ieder wohl gemacht.[14]

Die Nähe dieser Stücke rechtfertigt einmal eine Lesart des Gelehrtendramas *Faust* als farcenhafte Satire auf Universi-

13 DjG 4, S. 31–33. Goethe hatte den Prolog und *Des Künstlers Erdewallen* Klinger zum Druck überlassen; dieser setzte das *Jahrmarktsfest zu Plundersweilern* und den *Pater Brey* hinzu.

14 Ebd., S. 33.

tät, Gelehrte und Wissenschaft; zum andern erklärt sie das Doppeldrama aus Gelehrtendrama und Gretchen-Drama als Anwendung der zitierten Weisheit von der »Eitelkeit der Welt« auf einen »Hohen« und eine »Kleine«. Die Weisheit des Prologs läßt sich ja unschwer als komische Version des Diktums in der *Shakespeares-Tag*-Rede vom Zusammenstoß des »prätendierten freien Willens« mit dem »notwendigen Gang des Ganzen« erkennen, auf das wir im Kapitel zur Entstehung und Konzeption des *Faust* in ursprünglicher Gestalt die Texte dieser Zeit einschließlich des *Urfaust* zurückgeführt haben. Selbstverständlich ist diese farcenhafte Lesart nicht die einzige, aber sie muß bei der Analyse der synkretistischen Gattungsstruktur berücksichtigt werden.

Eine weitere bedeutende Beziehung des *Urfaust* zu überlieferten Texten besteht darin, daß Goethe zweifellos ein Shakespeare-Stück intendierte. Als Zitate können die an *Macbeth* erinnernden Hexen in der Szene »Nacht. Offen Feld« gelten wie auch die auf Ophelia verweisende geistesverwirrte und volksliedsingende Margarete im Kerker. *Faust I* stellt mit den Figuren des »Walpurgisnachtstraum« ja noch den *Sommernachtstraum* und den *Sturm* in Zitatnähe und bekräftigt damit die Tendenz des *Urfaust*. Die Zitate des *Urfaust* führen aber auf einen »neuern Gebrauch«: während Macbeth von den Hexen Zweideutiges über sein Schicksal erfährt, wird Faust, der Näheres über ihr Tun erfahren will und offenbar angstvoll ruft: »Sie streuen und weihen!« (V. 1440), von Mephistopheles kurz abgefertigt und weitergedrängt. Daran wird einmal die Schwäche und Abhängigkeit des einst so großen Teufelsbeschwörers Faust deutlich – Mephisto weiß selbstverständlich, »was sie kochen und schaffen« (V. 1437) –, zum andern erhalten die Hexen dadurch, daß sie nicht durch Rede oder objektbezogenes Handeln in den dramatischen Vollzug eingreifen, sondern nur von ferne gezeigt und zum Gegenstand der Rede Fausts gemacht werden, einen ganz anderen Stellenwert als bei Shakespeare. Macbeth meint von den Hexen das Schicksal zu erfahren, jedenfalls erhält er Auskunft von ihnen, auch noch kurz vor Schluß seiner Tragödie; für Faust scheint die Erkenntnisquelle verschlossen, es bleibt nur noch die Ebene eines hintergründigen Schicksals, durch die Hexen repräsentiert und bösartig beeinflußt, das an ihm und Margarete sich vollzieht. Der Hintergrund des Schicksals ist Faust in diesem Stadium nicht mehr zugänglich; der Zeitgenosse der Aufklärung hat den Zugang verloren, ahnt es nur noch romantisch aus der Ferne. Ebenso der Zuschauer: daß das Kochen der Hexen etwas mit Faust oder Margarete zu tun haben könnte, erschließt der Zuschauer nur aus der Annahme, daß sie im Stück irgendeine Funktion haben müssen, und aus ihrer Schicksalsmächtigkeit in Shakespeares *Macbeth*. Goethe nutzt also wieder einmal die durch einen früheren Text gesicherte »Bestandheit« einer Vorstellung, um in diesem Fall einen »neuern Gebrauch« in der für Faust und den Zuschauer frustrierenden Negation dieser Eigenschaft zu finden. Faust und der Zuschauer, die am Ende des Stücks zu Zeitgenossen Gewordenen, können die Hexen nicht mehr reden und wahrsagen hören, wie Macbeth sie gehört hatte – beide Texte sind dem Zuschauer präsent und dialogisieren miteinander, und ihre historische Entfernung wird schmerzlich meßbar an der Entfernung des vorbeigedrängten Faust von den Hexen und ihrer Prophetie.

Margarete im Kerker ist sinnverwirrt wie die von Hamlet verlassene und verhöhnte Ophelia. Sie ist wegen ihrer Morde zugleich sinnverwirrt wie Lady Macbeth; wie diese das Blut von ihren Händen waschen will, so greift Margarete nach dem ertränkten Kind, will es stillen, bildet sich ein, es soeben gestillt zu haben, und sucht den vermeintlichen Henker zu überzeugen, daß die Beschuldigungen gegen sie falsch sind. Wie Ophelia singt sie im Kerker ein volksmäßiges Lied aus dem Märchen vom Machandelbaum; es ist nicht ein Zeugnis ihrer unbefriedigten Wünsche wie bei Ophelia, sondern ein im Namen des getöteten Kindes gesungenes Lied mit der Märchenhoffnung der Verwandlung in »ein schönes Waldvögelein«; hier scheint Margarete wieder aus der zitierten Rolle der Lady Macbeth zu agieren. Wie auch in anderen Dichtungen kontaminiert Goethe hier zwei überlieferte Vorstellungen in einer neuen; wie »Margarethe« und »Gretgen«, Heilige und Dirne hier zusammengeführt werden, so werden in den kontaminierten Bildern der rührenden Ophelia und der schrecklichen Lady Macbeth die Liebende und die Mörderin zusammengeführt und gegen alle Maßstäbe bürgerlicher Moral versöhnt. Was bei Shakespeare in zwei Figuren (und Stücke) auseinandergenommen ist und in seiner Zeit nicht vereinbar wäre, ist im 18. Jahrhundert aufgrund der von Gretchen selbst ausgesprochenen Rechtfertigung der Sinnlichkeit (V. 1275–77) denkbar und wie Werthers Selbstmord dem Publikum verständlich zu machen: die Wechselabhängigkeit von Sünde und Heiligkeit, Liebenswürdigkeit und Schuld, Liebe und Verbrechen. Im »neuern Gebrauch« von Shakespeares Figuren gelingt es Goethe hier also, die historische Entwicklung nicht durch das Ausfallen eines früher vorhandenen Bestandteils der zitierten Vorstellung, sondern umgekehrt durch die Konstitution einer verdichteten »Bestandheit« in einer einzigen Figur aus zwei Shakespeare-Figuren zu leisten.

Lessing hatte in *Minna von Barnhelm* (IV,6) durch den fast zufällig eingeführten Vergleich Tellheims mit Othello vorgeführt, wie durch eine einzige Bemerkung einem Stück, seiner Personenkonstellation und Problemstellung ein anderes unterlegt werden kann, wie Shakespeares notwendig tragischer Ausgang dieser Konstellation als Möglichkeit und Gefahr hinter dem »Lustspiel« vom Soldatenglück lauert. Man kann in dieser Weise auch die Anspielungen auf die Hexen in *Macbeth*, auf Lady Macbeth und auf Ophelia versuchsweise zu Lesarten größerer Zusammenhänge des *Urfaust* machen. Die Problematik des *Macbeth*, der sich mit den Hexen einläßt, ihre Weissagungen nach einem ersten Beweis ihres Eintreffens ernst nimmt und schließlich in die Schlingen nicht einer falschen Weissagung, sondern seiner Auslegung ihres Wortlauts gerät, diese Problematik findet ihr

Analogon in Fausts Umgang mit Magie und Geistern, insbesondere mit Mephistopheles. Eine Formulierung wie:

> The instruments of darkness tell us truths,
> Win us with honest trifles, to betray's
> In deepest consequence
> (*Macbeth* I,3, V. 124–126)

könnte als Motto über der Spießschen *Historia von D. Johann Fausten* gestanden haben; *Macbeth*, im Blick auf Jakob I. und die von ihm verfaßte *Dämonologie* (1597), seinen Zauber- und Geisterglauben geschrieben, ist Warnliteratur wie das Faustbuch. Auch Goethes Faust bekennt Hingabe an Magie, erhofft Wahrheit aus Geistes Mund, hat Mephistopheles als Begleiter und ist schon am Ende des *Urfaust* völlig von ihm abhängig geworden. Nur: zwischen Shakespeares und Goethes Stück liegt die Aufklärung; Kant hatte seine *Träume eines Geistersehers* verfaßt; für einen »Geist« wie Mephistopheles, für »Magie« und »Dämonisches« mußten also alternative Lesarten impliziert werden, die das auf der Bühne Gezeigte als poetische Verkörperung z. B. psychischer Vorgänge erscheinen ließen und damit der Erklärung zugänglich machten. In der Tat haben wir gesehen, daß Mephistopheles wie auch Wagner und der Schüler als Ausfaltungen eines Prinzips ›Faust‹ gelesen werden können. Zugleich aber haben wir beobachtet, daß die bloß allegorische Auflösung der Mephistopheles-Gestalt nicht konsequent durchzuhalten ist und die Illusionsmagie der figürlichen Präsenz und personhaften Charakterisierung sich immer wieder durchsetzt. Mephistopheles ist, so gesehen, eine magisch-poetische Provokation für den aufgeklärten Menschen; verglichen mit der Behandlung der Hexen durch Shakespeare oder der Dämonenmagie durch das Faustbuch von 1587, zeigt sich hier der »neuere Gebrauch« der Magie-Vorstellung, die Profilierung des vergangenen und des gegenwärtigen Geschichtsmoments im Dialog der Texte, sofern der Leser oder der Zuschauer sich beide präsent werden läßt.

Auch die Beziehung zu *Hamlet* läßt sich über die Kerkerszene hinausführen und erlaubt, wenn sie erst hier bemerkt wird, gewissermaßen eine nachträgliche vergleichende Interpretation. Ophelia wird in III,1 vom König und Polonius instruiert, als Lockvogel zu dienen, damit Hamlet seine Pläne und Geheimnisse eröffnet. Als solcher Lockvogel dient auch Margarete für Mephistopheles, der Faust zu schwächen und von sich abhängig zu machen sucht (Sinnengenuß schwächt die Kraft des Magiers). Ophelia, schon vorher trotz ihrer Liebe zu Hamlet williges Werkzeug ihres Vaters (II,1), gehorcht auch hier und rechtfertigt so das Mißtrauen des Prinzen, der ihre Aufrichtigkeit bezweifelt. Margaretes Aufgabe ist eine andere; sie soll mit ihrem Körper Faust verführen, der sie über die Sphäre ihres Zimmers ja zur Inkarnation der göttlichen Herrlichkeit idealisiert hat. Mephistopheles holt sich dafür von ihrem Körper und ihrer sinnlichen Einbildungskraft das geheime Einverständnis, indem er seine schwüle Atmosphäre sowie das Kästchen mit Schmuck hinterläßt. Die Atmosphäre bewirkt, daß Margarete »ein Schauer am ganzen Leib« läuft (V. 609) – auch bei Fausts Berührung und Liebesgeständnis hat sie diese Erfahrung des Schauderns in Erregung und Furcht zugleich: »Mich überläufts!« (V. 1036 f.) Pniower hat darauf aufmerksam gemacht, daß Goethe die Stelle im Hohenlied 5,4, wo die Liebende sich erinnert »et venter meus intremuit ad tactum eius«, übersetzt mit »mich überliefs«.[15] So wird von Mephisto das Püppchen körperlich »geknät und zugericht«; Margarete singt ja beim Ausziehen schon das Lied von der Treue des Königs zu seiner Buhle. Die Knetung der sozialen Begehrlichkeit bewirkt er durch das Kästchen. Verglichen mit Polonius, der die gehorsame Ophelia instruiert und sie zum bewußten Verrat an ihrer Liebe veranlaßt, arbeitet Mephistopheles aus dem Hinterhalt mit der biologischen Mechanik des Triebs und der Begierde nach Reichtum, Ansehen und Glanz.

15 Pniower, »Goethes Faust und das Hohe Lied«, S. 183.

Ist die Versuchung der Ophelia die Ichschwäche ihres bedingungslosen Gehorsams, so ist die Versuchung der Margarete die anthropologische Bedingung der Körperlichkeit und der Triebe.

Auch Hamlets Melancholie hat einen präzisen Anlaß: der Mord am Vater hat Dänemark verdorben (»Something is rotten in the state of Denmark«, I,4; »The time is out of joint«, I,5), hat Verstellung und Lüge zur Form der Kommunikation gemacht, hat sogar die Verhältnisse der Liebe zwischen Mutter und Sohn oder Frau und Mann verkehrt. Hamlet ist »prince of Denmark«, d. h., er gehört zu diesem Land, ist von der Ansteckung selbst befallen, verstellt sich gegenüber Mutter, Onkel, Ophelia, den Freunden und ist sich bewußt, daß er mit dieser Feigheit (III,1, V. 83) nicht nur vor der Unsicherheit des Nichtseins oder des Lebens nach dem Tode zurückweicht, sondern auch das dänische Übel perpetuiert, das mit ihm alle erfaßt hat. Melancholie entsteht da, wo er in seinem Nichthandeln, Nichtstehen zur Wahrheit ebenso schwach ist wie seine dem Onkel hörige Mutter oder die wohlerzogene Ophelia. Um die Begrenzung des Anlasses der Melancholie zu zeigen, ist die Gestalt des Fortinbras wichtig. Er kommt von außen, repräsentiert einen Staat, der nicht »rotten« ist; er ist der Maßstab, an dem der Zuschauer auch Hamlet messen kann und damit die Heilbarkeit des Übels und der Melancholie erkennt. Faust dagegen leidet an der Begrenzung des Menschen überhaupt, daran, »daß wir nichts wissen können«, an seiner Unfähigkeit, den Erdgeist zu ertragen, an seiner Unfähigkeit zu einem als ewig empfundenen Gefühl, an seinem Unterworfensein unter Zeit und Veränderung. Ist *Hamlet* die Tragödie des Angehörigen einer bestimmten Gesellschaft, so *Faust* die Tragödie des Menschen. An den Figuren Hamlet und Faust bestätigt sich der Befund der Figuren Ophelia und Margarete: der »neuere Gebrauch« der Figuren und ihrer Konstellation verschärft die begrenzte gesellschaftliche Tragik zu einer anthropologisch universellen. Im *Faust* gibt es keinen Retter Fortinbras.

Abgesehen von diesen durch direkte Textbeziehungen zu Shakespeares *Macbeth* und *Hamlet* gestifteten Lesarten des *Urfaust*, ist der Goethesche Text in vielen Punkten an dem orientiert, was nicht nur Goethe in der *Shakespeares-Tag*-Rede als den »geheimen Punkt«, um den sich die Dramen des Engländers drehen, identifiziert hatte, sondern was Herder in seinem großen *Shakespear*-Aufsatz in den Blättern *Von deutscher Art und Kunst* (1773) in direkter Schlußanrede an den Verwirklicher Goethe gesagt hatte. Es ist hier unmöglich, alle Einzelheiten dieser Analyse Herders aufzunehmen und Goethes »neuern Gebrauch« im *Urfaust* dagegenzuhalten. Ich zitiere deshalb aus Herders Aufsatz nur einige augenfällige Stellen, die für sich sprechen mögen.

> S h a k e s p e a r fand keinen Chor vor sich; aber wohl Staats- und Marionettenspiele – wohl! er bildete also aus diesen Staats- und Marionettenspielen, dem so schlechten Leim [d. h. Lehm]! das herrliche Geschöpf, das da vor uns steht und lebt! Er fand keinen so einfachen Volks- und Vaterlandscharakter, sondern ein Vielfaches von Ständen, Lebensarten, Gesinnungen, Völkern und Spracharten [...]; er dichtete also Stände und Menschen, Völker und Spracharten, König und Narren, Narren und König zu dem herrlichen Ganzen! Er fand keinen so einfachen Geist der Geschichte, der Fabel, der Handlung: er nahm Geschichte, wie er sie fand, und setzte mit Schöpfergeist das verschiedenartigste Zeug zu einem Wunderganzen zusammen [...].[16]
>
> [...] ich bin Shakespear näher als dem Griechen. Wenn bei diesem das Eine der H a n d l u n g herrscht: so arbeitet Jener auf das Ganze eines E r ä u g n i s s e s, einer B e g e b e n h e i t. [...] Wenn in Jenem E i n e singende feine Sprache, wie in einem höhern Äther

16 SWS 5, S. 218 f.; die folgenden eingerückten Zitate ebd., S. 219, 220, 222 f., 225 f.

tönet, so spricht dieser die Sprache aller Alter, Menschen und Menschenarten, ist Dollmetscher der Natur in all' ihren Zungen [...]. Und wenn Jener Griechen vorstellt und lehrt und rührt und bildet, so lehrt, rührt und bildet Shakespear Nordische Menschen!

Wie vor einem Meere von Begebenheit, wo Wogen in Wogen rauschen, so tritt vor seine Bühne. Die Auftritte der Natur rücken vor und ab; würken in einander, so Disparat sie scheinen; bringen sich hervor, und zerstören sich, damit die Absicht des Schöpfers, der alle im Plane der Trunkenheit und Unordnung gesellet zu haben schien, erfüllt werde – dunkle kleine Symbole zum Sonnenriß einer Theodicee Gottes.

Fand Shakespear den Göttergriff eine ganze Welt der Disparatesten Auftritte zu Einer Begebenheit zu erfaßen; natürlich gehörte es eben zur Wahrheit seiner Begebenheiten, auch Ort und Zeit jedesmal zu idealisiren, daß sie mit zur Täuschung beitrügen. [...] Aus Scenen und Zeitläuften aller Welt findet sich, wie durch ein Gesetz der Fatalität, eben die hieher, die dem Gefühl der Handlung, die kräftigste, die idealste ist. [...Beispiel: in *Macbeth*] die Zauberinnen auf der Haide unter Blitz und Donner!

Da alle Täuschung durch dies Urkundliche, Wahre, Schöpferische der Geschichte erreicht wird [...]: so sieht man, die ganze Welt ist zu diesem grossen Geiste allein Körper: alle Auftritte der Natur an diesem Körper Glieder, wie alle Charaktere und Denkarten zu diesem Geiste Züge – und das Ganze mag jener Riesengott des Spinosa »Pan! Universum!« heissen. Sophokles blieb der Natur treu, da er Eine Handlung Eines Orts und Einer Zeit bearbeitete: Shakespear konnt ihr allein treu bleiben, wenn er seine Weltbegebenheit und Menschenschicksal durch alle die Örter und Zeiten wälzte, wo sie – nun, wo sie geschehen [...].

Daß Goethe auch hier »neuern Gebrauch« von dieser spezifisch neuzeitlichen und »nordischen« Form des Theaters machte, sei an dem letzten Argument Herders zur Rechtfertigung Shakespeares gegen die Kritik gezeigt, er halte sich nicht an die Einheit der Zeit. Shakespeare, so Herder, nimmt den Zeitraum in Anspruch, den seine Begebenheit in der realen Geschichte brauchte, denn Realgeschichte ist der Grundstoff seiner Dramen. Sein dramatischer Geist hat die Welt als Körper; das Ganze ist Pan. Das einzelne Stück aber schneidet jeweils nur eine Begebenheit heraus, mag sie auch mehr als 24 Stunden dauern. Goethe nun, so haben wir gesehen, faßt nicht mehr Begebenheit, sondern das Prinzip von Begebenheiten durch die Geschichte hindurch zusammen; sein *Urfaust* (und *Faust I*) faßt die Neuzeit vom 16. Jahrhundert bis zum Ende des 18. Jahrhunderts unter drei verschiedenen Lesarten ihrer Geschichtlichkeit; nach der Fertigstellung des Helena-Akts schrieb Goethe an Humboldt: »Ich habe von Zeit zu Zeit daran fortgearbeitet, aber abgeschlossen konnte das Stück nicht werden als in der Fülle der Zeiten, da es denn jetzt seine volle 3000 Jahre spielt, von Troias Untergang bis zur Einnahme von Missolunghi. Dies kann man also auch für eine Zeiteinheit rechnen, im höheren Sinne [...].«[17] Goethe verfolgte also das Prinzip, reale Zeit in immer umfassenderen Zeiträumen, als Bedingung der Begebenheiten und im Blick auf die Bedingung der Möglichkeit von Begebenheiten, zu gestalten. *Faust* ist ein transzendentales Drama, in dem die Zeit nur Kategoriales schematisiert, dieses Kategoriale wird von Konzeption zu Konzeption abstrakter. Im *Urfaust* ist es noch die »Unruhe« des neuzeitlichen Menschen; in *Faust I* und vollends in *Faust II* bewegt sich das Kategoriale im Feld der Naturgesetze.

Was Herder an Shakespeares Stücken ebenfalls fasziniert hatte und der Rechtfertigung gegen Gattungspuristen wert erschienen war, ist die Verbindung von König und Narr in

17 An Wilhelm von Humboldt, 22. 10. 1826; HA Br. 4, S. 205. Missolunghi fiel im Jahr 1824.

der Tragödie. Hamlet, die beiden Clowns als Totengräber, Hamlets Gespräch mit dem Schädel des Narren Yorick wurden vor allem seit Sternes *Sentimental Journey* (1768) immer wieder zitiert. Der Narr, Hanswurst, Pickelhäring war seit Gottscheds Theaterreform von deutschen Bühnen verbannt, vor allem in der seit dem Spiel der englischen Komödianten üblichen Konzeption einer nicht in die Handlung integrierten, sie aber stets durch Späße und Slapstick von außen störenden Figur. Shakespeares Narren hatten eine Nebenfunktion in der Handlung – der Narr des Königs als Spiegelfigur in *Lear*, die Totengräber-Clowns in *Hamlet* –, wichtig war, daß sie nicht in die Handlung verstrickt waren und sie durch grotesk formulierte ›Wahrheiten von unten‹ kommentieren, die Ideengespinste der Großen destruieren, durch Herabziehen in die Sexual- oder Fäkalsphäre in niedriger Form erscheinen lassen konnten. Goethes Farcen und Hanswurstiaden, das ganze »neueröfnete moralisch-politische Puppenspiel« sind, von hier aus betrachtet, Clownerien à la Shakespeare; Goethe hat zwar vor allem sprachlich vom deutschen Fastnachtspiel viel gelernt und übernommen, seine satirischen und manchmal polemischen Angriffe in diesen Stücken erinnern jedoch eher an die Angriffe der Shakespeareschen Narren auf ihre Herrschaft.

Wir haben schon die Beziehung zwischen diesen Clownerien und dem *Urfaust* angesprochen. Sie zeigt sich nun, im dialogischen Verhältnis zu Shakespeares Clowns, auch in der Gestaltung des Mephistopheles. Dessen in *Faust I* (V. 339) als schalkisch bezeichnetes Wesen, die despektierliche, banalisierende, alles auf die Ebene des Sinnlich-Materiellen herabziehende Weltsicht, die beißende, verletzende, grob entlarvende Redeweise lassen ihn als Nachfahren von Shakespeares Clowns erscheinen, wie er ja ohne Schwierigkeit in *Faust II* in die Rolle und Funktion des Hofnarren schlüpft. Wohl hatte Goethe in Merck (der übrigens an einigen der Clownerien direkt beteiligt war) ein Vorbild für die Gestaltung des »Schalks«, ja »Schelms«; dieser »gegen die Welt erbitterte«

Mann behandelte »die Menschen hämisch und tückisch«, ging überall »verneinend und zerstörend zu Werke«, schrieb »poetische Episteln von ungemeiner Kühnheit, Derbheit und Swiftischer Galle«[18]; die Idee zur Verbindung von »Narren und König zu dem herrlichen Ganzen« wurde jedoch sicher im »neuern Gebrauch« der Shakespeareschen Komposition des großen Magiers mit dem Teufel im Faust-Stoff unterlegt. Es ist ein neuerer Gebrauch, denn ungleich Shakespeares Clowns ist Mephistopheles nicht in einer beobachtenden, allenfalls zerrspiegelnden Außenrolle, sondern bei Goethe treibt er die Handlung entscheidend voran. Komisch-Burleskes, Schalkisches, Verneinend-Zerstörerisches ist also der Tragödie nicht nur beigegeben und begleitet sie als ihre eigene Kritik, sondern es ist Teil der Tragödie, steht wie Mephistopheles im Verhältnis zu Faust in Konkurrenz zu ihr. Denn gelingt es Mephisto, Faust vollständig auf seine Ebene zu ziehen, ihn den Gesellen in Auerbachs Keller gleichzumachen, so ist auch Fausts existentielles Ungenügen, das tragische Empfinden der anthropologischen Begrenzung kein Gegenstand der Aufregung mehr; alles gehört eben zum »Lauf der Welt«, wie auch Margarete »die erste nicht« ist, und Faust grinst dann ebenso »gelassen über das Schicksaal von Tausenden hin« (S. 57, Z. 29 f.) wie sein Schandgeselle. Wäre der »Repräsentant der Menschheit« so weit zu bringen, so wäre alles nur noch komisch, Gegenstand des zynischen Lachens von Materialisten und Freigeistern[19]; die Tragödie des Menschen würde von der Comédie humaine ausgelöscht, während Goethe die beiden, schließlich ins Kosmische gesteigert, sorgfältig im Gleichgewicht hält.

Shakespearisch sind schließlich die Lieder im *Urfaust*. Im zweiten Buch seiner geplanten Ausgabe »Alte Volkslieder«

18 *Dichtung und Wahrheit*, Buch XII; HA 9, S. 506.
19 Auf die analoge Konkurrenz schwärmerisch-idealischer und zynisch-epikureischer Tendenzen in Wielands *Agathon* gehe ich nicht ein; die literarische Beziehung scheint mir nahezuliegen.

von 1774 hatte Herder »Lieder aus Shakespear« übersetzt[20], sogar Szenenausschnitte und Monologe aufgenommen. Goethe war seit der Straßburger Zeit an der Sammlung volksmäßiger Lieder beteiligt und verfolgte das Schicksal der Herderschen Unternehmung mit großem Interesse. Auf Herders *Ossian*-Aufsatz hin erhoben sich im klassizistischen Lager einige Stimmen, die Herders Lob des Volksmäßigen, Ungeschliffenen, »Fehlerhaften« scharf kritisierten; Karl Wilhelm Ramler veröffentlichte 1774 eine *Lyrische Bluhmenlese*, in deren Vorrede er sich ausführlich zur Korrektur des Fehlerhaften in Lied-Editionen äußerte. 1777/78 erschien dann *Eyn feyner kleyner Almanach Vol schoenerr echterr liblicherr Volckslieder, lustigerr Reyen vundt kleglicherr Mordgeschichte*, »gesungen von Gabriel Wunderlich weyl. Benkelsengernn zu Dessaw, herausgegeben von Daniel Seuberlich, Schusternn zu Ritzmück ann der Elbe«, von Friedrich Nicolai, in dem er in parodistischer Absicht Volks- und Pöbellieder mischte und Herders Absicht durch diese »Schüssel voll Schlamm«, Derbheit und Banalität zunichte zu machen suchte. Bedeutsam ist nun, daß dies schon in »Auerbachs Keller« geschieht. Frosch versucht es zunächst mit einem ›echt‹ klingenden historischen und einem ebensolchen gesellschaftlichen Volkslied, wird aber beidemal unmutig von seinen Zechgenossen unterbrochen. Erst die »Schlamm«-Version beider Liedtypen, das Lied von der Ratte und Mephistos Lied vom Floh, finden Anklang. Wie Herder in seine Ausgabe 1778/79 auch Lieder neueren Datums mit bekannter Autorschaft, ja eigene Lieder aufnahm, Parodien und anakreontische Schein-Volkstümlichkeit untermischte, um den Sinn des Lesers für das Echte zu schärfen, so muß auch Goethe sehr bewußt auf den Volkslied-Ton geachtet haben. Margaretes Ballade vom König in Thule ist mit dem Gebrauch des sentimentalisch-entfernten und gelehrsamen »Thule«-Begriffs dem volksmäßigen Lied fremd, das in seinen Balla-

20 SWS 25, S. 1 ff.; Inhaltsverzeichnis S. 3 f.

den-Varianten gerade die Ortsangaben meist dem vertrauten Lokal anzupassen sucht: Margaretes Lied ist nachgeahmte Volksmäßigkeit; wie sie schon auf die Wirkungssphäre Mephistos zu reagieren beginnt, so ist auch ihr Lied nicht mehr das des Herderschen naiv singenden Volks, sondern der Ausdruck einer schon auf die Echtheit und Treue als Utopien einer fernen Urzeit zurückblickenden Gesellschaft. Modernes Ausdruckslied, »Monolog in Gestalt eines Liedes«[21] ist Gretchens Lied am Spinnrocken, wenn auch wieder viele Formulierungen an volksmäßig einfachen Ausdruck und zugleich, wie Pniower gezeigt hat, an das Hohelied erinnern: die moderne Ausdrucksdichtung macht »neuern Gebrauch« von der Natürlichkeit, Einfachheit, Unverblümtheit volksmäßiger Dichtung – so wollte Herder es ja, der Nachahmungen der Volkslied-Patina ebenso ablehnte wie die klassizistische Nachahmung antiker Dichtung. Unverändert und der einzige Fremdtext im *Urfaust*, abgesehen von der Sequenz in der Szene »Dom«, ist Margaretes Lied aus dem Märchen vom Machandelbaum in der Kerkerszene. Wie Margarete in dieser Szene zur Einheit mit sich und ihrem Schicksal findet, so klingt hier das Volkslied erstmals rein. Auch das zitierte Märchen ist ›echt‹ und reicht tief in magische Vorstellungen zurück, während das in Mephistos Flohlied verarbeitete Märchen *La polece* des Giambattista Basile ein grotesk-satirisches Kunstmärchen der Spätrenaissance ist.

Zusammenfassend kann man feststellen, daß die literarische Beziehung zwischen Shakespeares Stücken und Goethes *Urfaust* im Hinblick auf Probleme, Figuren und Figurenkonstellationen, auf den Ursprung des Tragischen und Komischen, auf Sprachgestaltung, Bauform, Verwendung von Textsorten vom Volkslied bis zum Märchen einen äußerst fruchtbaren Dialog stiftet, der aber immer im Sinne des »neu-

21 Wilhelm Scherer, »Betrachtungen über Faust«, in: W. Sch., *Aufsätze über Goethe*, Berlin 1886, S. 307 (zit. nach: Pniower, »Goethes Faust und das Hohe Lied«, S. 192).

ern Gebrauchs« der tradierten Vorstellungen und Verfahren geführt wird.

Ähnlich verfährt Goethe mit anderen literarischen Beziehungen, die ich hier nur kurz andeute. Die erste Szene des *Urfaust* ist beherrscht von Beziehungen zur Vorstellungswelt der Magie; es sind insbesondere Agrippa von Nettesheim einerseits, Swedenborg andererseits, aus denen Goethe schöpft. Das Versagen des Magiers vor dem Makrokosmos-Zeichen und dem Erdgeist läßt sich, wie der Zeilenkommentar nachweist, im Detail der Ursachen nur mit Hilfe der Vorstellungen Agrippas erläutern. Ein Teil der Gründe wird durch die subjekt- und reflexionsbezogenen Geistervorstellungen Swedenborgs veranschaulicht: was Faust scheitern läßt, ist unter anderem an der Vermischung einer Magie des 16. mit einer Magie des 18. Jahrhunderts ablesbar. In dieser ›anachronistischen‹ Kontamination zeigt sich wieder der »neuere Gebrauch« tradierter Vorstellungen und die Konstitution der drei geschichtlichen Lesarten – vom 16. Jahrhundert aus vorgreifend, vom 18. rückschauend, über die Epochen weg das Prinzip der Magie in seinen historischen Veränderungen betrachtend.

Rameckers und Petriconi[22] haben das Gretchen-Drama im Zusammenhang der Verführungsdichtungen des 18. Jahrhunderts untersucht. Es besteht kein Zweifel, daß Goethe selbst die Beziehungen zu Richardsons *Pamela* und *Clarissa*, Lessings *Miß Sara Sampson* und *Emilia Galotti* im Sinne hatte, ist doch sein »Gartenhäuschen« ein wichtiges Requisit in Richardsons Romanen, ist doch das Motiv des sozialen Aufstiegs außer in der *Sara* immer präsent und verstärkt sich über Lenzens *Hofmeister* und *Soldaten* bis zu Schillers *Luise Millerin* (*Kabale und Liebe*) immer mehr. So sehr konsolidiert sich in diesen Jahrzehnten der Problem- und Motivbestand dieser bürgerlichen Trauerspiele, daß einige Forscher

22 Jan Mathias Rameckers, *Der Kindesmord in der Literatur der Sturm- und Drang-Periode*, Rotterdam 1927; Hellmuth Petriconi, *Die verführte Unschuld*, Hamburg 1953.

darauf bestanden, im Gretchen-Drama ein selbständiges Stück zu sehen, das nur oberflächlich und nachträglich mit dem Geschehen um Faust verbunden sei.

In der Tat, dies ist eine Lesart des Stückes – wäre uns der *Faust* nur von der Szene »Straße« an überliefert, ließe sich bis auf die zwei Rückerinnerungen an den »Großen Geist« und die Frage nach der Herkunft des Teufels Mephistopheles und seiner magischen Kräfte so gut wie alles innerhalb dieser Szenen erklären. Aber genau dies sind die von Goethe gewollten Anstöße und Ungereimtheiten in seinem Drama des 18. Jahrhunderts: einen Teufel, eine auf die Transzendenz unmißverständlich weisende und aus ihr kommende Figur kann und darf es bei der Diskussion der bürgerlichen Probleme, bei der Frage des Rechtes auf Persönlichkeit, auf sittliche Würde auch niederer Stände, bei der Frage nach dem sozialen Aufstieg und seinem Preis, nach dem Verhältnis zwischen Adel und Kleinbürgertum, zwischen höfischer Korruption, Bürgertugend und natürlicher Unschuld nicht geben; das 18. Jahrhundert hat genau diese Fragen als solche erkannt, die die Menschen ohne Rückgriff auf Transzendentes selbst lösen müssen. Die Einführung des Teufels ist hier eine Provokation oder ein Rückfall in veraltete Betrachtungsweisen. Hier zeigt sich der »neuere Gebrauch« auch dieses Motiv- und Vorstellungskomplexes der verführten Unschuld: seine Einführung, so haben wir gesehen, bildet einen Störfaktor von Modernität im alten Faust-Stoff; umgekehrt ist Fausts Spezialteufel ein Störfaktor von Fossilität im sozialen Drama des 18. Jahrhunderts, wo er sich ja als die treibende Kraft erweist, während der plötzlich empfindsame Faust Margaretes geheiligtes Zimmer auf immer verlassen will. Ohne ihn gäbe es keine Gretchen-Tragödie; die verselbständigende Lesart läßt sich also an diesem entscheidenden Punkt nicht durchhalten. Außerdem haben wir in dem Kapitel über kosmologische und religiöse Lesarten die mannigfachen Komplementärverhältnisse zwischen beiden Teildramen beobachtet.

Aber auch im engeren Motivkreis der Verführungsdichtung zeigt sich Goethes »neuerer Gebrauch«. Die eigentliche Verführung, Gretchens Not während der Schwangerschaft, der Kindsmord sind nur angedeutet. Das bürgerliche Trauerspiel wird von Goethe zur Tragödie überhöht, indem er in einer für diese Dramen einmaligen Weise die Problematik dieser Liebe und ihres Scheiterns auf die Befangenheit in unterschiedlichen Denkwelten zurückführt: Faust macht sich ein Bild von Margarete zunächst als Dirne, dann als Engel, wird sich bewußt, daß er dieses Bild zerstört hat, und verläßt es; Margarete wird in ihrer gelernten kleinbürgerlichen Denkweise durch die Perspektiven sozialen Aufstiegs und die Erfahrung der Gewalt der Sinnlichkeit zutiefst verwirrt, sucht in der Katechisierungsszene Faust durch Verpflichtung auf die Sakramente (d. h. unter anderem das Ehesakrament) noch einmal in diesen Denkkreis hereinzuziehen und gibt dann mit ihrem »Weis nicht was mich nach deinem Willen treibt« (V. 1210) die Bestimmung ihres Handelns nach ihrem seitherigen Denken auf; das soziale Drama entfaltet sich da, wo die Gesellschaft sich an dem ihr entwachsenden Individuum rächt. Tragisch im eigentlichen Sinne ist aber die Befangenheit der Figuren im magischen Kreis des Bildes vom andern, die Problematik der Liebe zu einem eingebildeten Idol, das Scheitern der Liebe an der Nichtübereinstimmung der Bilder. Dieser »neuere Gebrauch« des Vorstellungskomplexes von der verführten Unschuld fügt das Gretchen-Drama genau in die durchgängige Magieproblematik des *Faust* ein und fügt der Lesart ›bürgerliches Trauerspiel‹ die Lesart ›Tragödie der für das menschliche Vorstellen notwendigen Täuschung über den andern‹ hinzu.

Damit schließe ich die Analyse der literarischen Dialogbeziehungen ab; einige weniger bedeutende Beziehungen ergänzt der Zeilenkommentar. Überall zeigt sich Goethes von Herder übernommenes Verfahren des »neueren Gebrauchs«, das in der dialogischen Präsenthaltung der tradierten Vorstellung des fremden Textes sich in seiner Selbständigkeit konstituiert und beide in ihrer geschichtlichen Besonderheit und Distanz aneinander profiliert.

Pikturale Beziehungen

Die pikturalen Beziehungen sind im Gegensatz zu den literarischen und zu den vor allem in *Faust II* häufigen Beziehungen zur bildenden Kunst im *Urfaust* verhältnismäßig geringfügig. Anzunehmen ist, daß Goethe den seit dem 18. Jahrhundert als Faust-Darstellung bezeichneten Stich Rembrandts kannte, wo ein Magier die magische Lichterscheinung über seinem Arbeitstisch betrachtet; die ungewisse Fülle des dunklen Hintergrunds, ein halb erkennbarer Totenkopf mögen seine Vorstellung von Fausts Arbeitszimmer bestätigt haben – es fehlen aber deutlich die gemalten Scheiben, und im Gegensatz zum Erdgeist wird für den Zuschauer des Faust das Makrokosmos-Zeichen nicht sichtbar. An einer einfachen Übernahme von Bildvorstellungen aus dem pikturalen in den poetischen Bereich, wie sie ähnlich der literarischen Quellenphilologie auch bei den Beziehungen zwischen Bild und Text das Interesse bestimmten,[23] ist nicht zu denken. Vielmehr ist auch hier ein Verfahren zu beobachten, das bildliche Vorstellungen und Erinnerungen an Bilder beim Zuschauer aufruft, aber die Spezifik der Poesie dazu benutzt, z. B. mehrere Bilder zu kontaminieren, das eine ins andere übergehen zu lassen, um dadurch die Vorstellungen zu dynamisieren, zu historisieren oder ihnen den Schein der Vorstellbarkeit gerade wieder zu nehmen, den die Zuordnung zu einem Bild erweckt.

So soll etwa die in dem Nostradamus-Buch gegebene Darstellung des Makrokosmos ein Zeichen sein – man hat an das

23 Vgl. zusammenfassend Willy Storck, *Goethes Faust und die bildende Kunst*, Leipzig 1912.

magische Sechseck[24] oder an Wellings Kosmos-Darstellungen[25] gedacht. Schon das Ineinanderwirken und -leben läßt sich an einer solchen Zeichnung nicht mehr sehen. Die abstrakten Himmelskräfte werden durch das Auf- und Niedersteigen verkörpert; Goethe hatte in Helmonts *Paradoxal Discoursen* gelesen: »Also steigen die wesentlichen lebendigen Kräfte oder geistlichen Leiber der himmlischen Lichter unabläßlich von oben herab durch die ätherische Luft zu dieser untern Welt, als von dem Haupt zu den Füßen; und hernach, wenn sie ihre Auswirkung vollbracht, so steigen sie zu ihrem eigenen Nutz und Verbesserung wieder von unten aufwärts zu dem Haupt, mit demselbigen wieder vereinigt.«[26] Die Schwingen weisen jedoch auf Engelsgestalten – hier personifiziert sich die Vorstellung momentan und bildet etwa Raffaels Darstellung der Jakobsleiter in den päpstlichen Loggien ab. Die Vorstellung von der Eimerkette ist dadurch aber wieder dementiert, denn in dieser bleiben die Personen fest, während die vollen und leeren Eimer wandern. Durchdringen der Erde, Duft, klingende Allharmonie lösen jede personhafte Vorstellung wieder auf. – Wieder zeigt sich, daß der Dialog oder, besser, Polylog der Vorstellungen die Form ist, in der Goethe die überlieferten pikturalen oder literarischen Bilder verarbeitet. In der Reihe Alles–Ganzes–Organismus–Kräfte–Funktion–Person–Harmonie kann man wieder die Struktur des Denkbildes der Schöpfungshieroglyphe und vielleicht eine gedrängte Geschichte der Vorstellungen vom Wirken des Göttlichen ins Irdische von der Renaissance bis ins 18. Jahrhundert erkennen. Jedenfalls ist deutlich, daß pikturale Vorstellungen wie die literarischen immer dialogisch

24 Vgl. z. B. Franz Carl Endres, *Symbolik von Goethes Faust. Eine Einführung*, Zürich/Leipzig/Stuttgart 1932, S. 24.

25 Vgl. Trunz, *Faust*-Kommentar zu V. 430 ff.; HA 3, S. 500 f. Eine Abbildung findet sich HA 9, S. 763.

26 Franciscus Mercurius van Helmont, *Paradoxal Discourse, oder Ungemeine Meynungen von dem Macrocosmo und Microcosmo* (1691); zit. nach: P. Graffunder, »Der Erdgeist und Mephistopheles in Goethes Faust«, in: *Preußische Jahrbücher* 68 (1891) H. 5 (vgl. DjG 5, S. 471).

verwendet werden, daß die vom Text vermittelte Vorstellung sich nicht als abhängig oder angeregt von überlieferten Bildern, sondern als selbständige Gegen-Entwürfe unter erinnernder Verwendung des Überlieferten verstehen lassen.

Gattungs-Synkretismus

Gegen die Reinheitsforderungen der Doctrine classique boten Shakespeares Mischungen des Komischen und Tragischen, des Historischen und des Fiktiven ein wirkungsvolles Gegenargument, das nach dem Verschwinden der Ständeklausel im 18. Jahrhundert, nach der Rechtfertigung der Comédie sérieuse und des Drame bourgeois um so überzeugender verwendet werden konnte. Auch das bei Shakespeare und im Barock gepflegte Spiel im Spiel, das die Einblendung differierender, z. T. veraltet-lächerlicher Gattungen dramatischer Repräsentation implizierte (*Hamlet*; *Sommernachtstraum*), wurde in günstigerem Licht betrachtet.

Im 17. Jahrhundert hatte Gryphius in seinem *Peter Squentz* Fastnachtspiel, Meistersingerdrama, Schuldrama, Spiel der englischen Komödianten, Barockkomödie mit Autoren, Bühne, Fiktionalitätsvorstellung und Publikum gemischt[27] und die Anregung aus dem *Sommernachtstraum* (vermittelt durch Daniel Schwenter) zur »Absurda Comica« übersteigert. An diesem Stück läßt sich deutlich ablesen, daß jede Form dramatischer Repräsentation als gesellschaftliche Konvention zu verstehen ist, durch die Typen kommunikativer Ansprüche und Erwartungen an Handlung, Text, Personengestaltung, Fiktionalität, Wirkung usw. in bestimmter Weise festgelegt sind und sowohl als Ausdruck wie als Stabilisierung des jeweiligen gesellschaftlichen Selbstverständnisses fungieren. Die Absurdität des *Peter Squentz* entsteht da,

27 Vgl. Ulrich Gaier, »Problematisierte Rezeption: Gryphius' ›Peter Squenz‹«, in: *Deutsche Barockliteratur und europäische Kultur*, hrsg. von Martin Bircher und Eberhard Mannack, Bd. 3, Hamburg 1977, S. 225–227.

wo sich solche Konventionen der Selbstverständigung von Gesellschaften gleichzeitig zu behaupten suchen. Bei Lessing, um ein weiteres Beispiel aus der Reihe der Gattungssynkretisten im Drama zu nennen, werden überlieferte Formen dramatischer Repräsentation durch neuere kritisch überwunden oder angereichert. In *Minna von Barnhelm* werden Commedia dell'arte, Intrigen-, Typen-, Charakterkomödie, Tragikomödie aufeinander aufgebaut und in politischer Satire zugespitzt. Der Capitano aus der Commedia, Riccaut de la Marlinière, spiegelt als Falschspieler das Intrigenspiel Minnas, das in dieser Komödie jedoch Tellheim an den Rand der tragischen Verwirrung führt; als deutsch radebrechender preußischer Offizier ist er eine beißende Satire auf Friedrich II., der übrigens von Minna versteckt als Spielkartenkönig bezeichnet wird. Riccaut mußte aus diesen offensichtlichen Gründen bei einer Reihe von zeitgenössischen Aufführungen weggelassen werden. – Wie verschieden der Dialog oder Polylog der Formen dramatischer Repräsentation in einem gattungssynkretistisch angelegten Stück sein kann, sollte mit diesen zwei Beispielen angedeutet werden.

Daß Goethe im *Urfaust* mehrere Formen dramatischer Repräsentation verwendet, liegt auf der Hand und ist in den vorausgehenden Kapiteln mehrfach angesprochen worden. Hier braucht deshalb nur noch ein Überblick gegeben zu werden.

Wie alle Lesarten ist auch die gattungsbezogene in dreifacher Geschichtlichkeit differenziert. Als historisches Drama, auf das der Puppenspiel-Anfang und der Knittelvers verweist, hat das Gelehrtendrama seine Bezugstexte in den Warndramen vom Ende des 16. und vom Beginn des 17. Jahrhunderts. Jakob Gretsers *Udo*, Jakob Bidermanns *Cenodoxus*, Christopher Marlowes *Doctor Faustus* sind Beispiele dafür, wie ja auch Faustbuch und Puppenspiel Warnliteratur sind, die die Folgen des Ungenügens am Wissen und Können, der falschen Selbsteinschätzung und des Hochmuts der Gelehrten, des Verkehrs mit dunklen Mächten vorstellen. Als historisches Drama im Sinne des *Götz von Berlichingen* verschärft der *Urfaust* die mit ihren Wurzeln in der Renaissance gezeigte Problematik: die scholastische Form der Wissenschaft hat sich nicht verändert und weiter von der Natur entfernt, das Ungenügen am tradierten Wissen ist zur Überzeugung geworden, »daß wir nichts wissen können«, der Versuch des Übermenschentums scheitert noch kläglicher, weil das progressive Element des Renaissancegelehrten, die Reflexion, zur Behinderung jedes intensiven Sich-Einlassens auf Denken, Wollen oder Genuß geworden ist. Historische dramatische Repräsentationsform sind alle die im Zusammenhang mit dem Bezug zu Shakespeare erörterten Elemente – Mischung historischer und märchenhafter Figuren und Szenen, abrupte Schnitte, Disparatheit des Orts und der Zeit, Sprachrealismus, ständische Mischung usw.; wie gezeigt, erscheinen auch sie im »neuern Gebrauch«.

Historisches Drama im gleichen Sinne liegt auch der Gretchen-Handlung zugrunde, und zwar das Legendenstück, das im Schuldrama des 16. Jahrhunderts eine Menge von Bezugstexten hat. Bei der Besprechung der Margarete im Kapitel »Figuren, Geschichten und ihre Lesarten« haben wir auf die Legenden der heiligen Margareta von Antiochia und der heiligen Margareta von Cortona hingewiesen. Die letztere, »Sünderin« mit Kind und deshalb »Madre« der büßenden Prostituierten, findet mit ihrer Geschichte eine Parallele in dem Schicksal Margaretes bis zum Zeitpunkt, da sie von Faust verlassen wird. Die erstere, im Kerker vom Teufel zur Erhörung des römischen Statthalters verlockt und über den Teufel triumphierend, findet ihren Bezug in der Kerkerszene. Die Kontamination beider Geschichten in dem historischen Legendendrama ›Margarete‹ pointiert, modernisiert und deutet im »neuern Gebrauch« Margarete zur modernen Heiligen der Menschheit. Während die Cortoneser Margareta eine von ihrem Herrn abhängige und in der damals üblichen Weise mißbrauchte Dienstmagd war, die nur durch den Tod des Herrn schutzlos und der Prostitution preisgegeben war, ist

Goethes Margarete unabhängig und gibt sich aus freien Stükken Faust hin; die soziale Achtung trifft sie, nach den zu Goethes Zeit noch gültigen Maßstäben, mit weit größerer Berechtigung als die Heilige. Die Heilige zeigt sich auf dem Weg zur neuzeitlichen Selbstbestimmung des Subjekts, indem sie sich zu einer mehrjährigen schweren Bußübung entschloß, die endlich zu ihrer Aufnahme ins Kloster führte. Die differenzierte Motivation, die Goethe für Margaretes Hingabe entfaltet – Hoffnung auf sozialen Aufstieg und auf Reichtum, Überfallenwerden durch die eigene Sinnlichkeit und Begegnung mit emanzipierter Sinnlichkeit bei sozial Höherstehenden, Verehrung für Fausts Vornehmheit und intellektuelle Überlegenheit, Liebe zu ihm –, diese differenzierte Motivation läßt hinsichtlich der Gewichtung der ›niederen‹ und der ›höheren‹ Motive verschiedene Beurteilung zu und stellt die Selbständigkeit und Bewußtheit der Entscheidung zur Hingabe in zweifelhaftes Licht – schließlich weiß Gretchen nicht, was sie nach Fausts Willen »treibt«. – Der »neuere Gebrauch« der Legende erfaßt auch die Parallele zur antiochenischen Margarete: Gretchen ist im Gegensatz zu ihr schuldig eingekerkert; ihre Motivation, den Teufel zu fliehen und sich dem Gericht Gottes und der Menschen zu übergeben, ist dadurch ebenfalls sehr viel komplexer und umfaßt wieder den ganzen Menschen von der biologischen Todesangst bis zur religiösen Überzeugung von der göttlichen Gerechtigkeit, die vielleicht doch nach anderen Maßstäben mißt als die Menschen und der Teufel. Daß Margarete nicht verzweifelt, daß sie sich nicht von Faust retten und damit vom Teufel holen läßt, macht ihre neue ›Heiligkeit‹ aus, die Sinnlichkeit und Trieb nicht verdammt, zum Getanen steht und die gesellschaftlichen Konsequenzen trägt und sich in unbegreiflicher Zuversicht der »Rettung« durch das Gericht Gottes anvertraut (die ja dann entgegen allen Kriterien irdischer Gerechtigkeit in *Faust I* »von oben« bestätigt wird). Der »neuere Gebrauch« der Legende macht aus dem konfessionellen Lehrstück ein Lehrstück der Humanität.

Dieser Schicht von Lesarten, die den *Urfaust* auf neu gebrauchte Gattungen aus dem 16. Jahrhundert bezieht, stehen Lesarten gegenüber, die das Gelehrten- wie das Gretchen-Drama unter Gesichtspunkten dramatischer Repräsentation des 18. Jahrhunderts betrachten. In seinen von Lessing übersetzten Theaterschriften hatte Diderot als neuen Gegenstand des bürgerlichen Theaters die Problematik einer sozialen Lebensbedingung (condition) herausgearbeitet, sei es einer familialen (»Hausvater«, »natürlicher Sohn«), sei es einer beruflichen Rolle und Aufgabe. Diese Lebensbedingungen sollten realistisch-illudierend dargestellt, in ihren typischen, paradigmatischen Szenen jedoch gemäldeartig (tableau) ›eingefroren‹ und dem Zuschauer als solche zum Bewußtsein gebracht werden. Lessing hatte in *Miß Sara Sampson* und in *Emilia Galotti* z. B. die familialen Conditions der Hausväter zur Diskussion gestellt, in *Minna von Barnhelm oder Das Soldatenglück* den Stand des Soldaten. Es besteht kein Zweifel, daß im *Urfaust* der Stand des Gelehrten dargestellt wird, in den ersten Szenen in gleicher Weise auf Individuen verteilt wie bei Lessing der des Soldaten. Just–Werner–Tellheim–Riccaut entfalten ein ähnliches Spektrum wie Schüler–Wagner–Faust–Mephistopheles. Tellheim, der Soldat aus Idealismus für die Sache (V,9), muß erkennen, daß er sich durch den Philosophen auf dem Thron »ich weiß selbst nicht für welche politischen Grundsätze« hat beschwatzen und einnehmen lassen, die das politische Handeln jenes Herrschers keinesfalls bestimmen und damit nur propagandistische Täuschung sind, die bei den Getäuschten aber den eigentlichen Zielen nützliche Handlungen erzeugt. Riccauts und Minnas Falschspielerei sind Metaphern für diese moderne soziale Magie. Der Magie auf wissenschaftlichem Gebiet hat Faust sich ergeben; sie erweist sich als Täuschung, setzt ihn in Abhängigkeit von dem Instrument seiner Praktiken und läßt seinen übermenschlichen Anspruch bis zur Vergnügung von Saufgesellen und Kleinbürgern herabsinken. Auch die magisch idealistische Selbsttäuschung über Margarete, die soziale Projektion, die den Partner nicht sein läßt, was er ist, führt in Unglück und Tragik. Auch hier ist er noch der Gelehrte, der in Verkennung der Realität die göttliche Herrlichkeit, die Aspekte der christlichen Trinität in das Zimmer und auf die Person eines normalen Bürgermädchens projiziert. Die von Mephistopheles so trefflich analysierte berufliche Deformation überträgt sich auf ihn selbst und sein Verhältnis zu andern:

> Habt ihr von Gott, der Welt, und was sich drinne regt,
> Vom Menschen, und was ihm in Kopf und Herzen schlägt,
> Definitionen nicht mit groser Kraft gegeben?
> Und habt davon in Geist und Brust,
> So viel als von Herrn Schwerdleins Todt gewusst.
> (V. 897–901)

Faust ist gewöhnt worden, für wahr zu halten, was allenfalls wahrscheinlichste Vermutung sein kann, und dies im Brustton der Überzeugung zu verkünden. Als er sich in einer konkreten menschlichen Beziehung über einen andern Menschen eine Meinung bilden soll, schlägt diese konstitutive Voreiligkeit gelehrter Behauptungssätze auf ihn selbst zurück und bringt Unglück über beide. So ist der *Urfaust* ein »drame de condition« des Gelehrtenstandes; es ist ein ironischer Beweis für die magische Gewalt der Darstellungskunst Goethes, daß sich Generationen von Faust-Erklärern in Universität und Gymnasium mit dem magischen Idealismus seines Übermenschentums und seiner Gretchen-Projektion identifiziert haben. Goethe macht aber auch von diesem Drame de condition »neuern Gebrauch«, indem er dem zynischen und sophistischen (V. 902) Wissenschafts-Skeptiker, der auch den Schüler gleich auf »Wissenschaft« im Sinne ihrer materiellen Verwertbarkeit ausrichtet, die Teufelsgestalt des Mephistopheles unterlegt, indem er die moderne Problematik des magischen Idealismus in der Metapher der Renaissance-Magie der Zeichen und Dämonen erscheinen läßt und so die wiederum konstitutionelle Abhängigkeit wissenschaftlicher Rede von tradierten Vorstellungen, Zeichen und Metaphern als unbewältigte Last der Vergangenheit, als »Bücherhauf« auf dem keimenden neuen Gedanken zeigt.

Über das Gretchen-Drama als bürgerliches Trauerspiel im Sinne der Dichtungen über verführte Unschuld ist gesprochen worden, wie auch über den »neuern Gebrauch« dieser Gattung z. B. durch die Einführung des Teufels Mephistopheles. So zeigt sich in dialogischer Opposition zu den Lesarten aufgrund von neugebrauchten Gattungen des 16. Jahrhunderts eine Schicht von Lesarten aufgrund der modernen Gattungen des Drame bourgeois als Drame de condition und als bürgerliches Trauerspiel. Das dialogische Verfahren zeigt sich als »neuerer Gebrauch« noch einmal innerhalb jedes dieser Gattungszusammenhänge: keine der Formen dramatischer Repräsentation ist in ästhetischem Historismus rein nach-modelliert, sondern jede ist Objekt einer dialogischen Stellungnahme, die die tradierte Repräsentationsform mit ihren wesentlichen Elementen, Figurengestaltung, Wirkungsabsicht usw. appräsentiert und mit einer modernisierten Aneignung konfrontiert. Kann Faust der Gelehrte diese Aneignung, den »neuern Gebrauch« seiner Erkenntnistraditionen nicht leisten und bleibt am Buch hängen, statt wirklich »ins weite Land« zu fliehen, so führt der Poet Goethe genau diese Aneignung seiner literarischen und künstlerischen Tradition durch; Faust bleibt auch in dieser Hinsicht eine Warnfigur.

Neben dem historisierenden und dem zeitgenössischen Blick auf die Form der dramatischen Repräsentation ist als dritter der historisch verbindende möglich, der die Renaissance und das Ende des 18. Jahrhunderts als Stationen eines Prozesses der Entfaltung des neuzeitlichen Geistes nimmt. Alte Zeichen- und neue Bewußtseins-Magie, alte und neue Gelehrsamkeit, Räumlichkeit, metrische und dramatische Form, alte und neue Problematik sind unter diesem Blick eines Geschichtsdramas nur die Stationen eines historischen

Prozesses. Shakespeare war mit seinen historischen Welt-Dramen der Bezugs-Autor, wie wir gezeigt haben, nur daß Goethe im »neuern Gebrauch« seiner Dramenkonzeption nicht »Begebenheiten« wie Shakespeare, sondern die Bedingung und Voraussetzung von Begebenheiten, das ihnen zugrunde liegende Prinzip des neuzeitlichen Bewußtseins und seiner Entfaltung in der Zeit gestaltete. Die transzendentale Obdachlosigkeit, die »Unruhe« Fausts, die Unbehaustheit und Flüchtigkeit des Unmenschen einerseits, das Festkleben an der Tradition, das Hängenbleiben an Relikten andererseits und das aus der Spannung resultierende unglückliche Bewußtsein zeigen sich durchgängig. Was sich verstärkt, ist die Reflexivität, die Fähigkeit, sich selbst zuzufügen, was von außen kommend geglaubt wurde. Ist die Magie zunächst für Faust eine objektiv existierende Wissenschaft, der er sich »ergeben« hat, so ist die magisch idealistische Interpretation von Margaretes Zimmer ein subjektiver Vorgang, nach dessen Ablauf Faust sich selbst nicht mehr kennt. Im gleichen Sinne wandeln sich auch Wagners Gelehrsamkeitsinteressen vom Dienst am objektiven Wort Gottes oder des tradierten Kunstwerks zur Frage nach dem Menschen, ja zum Interesse am »Besprechen« seiner selbst, d. i. in einem der möglichen Wortsinne eine Form der Beschwörung (V. 244). Mit der zunehmenden Selbstbeeinflussung und Selbstbezogenheit – historisch gesehen, mit der Emanzipation des bürgerlichen Ich – wird die Liebe, das Verhältnis zum Du einerseits zum existentiellen Bedürfnis (Entwicklung der Ehe als Liebesgemeinschaft im 18. Jahrhundert!), andererseits wegen der Selbstbezogenheit und magischen Selbstbewirkung der Individuen zum Problem: Liebe unter selbstbezogenen Individuen ist vielleicht nur Liebe zu den eigenen Vorstellungen und Bildern, die man sich vom Partner macht. Das unglückliche Bewußtsein des neuzeitlichen Menschen als Bedingung seines Handelns und seiner Begebenheiten scheitert also zunächst im objektiv gedachten Bereich des Erkennens und Handelns, mit zunehmender Reflexivität auch im subjektiven Raum der menschlichen Beziehungen. So werden in diesem dritten Blick auf das transzendentale Drama der Geschichtlichkeit die beiden Dramen-Teile miteinander verklammert. *Faust I* fügt dann zwischen die im *Urfaust* nur als Anfangs- und End-Epochen ausgeführten Perioden der Renaissance und des Ausgangs des 18. Jahrhunderts deutlich markierte Zwischenepochen des 17. und frühen 18. Jahrhunderts ein, so daß in dieser Hinsicht ein vollständiges Drama des Geschichtsverlaufs entsteht.

Schließlich ist die schon im Zusammenhang mit den Figuren und mit den Einzeltext-Bezügen erörterte dreifache Poetik zu berücksichtigen, die zu den drei historischen Aspekten ›senkrecht‹ steht und alle diskutierten Formen dramatischer Repräsentation betrifft; wir hatten diese dreifache Poetik mit dem Blick der Figuren Faust, Margarete und Mephistopheles auf die Dinge in Verbindung gebracht. Vom Blick Fausts aus, der die Spannungen hyperbolisch imaginiert und erfährt, der sich als Übermensch mit dem Erdgeist gleichsetzen möchte, von diesem »Wurm« genannt wird und »zusammenstürzt«, der Margarete nur in den Kategorien »Puppe« oder »Engel« zu denken fähig ist, haben wir eine Tragödie im echten Sinn vor uns, in der das hohe Streben des Menschen an den existentiellen Bedingungen des Menschseins und damit an einem irreduziblen notwendigen Widerspruch des Menschen mit sich selbst scheitert. Auch der Gebrauch der Tragödie ist neu, weil die Tragik hier nicht im Wirken einer transzendenten Macht begründet ist, an die der Mensch nicht heranreicht oder deren Spielball er ist, sondern allein aus dem Wesen des Menschen selbst kommt, das sich in der Neuzeit wohl wegen deren transzendentaler Unbehaustheit gegen sich selbst richtet.

Von Mephistopheles her gesehen, ist dagegen alles eine Komödie. Das Gelehrtendrama wird zur beißenden Universitätssatire, das Gretchen-Drama zur Comédie humaine, die wieder einmal den Lauf der Welt bestätigt und deren tragische Betrachtungsweise durch Faust nur ein Zeichen dafür ist, daß ihm angesichts des Alltäglichen, wo es ihn einmal selbst betrifft, »das Köpfgen überschnappt«. Angesichts der vielen falschen Gefühle und Redensarten Fausts in diesen Schlußszenen wird die Überlegenheit des Mephistopheles und seiner zynischen Gelassenheit sehr deutlich gemacht und der ja auch im *Werther* so entscheidende Blick auf die Natur als das sich ewig selbst fressende Ungeheuer bestätigt. Das Böse als die andere Seite des Guten, wie Goethe es in der Sulzer-Rezension nennt, hat seinen eigenen Blick auf die »tragischen« Ereignisse: sie sind das Alltäglich-Banale, über das jeder Unbetroffene mehr oder weniger gelassen hinwegsieht. Sicher ist auch dies wieder ein »neuerer Gebrauch« des Komischen: wie es sich für einen außerhalb der Welt stehenden Dämon gehört, ist ihm nicht irgend etwas in der Welt oder in einer bestimmten historischen Gesellschaft komisch, sondern der Lauf der Welt überhaupt. Für das Maximum eines Zynismus, wie er hier zu denken ist, sind Böse und Gut, Glück und Unglück irrelevante und austauschbare Interpretationen eines mechanisch-materiellen Vorgangs aus Entstehen und Vergehen, Fressen und Gefressenwerden.

Zwischen der absoluten Tragödie und der absoluten Komödie liegt die Poetik, die mit Margaretes »mikrokosmischem« Blick auf die menschliche Welt und Gesellschaft entsteht. An dieser Poetik haben wir die Besprechung der Formen dramatischer Repräsentation orientiert und brauchen deshalb nicht näher darauf einzugehen. Es ist die mittlere Poetik der Warnung und Lehre, der Trauer und des Vergnügens, des Mitfühlens und Neckens, die zwischen dem gelassenen Grinsen über das Schicksal von Tausenden und dem »inneren Grauen der Menschheit« eine Sphäre der gesellschaftlichen Selbstbegrenzung erzeugt.

Weder der eine noch der andere, noch der dritte dieser Blicke stiftet die einzige Lesart und Poetik des *Urfaust*: es ist wie überall ihr Zusammenspiel, ihr Umschlagen und Übergehen ineinander, ihre gleichzeitig gegebene Notwendigkeit und Möglichkeit, die den Leser oder Zuschauer als ganzen

Menschen ansprechen und fordern und ihm seine integrale Humanität zurückgeben können.

Dieses letzte Kapitel in unserer Reihe überschauender Lesarten für den *Urfaust* hat zugleich das Prinzip erarbeitet, das alle diese Lesarten zueinander in Verbindung bringt: das dialogische Prinzip. Wie im Gespräch ergänzen sie oder widersprechen einander, öffnen Perspektiven in bisher nicht Bedachtes und konzentrieren wieder das Interesse auf einen bestimmten Punkt. Durchgängiges Merkmal der Behandlung aller Lesarten sind die drei Formen der Geschichtlichkeit, die wir immer wieder herauszustellen hatten. Auf dieser gemeinsamen, aber bereits in sich dialektisch lebendigen Basis ereignet sich der Dialog der beschriebenen Lesarten. Nur der einseitig Interessierte oder der nachdenkend-sondernde Interpret hört die einzelnen Stimmen dieses vielstimmigen Gesprächs; für den Zuschauer oder Leser sprechen sie alle zugleich und verschaffen dem Text seine Unerschöpflichkeit, seine letztlich unauflösbare Dichte des Zeichens, seinen seit dem Entstehen forttönenden Klang und Nachhall.

XI
Szenen- und Zeilenkommentar

Nacht

Fausts Monolog und Magie (V. 1–168)

Aus Verzweiflung über die Begrenzung der menschlichen Erkenntnisfähigkeit und die Fruchtlosigkeit seiner Studien und Lehre im erzieherischen und im materiellen Sinne hat Faust sich der Magie ergeben, um durch Dämonen über die Grenzen menschlicher Erkenntnis-, Wahrnehmungs- und Handlungsfähigkeit hinauszukommen. Flucht aus dem als Kerker der Tradition empfundenen Studierzimmer ins weite Land soll ihm Erlösung von seiner Pein bringen; ein magisches Werk soll ihn geleiten, Natur ihn belehren. Dennoch bleibt er sitzen, schlägt das Buch auf, ruft die antwortenden Geister. In seiner Befassung mit dem Zeichen des Makrokosmos steigert er sich magisch bis zu dem Punkt, wo sein Erkenntniswunsch befriedigt ist; durch seine »Unruhe« unterbricht er die Steigerung, die ihn bis zur Beherrschung des Geschauten hätte führen können; die wirkende Natur bleibt distanziertes Schauspiel für ihn. Auch das Zeichen des Erdgeistes wird nicht voll ausgeschöpft: die magische Steigerungsreihe hätte Faust zum »Begreifen« führen können; statt dessen wünscht er nun ein Schauspiel, beschwört den Geist und kann den Anblick nicht ertragen. Seine hybride Anmaßung wird höhnisch zurückgewiesen, er stürzt zusammen.

Die hier gebrauchte Magie ist einerseits die der Renaissance; deren genauere Kenntnis zeigt, daß Faust durch seine (metaphysische) Unruhe, durch seine Melancholie und Verzweiflung, durch seinen Mangel an Glauben sich mit seinen magischen Versuchen in Gefahr begibt, daß er Magie falsch anpackt (indem er sich ihr »ergibt«), daß er ganz schülerhaft zu Werke geht und daß er sich durch sein ständiges Reflektieren und Psychologisieren um die entscheidende Fähigkeit zur Konzentration seiner Einbildungskraft bringt. Die Unruhe, Grund für die Hingabe an die Magie, ist auch Grund ihres Scheiterns. – Die zweite hier gebrauchte Magie ist die visionäre Magie Emanuel Swedenborgs, des »Geistersehers« aus dem 18. Jahrhundert, der von guten und bösen Geistern Einblicke in das jenseitige Leben erhalten hatte. Diese auf das Bewußtsein, die Sittlichkeit und das soziale Zusammenleben gerichtete Magie steht der auf Erkenntnis und Handlungsfähigkeit gerichteten der Renaissance entgegen: die Magien stören einander gegenseitig in ihren Richtungen. Makrokosmos- und Erdgeist-Zeichen, zusammengenommen, sind, religiös gesehen, die göttliche »Herrlichkeit« oder die Natur als Ordnung und als Fülle, als geistig-gesetzmäßiges und als materielles, organisch wachsendes und vergehendes Leben der Gott-Natur. Das magische Buch nimmt in zwei Zeichen auseinander, was Faust als eines intendiert: statt »Geleit« zur Natur zu sein, führt ihn das in Zeichen verfaßte Menschenwerk von ihr weg. Beklagt er anfangs, nur »in Worten kramen« zu müssen, so vertraut er sich hier schon wieder einem menschlichen Zeichen an; der Bezug zur Gott-Natur etabliert sich nicht unmittelbar, sondern »leider« über die Theo-logie. Mit Skrupeln und Zweifeln, mit der Furcht vor Hölle und Teufel (V. 15 f.) fehlen Faust auch die paulinischen Tugenden Glaube, Liebe, Hoffnung, die auf die Erfahrung der menschlichen Endlichkeit antworten; diese drei, vor allem der Glaube, wären Vorbedingungen für das Gelingen der magischen Experimente; Faust benutzt Magie wie eine Technik und scheitert auch deshalb. Sein angemaßtes Übermenschentum, seine Behauptung, »Ebenbild der Gottheit« zu sein und deshalb mindestens dem Erdgeist zu gleichen, belegen den falschen Hochmut des Gelehrten, der sich wegen seiner intellektuellen Überlegenheit auch in religiöser Hinsicht über die Menschen erhaben dünkt. Die Szene weist in religiöser Hinsicht voraus auf Margaretes Zimmer, wo sich im positiv gesehenen »Kerker« (V. 45/546) Ordnung und Fülle der göttlichen Herrlichkeit, die Aspekte der Trinität bei Margarete und die paulinischen Tugenden bei Faust einstellen und mikrokosmisch vereinigen. An dieser Stelle setzt auch, in kosmisch-religiöser Sicht, der ›weibliche‹ Teil des *Urfaust* ein, während sich die ersten Szenen im ›männlichen‹ Bereich bewegen.

Der Gelehrtentyp Faust setzt dem Pansophen der Renaissance (Muster: Paracelsus, Agrippa), der Magie als Krönung einer Einheitswissenschaft versteht, den schwärmerischen Gelehrten des 18. Jahrhunderts (Muster: Swedenborg) entgegen, der die Magie aus dem Ungenügen an der weltlichen Wissenschaft und aus besonderer visionärer Begabung betreibt. Das Scheitern dieses historisch widersprüchlichen Typs an seiner Progressivität bzw. umgekehrt seiner Verwendung veralteter Geistervorstellungen weist auf einen wesentlichen Grund seiner »Unruhe«, die ihn stets auf Zukunft und Vergangenheit bezogen sein, nie in der Gegenwart zufrieden sein läßt (weiterer Bezug zu Margaretes Zimmer, V. 543 f., vgl. V. 1426) oder ihm die erforderliche Konzentration z. B. auf seine magischen Experimente erlaubt. »Nacht« ist ebenso historisch widersprüchlich einerseits die Nacht des finsteren Mittelalters mit seinen trübenden Fensterscheiben (V. 47 f.), aus der der Mensch der Neuzeit aufbrechen will und in der er doch verharrt; Nacht ist andererseits die Stunde der ›Nachtgedanken‹ Edward Youngs (*Night Thoughts*, 1742–45), jenes Kultbuchs empfindsamer Melancholie, wo aber Faust sich nicht der Betrachtung des Lichts künftiger Ewigkeit widmet, sondern »Prisoner of earth, and pent beneath the moon« (*Night Thoughts*, V. 137) und zugleich der Ewigkeit teilhaftig sein will, »A worm! a god!« zugleich (ebd., V. 81, vgl. *Urfaust* V. 86, 146, 248), während für Young diese Zustände nur im Nacheinander von Leben als Puppenstand und ewigem Leben denkbar sind (*Night Thoughts*, V. 129–134).

Die Widersprüche der Geschichtlichkeit, die in dieser Szene direkt gegeneinander arbeiten und Fausts Melancholie,

Unruhe, unglückliches Bewußtsein und Scheitern entfaltend darstellen, zeigen sich auch in der metrischen Gestaltung. Vom ›neu gebrauchten‹, d. h. stark rhythmisierten ausdruckskräftigen Knittelvers der frühbürgerlichen Dichtung über den Madrigalvers des 17., 18. Jahrhunderts bis zum modernsten prosaischen Vers findet sich gewissermaßen die Versgeschichte der Neuzeit kompakt in dieser Szene.

Mit dieser Szene beginnen, wie in dem Kapitel »Dialogische Lesarten« gezeigt, verschiedene Dramen, die, aufeinander bezogen, dem Text seine Mehrdimensionalität verleihen. Das Drama der Gelehrten Faust, Wagner, Mephistopheles (als Professor), Schüler ist, vom 18. Jahrhundert her gesehen, ein »drame de condition« im Sinne Diderots. Der Stand des Gelehrten in seiner konstitutionellen Spannung zwischen Erkenntnisfortschritt und Rückständigkeit der Bezeichnungssprache, zwischen Unsicherheit des Wissens und gesellschaftlicher Aufgabe, gesichertes Wissen weiterzugeben, wird von seinem höchsten Anspruch bis zu seiner Perversion in »Auerbachs Keller« herabgeführt. Vom Gesichtspunkt des 16. Jahrhunderts her erscheint das Gelehrtendrama als ›neu gebrauchtes‹ Warndrama vor Neugier, Hochmut des Wissens und Wissenwollens sowie dem Ausbruch des Wissenschaftlers aus den Schranken des Menschlichen, die sich bis zu Goethes Zeit zu einer unaufhebbaren Trennung von Theorie und Praxis sowie einer Entfremdung des Menschen von seiner »Menschheit« entwickelt hatten; auch dieses Drama kommt in »Auerbachs Keller« auf dem Tiefpunkt gesellschaftlicher Gleichgültigkeit und des Vergnügens auf Kosten anderer an. Für Faust, als Prinzip des neuzeitlichen Bewußtseins verstanden, beginnt das Drama einer zweimaligen Zerstörung magisch eingebildeter Idealität und Größe: zuerst wird die hybride Anmessung des Magiers der Renaissance an die makrokosmische Gottheit bis in den Keller der Bestialität heruntergeführt; dann wird gezeigt, daß er nicht einmal zur Treue gegenüber sich selbst und seinem eingebildeten mikrokosmischen Idealbild fähig ist. Entscheidend für die doppelte ›Verstümmelung‹ ist die »Unruhe«, also das in dem unglücklich durch die ständige Reflexion im Widerspruch zu sich selbst stehende Bewußtsein. Rousseau hatte formuliert: »La science n'est point faite pour l'homme. [...] Il est né pour agir et penser, et non pour réfléchir. La réflexion ne sert qu'à le rendre malheureux sans le rendre meilleur ni plus sage: elle lui fait regretter les biens passés et l'empêche de jouir du présent: elle lui présente l'avenir heureux pour le séduire par l'imagination et le tourmenter par les désirs, et l'avenir malheureux pour le lui faire sentir d'avance. L'étude corrompt ses mœurs, altère sa santé, détruit son tempérament, et gâte souvent sa raison.« (Vorwort zu *Narcisse ou l'Amant de lui-même*, 1752; *Œuvres complètes* XVIII, S. 39.)

Mit dem idealischen Tiefblick Fausts gesehen, erscheinen diese Dramen tragisch, sofern hier der menschliche Wunsch an die Grenze des Menschlichen stößt, der Mensch also tragisch gegen sich selbst gerichtet ist. Mit dem materialistischen Tiefblick Mephistos gesehen, erscheinen die Dramen als Komödien und Satiren, in denen die Idealität des Geistes als Selbstbetrug und Lüge entlarvt wird und der Trieb Triumphe feiert. Mit dem menschlich eingeschränkten Blick Margaretes gesehen, erscheinen diese Dramen als Darstellung menschlich rührender Verstrickung guten Wollens in Schuld, der Gleichzeitigkeit des Glückbringenden und Unheilvollen. – Da diese Lesarten und gattungsbestimmenden Blicke gleichzeitig ineinander verlaufen und gleichwertig sind, muß eine Weise des Lesens und Bühnenspiels gefunden werden, die diese Möglichkeiten des Zugangs eröffnet und offenhält, ohne die eine zugunsten einer anderen zu begünstigen oder zu vernachlässigen.

vor 1 *Nacht ... gothischen Zimmer:* Die Nacht ist historisch die Nacht des Mittelalters – vgl. die gemalten Scheiben (48) des spätmittelalterlich hochgewölbten Studierzimmers –, aus der das Bewußtsein der Neuzeit aufzubrechen sucht und in der es doch gefangen bleibt: »Wir befinden uns nunmehr auf dem Punkte, wo die Scheidung der ältern und der neuern Zeit immer bedeutender wird. Ein gewisser Bezug aufs Altertum geht noch immer ununterbrochen und mächtig fort; doch finden wir von nun an mehrere Menschen, die sich auf ihre eigenen Kräfte verlassen. Man sagt von dem menschlichen Herzen, es sei ein trotzig und verzagtes Wesen. Von dem menschlichen Geiste darf man wohl ähnliches prädizieren. Er ist ungeduldig und anmaßlich und zugleich unsicher und zaghaft. Er strebt nach Erfahrung und in ihr nach einer erweiterten reinern Tätigkeit, und dann bebt er wieder davor zurück, und zwar nicht mit Unrecht. Wie er vorschreitet, fühlt er immer mehr, wie er bedingt sei, daß er verlieren müsse, indem er gewinnt: denn ans Wahre wie ans Falsche sind notwendige Bedingungen des Dascins gebunden. Daher wehrt man sich im Wissenschaftlichen so lange als möglich für das Hergebrachte, und es entstehen heftige langwierige Streitigkeiten, theoretische sowohl als praktische Retardationen. Hievon geben uns das funfzehnte und sechzehnte Jahrhundert die lebhaftesten Beispiele.« (HA 14, S. 80.) Hier, in seiner *Geschichte der Farbenlehre*, hat Goethe die Widersprüche formuliert, die historisch die Unruhe Fausts bedingen und sein Bewußtsein zwischen Progressivität und Retardation, Selbstvertrauen und Hängen am Hergebrachten zerreißt und unglücklich macht. Die wissenschaftskritische Rede und das Greifen zum Buch als »Geleit«, der Selbstaufruf zur Flucht und das Klebenbleiben auf dem Sessel am Pult sind die Zeichen für diese Gespaltenheit und Widersprüchlichkeit. »Nacht« ist historisch aber auch Zeichen für das melancholische Grundgefühl der jungen Generation zur Goethezeit, die mit Youngs *Night Thoughts* über das Verhältnis des Menschen zu Zeit und Ewigkeit nachdachte; die Mondscheinschwärmerei (33 f.) gibt dafür das Zeichen. Wie im Kapitel »Lesarten der Geschichtlichkeit« dargestellt, wird das dramaturgische Problem der gleichzeitigen Progressivität und Rückständigkeit so gelöst, daß die Aspekte des

18. Jh.s den Magier des 16. Jh.s seiner Epoche entfremden und umgekehrt, indem Progressivität und Retardation sich durch zeittypische Anspielungen auf beide Epochen ausdrücken. Im Gegensatz zu Wagner, der die Zeitdifferenz methodisch sukzessiv überbrückt, sucht Faust sie zu negieren, indem er in dieser ersten Szene unterschiedslos gleichsam aus dem 16. und dem 18. Jh. heraus fühlt, denkt und spricht. Der Kommentar muß also die Verschiedenwertigkeit der Aussagen und Formulierungen berücksichtigen. So ist z. B. das Zimmer »hochgewölbt«, d. h. in unserem Sinne gotisch-spätmittelalterlich; es ist »gothisch«, d. h. für die Klassizisten des 18. Jh.s barbarisch, verschnörkelt, unübersichtlich – die Perspektiven beider Zeiten sind hier erkennbar. Die Enge des Zimmers bleibt gewissermaßen über die Zeiten hinweg gleich – im 16. Jh. ist sie durch das aus dem Mittelalter Geerbte bedingt, im 18. Jh. ist sie durch das entstanden, was im 16. Jh. begonnen wurde – begann man sich damals auf seine eigenen Kräfte zu verlassen, so ist das 18. Jh. die Zeit, in der die Besinnung auf das Wesen des Menschen die Bedingtheit und Begrenzung dieser Kräfte erkannte und die Einengung des Menschen durch seine anthropologischen Gegebenheiten (11) aufdeckte. – Neben der historischen Dimension hat »Nacht« als Zeit der Finsternis eine der Licht- und Ordnungswelt entgegengesetzte Bedeutung (vgl. das Kapitel »Kosmologische und religiöse Lesart«); Fausts einsame Lampe in der Finsternis (117), sein Weg vom getrübten Mondlicht mit der Vorstellung des reinen Mondlichts über die imaginierte Lichtwelt des Makrokosmos zur finsteren Feuerwelt des Erdgeistes ist ein Weg von relativem Licht in die Finsternis und damit, der traditionellen Symbolik gemäß, ein Weg der Verkehrung, auf dem das Böse lauert. Was später in Mephistopheles sichtbar erscheint, ist hier schon vorhanden und bildet nur »die andre Seite vom Guten« (*Zum Shakespeares-Tag*; HA 12, S. 227).

vor 1 FAUST *unruhig:* Die Unruhe Fausts wird im folgenden Monolog auf einen existentiellen Zwiespalt zurückgeführt, der sich zwischen Wissenwollen und Nichtwissenkönnen, Bedürfnis nach Reichtum, Ehre, Macht und Lebensüberdruß, Abhängigkeit von Büchern und Bücherhaß, Fluchtbedürfnis und Stubenhockerei, Naturschwärmerei und Zeichenglaube, saturnischem Mißmut und lunarischer Launenhaftigkeit auftut. Die Unruhe ist also weder auf »Titanismus« begründet, wie die ältere Faust-Forschung häufig behauptete, noch auf Enthusiasmus, diastolische Schwärmerei, wie Zimmermann (*Weltbild* II, S. 235 ff.) meint, sondern auf einer Gleichzeitigkeit extremer systolischer und diastolischer Tendenzen. In einem solchen Zwiespalt sich der Magie zu ergeben ist nach magischer Vorstellung des 16. Jh.s äußerst gefährlich: Der himmlische Einfluß »wird nemlich wegen der verschiedenen Natur des Aufnehmenden auch verkehrt aufgenommen, und während die Eigenschaften bei einem solchen Subjecte im Zwiespalt sind, nimmt er selbst [der himmlische Einfluß] an diesem Zwiespalte Theil [...]. Haben wir aber schlimme Anlagen und ist wegen unserer Sünden das Göttliche in uns gewichen, so kehrt sich Alles zum Bösen.« (Agrippa, *De occulta philosophia* III,39; *Magische Werke* III, S. 220 f.) Da die Magie für Faust s t a t t der Wissenschaft und s t a t t der Ergebenheit im Glauben Erkenntnis bringen soll, wird sie zum äußeren Instrument eines hochmütig auf seine eigenen Kräfte vertrauenden Menschen. Von einem unzwiespältigen Magier betrieben, soll Magie W i s s e n d u r c h G l a u b e n stiften und die akzeptierten Schranken der Endlichkeit durch gläubiges Aufnehmen der Himmelskräfte durchlässig machen. Indem Faust an diesen Schranken leidet, kann er Magie nicht als Ausdruck einer Haltung der Gotteskindschaft verstehen und ist damit von vornherein als verkehrter und scheiternder Magier gezeichnet. Alle seine magischen Experimente werden unvollständig, verkehrt und schädlich im Vergleich zu dem, was die Magie des 16. Jh.s eigentlich vorsieht. Deren System, wie insbesondere Agrippa es dargestellt hat, benutzt Goethe, um Fausts tragische Verflechtung präzis darzustellen. – Die Unruhe stört aber auch die visionäre und selbstbeschwörende Magie des 18. Jh.s; die notwendige Begrenzung einer Vision, die Richtung einer Selbstbeeinflussung werden nicht ertragen, umgekehrt reicht die konstitutive Endlichkeit nicht aus, um das Unendliche überhaupt zu begreifen. Auch hier müssen sich die schwärmerische Hingabe als peinliche Anbiederung, die trotzige Selbstbehauptung als lächerliches Auftrumpfen, die vermeintliche Erkenntnis als verfälschendes Anthropomorphisieren, der magische Prozeß als Selbsttäuschung herausstellen. – Mit Fausts Unruhe traf Goethe eine Grundbefindlichkeit des neuzeitlichen Bewußtseins, das sich in der Spannung zwischen Präsenz und Absenz (durch Progressivität und Retardation) sowie zwischen Endlichkeit und Unendlichkeit als wesentlich unglückliches Bewußtsein konstituiert. Schon für den *Urfaust* gilt die Charakterisierung im zweiten Entwurf (1826) zur Ankündigung der *Helena* von 1827: »Fausts Charakter, auf der Höhe wohin die neue Ausbildung aus dem alten rohen Volksmärchen denselben hervorgehoben hat, stellt einen Mann dar, welcher in den allgemeinen Erdeschranken sich ungeduldig und unbehaglich fühlend den Besitz des höchsten Wissens, den Genuß der schönsten Güter für unzulänglich achtet, seine Sehnsucht auch nur im mindesten zu befriedigen, einen Geist, welcher deshalb auch nach allen Seiten hin sich wendend immer unglücklicher zurückkehrt. Diese Gesinnung ist der modernen so analog, daß mehrere gute Köpfe die Lösung einer solchen Aufgabe zu unternehmen sich gedrängt fanden.« (Zit. nach: HA 3, S. 440.)

1–3 *die Philosophey ... die Theologie:* Die vier Fakultäten des höheren Universitätsstudiums sind in dieser Reihenfolge schon bei Marlowe genannt, jedoch nicht in den Volksbüchern. Wahrscheinlich hatte eine der nicht überlieferten

Puppenspiel-Versionen Elemente bewahrt, die Marlowes Text nahekamen. – Das Bedauern des Theologiestudiums kündigt an, daß Faust auch ein schlechter Magier sein wird, denn ›Religionsstudien‹ bedeuten für den Magier Rüstung mit Gesundheit, Befestigung in der Wahrheit und göttlichen Schutz vor Anfechtung (Agrippa, *De occulta philosophia* III,53; *Magische Werke* III, S. 313). Ja, die Magie verstand sich als eine alle Religonen und ihre Theologien umfassende Wissenschaft von Gott und wurde deshalb von allen Theologen bekämpft. Für sein Unternehmen der ›weißen Magie‹, mit dem er sich zunächst befaßt, beraubt sich Faust einerseits des Schutzes vor der Gefahr im Umgang mit dem Übermenschlichen, andererseits des Schlüssels zur vollständigen Eröffnung der überhimmlischen Einflüsse, Kräfte und Erkenntnisquellen. »Wer du nun auch sein magst, der du in dieser Wissenschaft wirken willst, flehe vor Allem mit inbrünstigem Gebete Gott den Vater an, daß du seiner Gnade würdig sein mögest« (III,64; ebd., S. 367).

4 *Durchaus studirt mit heisser Müh:* bis zum Ende, vollständig. Damit gibt sich Faust als saturnisches Gelehrtentemperament zu erkennen. Gelehrte sind häufig merkurialisch, oberflächlich, schönrednerisch. »Wer aber zu allen geheimsten Forschungsgegenständen durch seine größere Neugier tiefer vorzudringen angereizt wird, der muß wissen, daß er nicht merkurialisch, sondern saturnisch ist. Unter der Herrschaft dieses Planeten sind alle in jedem Studium eifrig bis zum Ende (usque ad finem seduli) und vernachlässigen besonders andere Dinge.« (Ficino, *De vita* III,24.) Der Saturnier liebt die Einsamkeit (ebd. 26), er ist ein ungewöhnlicher Mensch mit ungewöhnlichem Schicksal, abgetrennt von andern, göttlich oder tierisch, selig oder von äußerstem Elend bedrückt (ebd. 2).

7 *Heisse Docktor und Professor gar:* Es geht hier weniger darum, daß Faust diese Titel erworben hat, sondern daß er sie als inhaltlich verpflichtende Bezeichnungen angesichts

seines Nichtwissens gar nicht führen dürfte: »Doktor« bezeichnet den, der seine Gelehrtheit bewiesen hat, »Professor« einen, der institutionell berufen ist, zu erklären, zu lehren und Wissen vorzutragen. So polemisiert auch Paracelsus: »Ihr von Paris, Padua und Montpellier, Salern, Wien und Leipzig, ihr seid nit professores veritatum sondern ihr seid confessores mendaciorum, Bekenner der Lüge, mendaces und nit doctores« (*De pestilitate*; *Werke* V, S. 236.) Auf diese von Faust erkannte Unrechtmäßigkeit seines Tuns spielt Mephisto 895–901 an.

11 *Und seh daß wir nichts wissen können:* Die christliche Skepsis, nach der unser Wissen Stückwerk und kinderähnlich ist (1. Kor. 13,9–13), hat einen festen Platz in der christlichen Tradition und damit auch der ›weißen Magie‹; diese versucht zwar mit der Hilfe besonderer Mittel die menschliche Erkenntnis und Handlungsfähigkeit zu erweitern, aber gerade nur wieder durch eine besonders intensive religiöse Bindung, während der Verkehr mit bösen Geistern als Auslieferung an die Lüge gesehen wird. In dieser Tradition steht auch das Werk des Magiers und Universalgelehrten Heinrich Cornelius Agrippa von Nettesheim, *De incertitudine et vanitate scientiarum atque artium* (1530), das Goethe sehr früh las (vgl. *Dichtung und Wahrheit* IV; HA 9, S. 162; spätere Lektüre vgl. DjG 1, S. 434), in dem Agrippa die Anfechtbarkeit des in allen Disziplinen gesammelten Wissens darlegte. – Auch Goethes Mentoren Hamann, Herder, Oetinger betonten die Naturferne der Abstraktion, die proteusartige Geschichtlichkeit (vgl. Herder, *Frühe Schriften*, S. 149, 151 u. ö.) und die Minimalität des Wissens gegenüber dem Nichtwissen (vgl. Oetinger, *Swedenborg*, S. 163). Die Radikalität, mit der Faust diese Skepsis formuliert, geht über den traditionellen Zweifel hinaus; sein Satz impliziert ja, daß Menschen als Menschen überhaupt unfähig sind, Wahrheit zu erkennen. Der Satz widerlegt sich selbst, denn wenn er stimmt, kann Faust auch nicht wissen, daß er nichts wissen

kann; er ist insofern vor allem Symptom für die Verzweiflung und den Absolutheitsanspruch, die Faust von vornherein charakterisieren sollen: für den Verzicht, in der Anerkennung der Erkenntnisbeschränkung des Geschöpfs Mensch sich auf göttlichen Beistand zu verlassen. Was ihm das Herz verbrennt, ist die Erfahrung, nicht aus eigener Kraft zu der Wahrheit, zum absoluten, d. h. göttlichen Wissen gelangen zu können. Seine Verzweiflung ist luziferische Hybris, und die Magie wird ihm auch nur ein Instrument sein, mit dem er sich autonomes Wissen anzueignen hofft. – Gerade darin liegt aber wiederum ein symptomatischer Fehler Fausts. Der zum Visionär gewordene Naturwissenschaftler Swedenborg hatte aus Fausts Problem eine andere Konsequenz gezogen: »So lange die Geister meinen, daß sie sich selbst führen, aus sich selbst denken, aus sich selbst wissen, so können sie keine wahre Perception haben« (Oetinger, *Swedenborg*, S. 46). Perceptio centralis, fühlende Empfindung des Wahren und Guten unmittelbar aus der Erscheinung, dem Einfluß des Wirkungskreises einer Sache, eines Menschen oder Geistes heraus war die Form, die Swedenborg (ebd., S. 46 f.) und der Physiognomiker Goethe anstrebten (*Lied des physiognomischen Zeichners*; HA 1, S. 53). Faust dagegen hält weiterhin am Konzept des theoretischen Wissens fest – Geheimnisse sollen ihm kund werden, er will erkennen, schauen (26–32). Das hat fatale Folgen und führt ins Zentrum seiner Tragik: die Absolutheit seines Strebens vermag er nur durch eingeschränkte Zielsetzungen auszudrücken, die ihm sein ererbtes Denken an die Hand gibt; der modernen, progressiven Forderung nach Perceptio centralis widerspricht die in theoretische Erkenntnis und praktische Handlungsfähigkeit, Makrokosmos- und Erdgeist-Zeichen auseinandergenommene Zielvorstellung – Faust bleibt in diesem entscheidenden Punkt am ererbten, in seinem wahren Sinn nicht mehr verstandenen Zeichen hängen und retardiert sich damit. Auch die Magie benutzt er damit falsch – statt zu einer höheren Form der Physiognomik nutzt er sie zur Gewinnung eingeschränkter Erkenntnis; deshalb enden seine magischen Versuche kläglich. – Eine ganze Lesart des *Faust* wird durch die Stelle eröffnet, wenn man die Versuchung Adams und Evas durch den göttlichen Hinweis auf eine in ihrer Ausstattung fehlende »Erkenntnis« bedenkt, deren Besitz laut Schlange und Gott selbst (1. Mose 3,5.22) ein Sein »wie Gott« bedeutet. Dem entspricht Fausts Sehnsucht nach dem absoluten Wissen, von dem er ebenfalls nur das Fehlen, nicht aber die Beschaffenheit erfassen kann. Goethe fragt nun aber nicht: ›Wie zeige ich Faust als Adam?‹, sondern: ›Wie sieht für einen neuzeitlichen Menschen Adams Problem aus, wie zeige ich Faust als neuen Adam?‹ Faust sind vor allem Adams für die Menschheit entscheidende Taten und Schicksale als Bedingungen des eigenen Daseins vorgegeben; der Mangel an Erkenntnis erscheint deshalb als existentieller Mangel der ganzen Gattung (»daß wir nichts wissen können«), den Faust durch eigenes Nachdenken erkennt und nicht als Gebot, Verbot oder Versuchung durch äußere Instanzen zur Kenntnis erhält. Die Versuchung des modernen Menschen geschieht durch ihn selbst, mit seinem absoluten Anspruch will er luziferisch »sein wie Gott«. Auch die Vorhersagen künftiger Leiden, Ankündigung des Todes und Vertreibung aus dem Paradies gehören schon zur anthropologischen Gegebenheit; der moderne Mensch schafft sie sich selbst auf neue Weise, und zwar aus den nicht hinterfragten Bedingungen seiner Modernität, z. B. der Notwendigkeit von (tradierten) Zeichen zur Formulierung einer neuen Erkenntnis und von eingeschränkten Zeichen für eine erstrebte absolute Erkenntnis. Der moderne Mensch versucht und bestraft sich selbst und ist die Bedingung seines eigenen Scheiterns; da hier das menschliche Subjekt mit sich selbst, mit den konstitutiven Bedingungen des Menschseins sich im Wege steht – Signatur der Moderne –, handelt es sich beim *Faust* um die konsequenteste und umfassendste der möglichen modernen Tragödien. Sie beginnt deshalb monologisch, der Dialog ist bereits Zeichen einer Spaltung und der Beginn des selbst zugefügten Leidens. Fausts Unterhaltungen mit sich selbst in Gestalt Wagners, des Schülers, des Mephistopheles sind in der Divergenz richtiger Ansichten bereits Beweise für die Unmöglichkeit einer vollständigen Erkenntnis und umfassenden Formulierung. Als Fausts ›Jugendbildnis‹ wird dem Studenten deshalb der Satz der adamischen Versuchung ins Stammbuch geschrieben. Vgl. auch Anm. zu 101 f.

12 *Das will mir schier das Herz verbrennen:* »Das« faßt alles Gesagte zusammen: vergebliches Studium, zu Unrecht geführte Titel, Irreführung der Studenten, Unfähigkeit des Menschen zur absoluten Erkenntnis – die Klage bezieht sich also auf theoretische und praktische Lebensaspekte. Daß die zentrale Instanz »Herz« als Organ einer Perceptio centralis oder »fühlenden Empfindung« in Swedenborgs Sinn hier schon ins Spiel kommt, ist einerseits leitmotivisch für diese erste Szene wichtig (57, 91, 125, 128), andererseits wird neben der umfassenden Kategorie H e r z die Einschränkung des ersehnten W i s s e n s mit tragischer Ironie deutlich.

14 *Schreiber und Pfaffen:* stehende Formel (vgl. *Götz* IV,2) für Juristen im öffentlichen Dienst und Geistliche. Schmidt, Morris u. a. wollen in dieser Zeile alle vier genannten Fakultäten (1–3) noch einmal beisammen sehen.

15 f. *Mich plagen keine ... Höll noch Teufel:* Vor der Überzeugung, nichts wissen zu können, werden auch alle Informationen über Metaphysisches, über Hölle, Teufel (oder Gott) hinfällig und verlieren ihre Wirkung auf Gewissen (Skrupel), Denken (Zweifel) und Seele (Furcht). Dagegen mahnte z. B. Paracelsus, »daß wir im Herzen nicht des Verführers vergessen sollen [...]. Denn [...] der Teufel betrachtete seine Hoffart und Glorie usw., und so wir auf Erden solches auch betrachten, so können wir nit das erlangen, da wir hin verordnet sind.« (*Liber de fundamen-*

to I; *Werke* III, S. 9.) Die Anmaßung, diese Dinge aufgrund der selbstgewonnenen Erkenntnis zu beurteilen, das reflexive Bestehen des modernen Subjekts auf seinen eigenen Kräften, ist nach Oetingers Definition eine Erscheinung der Ursünde. Die Bewegung des Menschen müßte auf Gott und seine Wahrheit zu, aus der Finsternis ins Licht gerichtet sein. »[...] diese Selbst-Bewegung kann durch falsche Vorstellung wieder rückwärts in die ersten principia gehen [das systolisch-begrenzende, materialisierende finstere Prinzip], und dadurch eine Verkehrung und Abirrung des Geschöpfs verursachen. Darin besteht eigentlich die Sünde, die Verkehrung und der Abfall, daß eine Creatur nicht in der Wahrheit besteht, sondern etwas erregt, das wider Gottes Ordnung ist, wie der erste Engel oder der erste Mensch.« (Oetinger, *Swedenborg*, S. 2.) Daß Faust aufgrund selbstgewonnener Erkenntnis den Teufel nicht fürchtet, diese Reflexion, dieses ›Rückwärtsgehen‹ auf sich selbst statt vorwärts auf die gottgegebene Wahrheit zu, ist Fausts luziferische Verkehrung oder adamischer Sündenfall.

17 *Dafür ist mir auch all Freud entrissen:* Der Preis für Gewissen- und Furchtlosigkeit (»dafür«) ist Freudlosigkeit. Astrologisch ist dies der Zustand des saturnischen Melancholikers, in dem ihm die Freude des Jupiter, des glanzvollen Herrschers fehlt – der Glanz der Feste in der Renaissance war die bewußte Suche nach jovialischer Freude als Gegenmittel gegen die Zeitkrankheit der Melancholie. Religiös gesehen, ist Freudlosigkeit der Zustand der Gottverlassenheit, denn »Reich Gottes ist Friede und Freude in dem heiligen Geist« (Röm. 14,17), der Himmel ist nach Swedenborg »eine Liebe unter einander, und [...] die himmlische Freude eine Freude [...], die aus jener entsteht« (Oetinger, *Swedenborg*, S. 98). Faust, ohne Skrupel, Zweifel und Furcht, ist auch ohne Hoffnung, Glauben und Liebe. Die saturnische oder teuflische Kälte hat ihn eingenommen, bis durch empfindsame Klage und Begei-

sterung sein »armes Herz« wieder für einen Moment der himmlischen Freude zugänglich wird (83).

22 *Herrlichkeit der Welt:* Die Zeilen 21 f. zeigen, daß Fausts Ziele gleichermaßen materiell wie intellektuell sind. Wie er das Streben nach Erkenntnis zum Übermaß des absoluten Wissens treibt, so das Streben nach Materiellem über Reichtum und Ansehen hinaus zum Übermaß der absoluten Macht, denn »Herrlichkeit der Welt« ist eine Anspielung auf die Versuchung Jesu durch den Teufel, der ihn auf einen sehr hohen Berg führte »und zeigte ihm alle Reiche der Welt und ihre Herrlichkeit« (Mt. 4,8). Die Versuchung durch den Teufel als solche liegt ›hinter‹ Faust wie die Versuchung Adams; er beklagt nur noch, daß er den vom Teufel versprochenen Besitz nicht hat, und in *Faust II* wird er ihn sich nach erneuter Anspielung auf die Versuchungssituation (10131) durch die Eindeichung und durch sein Handelsimperium (11242) selbst schaffen: wieder handelt es sich um die Selbstversuchung und -verteufelung des modernen Menschen.

24 *der Magie ergeben:* Während die Puppenspieltexte immer vom Entschluß Fausts zur Magie berichten, wählt Goethe hier im ironischen Kontrast zu Fausts Furchtlosigkeit und wie tatendurstig klingendem Ausruf »Es mögt kein Hund ...« (23) die passive Formulierung, die die Magie zu etwas macht, was sie keinesfalls sein darf: ein äußerliches, erlernbares Verfahren, dem man sich ergeben, unterwerfen muß, um bestimmte Ergebnisse zu erzielen. Magie beruht vielmehr auf einer bestimmten Glaubenshaltung, betrifft den ganzen Menschen und hat die ganze Natur und die metaphysische Wirklichkeit zum Gegenstand. Über Voraussetzungen, Ziele und Geschichte der Magie vgl. das Kapitel »Magie«; in dieser ersten Szene sind die Magien des 16. und des 18. Jh.s so aufeinander bezogen und mit Aussagen und Vorstellungen ihrer Exponenten Agrippa und Swedenborg ineinandergemischt, daß sie einander gegenseitig behindern: die Dä-

monen- und Zeichenmagie des 16. Jh.s schränkt die psychisch-visionäre Magie des 18. Jh.s in veraltete Vorstellungen ein, umgekehrt schwächt die ständige Reflexion auf die eigene Befindlichkeit die Konzentration auf das heilige Zeichen; Retardation und Progressivität verhindern also den Erfolg des jeweiligen, historisch bedingten Zugriffs.

25 *Ob mir durch Geistes Krafft und Mund:* Das »ob« weist darauf hin, daß Faust die eigentliche Praxis der Magie noch nicht erprobt hat; die Fehler, die er bei seinem ersten Versuch macht, zeigen außerdem, daß er sich auch theoretisch nicht ausreichend damit befaßt hat. Goethe stellt ihn als recht schülerhaft dar, was natürlich nur auf dem Hintergrund einer genaueren Kenntnis der Magie faßbar wird. – »durch Geistes Krafft« bezieht sich auf die spirituelle Magie des 16. Jh.s, bei der sich der Magier in die Kraftsphäre des Weltgeistes einschaltet und daraus sowohl Erkenntnis wie Wirkfähigkeit zieht; »durch Geistes … Mund« bezieht sich auf die Dämonenmagie des 16. Jh.s, bei der sich der Magier durch bestimmte Praktiken einen Dämon untertan macht und von ihm Geheimnisse erfährt oder Aufgaben ausführen läßt. Die Erleuchtung durch das Makrokosmos-Zeichen und die Beschwörung des Erdgeistes durch sein Zeichen sind also hier der Form des magischen Zugangs nach benannt. – Auch im Sinne der Magie des 18. Jh.s ist die Zeile aussagekräftig: »Geistes Krafft« ist dann die »Innre Schöpfungskraft« des physiognomischen Zeichners, die »magische« Naturgabe des Genies, die ihm die Welt ringsum belebt und die ihn befähigt, sie in ihren Wirkungen und Ursachen zu fühlen und schöpferisch wieder anzuwenden (vgl. HA 12, S. 24; HA 10, S. 66 f.). »Geistes Mund« weist auf Swedenborgs Verkehr mit den Geistern, wobei aber »die Sprache der himmlischen Geister« aufgrund ihrer Verschiedenheit von der menschlichen Sprache »selten anders in die Sprache ein[fließt], als durch zarte Anregungen des Herzens

(affectiones)« (Oetinger, *Swedenborg*, S. 32). Gerade die Lösung wissenschaftlicher Probleme darf sich Faust von den Geistern Swedenborgs nicht erwarten. Die Paare von Vorstellungen aus dem 16./18. Jh. zeigen sich deutlich in ihrem Entwicklungszusammenhang, stören einander aber in ihrem Doppelsinn dann, wenn Faust sich nicht eindeutig auf eine Epoche bezieht. Faust müßte sich sozusagen zwischen objektiver und subjektiver Magie entscheiden, um zu einem Erfolg zu kommen. Statt dessen verwendet er Vorstellungen aus beiden Epochen ununterschieden und scheitert dadurch an der Nichtbeachtung ihrer Geschichtlichkeit.

26 *manch Geheimniß:* Nach Paracelsus wissen die Geister »aller Natur Geheimnisse und ihre Geeignetheit und ihr Woraus«, sie besitzen »die semina« und »das Zeug und den Ort, da solches kann und muß bereitet werden« (*Philosophia sagax* III,8; Werke III, S. 395).

29–32 *Daß ich erkenne ... in Worten kramen:* Erkennen, schauen und tun stehen in dieser Zielangabe Fausts in einem klaren Steigerungsbezug; so wird Faust nach dem Erblicken des Makrokosmos-Zeichens Erkenntnisse haben (85), schauen und das Zeichen eigens »beschauen«, nur bis zum Tun wird seine Geduld und sein Glaube nicht reichen. Erkenntnis ist nicht, wie Zimmermann (*Weltbild* II, S. 250) meint, samt der ersten Monologpartie bloßes Vorspiel, sondern es geht im ganzen *Urfaust*, in »Auerbachs Keller«, in Margaretes Zimmer wie noch im Kerker um Erkenntnis – Naturerkenntnis zu Anfang, Selbsterkenntnis gegen Ende, von der Einsicht in die eigene Unbehaustheit bis zur Anerkennung der Schuld, für die er im *Urfaust* sogar das Wort »Mörder« findet (»Nacht. Vor Gretgens Haus« 59). – Das Schauen nimmt in einem die intellektuelle Befassung übersteigenden, das Erkennen durch das Imaginieren und das Fühlen ergänzenden Zugang Verbindung mit den ordnenden Formen und bewegenden Kräften auf, die die Natur und den Himmel regieren; es ist die Episteme des Magiers, der sich innerlich in das Geschaute «transformiert« (Oetinger, *Swedenborg*, S. 223) und »siehet den himmel offen, und die engel Gottes auf- und absteigen, und seinen namen angeschrieben im buch des lebens« (Arnold, *Kirchen- und Ketzer-Historie*, Tl. 2, S. 1123). Das Schauen in diesem umfassenden Sinn erscheint z. B. bei Swedenborg als Perceptio centralis (vgl. Anm. zu 11, 12; aber auch 89). – Das Tun endlich ist die aus der Zentralschau des Magiers sich ergebende Fähigkeit, die »begriffenen« kosmischen Formprinzipien und Kräfte im natürlichen Sinne, aber zu menschlichen Zwecken einzusetzen. Hier ist, mit Bacons Magie-Auffassung des »natura parendo vincitur«, der für *Faust I* so wichtige Übergang von der Renaissancemagie zur modernen Technik, Ökonomie und Naturausbeutung. Faust hat hier noch keine genauen Vorstellungen von seinem möglichen Tun; er will nur nicht mehr »in Worten kramen«, d. h. mit Worten als Professor Handel treiben (nicht etwa: herumkramen).

29 f. *was die Welt / Im innersten zusammenhält:* Der wohlvorbereitete Geist des Magiers »zieht [. . .] die Wahrheit an und schaut, schnell begreifend, alle Zustände, Verhältnisse und Ursachen, sowohl der natürlichen als der unsterblichen Dinge in der göttlichen Wahrheit selbst, wie in einem Spiegel der Ewigkeit. Daher kommt es, daß wir, in der Natur stehend, das, was über der Natur ist, erkennen und alle Dinge unserer Welt wissen« (Agrippa, *De occulta philosophia* III,6; *Magische Werke* III, S. 34). Über die Gefährlichkeit dieses Anspruchs ist Agrippa sich klar und macht immer wieder auf den festen Glauben (den ja Faust nicht hat) als Voraussetzung dieses Vorstoßes ins Innerste der Natur aufmerksam (z. B. III,64; ebd., S. 367). Daß Faust mit diesem Erkenntniswunsch wieder der Hybris anheimfällt, macht Oetinger deutlich: »In dieser Welt sollet ihr so viel von der Kraft der Elemente verstehen, als zur Herrlichkeit und Liebe Gottes gehört; aber der Trieb, alle

Tiefen der Natur zu erkennen, ist von euch selbst. Gott aber braucht [d. h. benützt] ihn, daß alles Verborgene offenbar werde« (*Swedenborg*, S. 294). In dieser Formulierung Oetingers, die mit dem zweiten Satz über die üblichen christlich skeptischen oder antiaufklärerischen Positionen hinausgeht, ist die Dialektik Fausts enthalten: der Hunger nach Erkenntnis über Menschenmaß hinaus macht den Menschen verkehrt, richtet ihn gegen Gott und verschafft dem Teufel Zugang; zugleich ist der Wissenstrieb, der immer Neues entdeckt, das Mittel Gottes zur Fortführung seiner Offenbarung. Grundlage dieser Auffassung ist Mt. 18,7: »Es muß ja Ärgernis kommen; doch weh dem Menschen, durch welchen Ärgernis kommt.« Der tragische Aspekt des Faustschen Erkenntnisdrangs wird hier sichtbar. Zur »Herrlichkeit Gottes« in Oetingers Sinne gehören die sieben Geister, Sephirot oder Abglänze Gottes, deren in dialektischer Entgegensetzung gestufte Folge nicht nur Oetingers Lebenstheologie, sondern auch Herders Lehre von der ältesten Urkunde und Schöpfungshieroglyphe begründet. Mit den beiden ersten, der systolischen, materiebildenden, zusammenziehenden Attraktionskraft und der diastolischen, auflösenden Extensionskraft bringt Oetinger die Zentripetal- und Zentrifugalkraft der Newtonschen Weltmechanik in Zusammenhang: »Die centralischen Kräfte sind die aus Zusammen-Ordnung Gottes vereinigten widrigen Kräfte, da die eine zum Centro, die andere vom Centro weg geht; durch diese wird die Natur erhalten. Newton kann ohne centralische Kräfte der Planeten Lauf nicht beweisen, und Böhm kann ohne die centralischen Kräfte die Geburten der Dinge nicht begreiflich machen.« (*Swedenborg*, S. 199.) Die Verbindung zwischen Newton und Jakob Böhmes Mystik, die sehr stark auf die Lehre von den sieben Geistern Bezug nimmt, besteht tatsächlich. Für Oetinger ist es deshalb ein Beweis der Lehre von den sieben Geistern, daß »Newton durch Experimente gefunden [hat], daß die anziehende Kraft die ganze

Natur zusammenhalte« (ebd., S. 212); auch Goethes Systole- und Diastole-Begriff stammt wohl aus dem eifrig studierten Swedenborg-Buch (ebd., S. 231). Für Goethe sind diese Kräfte annehmbar, weil sie die Herrlichkeit, d. h. die sichtbare Erscheinung Gottes konstituieren und deshalb »geheimnisvoll-offenbar« (*Harzreise im Winter*, V. 83; HA 1, S. 52) sind. Sie sind damit nicht Innerstes im Sinne der Hallerschen Opposition von Kern und Schale, die Goethe später (in *Allerdings*; HA 1, S. 359) als so philiströs gekennzeichnet hat, die aber schon dem Physiognomiker nicht entsprechen konnte. Albrecht von Hallers Gedicht *Die Falschheit menschlicher Tugenden* (1730) mit den Zeilen »Ins Innre der Natur dringt kein erschaffner Geist, / Zu glücklich, wem sie noch die äußre Schale weist!« (V. 289 f.) enthält allerdings einige auf Faust beziehbare Stellen – »Versenkt im tiefen Traum nachforschender Gedanken, / Schwingt ein erhabner Geist sich aus der Menschheit Schranken. / [. . .] / Sein stets gespannter Sinn verzehrt der Jahre Blüte, / Schlaf, Ruh und Wollust fliehn sein himmlisches Gemüte. / [. . .] / Du hast nach reifer Müh und nach durchwachten Jahren / Erst selbst, wie viel uns fehlt, wie nichts du weißt, erfahren!« (V. 255 f., 259 f., 291 f.) Vielleicht soll Faust als Philister gezeichnet werden, der sich mit falschem Bewußtsein von Innen und Außen der Natur nähert.

31 *alle Würkungskrafft und Saamen:* »Aller Elementen Grund und Fundament ist Terra [. . .]; diese hat in sich den Saamen und Würckung Krafft aller ding.« (Pseudo-Paracelsus, *Secretum magicum de lapide philosophorum.*) Diesen schon von Friedrich, Buchwald, Arens ohne Ortsangabe zitierten Traktat konnte ich nicht auffinden. Die Stelle ist aber wörtlich übersetzt aus Agrippa, *De occulta philosophia* I,5: »Omnium autem elementorum basis et fundamentum, terra est: ipsa enim est obiectum, subiectum et receptaculum omnium radiorum influxumque coelestium: ipsa in se continet omnium rerum semina seminalesque

virtutes.« (»Aller Elemente Basis und Grundlage ist die Erde; denn sie ist Object, Subject und Behälter aller himmlischen Strahlen und Einflüsse; sie enthält in sich die Samen und Samenkräfte aller Dinge«; *Magische Werke* I, S. 57 f.) Zugrunde liegt ein vielzitierter Spruch aus der hermetischen *Tabula smaragdina*: »Terra est Mater Elementorum, de Terra procedit, et ad terram revertentur omnia.« (Zitiert z. B. in dem Paracelsus-Traktat *Secretum Magicum. Von dreyen gebenedeyten Magischen steinen*, in: Paracelsus, *Der Hermetische Nord-Stern*, Frankfurt/Leipzig 1771, S. 255.) Die Stelle ist nicht nur wichtig als Vorlage für die Formulierung in 31, sondern auch für die Interpretation des Erdgeistes. Der Satz kann erklärt werden durch eine Stelle aus der *Philosophia sagax* des Paracelsus: »So ist auch hie zu verstehen, daß die matrices [die vier Elemente als »Mütter«] den Samen haben, den effectum aber vom astro«, d. h. vom Gestirn, den astrologischen Einflüssen (I,5; *Werke* III, S. 137). Das Samen-Bild, das aus der Entelechie-Vorstellung des Aristoteles abgeleitet scheint – »ratio seminalis, quae intimum est, et efficax et continuum generandi principium« (Ficino, Plotin-Kommentar; *Opera* II, S. 1567; vgl. Ovid, *Metamorphoses* I,9) –, spielt in der älteren Magie und Naturphilosophie eine große Rolle, denn die Ideen der Dinge sind in Gott eins, »in der Weltseele aber werden viele [...] stufenweise mehr und mehr verschiedene Ideenformen angenommen. In der Natur erscheinen dieselben [...] gleichsam als unterste, von den Ideen ausgeflossene Formsamen; in der Materie endlich als Schatten.« (Agrippa, *De occulta philosophia* I,11; *Magische Werke* I, S. 87 f.) Die Samen sind also formende und entwickelnde Ordnungsfunktionen, die sich der Stoffe bemächtigen, um organisierte Lebewesen aus ihnen werden zu lassen. Diese Ordnungsfunktionen führt der Magier in einem Stufenweg auf die Ideen Gottes zurück. Könnte Faust sie »schauen«, hätte er die Erkenntnis und Macht über die göttlichen Ideen. Dasselbe gilt für die planetarischen Gestirnkräfte, die die Energie und die Entwicklungsrichtung für die Organisation nach Maßgabe der Samen-Ideen verfügbar machen. Im »Schauen« dieser Kräfte würde Faust auch über die generativen und zerstörenden Energien des Kosmos verfügen. – Man sieht, daß mit Wirkungskraft und Samen die in Erdgeist und Makrokosmos personifizierten generativen und ordnenden Aspekte noch einmal (vgl. Anm. zu 25) benannt sind. Gerade hier liegt jedoch ein Problem, auf das seit Spinoza die neuere Naturphilosophie und insbesondere die Lebenstheologie Oetingers zu antworten suchte: das Problem der Spaltung der Natur in eine ideelle Ordnung und eine energetisch belebte Materie; wie können sich der Einheit des »Schauens« derart kategorial geschiedene Objektbereiche erschließen? Oetinger arbeitet zur Lösung dieses Problems eine Naturphilosophie aus, die die materiellen und energetischen Aspekte aus der Wirkung und Gegenwirkung seiner sieben Kräfte, die Ordnungsaspekte aus deren Irregularität bzw. Regularität im Hinblick auf den Weg der Natur auf Gott zu bestimmt: »Alle Geburten der Dinge, alle Samen entstehen, indem Gott das Licht aus der Finsternis hervor ruft, indem er die irreguläre Selbst-Bewegung zur Regularität bringt.« (*Swedenborg*, S. 152.) Kraft und Idee, Energie und Ordnung, Materie und Geist sind damit Aspekte einer und derselben Natur oder göttlichen Herrlichkeit; die durch Descartes verschärfte kategoriale Spaltung wird überwunden, und das Schauen des christlich-naturphilosophischen Magus ist die Fähigkeit, »die Intelligenzen und Verhältnisse der Kräfte einzusehen«, indem »die Zusammensezung und Auflösung der Vermögenheiten, welche in einem Ding enthalten sind, durch Ähnlichkeit der Wirkung und Gegenwirkung also vernommen werde, daß unser Innerstes der Seele transformirt werde in das erkannte Ding«. Neben dieser Hermeneutik der anschauenden Erkenntnis beherrscht der Magus auch die Verfahren, »die verborgenen Kräfte der Dinge« hervorzuschöpfen und nutzbar zu machen (ebd., S. 222 f.). Er geht aber »statt der aberglaubischen Conjunctionen mit dem Verstand zu Werk, und weiß die Gründe, wodurch das Innerste zusammen stimmt oder widrig ist, verständlich zu machen, auszuwickeln und gar unter sinnliche Rechnung zu bringen, nach Ebr. 11,3« (ebd., S. 223). Fausts Formulierung »Daß ich erkenne was die Welt / Im innersten zusammenhält« (29 f.) tendiert eher zu dieser neuen Magie, während die Formulierung hier (31) die alte Vorstellung aufnimmt und damit in ein mindestens durch die Entwicklung im 17. Jh. dualistisch gewordenes Weltbild zurückfällt. Dieselbe Figur taucht wieder auf bei der Verdammung des »Bücherhaufs« und dem Rekurs auf das alte Buch, in dessen Zeichen Ordnungs- und Generationsaspekt der Natur auf getrennten Blättern erscheinen.

33–36 *O sähst du voller Mondenschein ... heran gewacht:* Die Anrufung des Mondes ist unter magischen Gesichtspunkten notwendig, denn »beim Monde beginnt auch im Himmlischen die Reihenfolge der Dinge, welche Plato die goldene Kette nennt [...]. Daher kommt es, daß wir ohne die Vermittlung des Mondes die Kraft der Oberen durchaus nicht anziehen können« (Agrippa, *De occulta philosophia* II,32; *Magische Werke* II, S. 198). Astrologisch bringt Faust seine Gespaltenheit zum Ausdruck, indem er sich nach dem obersten nun dem untersten ›Planeten‹, nach dem trägen, kalten, fixierten Saturn nun der launenhaft wandelbaren Luna zuwendet. Zwischen Makrokosmos, der im astrologischen Sinne äußersten Sphäre des Primum mobile, und dem (vermeintlichen) Planetengeist der Erde ist die Amplitude noch größer. – Mit dem Wunsch, der Mond möge zum letztenmal auf seine Pein sehen, meint Faust keinesfalls den Wunsch nach dem Tod, sondern nach dem Gelingen der magischen Experimente. Der Monologteil ist also entgegen früheren Vermutungen (Scherer u. a.) nicht für sich komponiert und sozusagen ein zweiter Anfang für das Drama, sondern bezieht sich zurück auf die erste Partie. Die Unterschiede in Stimmung, Versbehandlung, Haltung gegenüber dem Wissen sind genau kalkulierter Gegensatz. – Syntaktisch bezieht sich das »Den« (35) auf Mondenschein, d. h., Faust hat den Mondenschein herbeigewacht, hat so lange gewacht, bis der Mond schien.

41 *Um Bergeshöhl mit Geistern schweben:* Nach antiker Tradition waren manche Höhlen von Dämonen besetzt, bei denen Orakel erbeten werden konnten; Agrippa berichtet ebenfalls darüber (*De occulta philosophia* III,46; *Magische Werke* III, S. 281). Die neuere Beziehung ist die auf die Welt des Ossian, von der Werther spricht: »Zu wandern über die Heide, umsaust vom Sturmwinde, der in dampfenden Nebeln die Geister der Väter im dämmernden Lichte des Mondes hinführt. Zu hören vom Gebirge her, im Gebrülle des Waldstroms, halb verwehtes Ächzen der Geister aus ihren Höhlen [...]« (*Die Leiden des jungen Werthers* II, 12.10.; HA 6, S. 82). Durch beide Anspielungen werden Beziehungen in die Zeit, Zukunft oder Vergangenheit, eröffnet, wie schon 34 Zukunft, 35–38 Vergangenheit, 43 Vergangenheit und erhoffte Zukunft betreffen. Das Gleichgewicht der Zeitbezüge könnte subjektive Gesundheit in der Gegenwart herstellen, eine Präsenz, der aus Vergangenheit und Zukunft Geisterwissen zuströmt. Wichtig ist, daß Faust seinen Platz am Pult nicht verläßt; die Gesundheit, sei sie als Ergebnis des notwendigen Reinigungsritus des Magiers gedacht (vgl. Agrippa, *De occulta philosophia* III,54; ebd., S. 314–317), sei sie das ersehnte Lebensgefühl des empfindsamen Menschen des 18. Jh.s, kann sich nicht einstellen, weil Faust hier noch gar nicht auf den Gedanken kommt, sich seine Sehnsucht zu erfüllen. Vgl. dann 65 ff. – Gesundheit wäre für ein magisches Experiment eine wesentliche Voraussetzung: »Nur dann, nehmen die Magier an, sei der Mensch wahrhaft gesund, wenn Seele und Körper so verbunden sind und mit einander übereinstimmen, daß Geist und Seele an Kräften nicht hinter dem Körper zurückbleiben. Einen starken und kräf-

tigen Geist können wir aber [...] nicht anders erlangen, als durch Reinheit des Lebens, durch Frömmigkeit und endlich durch die göttliche Religion. [...] Wer aber die Religion verläßt und nur auf Natürliches vertraut, der pflegt sehr häufig von bösen Geistern betrogen zu werden.« (III,1; ebd., S. 12.) Faust geht in gefährdeter Verfassung seinem magischen Werk entgegen.

49–56 *Beschränkt ... eine Welt:* Der syntaktische Zusammenhang geht entweder von 46 bis 56 oder von 49 bis 56 und faßt lauter Bestimmungen zu »Welt«. »Mit angeraucht Papier besteckt« (52) ist die Welt oder das Mauerloch wie Goethes Zimmer, der ebenfalls unfertige Zeichnungen und Schriften mit Nadeln an die Wand zu stecken pflegte (vgl. *Dichtung und Wahrheit* XV; HA 10, S. 50). – Nach dem auf das Ich konzentrierten Hochmut der ersten und dem Auflösungs- und Öffnungswunsch der zweiten Partie wird hier die systolische Tendenz der ersten als äußere, beschränkende Bedingung erfahren, gegen die sich vom Ich her der Zorn diastolisch Luft macht, um allerdings erst in 56 sich einzugestehen, daß das Ich sich diesen Kerker selbst geschaffen hat. Mit jedem Abschnitt verändert sich also die Haltung Fausts; das dialektische Gesetz dieser Veränderung ist durch die Herdersche Schöpfungshieroglyphe angegeben, die sich hier sukzessive entfaltet.

57–64 *Und fragst du noch ... Todtenbein:* In dieser vierten Partie werden die Motive und Tendenzen der drei ersten synthetisch aufgehoben und auf der Basis dieser erinnernden Reflexion ein dialektischer Dreischritt auf höherer Ebene begonnen. Motivliche Erinnerungen: 57 f. erste, 59 zweite, 63 f. dritte Partie. Tendenzen: systolische Konzentration auf das Ich (wie I) in der ganzen vierten Partie; diastolischer Wunsch nach Aufgehen in der »lebenden Natur« (wie II) wird als Alternative zum tatsächlichen Zustand gedacht; Beschränkung, Hemmung (wie III) 58, 60, 63. Die neue reflexive Ebene wird daran erkennbar, daß das Ich sich selbst als Du anspricht. Dahin hatte die Entwicklung in der dritten Partie geführt (56), wie auch zur Erkenntnis, daß dieses Umgebende die Welt dieses Du's ist und ihm zugehört: schon in dieser Zeile mußte klar sein, daß damit eine erste Antwort nahe war auf die Frage, »was die Welt / Im innersten zusammenhält« – Fausts Welt, das ist die Entdeckung der Selbstreflexion (57), wird durch ihn selbst und im Innersten durch sein »Herz« zusammengehalten. Auf die zentrale Bedeutung der Kategorie »Herz« wurde schon hingewiesen (vgl. Anm. zu 12); in der ersten Partie war das Herz jedoch nur leidendes Objekt. Hier ist es Subjekt und Objekt zugleich: es klemmt sich selbst »inn in deinem Busen« (58), denn es hat diese beklemmende Welt sich selbst geschaffen; die Spaltung zwischen erkennendem Ich und erkanntem Du/Ich setzt sich hier fort. Mit dem Herzen ist noch mehr entdeckt: »[...] so ist das Herz der Samen des Menschen und die Natur treibt aus dem selbigen Samen den Leib, so daß ein jeglicher sieht, was das für ein Herz gewesen« (Paracelsus, *Philosophia sagax* I,7; *Werke* III, S. 198); »das Herz ist der Mensch, und im Herzen liegen die verborgenen Kräfte« (ebd., S. 211) – auch 31 hat eine erste Erfüllung gefunden. Die moderne Herz-Theologie des Pietismus offenbart aber die mögliche Spaltung zwischen der subjektivistischen Herz-Mystik Zinzendorfs und der auf Gesellschaft, Menschheit, Sensus communis, Naturordnung bezogenen Lebens-Theologie Oetingers, nach dem »die verborgenste und allgemeinste Lebens-Quelle [...] in H[eiliger] Schrift des Menschen Herz genannt« wird (*Swedenborg*, S. 303); er setzt sich von der subjektivistischen Mystik ab: »Ich wünsche in Gemeinschaft zu sein mit denen, welche ihre Droiture [Rechtlichkeit] nicht nach ihrem Herzens-Scrinio messen, wie Zinzendorf und Fonti, sondern die sich der Schrift, der Weisheit, die auf den Gassen redt, nemlich der Natur und bon sens und dem Geist Jesu aufrichtig unterwerfen.« (Oetinger an Graf Castell, 1748; zit. nach Piepmeier, *Aporien des Lebensbegriffs seit Oetinger*, S. 130.) Die

Spaltung zwischen subjektivistischer Einschränkung aufs eigene Herz und der objektiv gerichteten Betrachtung des Herzens als Organ des moralischen Sinnes, gesunden Verstandes und kreatürlichen Weltbezugs wird in dieser Partie deutlich durch die Gegenüberstellung zwischen dem reflexiven Blick auf den selbstverschuldeten Zustand des Herzens einerseits und die Geschaffenheit des Menschen in die Natur hinein andererseits. Zwischen Herz und Natur, der subjektiven und der objektiven Instanz des Bewirkens und Bewirktseins steht das Leben, vielleicht die zentrale Kategorie im *Faust* überhaupt. Auch »Leben« ist in der ersten Partie schon im äußerlichen Sinne der Lebensführung genannt (23) und wird hier durch das umgebende »Tiergeripp und Todtenbein«, durch die Vorstellung der »lebenden Natur« zum Prinzip erhoben; als solches erscheint es verdichtet im Zusammenhang von Makrokosmos und Erdgeist (79, 95, 103, 145, 149, 154, 156), aber auch sonst an entscheidenden Stellen im *Faust*, und erweist sich ebenfalls als Seinsweise dessen, was die Welt im Innersten zusammenhält. »Leben«, auch eine Hauptkategorie des späteren Naturphilosophen Goethe, ist ein Zentralbegriff der spirituellen Magie der Renaissance (vgl. Ficino, *De triplici vita*, 1489), der ›vitalistischen‹ Naturphilosophie und, für Goethe wichtig, der *Theologia ex idea vitae deducta* (1765) Oetingers, bei dem biologisches, soziales, geistiges und geistliches Leben nur Erscheinungsweisen des Lebens Gottes sind, und dieses wieder beschreibbar ist durch die lebendige dialektische Ordnung der sieben Geister/Wirkungskräfte Gottes (d. i. Herders Schöpfungshieroglyphe, die Goethe zur Strukturierung seines Textes dient; wir befinden uns auf der vierten Stufe, vgl. Anm. zu 213). Mit Herz, Leben, Natur und der vielleicht einzigen vollgültigen Nennung Gottes (62) aus dem Munde Fausts sind die Prinzipien benannt, die auf 29–31 antworten, aber Faust benennt sie gewissermaßen nebenbei; sein Blick bleibt in Ich und Du gespalten, das gesehene passive, leidende Du/

Ich wird nicht als identisch mit dem sehenden aktiven, für das Leid verantwortlichen Ich erkannt und so der Puls des Lebens und die Übereinstimmung von Theorie und Praxis nicht hergestellt.

67 *Von Nostradamus eigner Hand:* Michel de Nôtredame (1503–66), französischer Astrologe und Leibarzt Heinrichs II. und Karls IX. Erhalten sind von ihm visionäre Weissagungen (*Centuries*, 1558), jedoch kein magisches Werk mit Zeichen, wie Goethe sie Faust betrachten läßt. Faust soll ja auch ein handgeschriebenes, durch den Druck nicht veröffentlichtes Buch besitzen. Man hat immer wieder »Nostradamus« als Deckname für Swedenborg sehen wollen (Schmidt, Morris, Erler), da im folgenden eine Anzahl Swedenborgscher Vorstellungen verwendet werden; dies ist sicher nicht richtig angesichts der ebenso starken Vorstellungen aus früheren Magien. Vom Denken der Magie her ist die Nennung eines Astrologen sinnvoll, da »zu aller Divination die Astrologie erforderlich ist, gleichsam als ein höchst nothwendiger Schlüssel zur Kenntniß sämmtlicher Geheimnisse« (Agrippa, *De occulta philosophia* II,53; *Magische Werke* II, S. 273). Faust will ja auch zunächst astronomisch-astrologische, dann höhere Kenntnisse erlangen (69–72). – Der Name steht jedenfalls für eine Autorität, das Buch für ein Buch aus dem bedrängenden »Bücherhauf«, für Tradition statt Gegenwart, Zeichen statt Natur, wie ja der Fluchtaufruf »Auf hinaus in's weite Land!« (65) sofort wieder vergessen ist, so daß das »Und« (66) fast wie ein ›Aber‹, »Geleit« (68) nicht als Begleitung auf dem Weg ins weite Land, sondern als Führung ins Prinzipielle s t a t t in die freie Natur zu lesen sind. Hier liegt tatsächlich ein »geradezu alberner Widerspruch« vor – Minor will ihn vermeiden und liest »weites Land« (65) als Metapher für neues buntes Leben (I, S. 49); Arens weist mit Recht auf 39–44, 60–64 hin, die Konkretes meinen, und sieht Roethes Fetzentheorie bestätigt, d. h. schlicht einen Fehler Goethes (S. 80). Der Widerspruch liegt aber

in Faust und war schon lange vor dieser Stelle eklatant – was sollen denn der Sehnsuchtsruf 39, der Wehlaut 45, die Flüche auf das beschränkende Mauerloch 46 ff., der Selbstaufruf »Flieh!« 65? Warum befolgt er sie nicht, was hält ihn zurück? Er selbst ist es, der »auf seinem Sessel am Pulten« (vor 1) sitzen bleibt und sich nicht von der Stelle rührt. Er ist es nun, dessen schweifendem Blick ein Buch ins Auge fällt und ihn sogleich wieder gefangen nimmt. Buch statt Natur, Zeichen statt Erfahrung, mittelbare Tradition statt unmittelbarer Gegenwart, das war schon seit jeher Fausts Lebensform, in die er nun wieder zurückfällt, um aber dennoch die in der vierten Partie entdeckten Mängel zu beseitigen.

68 *Ist dir das nicht Geleit genung?:* Man könnte lesen ›Geleit genug auf dem Weg ins weite Land statt des Bücherhaufens‹. Da Faust sitzen bleibt, muß man lesen ›Geleit genug für die Lösung der in der vierten Partie genannten Probleme, statt der Flucht‹. In der Tat entscheidet sich Faust hier zwischen dem Zugang zu den Geheimnissen über die Erfahrungen der Natur und das Herz als Fühlorgan einerseits und über den Geist und die als Technik aufgefaßte Magie andererseits. Der Gegensatz zur vierten Partie ist deutlich; Faust schränkt sich aufs neue ein, indem er sich nun von der Magie abhängig macht in der Form, die ihm dieses Buch anbietet. Dies ist einschneidend, denn magisch gesehen wird die Form der Darstellung der Zeichen in dem Buch und ihr inkompetenter Gebrauch durch Faust der Grund seines Scheiterns als Magier sein. In der Magie selbst wird der Gegensatz zwischen Natur und Buch sehr genau bedacht: »Nun wird der magus geboren und ihm wird die magica imprimiert, wie den Augen das Gesicht und den Ohren das Gehör. Ein Exempel: von allen magis, so gewesen sind, wurde keiner in der Schul der Bücher gelehrt, das ist: von den tödlichen Menschen.« (Paracelsus, *Philosophia sagax* I,6; *Werke* III, S. 148.) »Drum so lernen wir das nit aus den Büchern, sondern wir müssens aus der Natur ler-

nen.« (Ebd., S. 160.) Oetinger, mit Hamann und Herder äußerst kritisch gegen das Buchwissen und die Abstraktionstendenz der Zeit, entwickelte auch eine besondere Hermeneutik bezüglich der in der Magie und Mystik verwendeten bildlichen Vorstellungen: »Man muß die Bilder wieder hinweg räumen, und sie im Geist rectificiren, man muß das Abgetheilte suchen ins Centrum des ganzen Verstands zu bringen« (*Swedenborg*, S. 359; vgl. 177). Das Buch präsentiert Faust die »Herrlichkeit Gottes« von zwei verschiedenen Zeichen her, die er nicht wegzuräumen und »ins Centrum des ganzen Verstands zu bringen« vermag. Der Einheitstendenz der vierten Partie (Herz–Natur–Leben wie konzentrische Kreise) steht in der fünften die Trennungstendenz gegenüber (langsame Naturerfahrung gegen rasche Buchanleitung). – Wenn er sich nun aber auf die aus Büchern vermeintlich schnell und erfolgversprechend ausführbaren alten magischen Experimente verläßt, versäumt er deren ebenso traditionelle Voraussetzungen: Reinigungszeremonie (vgl. Agrippa, *De occulta philosophia* III,6; *Magische Werke* III, S. 36), genaue Kenntnis des Wesens und der Verehrungsweise für den magisch anzurufenden Geist, des Zugangs zu ihm, seiner Leistung (»Amt«) und des magischen Ziels (III,7; ebd., S. 37); religiöse Grundhaltung mit Glaube, Liebe, Hoffnung als eigentlichen »Führerinnen [. . .] auf den Pfad der Wahrheit« (III,5; ebd., S. 31; vgl. III,6, S. 34 u. ö.) – Faust, trotz seines Skeptizismus (11) auf Erkenntnis ausgehend (69), sieht Magie nicht als Gesamthaltung, für die das Buch nur ein Anhaltspunkt, die Zeichen nur Meditationshilfen wären, sondern als eine wissenschaftliche Disziplin, in die man sich mit Hilfe des Buchs ohne weiteres entführen lassen kann. Ihm kann nichts gelingen, er »wird dem bösen Geiste zum Verschlingen übergeben« (III,6; ebd., S. 36); vom Gesichtspunkt der Magie des 16. Jh.s aus ist Mephistos Zugriff durch diesen vorwitzigen, schülerhaften Dilettantismus vorprogrammiert. Vom Gesichtspunkt der

Magie des 18. Jh.s aus ist der Rückfall in die Vermittlung von Buch und tradiertem Zeichen statt der Unmittelbarkeit der Natur- und Menschenphysiognomik der ›Sündenfall‹ Fausts, der den modernen Menschen ironischerweise mit einem Teufel belasten wird, an den er eigentlich nicht mehr glauben kann.

70–72 *Und wenn Natur ... Geist zum andern Geist:* Die Geister reden nicht durch Worte, sondern durch Gedankenübertragung, Bildübertragung, Zu- und Abneigungsübertragung über die Wirkungskreise zueinander; darin stimmen im wesentlichen die ältere Magie (Agrippa, *De occulta philosophia* III,23; *Magische Werke* III, S. 137 f.; auch Paracelsus) und die jüngere Magie Swedenborgs überein (Oetinger, *Swedenborg* S. 25 f.). »Es ist bekannt aus dem Wort des Herrn, daß ehemalen viele Menschen mit Geistern und Engeln geredt haben« (ebd., S. 25), »weil aber der Mensch so leiblich worden ist, hat er sich den Himmel zugeschlossen« (ebd., S. 24); »da mir ein innerer Sinn aufgeschlossen wurde« (ebd., S. 23), kann Swedenborg sie hören und sehen; seine »inneren Gehör-Werkzeuge« und »das Gesicht« sind ihm »geöffnet« worden (ebd., S. 33 f.), mit seiner »bildenden Seelen-Kraft« nimmt er am Leben der Geister teil (ebd., S. 52, 54), jedoch nicht durch »Natur«: aufgrund eines Akts göttlicher Gnade (ebd., S. 21) wurde er zum »Seher unsrer Zeiten, rings um den die Freude des Himmels war, zu dem Geister durch alle Sinnen und Glieder sprachen, in dessen Busen die Engel wohnten« (Goethe über Swedenborg in einer Rezension in den *Frankfurter Gelehrten Anzeigen* 1772; DjG 3, S. 91). Auch bei Agrippa ist die Fähigkeit zur Gedankenübertragung nicht Sache einer Unterweisung durch die »Natur«. Zwar liegt eine Kraft der »starken und entschiedenen Einbildung« in jedem Menschen, jedoch unterschiedlich ausgebildet; sie »nimmt der Übung oder dem Gebrauche entsprechend, wodurch sie aus der Potenz in Wirksamkeit versetzt wird, zu oder ab. Wer es recht versteht, kann seine

Einbildungskraft mit der universellen Kraft [...] in Verbindung bringen. [...] so daß das, was er in seinem Verstande gedacht hat, gerade so, wie er es gedacht hat, hervortritt und er eine solche Macht erlangt, daß er sich den Seelen der Menschen mitteilen und sie über seine Gedanken, seinen Willen und sein Verlangen unterrichten kann, auch auf große Entfernungen« (*De occulta philosophia* III,43; *Magische Werke* III, S. 265 f.). Konsequente Übung verstärkt also die Anlage. Wie Faust sich hinsichtlich des »Geleites« täuscht, wo er »Natur« durch das Buch ersetzt, so täuscht er sich hier umgekehrt, wenn er Kunstübung durch Natur ersetzt. So meint er auch durch das Magie-Buch »der Sterne Lauf« (69) erkennen zu können, also astronomische statt astrologisch-magische Einsichten zu erwerben (Unterschätzung des Makrokosmos) und dann nur die Kraft für das Geistergespräch zu erwerben, statt z. B. einen Geist beherrschen zu lernen (Fehlerwartung an den Erdgeist). Der Abschnitt 65–76 ist, vom Blickwinkel der Magien des 16. und des 18. Jh.s her gesehen, voll von Voreiligkeiten und Fehlern, die Faust (nicht Goethe!) als Anfänger, als Zauberlehrling kennzeichnen, der später die gerufenen Geister nicht mehr loswird. Vgl. Anm. zu 157 f.

73–76 *Umsonst ... mich hört:* Daß gute und böse Geister den Menschen ständig umgeben, war alter Glaube; die Dämonenmagie des 16. Jh.s (z. B. Paracelsus, Agrippa) und noch Swedenborg versichert, es könne »ja kein Mensch einen Augenblick leben, wo nicht Geister und Engel bei ihm sind« (Oetinger, *Swedenborg*, S. 60; vgl. S. 67). Faust will nun nicht einmal die Unterweisung durch die Natur abwarten, damit die Seelenkraft ihm aufgehe, sondern schon gleich einmal ausprobieren, ob er sie nicht bereits hat. Er will sich auch nicht informieren, was für Zeichen er vor sich hat, wen sie bezeichnen, was sie leisten. Die Zeichen des Buches entwickeln tatsächlich die vorhandene Begabung; es mangelt Faust jedoch an der notwendigen Vorbereitung (Kenntnis der ›Leistungsfähigkeit‹ der Zeichen, die er deshalb nicht voll ausschöpft), an gläubigem Vertrauen in Gott und an ununterbrochener Konzentration auf sein Ziel (Fausts ›Verkehrtheit‹ und ›Unruhe‹; deshalb gelingt ihm die Verbindung zu den Geistern nur zum Teil im guten Sinne.

vor 77 *Zeichen des Makrokosmus:* Beide Figuren, Makrokosmos- und Erdgeist-Zeichen, sind von Goethe erfunden; in der magischen Literatur gibt es nur Annäherungen dazu. Makrokosmos ist der Begriff für das geordnete Ganze der Schöpfung, das geozentrisch (bis zur Annahme der Kopernikanischen Lehre) aus Kugelschalen aufgebaut gedacht war: um die Erde als Naturbereich legten sich die Sphären der Planeten und des »primum mobile«, um diese die Sphären der Engelshierarchien bis hinauf zu den Seraphim und Erzengeln, die ihrerseits an den Thron Gottes reichend vorgestellt wurden. Darstellungen dieser Weltordnung gibt es in der Renaissance wie im 18. Jh. (Goethe kannte sie z. B. aus Wellings *Opus mago-cabbalisticum*, 1735), doch darf eine solche Darstellung keinesfalls mit dem magischen Zeichen verwechselt werden, das eher in der Art vorzustellen ist, wie es Rembrandt auf dem bekannten Stich dem Gelehrten vor den Blick stellt. Das magische Zeichen soll nicht informieren, vielmehr soll es entweder wie das Makrokosmos-Zeichen für Faust spirituell magisch als Meditationshilfe oder wie das Erdgeist-Zeichen dämonenmagisch zur Beschwörung des damit bezeichneten Dämons dienen. Nach Agrippa ist die Funktion der magischen »Siegel, Charaktere, gemalten Figuren« nicht etwa, »dadurch auf irgend eine Weise diese Geister herbeiziehen« zu wollen, »sondern damit wir durch dieselben zu ihnen emporsteigen, insofern wir durch solche unbekannte Charaktere und Figuren sowohl unsere inneren als äußeren Sinne auf jene [die Engelgeister] richten, sodann von Staunen ergriffen zu ihrer religiösen Verehrung hingezogen und in eine ekstatische Andacht versetzt werden, wo wir mit wunderwirkendem Glauben, untrüglicher Hoffnung und lebendig machender Liebe dieselben im Geist und in der Wahrheit bei ihren wahren Namen und Charakteren anrufen und die verlangte Kraft von ihnen erhalten« (*De occulta philosophia* III,30; *Magische Werke* III, S. 174). Das Verkehrte an Fausts Verhalten wird hier deutlich: statt sich durch das Zeichen voll auf den Makrokosmos zu konzentrieren, redet er 77–93 fast nur über die Wirkungen des Zeichens auf sich; statt sich in religiöser Verehrung und ekstatischer Andacht dem göttlichen Geist zuzuwenden, kommt er sich selbst als Gott vor (86), schwächt damit seine magische Energie und bringt sein Experiment zum Scheitern. – Eine Interpretation für Makrokosmos und Erdgeist aus dem 17., 18. Jh. findet sich in einem Böhme-Referat Oetingers, der sich mit seinem ganzheitlichen Denken gegen die Trennung von Natur und Gnade bei Malebranche und Swedenborg wendet. »[. . .] der Wille in den Tiefen Gottes ist ein bloßer indifferenter Wille, er ist ein bloßes Wollen oder Wallen« (*Swedenborg*, S. 182 Anm. e). Dieser Wille äußert sich in den drei ersten »Lebens-Kräften«. »Die centripetal, centrifugal und drehende Feuerkraft, das ist die Natur.« (Ebd., S. 180 Anm. d.) Dieses auch »ewige« oder »unbändige« Natur genannte Prinzip wird dem Vater, dem Zorn, der Finsternis, dem Feuer zugeordnet und ist der Entstehungsgrund für Materie und Bewegung (ebd., S. 181). Ihm entgegen steht das Prinzip der Gnade, der Liebe, des Lichtes, das der Sohn repräsentiert und das dem unbestimmten Willen eine Richtung, den Kräften eine »Zusammen-Ordnung« gibt; Satan ist derjenige, »welcher nicht in der Wahrheit, d. i. der Zusammen-Ordnung der Kräfte bestanden« (ebd., S. 180), sondern der sich durch die erste kontraktive Kraft auf die ewige Natur und sich selbst beschränkt und damit böse wird. Das Sohn-Prinzip wendet die zweite Trias der Kräfte zur Ordnung des Ganzen (Makro-Kosmos) an, versöhnt den Zorn des Vaters, verbreitet Licht, Liebe, Wahrheit. (Durch die siebte Kraft kommen beide Prinzipien in die Leiblichkeit des Geschaffenen.) (Ebd., S. 180–182; vgl. S. 196 f.) Die beiden Aspekte von Ordnung (Kosmos) und Fülle (Pleroma) der Gottheit bilden zusammen die »Herrlichkeit« Gottes (ebd., S. 341), die z. B. von Hesekiel als einheitliche Vision geschaut worden sei (ebd., S. 335); indem Fausts Buch das Zeichen der Ordnung vom Zeichen der »unendlichen Natur« (102) trennt, ermöglicht es die getrennte Zuwendung Fausts, vor allem seine falsche, potentiell in die luziferische Konzentration auf das Materie- und Bewegungsprinzip der Finsternis führende Reihenfolge. Von der Magie des 18. Jh.s her ist also das Hängen am veralteten, nicht mehr verstandenen Zeichen aus dem 16. Jh. der Anlaß des Scheiterns und das potentiell Böse, während vom Blick des 16. Jh.s her die im 18. Jh. kultivierte Selbstbezogenheit Fausts Scheitern und luziferischen Sturz bedingt. Erste, nicht getrennt erfahrene Erscheinungsform der Herrlichkeit in Margaretes Zimmer (544 f., 554 f.).

77–101 *Ha welche Wonne … ein Schauspiel nur:* Fausts Erfahrung mit dem Makrokosmos-Zeichen läßt sich wie die Erdgeist-Erfahrung durch die Theorie der »Begeisterungen« (furores) von Agrippa genau beschreiben und die Ursache seines Scheiterns erklären (Zimmermann, *Weltbild* II, S. 94, hat Goethes Verwendung der furores-Lehre bei *Wandrers Sturmlied* nachgewiesen; die aufschließende Kraft dieser Lehre für Fausts Magie war Anlaß für mich, von vielen möglichen Magiern Agrippa als Gewährsmann für Goethes magische Anspielungen immer wieder zu zitieren, obwohl eine Lektüre der *Occulta philosophia* direkt nicht nachzuweisen ist). Fausts Ausruf zeigt, daß er plötzlich von Begeisterung ergriffen wird, ein Zustand, in dem der Magier vom leiblichen Dasein entrückt und zur Gottheit hingezogen wird, »von der die Seele empfängt, was sie aus eigenen Kräften nicht erforschen kann« (III,46; *Magische Werke* III, S. 278); hier leistet die Magie potentiell, was Faust V. 24–31 von ihr erhofft. Agrippa beschreibt vier Begeisterungen, von denen die erste, »musische« Begeisterung offenbar durch die »reinen Züge« (87) des Makrokosmos-Zeichens ausgelöst wird (zur Begründung vgl. nachfolgend die Beschreibung des neunten Grads). Sinnliche Befriedigung und Belebung (vgl. 77–80) entspricht den drei untersten Graden. Der vierte Grad entfernt »jeden störenden Mißklang aus der Seele«, besänftigt und erhebt das Gemüt (ebd., S. 280; vgl. 81 f.). »Der fünfte Grad [...] bedient sich heftiger Erregungen der Einbildungskraft und starker Gemüthsbewegungen« (ebd.; vgl. 83 f.). »Der sechste Grad entspricht dem Jupiter und hat es mit Überlegung, Berathschlagung und moralischer Reinigung zu thun [...]. Überdieß hat dieser Grad die Bewunderung und Verehrung unter sich, wovon bisweilen die Phantasie und Vernunft so gefesselt werden, daß sie plötzlich alle ihre Thätigkeit einstellen, worauf der alsdann freie und allein der Gottheit hingegebene Verstand höhere und göttliche Einflüsse empfängt und zwar auf das bezüglich, worüber er vorher berathschlagt hatte« (ebd., S. 280 f.; vgl. 85 f.). »Der siebente Grad bezieht sich auf den Saturn und bedient sich der geheimeren Kenntnisse und der ruhigen Betrachtungen des Verstandes. Unter Betrachtung verstehe ich hier den mit Bewunderung auf die Schauspiele der Weisheit gerichteten freien Blick des Verstandes [mentis]; denn jenes Nachsinnen, das unter Räthseln oder Bildern geschieht [vgl. 73 f.], ist zwar Speculation oder Überlegung, die dem Jupiter zugehört, aber keine Betrachtung.« (Ebd., S. 281; vgl. 87 f., 101.) Bei der Betrachtung, Beschauung des »Schauspiels« bleibt Faust stehen, beginnt wieder seine melancholische Klage, die dem saturnischen Charakter dieser Stufe entspricht. Es gibt aber noch zwei Stufen musischer Begeisterung: »Der achte Grad bezieht sich auf den Sternenhimmel und beobachtet [observat] die Stellung, die Bewegung, die Strahlen und das Licht der Himmelskörper; auch bedient er sich der Bilder, Ringe und ähnlicher Gegenstände, die nach der Form des Himmlischen verfertigt werden« (ebd.); gemeint ist hier die astrologische Magie, die Gestirnkonstellationen als Kräftekonstellationen versteht, befolgt [observat], durch magische Mittel (Bilder usw.) verstärkt und Wirkungen damit erzielt. Faust versäumt diese aktive Komponente. »Der neunte Grad entspricht dem Primum mobile, nemlich der neunten Sphäre oder dem Universum selbst. Dieser Grad beschäftigt sich mehr mit den formalen Dingen, wie Zahlen, Figuren und Charakteren, auch beobachtet er die verborgenen Einflüsse der Intelligenzen des Himmels und die übrigen Mysterien, die, weil sie das Bild der himmlischen Wesen und der angerufenen Geister enthalten, dieselben leicht anlocken, wegen der nahen Beziehung zu ihnen sie zum Erscheinen nöthigen und festhalten« (ebd., S. 281 f.). Hätte Faust diese Stufe erstiegen, hätte er die »Intelligenzen des Himmels«, d. h. die sieben schaffenden Geister Gottes, auf sich ziehen, Geister anlocken, festhalten und so das Leben des Universums sich zueignen können. Das von Faust betrachtete Zeichen, kombiniert mit der musischen Begeisterung, ist also vom Standpunkt der Magie des 16. Jh.s aus als äußerst machtvolles Zeichen zu verstehen, das keineswegs nur Erkenntnis und Schauspiel bietet, sondern Erkenntnis und gottgleiche Wirkmöglichkeit zugleich, wenn es voll ausgeschöpft wird. Faust kann das nicht, und zwar weil er dauernd auf einen eigenen Zustand reflektiert (was es uns ermöglicht, die Stufen seiner Begeisterung abzulesen!). Reflexion auf sich selbst widerspricht der Begeisterung geradezu, die als »Geistesabwesenheit« definiert wird, »denn sie zieht uns von dem, wodurch die körperlichen Sinne erregt werden, überhaupt vom animalischen Menschen ab und zu der Gottheit hin« (ebd., S. 278). Reflexion führt die Seele immer wieder in das Bei-sich-sein des »animalischen« (körperlichen, mit der anima, Seele, begabten) Menschen zurück. Daß Faust zu erkennen meint, was der Weise spricht, zeigt vollends seine Schülerhaftigkeit: der Spruch betrifft den »Sinn« (91), die »irrdsche Brust« (93) und allenfalls die über sie zu erreichenden drei unteren Grade musischer Begeisterung. Indem Faust die Begeisterung am »Schauspiel« auf Sinnenerfahrung reduziert, verschließt er sich den höheren Graden der Belebung und magischen Machtfülle, die dem Meister in der Magie von Agrippa versprochen waren. – Auch Swedenborg berichtet vom Geist eines Theologen, der die göttliche Herrlichkeit nur als Erscheinung, »unwirksames Leben« verstanden hatte. »Damit er nun seinen Irrtum einsehen möchte, wurde ihm ein solches Licht gegeben, und er delectirte sich auch mitten in dem Licht also, als wenn er, wie er auch sagte, in dem Himmel wäre; er konnte aber nicht lang darin subsistiren, denn er wurde allmählich überdrüßig, und hatte dazu keine Freude mehr.« (Oetinger, *Swedenborg*, S. 96; Hervorhebungen von mir.) – Diese sechste Partie verbindet die reflexive Ichbezogenheit der vierten mit dem Bezug der fünften Partie auf die objektiv gedachten Geister und kommt deshalb nur zum Betrachten zweier Schauspiele: der wirkenden Natur mit ihren Himmelskräften einerseits und der Zustände des reflektierenden Ich andererseits.

77–80 *welche Wonne fließt ... durch Nerv und Adern:* Swedenborg berichtet, »daß, wenn man einen sein Innerstes fühlen läßt, er in seiner himmlischen Freude ist, und daß er das noch Inwendigere nicht ausstehen kann, und ihm schmerzhaft wird. [...] Ich habe auch empfunden, daß die Freude und Wonne gleich als wie vom Herzen kam, und sich sehr sanft durch alle innersten Fibern, und von da [...] ausbreitete« (Oetinger, *Swedenborg*, S. 100 f.). Die Stelle, die Goethe wohl benutzt hat, ist wichtig für das reflexive Zerdenken und Analysieren der Himmelsfreude und für Goethes Einschätzung des *Faust I* als »subjektiv« – der Himmel des Modernen ist ein subjektiver Zustand des Innern, jedenfalls wird er dazu gemacht.

86 *Bin ich ein Gott? mir wird so licht!:* Die Erfahrung des Lichtes ist die spezifisch der kosmischen Ordnung, dem

Sohn-Prinzip der Gottheit und Herrlichkeit zugeordnete Helligkeitserfahrung, während Finsternis/Feuer die des zornigen Vater-Prinzips ist (vgl. Anm. zu: vor 77). Daß Faust gleich wieder auf seinen Zustand reflektiert und sich als »Gott« vorkommt, ist angesichts der Glaubenslosigkeit Fausts eine Feststellung der Hybris, wie sie auch Marlowe seinen Dr. Faustus machen ließ: »A sound magician is a mighty god« (I,1). Auch nach Agrippa werden die Magier »wahre Kinder Gottes und Gott ähnlich, indem wir Werke Gottes thun und vollbringen« (*De occulta philosophia* III,13; *Magische Werke* III, S. 78 f.), aber die Voraussetzung dazu ist nicht Selbstbezogenheit, sondern Religiosität, nicht Fausts Hochmut, sondern Demut, Gotteskindschaft.

85–96 *Kräffte der Natur ... Himmels kräffte:* Faust steigert sich nicht nur in seiner Begeisterung, sondern auch hinsichtlich dessen, was er sieht: Kräfte der Natur – wirkende Natur – Geisterwelt – Himmelskräfte. Vom Weltbild der Magie her muß ein Zeichen des Makrokosmos aber mehr schauen lassen: »Diese unteren Dinge, nemlich die Thiere, Kräuter, Steine und Metalle, haben ihre Kraft von dem Himmel, der Himmel aber von den Intelligenzen, und diese von dem Schöpfer, in welchem Alles in der größten Kraftfülle präexistirt.« (Agrippa, *De occulta philosophia* III,38; *Magische Werke* III, S. 218.) Himmelskräfte sind die Wirkungskräfte der sieben Planeten (ebd., S. 214, mit Beschreibung der differenzierten Wirkungsarten). »Diese Einflüsse gehen jedoch vornehmlich von jenen sieben Intelligenzen aus, die vor dem Angesichte Gottes stehen, und die die Seele zum Sitze solcher Kräfte bereiten. Die Planeten aber disponiren hiezu nur den Körper [...] und sind so zu sagen die Werkzeuge der Intelligenzen« (ebd., S. 215). Auch die zwischen Planeten und Intelligenzen stehenden Engelshierarchien stärken den Menschen »mit wunderbaren Kräften« (ebd., S. 216). Fausts Schau bleibt also bei den körperbezogenen Himmelskräften stehen, er wird körperlich ein erstes Mal verjüngt (vgl. 77–83), aber die von den Engeln verliehene Herrschaft über die Kräfte der Natur, die Stärkung gegen den »inneren Feind«, das »Licht des Geistes« von den Cherubim und die »vollkommene Liebesgluth« von den Seraphim, die zur Vereinigung mit Gott führt, werden ihm nicht zuteil (ebd., S. 216 f.). Eine nicht abgebrochene Schau hätte also Faust genau das verliehen, was er vermißt: Stärkung mit göttlichem Leben, Stillung inneren Mangels, Kraft aus Gottes Schaffenskraft. Aber mit einer nur ›himmlischen‹ Vorbereitung und Reinigung, deren Sinn er jetzt erkennt (vgl. 92 f.), kann er allenfalls Sinn und Herz erwecken, d. h. den Körper für den planetarischen Einfluß bereitmachen, jedoch nicht die Seele für die viel höher liegenden »Quellen alles Lebens« (103).

89 *der Weise:* Die Vermutung von Morris und Schmidt, der Weise sei Swedenborg, ist völlig falsch, da dieser die »irrdsche Brust« (93) nur als Hindernis für den Geisterverkehr betrachtete (vgl. Oetinger, *Swedenborg*, S. 254); wahrscheinlich war er ihnen derjenige, für den die meisten andern Aspekte des Spruchs zutrafen (Geisterwelt, Öffnung des Sinns, Morgenrot als Sinnbild eines Höchsten). Aber diese Vorstellungen sind traditionell; was an dem Spruch von der Tradition abweicht, ist die Empfehlung, durch das Baden der irdischen Brust in der Himmelserscheinung der Aurora Sinn und Herz zu öffnen und sich damit die Geisterwelt aufzuschließen. Während Agrippa davor warnte, den Geisterzugang von unten her zu erzwingen (vgl. *De occulta philosophia* III,38; *Magische Werke* III, S. 217 f.), und sich dagegen gewissermaßen durch Glaube, Liebe, Hoffnung die Stufen der Begeisterung hinauftragen ließ, findet sich eine Heiligung der irdischen Leiblichkeit erst in der Magie des 18. Jh.s: Hamann wollte in der Schule der »Sinne und Leidenschaften« den »Abstractionen sowohl als Hypothesen Hände, Füße, Flügel«, den »Bildern und Zeichen Geist, Leben und Zunge« verleihen (*Aesthetica in nuce*, Ausg. Jørgensen, S. 113, 117, 121); Oetinger wendet

sich gegen den verborgenen Platonismus in der christlichen Tradition und lehrt, daß nach der »Heil. Schrift [...] Gott seine vollkommene Fülle im Leib darstellen wolle« (*Swedenborg*, S. 136): »Weil nun der Mensch geschaffen ist, aufrichtig gen Himmel zu schauen, und weil seine Seele aus der reinen Welt-Luft genommen, und also göttlichen Geschlechts ist, so sollen wir uns von der Erde zum Himmel erheben [...], und diesem nach sollen wir im Leib, so viel möglich, des Himmels genießen; [...] nemlich unsere Weisheit muß dahin auslaufen, daß wir das Unendliche aus dem Endlichen verehren.« (Ebd., S. 159.) Ebenso nahm Herder, der von Hamann und Oetinger gelernt hatte, die in Magie, Naturphilosophie, Hermetismus tradierte Vorstellung von der Morgenröte als dem heiligsten Urlicht des ersten Schöpfungsmoments auf und wendete sie ganz handfest auf das tägliche Schauspiel des Sonnenaufgangs an, das er als Vorbild für die »Älteste Urkunde des Menschengeschlechts«, die von ihm sogenannte Schöpfungshieroglyphe nachwies (die Goethe zur Strukturierung seines Textes verwendet). Schon Schmidt zitiert: »Komm' hinaus, Jüngling, aufs freie Feld [...]. Dies unnennbare Morgengefühl [...]. Es ist das Bild jenes Naturweisen [...] Morgenröthe« (SWS 6, S. 258 f.). Der »Weise« steht also für die Gruppe der modernen Magier, die nicht wie Swedenborg den Sprung aus der Naturwissenschaft in die Geistervision machten, sondern die in der religiösen Durchdringung der Erfahrung und des Wissens von der Natur, in der Heiligung der Leiblichkeit als dem Ende der Werke Gottes (Oetinger) die Möglichkeit einer einheitlichen Haltung zur Welt, zu den Menschen und zu Gott sahen. »Magier« konnten sie (wie Hamann und Oetinger) deshalb genannt werden, weil sie diese einheitliche Haltung durch Re-flexion menschlicher Fähigkeiten aufeinander (z. B. der Sinne und Leidenschaften auf die Abstraktion) zu erreichen und dadurch den selbstentfremdeten Menschen sich selbst beeinflussen und durch

Vorstellung seiner vollständigen Humanität zum Urbild seiner selbst steigern lassen wollten. – Daß Faust dies hier zu »erkennen« meint, ist ebenso falsch wie der Gebrauch des Makrokosmos-Zeichens: wenn dieser durch Fausts moderne Reflexivität gestört ist, wird umgekehrt das Beisich-sein der modernen Magie durch das Außer-sich-sein des magischen Furors nach Agrippas Vorschrift gestört. So kann keine der beiden Magien zum Ziel kommen: abgelenkt vom Makrokosmos-Zeichen und der von ihm induzierten Begeisterung, »erkennt« er den Sinn eines andern Spruchs und kehrt nun statt in die weiterführende Begeisterung zum Informationsgehalt des Zeichens zurück, indem er es nicht mehr »schaut« (87), sondern »beschaut« (nach 93). Der magische Bann ist gebrochen: im folgenden stellt sich keine einheitliche Schau her, sondern ein Ineinanderspielen verschiedener, einander aufhebender Vorstellungen, die allerdings auf abstrakt gedanklicher Ebene eine nach der Schöpfungshieroglyphe strukturierte Erkenntnis dessen ergeben, »was die Welt / Im innersten zusammenhält«.

94–100 *Wie alles ... das all durchklingen:* Allheit – Ganzheit – organisches Wirken und Leben (94 f.) sind die drei ersten Stufen dieses Aufbaus lebendiger Ordnung des Kosmos; das Zusammenrinnen und Zusammenatmen des Pan (nach Demokrit und Hippokrates, zitiert z. B. bei Leibniz, *Monadologie*, § 61; Oetinger, *Swedenborg*, S. 130) bildet hier den gedanklichen Hintergrund. Das Auf- und Niedersteigen der Himmelskräfte setzt eine Richtung des Wirkens, die Eimerkette (bei der die Träger sich nicht bewegen!) Substanz und Ziel, zu dem sie gebracht werden soll; die Schwingen machen aus den personifiziert vorzustellenden Eimerträgern in Kombination mit den Himmelskräften Engel, die aber wieder als bloße Kräfte die Erde durchdringen – die Verbindung der vierten und fünften in der sechsten Stufe gelingt nicht in einheitlicher Vorstellung. Kräfte und Engel werden in Goethes wahrscheinlicher Vorlage auch getrennt gesehen: »Denn gleicher weise wie auf derselben [der Jakobsleiter] die Engel Gottes auf und nieder steigen / also steigen die wesentlichen lebendigen Kräffte oder geistlichen Leiber der himmlischen Lichter unablässlich von oben herab durch die ätherische Lufft zu dieser untern Welt / als von dem Haupt zu den Füßen / und hernach / wann sie ihre Auswirkung vollbracht / so steigen sie wieder von unten aufwärts zu dem Haupt« (Franciscus Mercurius van Helmont, *Paradoxal Discourse, oder Ungemeine Meynungen von dem Macrocosmo und Microcosmo*, 1691; zit. nach: DjG 5, S. 471). Für die erste Triade sind also vorsokratische, für die zweite biblisch-hermetisch-magische Vorstellungen von den sieben Geistern verwendet, die sich durch Engel und dann durch Planetenkräfte durch den Kosmos und auf der Erde auswirken; die erste Triade konstituiert lebendiges Chaos, die zweite Kraft, Richtung, Ziel, Person, Gabe, Segen, damit Geber und Segnenden. Das Eimerbild ist nicht »abstruse Phantasie« (Arens), auch Klopstock hatte das »Trivialwort« in seiner *Frühlingsfeyer* nobilitiert: »Nur um den Tropfen am Eimer, / Um die Erde nur, will ich schweben, und anbeten! / Halleluja! Halleluja! Der Tropfen am Eimer / Rann aus der Hand des Allmächtigen auch!« (Str. 2); Klopstock hatte sich dabei wohl auf Miltons Bild der »golden Urns« für die Sterne bezogen (*Paradise Lost* VII,304 f.). Die siebte Stufe der Allharmonie, deren Klänge die Himmelskräfte sind, verwendet die sowohl vorsokratische (Pythagoreer) wie hermetisch-magische Vorstellung von dem Kosmos als siebensaitigem Instrument oder als klingendem Körper der harmonierenden Planetensphären. Mit dem Bild der klingenden Kräfte ist der passive, materielle Aspekt der ersten Triade im Sinne der klingenden Substanz und der aktive Aspekt der Kräfte in der zweiten Triade im Sinne der Klangerzeugung synthetisch aufgehoben, wie insgesamt die unzusammenhängenden bildlichen Vorstellungen in den Klang. So gelingt es Faust zwar nicht, die Ordnung des Kosmos in einem auch für die Vorstellung und die sprachliche Semantik zusammenstimmenden Bild aufzubauen, aber er kann sie gedanklich in sich erschaffen (139) und damit in der Tat seinen Wunsch nach Erkenntnis des Weltzusammenhalts, der Wirkungskräfte und Samen ein drittes Mal befriedigen: Herz, Leben, Natur (4. Partie: 57–64, verinnerlicht); Sternenlauf, Geisterkommerz, Zeichen (5. Partie: 65–93, veräußerlicht); Allzusammenhang, Himmelskräfte, Allharmonie (6. Partie: 94–100, verbindend).

101 f. *ach ein Schauspiel nur / Wo fass ich dich:* Nach Anm. zu 77–101 hätte eine konsequente Fortführung der musischen Begeisterung nach Agrippa Faust über das »Schauspiel« hinaus zum »Fassen« dessen führen müssen, was er erkannt hat. Erkenntnis war ursprünglich das eindeutig benannte Ziel gewesen; dies hat er erreicht (vgl. Zimmermann, *Weltbild* II, S. 253). Nun schiebt er unversehens das Ziel weiter hinaus; er will den Mangel an Lebenskraft, den ihm die vierte Partie eröffnet hatte, in der hybriden Weise der ersten ergänzen, daß er die unendliche Natur und die Quellen alles Lebens zu fassen bekommen möchte – ist er in der sechsten Partie an den Baum der Erkenntnis gegangen, so ist es jetzt der Baum des Lebens, nach dem er greift (vgl. die analoge Doppelversuchung am Ende der Schüler-Szene). Der Erdgeist ist tatsächlich der Dämon dieser Lebensmacht – Fausts Schmachten (106), gehemmtes Leben (60), Unruhe auf seinem Sessel (vor 1) sind Saugen an seiner Sphäre (132) –, aber Faust, unvorbereiteter Zauberlehrling wie schon immer, interpretiert ihn falsch und begreift ihn deshalb nicht.

102 f. *unendliche Natur … Brüste … Quellen alles Lebens:* »Gott als der ursprüngliche Schöpfer hat in sich sieben Mütter, daraus die prima materia entstehet; alle sieben sind ein einig Wesen [. . .], wir aber müssen sie getheilt betrachten in der Zahl Sieben.« (Jakob Böhme, *Von der Menschwerdung*, Kap. 2, § 4; zit. nach: Oetinger, *Swedenborg*,

S. 12; vgl. ebd., S. 173, 237.) Diese »Mütter« heißen auch »Intelligenzen«, »Geister« (ebd., S. 171), »in ringenden Gestalten wallende Wesen« (ebd., S. 15), »quellende Kräfte« (ebd., S. 133), wie ja Böhme den Begriff »Qualität« für diese biblischen sieben Geister Gottes (Offb. 1,4) von »Quellen« ableitet und folglich »Quallität« schreibt (wie auch Schelling in *Heinz Widerborst*) oder von »Quellgeistern« redet (ebd., S. 233). Nach Oetingers Lehre (*Theologia ex idea vitae deducta*, 1765) sind die sieben Geister das Leben, in Gott unauflöslich, in der kreatürlichen Welt seit dem Fall des Luzifer auflöslich (ebd., S. 354 f.). Das mit dieser Auflöslichkeit gegebene, von Böhme in dem Zitat angesprochene Problem von Vielheit und Einheit, Unendlichkeit und Individualität, umfassender Totalität und Greifbarkeit, das Faust mit den widersprüchlichen Vorstellungen von der unendlichen Natur und den faßbaren Brüsten benennt, läßt sich mit dem »vielbrüstigen« Kultbild der Diana von Ephesus der Vorstellung näherbringen. Herder hatte gesagt: »Die Natur [. . .] kann als eine Mutter mit vielen Brüsten, noch viele Geister tränken« (*Über die neuere deutsche Literatur* II; *Frühe Schriften*, S. 360). Da aber das Mütter-Bild am Anfang von *Faust II* auf die vorliegende Stelle Bezug nimmt, wie noch am Ende die Mater gloriosa, ist die auf Böhme zurückgehende »Mutter = Mütter«-Interpretation daneben wichtig und ›folgenreicher‹ als die topische der Diana.

vor 107 *unwillig*: vgl. Anm. zu: vor 1; Fausts unwilliges Umblättern des Buches ist hinsichtlich der geistigen und seelischen Vorbereitung des Magiers ebenso unzuträglich wie seine anfängliche Unruhe.

vor 107 *das Zeichen des Erdgeistes:* Auch der Erdgeist ist eine Schöpfung Goethes, für die die hermetisch-magische Literatur allerdings die Elemente liefert. Problematisch ist das Verhältnis zwischen Erdgeist und Mephistopheles, da Faust den »grosen herrlichen Geist« beschuldigt, ihn an den »Schandgesellen« geschmiedet zu haben (»Nacht. Vor

Gretgens Haus« 38–41). Die Diskussion darüber ist umfangreich, vor allem weil man das »anschmieden« als ›senden‹ gelesen, Mephisto also als Abgesandten des Erdgeistes verstanden hat und überdies geneigt war, Faust auch die Entlastungsrhetorik dieser Szene blind zu glauben. Wenn Faust ihn einmal als »geschäftigen Geist«, »Geist der Erde« verkleinert (108, 158), dann als »unendlichen Geist« anredet (»Nacht. Vor Gretgens Haus« 16), dann zeigt er doch, daß er keine präzise Vorstellung von seinem Gegenüber hat, wie ihm der Geist selbst bescheinigt (159). Ich werde im folgenden aus der Vielzahl der aufzählbaren Stellen aus der Magie des 16. und des 17., 18. Jh.s zwei herausgreifen, die die Aussagen des Erdgeistes selbst aufschließen und darüber hinaus Anknüpfungen an weitere Stellen im Text ermöglichen sowie für das Mephisto-Problem und für Fausts Fehlauffassung (Namensverwechslung) eine Lösung anbieten. Die erste Stelle ist schon zitiert: »Aller Elementen Grund und Fundament ist Terra [. . .]; diese hat in sich den Saamen und Würckung Krafft aller ding.« (Vgl. Anm. zu 31.) Bei dieser »Erde« handelt es sich nicht um den Planeten Erde und nicht um das Element Erde, sondern um die von den Pansophen und Alchimisten angenommene Urmaterie, aus der z. B. Gott den ersten Menschen gemacht hat: »Denn der limus terrae ist ein Auszug aus dem Firmament und allen Elementen« (Paracelsus, *Philosophia sagax* I,2; *Werke* III, S. 66), als solcher ist er die »Quinta essentia«, »der ganze Grund und Kern aller Wesen und Eigenschaften der ganzen Welt, [. . .] alle Natur, Kraft und Eigenschaft und alles Wesen in der obern und untern globul« (ebd., S. 69; vgl. S. 105), weshalb in ihr auch »der basiliscus und andere giftige böse Natur und Eigenschaften sind« (ebd., S. 75). Bei der Schöpfung ist diese Urmaterie, »das corpus [. . .] der Anfang aller Dinge gewesen; darnach ist dem selbigen corpus sein lebendiger Geist geschaffen worden, welcher aus dem corpus und durch das corpus seine Wirkung vollbringt, – was Gott in das selbige verordnet hat. [...] Das vivum [...] diese Bewegung ist das, das da den Leib regiert; so ist ein Regierer und ein Herrscher in den Elementen, der aus ihnen treibt, was in ihnen ist. Er treibt das Feuer, daß es brennen muß, die Erde, daß sie Frucht geben muß, treibt das Wasser, das Fische erhalten muß, treibt die Luft über die ganze Erden, treibt Sonne und Mond und alle Sterne in ihrem Lauf. Das ist das Wesen, durch das das corpus in seine Wirkung geht und genötigt wird; und wie das Wesen ist, so wird das corpus gebraucht, außer was die Kunst vorbehält.« (I,1; ebd., S. 47 f.) Diese Vorstellung vom Herrscher im Leib des Kosmos, der alles Wachstum und alle Veränderung veranlaßt, findet sich in der Vorstellung vom Spiritus mundi der Magie und Hermetik wieder. Er trägt dort die Namen Apollo (vgl. Anm. zu 107–128) oder Jupiter als Lebensgeist (Agrippa, *De occulta philosophia* I,26; *Magische Werke* I, S. 145; III,63, ebd. III, S. 364); es ist deshalb sinnvoll, wenn Goethe in einer Handzeichnung für eine *Faust*-Aufführung 1812 für das Bühnenbild des Erdgeistes einen umstrahlten Apollokopf skizzierte (Neubert, *Vom Doctor Faustus zu Goethes Faust*, S. 88, 240 f.) und wenn 1829 in Weimar dafür eine Kolossalzeichnung des Jupiter von Otricoli verwendet wurde (zum Begreifen des »Jupiter« vgl. Anm. zu 159 f.). Auch der »Welt- und Taten-Genius« des Paralipomenon 1 (HA 3, S. 430) erweist sich damit als schon für den *Urfaust* zutreffend, wenngleich in der Formulierung von der magischen Herkunft befreit. – Weitere Elemente der Erdgeist-Vorstellung, vor allem im Zusammenhang mit der Makrokosmos-Vorstellung, finden sich in Oetingers Naturphilosophie. Er reduziert die Zahl der wirksamen Prinzipien im Kosmos auf zwei: »Die heilige Schrift hat zwei Elemente, Wasser und Erde. (2. Petr. 3,5.) In der Erde ist Feuer, und im Wasser ist Licht.« (*Swedenborg*, S. 128.) Dem entsprechen die Licht- und Quellvorstellungen beim Makrokosmos, die roten Strahlen und »Flammenbildung« beim Erdgeist. Auf das

»Wasser« als »receptive Kraft oder Mutter« wirkt mit »unerschöpflicher Umgestaltungs-Kraft« der »lebendige feurige Geist« als »Zeuger«, als jeder Kreatur eingegebener »Geist« oder »Lebens-Flamme, welche sich nach den ihm gegebenen Kräften einen Leib bildet« (ebd., S. 128 f.), was unter »Systole und Diastole, oder Einnahm und Ausgab des Lebens-Feuers« geschieht (ebd., S. 231). Die beiden Prinzipien oder Wirkungsquellen entsprechen den zwei Aspekten der göttlichen Herrlichkeit oder der ersten und zweiten Trias der sieben Geister Gottes; ein drittes Prinzip ist die Ausführung der »pur leidenden allerreinesten Leiblichkeit [...] oder heiligen Erde« (ebd., S. 247) in die Sichtbarkeit der Schöpfung. »Wenn sich die Gottheit in drei (Sphäris, Olamim [vgl. 132!]) Wirkungs-Quellen offenbaret [vgl. 31, 94, 107, 132], so kann ich von Principiis reden. Die erste Wirkungs-Quelle ist in der Schärfe des Feuers [vor 130, 147], das aus der Finsternis, wie aus Kohlen, aufgeht [115–118], und heißt die ewige Natur [102]; da ist im Verborgenen eine Wirkung der Gottheit in der Finsternis [...] zur Schärfe, finstern Bewegung, unordentlicher Verwirrung, aus göttlichem Lebens-Grund [149–154: Erdgeist als zeugende, bewegende, schaffende Wirkungs-Quelle]. [...] Die zweite Wirkungs-Quelle in dem Unsichtbaren ist, wenn aus dem unordentlichen Gemeng der Finsternis eine ganz neue Lebens-Bewegung in einem beständigen festen Quell-Punct oder Centro sich durch den Geist erbricht: das ist das Licht des Lebens. [...] da sich die göttliche Kraft in dem Glanz der Majestät ausgießt, ist eigentlich die ordentliche Wirkung der Gottheit [86, 94–100; Makrokosmos]. [...] Die dritte Wirkungs-Quelle ist sichtbar in allen Gewächsen der äußerlichen Werke, welche aus dem ewigen Grund entsprießen. [...] Da sind die sichtbaren Werke Gottes Abbildungen der unsichtbaren Gottheit [155 f.]. [...] Die äußere Welt ist ein Principium, weil sie ein eigenes Leben hat, aus beiden inneren Wirksamkeiten erboren, als eine Offenbarung der beiden, ein Modell und Gleichnis dessen, was in Gott ewig ist [...].« (Ebd., S. 248 f.) Der Erdgeist, der das lebendige Kleid der Gottheit webt, kann also danach als die finstere Feuer-Seite, das Schaffens- und zornige Zerstörungsprinzip der göttlichen Herrlichkeit gesehen werden, das auch in der Offenbarung die bewegende Kraft ist und so »der Gottheit lebendiges Kleid« wirkt. Die Richtung der Gottheit ist vom ersten ins dritte Prinzip, von Finsternis in Licht und Offenbarung, von Chaos und Zorn in Ordnung und Liebe und dann in die Sichtbarkeit beider. Wenn die Kreatur aufgrund ihres eigenen »Selbst-Bewegungs-Grundes« (ebd., S. 155) die Richtung umkehrt und das Licht in der Finsternis fesselt, ist Gott zwar auch in dieser Irregularität, »aber in einer verkehrten Art« (ebd., S. 249); das ist Luzifer (ebd., S. 152), und der Mensch, der die »Wiedergeburt« im zweiten Prinzip der ordnenden Liebe verachtet, ist »ein lebendiger Teufel« (ebd., S. 285). Indem Faust die Ordnung des Makrokosmos verschmäht und sich dem ersten, chaotisch-irregulären Selbstbewegungsprinzip zuwendet, geht er den luziferischen Weg der Verkehrung und eröffnet dem »Teufel im ersten Principio einen Zugang zu der Seele« (ebd., S. 291). Mephistopheles ist nicht durch den »großen herrlichen Geist« gesandt, wohl aber hat Faust diesen gut-bösen Beweger im verkehrten Sinne begriffen und aus der allebendigen Kraft sein eigenes Böses gemacht.

107–128 *Wie anders ... mein Herz dir hingegeben!:* Faust scheint hier in rascher Folge die drei Begeisterungs-Arten Agrippas zu durchlaufen, die der beim Makrokosmos wirksamen Musen-Begeisterung folgen; das Zeichen wirkt »anders« auf ihn ein. 108–110 scheinen von »der zweiten, von Dionysos ausgehenden Art der Begeisterung« bestimmt, Faust glüht »wie vom neuen Wein«. Sie lenkt »die Seele zum Verstande [mens], ihrem höchsten Theile, hin und macht sie gleichsam zu einem würdigen und unbefleckten Tempel der Götter, in dem die göttlichen Geister wohnen, welche die Seele alsdann zu Lebensgefährten [108] hat und von denen sie mit Glück, Weisheit und Orakeln erfüllt wird, nicht in Zeichen oder Merkmalen oder Muthmaßungen [wie bei der musischen Begeisterung], sondern durch einen Trieb und eine freie Bewegung des Geistes [109]. [...] Bisweilen äußert sich diese Begeisterung in einer klaren Vision, bisweilen durch die Stimme.« (Agrippa, *De occulta philosophia* III,47; *Magische Werke* III, S. 283.) – 111–114 scheinen bestimmt »von der dritten, von Apollo ausgehenden Art der Begeisterung«. Apollo, der »Weltgeist«, erhebt die Seele noch über den Verstand »und vereinigt sie mit himmlischen Wesen und Dämonen« (III,48; ebd., S. 285). Er verleiht Mut (111–114): »Wenn die Seher von der Gottheit getrieben werden, so fürchten sie Nichts und scheuen sich vor Nichts, sie passiren unwegsame Örter, stürzen sich, ohne Schaden zu nehmen, in's Feuer, und setzen über Flüsse hinweg.« (Ebd., S. 287 f.) Von der delphischen Pythia heißt es: »Es umspielte dann das reichlich aus der Höhle hervorströmende Feuer von allen Seiten die Seherin« (ebd., S. 288; vgl. 118 f.). Faust verhält sich jedoch wieder falsch. Wieder reflektiert er dauernd auf seinen Zustand (107, 109–111, 115, 118 f., 122, 126–128) und erwartet von Apollo eine »Enthüllung« in der Art der Dionysos-Begeisterung (108–110), so als hätte er nicht vor kurzem die Enthüllung der Naturkräfte (85) als bloßes Schauspiel abgetan. – 125–128 scheinen bestimmt von der vierten, »von der Venus ausgehenden Art der Begeisterung«. Sie »wendet mit glühender Liebe die Seele zu Gott, verwandelt sie und macht sie Gott durchaus ähnlich, gleichsam zu einem vollkommenen Bilde Gottes. [...] Eine dergestalt verwandelte, Gott ähnlich gewordene Seele wird so von Gott gebildet, daß sie, über alle irdische Vernunft erhaben, durch eine wesentliche Berührung der Gottheit Alles erkennt. Deshalb beschreibt Orpheus die Liebe als der Augen ermangelnd, weil sie über die menschliche Einsicht geht.

Eine von der Liebe zu Gott dergestalt verwandelte und über die geistige Sphäre erhobene Seele wirkt bisweilen [...] Wunder« (III,49; ebd., S. 291 f.). Faust reflektiert diese Verwandlung, mit der er »den menschlichen Theil seiner Natur [verläßt] und auf die Göttlichkeit des anderen Theils« vertraut (ebd., S. 291), als Reißen im Herzen und Fühlen »neuer Gefühle«, denn auch seine »Sinne« werden damit umgewandelt. Auf die Gottähnlichkeit pocht er später, indem er sie als »Ebenbild der Gottheit« überspannt (163), da er auch vom Geist »Uebermensch« genannt wurde (138). Im genauen Gegensatz zur Liebe steht der Zwang, den er auf den Geist ausübt (129), und zwar zum sichtbaren Erscheinen, wo doch nach »Orpheus« die Liebe augenlos ist: Faust hat Hingabe (128), aber nicht die für die echte Venus-Begeisterung erforderliche Liebe zu Gott, mit der er hätte Wunder wirken und »Alles erkennen« können. So schraubt er, wie den Makrokosmos auf ein »Schauspiel«, den Weltgeist auf das Maß eines erscheinenden Dämons zurück, den er subjektiv nicht begreifen kann, weil er die Liebe nicht hat, objektiv nicht, weil er in der sichtbaren Vision einen unendlichen Geist als endlichen mißverstehen muß.

116 f. *Der Mond verbirgt sein Licht! / Die Lampe schwindet!:* Gegenbewegung zu 86. Mit Swedenborgs Vorstellungen könnte Fausts und des Zuschauers Auge sich zu dem überirdischen Licht umgewöhnen, denn dies übertrifft das Sonnenlicht so, daß »das mittägliche Licht der Welt [...] den Engeln wie eine dichte Finsternis« erscheint (Oetinger, *Swedenborg* S. 34). Eine andere Lesart, die Fausts Verkehrung zum Tragen bringt, wird durch Bildads Rede Hiob 18,5f.21 eröffnet: »Und doch wird das Licht der Gottlosen verlöschen, und der Funke seines Feuers wird nicht leuchten. Das Licht wird finster werden in seiner Hütte, und seine Leuchte über ihm verlöschen. [...] Das ist die Wohnung des Ungerechten; und dies ist die Stätte des, der Gott nicht achtet.« Die Lesart von Faust als ›neuem Hiob‹, die in

Faust I durch den »Prolog im Himmel« so stark angekündigt wird und sich bis in das Deichprojekt des *Faust II* und Mephistos Beulen hineinzieht, steht im Zusammenhang der Versuchungsthematik (vgl. Anm. zu 11 und 22); auch in der ›Verkehrung‹ der Wirkung des Erdgeistes durch Faust (vgl. Anm. zu: vor 107) ist klar, daß die Versuchung für den modernen Menschen er selbst ist, nicht durch Wegnahme von Gütern und Gesundheit (Hiob) oder durch Angebot von Macht (Jesus) geschieht.

118–121 *Es zucken rothe Stralen ... weht / Ein Schauer ... faßt mich an:* Analogie zur Erscheinung des Heiligen Geistes beim Pfingstwunder: »Und es geschah schnell ein Brausen vom Himmel wie eines gewaltigen Windes und erfüllte das ganze Haus, da sie saßen. Und es erschienen ihnen Zungen, zerteilt, wie von Feuer; und er setzte sich auf einen jeglichen unter ihnen; und sie wurden alle voll des heiligen Geistes« (Apg. 2,2–4). Der »Schauer« ist Zurücknahme des Sturmes zum »Hauch« (144). Faust aber predigt nicht, sondern reflektiert über die Wirkungen des Geistes in ihm und will ihn sehen. Die von Morris (z. St.) angeführte und von anderen Kommentatoren wiederholte Stelle aus Swedenborg berichtet nicht von Strahlen, die ums Haupt zucken, sondern von einer Flammenerscheinung, die sich in einen Vogel verwandelt, der dann Swedenborg »circa caput meum« fliegt.

123 f. *Erflehter Geist! / Enthülle dich:* Moses wird vom Herrn im brennenden Dornbusch (2. Mose 3,2–6) und in der Wolkensäule aufgesucht (2. Mose 13,21 f. u. ö.). »Er aber sprach: So laß mich deine Herrlichkeit sehen. Und er sprach [...]. Mein Angesicht kannst du nicht sehen; denn kein Mensch wird leben, der mich sieht« (2. Mose 33,18–23). Burdach hat auf die Lesart ›Faust und Moses‹ hingewiesen, die insbesondere am Schluß von *Faust II* (Kampf um Moses' Leichnam zwischen Erzengel und Teufel) zum Tragen kommt. Faust ist wiederum als ›neuer Moses‹ zu sehen: der Bund, den er macht, ist in *Faust I* die

Wette mit sich selbst; er wählt sich nur den Kraft- und Machtaspekt der göttlichen Herrlichkeit und verkehrt ihn luziferisch; das selbstgeschaffene gelobte Land am Schluß von *Faust II* wird die Elemente wieder verschlingen (11544–51).

vor 130 *spricht das Zeichen ... röthliche Flamme ...* DER GEIST ... *in wiederlicher Gestallt:* Mit dem Aussprechen des Zeichens geht Faust definitiv von der spirituellen Magie zur Dämonenmagie über, die dann auch dem Mephistopheles Eingang verschafft. Die spirituelle Magie betrifft nur die Veränderungen im Geist des Magiers selbst; die Magie im Sinne Hamanns und Goethes Genielehre (*Nach Falconet und über Falconet*) ist ihre Fortsetzung, während Swedenborgs Visionen die Dämonenmagie fortsetzen. Die rötliche Flamme zeigt nach Swedenborg einen bösen Geist des Betrachters an; »in dieses gleichsam feurige Wesen wird das Leben der Liebe und der Barmherzigkeit des Herrn, welches bei ihnen einfließt, verkehrt« (Oetinger, *Swedenborg*, S. 36) – Faust und die Zuschauer müßten darin ihr verkehrtes Wesen erkennen. So erscheint ihnen auch der Geist in »widerlicher«, abstoßender Gestalt; seine Herrlichkeit wird durch den verkehrten Blick verkehrt, und der Zuschauer soll im *Urfaust* noch mit den Augen Fausts sehen. Später soll der distanziertere Zuschauer die Verkehrung des Faustschen Blicks aus dem Kontrast zwischen dem Apoll- oder Jupiterbild und Fausts Ausruf »Schreckliches Gesicht« entnehmen (seit dem *Fragment* 1790 ist »in wiederlicher Gestallt« weggefallen; vgl. auch Goethe an Graf v. Brühl, 2. 6. 1819, HA Br. 3, S. 455).

130 *Schröckliches Gesicht!:* Nicht im heutigen Wortsinn als ›Angesicht‹, sondern als Vision (vgl. 167). Es ist zu vermuten, daß Goethe sich bei dieser Vision Fausts an den Visionen des Propheten Hesekiel orientierte (Hes. 1 und 10), die Oetinger ausführlich kommentierte und auf seinen Zentralbegriff der Herrlichkeit bezog (*Swedenborg*, S. 333–362; vgl. Anm. zu: vor 107). Diese Vision ist

»schrecklich« (Hes. 1,18.22), »und da ich's gesehen hatte, fiel ich auf mein Angesicht und hörte einen reden« (Hes. 1,28). Die von Faust beobachteten Phänomene Verfinsterung, Schauer vom Gewölb wehend, Feuer, Geistererscheinung in der Flamme sind an Hes. 1,4 f. orientiert: »Und ich sah, und siehe, es kam ein ungestümer Wind von Mitternacht her mit einer großen Wolke voll Feuer, das allenthalben umher glänzte; und mitten in dem Feuer war es lichthell. Und darin war es gestaltet wie vier Tiere, und dieselben waren anzusehen wie Menschen.« Der »Thatensturm« (149) des Erdgeistes mit seiner »unglaublichen Sphaera activitatis« (*Swedenborg*, S. 347, vgl. S. 132, 149) hat sein Vorbild in dem mitternächtlichen Windwirbel: »Die Geburt oder die Entstehung der wirbelförmigen Bewegung aus der Finsternis von Mitternacht durch den Geist des Lebens wird hier zu bedenken vorgelegt, nemlich, daß alle Creaturen [...] seien hernach geschaffen worden, als Finsternis, als ein irreguläres Gemeng, als ein [...] noch nicht actuirtes Feuer; seien aber aus diesem erst durch den Geist des Lebens zu Licht formirt und regulär gemacht worden.« (Ebd., S. 345.) Der Tatensturm ist also das Hervorbringen der geordneten Schöpfung aus dem finsteren irregulären Gemeng durch den »Geist des Lebens«, der die passive Leiblichkeit der Herrlichkeit, die »heilige Erde« (ebd., S. 247) »zu einer feurigen Activität« aufstachelt (ebd., S. 345) – diese feurige Aktivität könnte in der wohl von Frl. v. Göchhausen vergessenen Zeile »Ein glühend Leben« (nach 154; *Faust I*, 507) angesprochen sein.

132 *An meiner Sphäre lang gesogen:* Swedenborgs Geisterlehre ist zugleich eine Lehre von deren Wirkungskreisen oder Sphaerae activitatis: »Es ist nemlich der Wirkungs-Kreis gleichsam ein außer der Seele ausgebreitetes Bild, und zwar von allem was in ihm ist« (Oetinger, *Swedenborg*, S. 41); mit diesem Bild wirkt der Geist auf andere, überträgt seine Neigungen, Vorstellungen, Gedanken,

Perspektiven, Moralität auf sie. Die Vorstellung wird bei der Wirkung Mephistos auf den Schüler, auf Faust, auf Margarete wichtig (vgl. Anm. zu 523). Wenn Faust sich durch seine magische Imagination selbst einen Wirkungskreis zulegt, in dem sich die langgehegte Sehnsucht, mit Geistern in Berührung zu kommen (25, 41, 75, 90, 108), als Wirkbild des »Seelen Flehns« ausdrückt, zieht er den Wirkungskreis des Erdgeistes als des auch Geister schaffenden Prinzips schon dauernd an, »saugt« also an dessen Sphäre. Daß er den Geist nicht erträgt, ist Beweis seiner Verkehrtheit: »Es waren viele, nicht gute, Geister bei mir. Es kam ein Engel, und ich sah, daß sie dessen Gegenwart nicht ertragen könnten, denn sie entfernten sich mehr und mehr, je näher er herbei gerückt«; der Grund ist, daß »die Geister in dem Umfang oder Sphäre, die er mit sich gehabt, sich nicht können aufhalten« (*Swedenborg*, S. 50). Die Vorstellung, daß ein Verkehrter (hier: Faust) sich im Wirkungskreis eines Guten nicht aufhalten kann, wird noch in *Faust II* verwendet (7142–45, 11777 f.). – In die Verkehrung Fausts dringt sozusagen Mephistopheles ein: »Wenn die Verkehrtheit eines Subjectes die Einflüsse verkehrt aufnimmt, oder seine Schwäche die Wirkung der Oberen nicht ertragen kann, so geht aus dem dergestalt in einer disharmonischen Materie aufgenommenen Einflusse der Himmlischen etwas Verkehrtes, Mißförmiges und Übles hervor« (Agrippa, *De occulta philosophia* III,39; *Magische Werke* III, S. 219).

134 *erathmend:* Faust hat sich durch die Apollo-Begeisterung dem Weltgeist, Spiritus mundi, ›Atem der Welt‹, angenähert, sich damit eine höhere, übermenschliche Existenz erworben und kann versuchen, seine Brust »den Geistern gleich zu heben« (141). Wenn er aber damit am Weltatem in höherer Weise teilnimmt, ist es um so kindischer und schülerhafter, den Geist auf menschliche Weise sehen und hören zu wollen. Seine Magie hat mehr ausgelöst, als er verkraften kann.

136 *Mich neigt:* »Durch solche und ähnliche symbolische Sprüche und Hymnen, welche die Zeichen göttlicher Kräfte sind, ließen sich die Dämonen bisweilen zum Dienste der Menschen bewegen, nicht als ob sie gewissermaßen dazu genöthigt worden wären, sondern durch die Bitten der sie Rufenden gerührt kamen sie freiwillig.« (Agrippa, *De occulta philosophia* III,32; *Magische Werke* III, S. 179.)

137–141 *Welch erbärmlich Grauen ... den Geistern gleich zu heben:* Im Zusammenhang der höchsten Begeisterung (durch Venus), bei der Faust angekommen war (vgl. Anm. zu 107–128), heißt es: »Das Bild Gottes aber ist der Mensch, wenigstens derjenige, der, durch die von der Venus ausgehende Begeisterung Gott ähnlich gemacht, allein mit dem Verstande lebt und von ganzem Herzen den Jupiter erfaßt. Nach der Lehre der hebräischen Rabbinen und Kabalisten ist die menschliche Seele [...] ein mit dem Siegel Gottes besiegeltes Wesen, dessen Charakter das ewige Wort ist. Im Hinblick hierauf sagt Hermes Trismegistus, ein solcher Mensch stehe entweder über den Himmelsbewohnern oder erlange wenigstens ein gleiches Loos.« (Agrippa, *De occulta philosophia* III,49; *Magische Werke* III, S. 292.) Der so Begeisterte ist »Uebermensch« (138), der Logoscharakter der Seele erlaubt die Schaffung einer »Welt in sich« (erkennende Rekonstruktion des Makrokosmos, aufgebaut nach der Schöpfungshieroglyphe, vgl. Anm. zu 94–100); der göttliche Logos macht die Seele schöpferisch – recht gebraucht, wäre das Wirken dieser Kraft Weissagung und Wundertätigkeit. Dazu müßte Faust aber »von ganzem Herzen den Jupiter erfassen«, capere Jovem, den Erdgeist begreifen (vgl. Anm. zu 159 f.). Das Wort »Übermensch« stammt aus dem 16. Jh. und war ursprünglich ein Spottname für Lutheraner.

146 *Ein furchtsam weggekrümmter Wurm:* Hiob 25,4–6 »Und wie kann ein Mensch gerecht vor Gott sein? [...] ein Mensch, die Made, und ein Menschenkind, der Wurm!« Die Wurm-Metapher wird wiederaufgenommen bezüg-

lich Wagners (248); dieser sucht und findet auf seine trokken-methodische Weise den »Menschen«, auf dessen Niveau Faust vom Erdgeist hier wieder heruntergestoßen wird. – Eine Beziehung eröffnet sich hier auch zu Molières *Dom Juan*, die im Gretchen-Drama sehr wichtig wird (vgl. Anm. zu 930). Dom Juan »ne croit ni ciel, ni enfer« (I,1; III,1); da er das Sakrament der Ehe als »une affaire entre le ciel et moi« betrachtet, beschimpft ihn Sganarelle implizit: »c'est bien à vous, petit ver de terre, petit mirmidon que vous êtes [. . .] à vouloir vous mêler de tourner en raillerie ce que tous les hommes révèrent?« (I,2.) Dom Juan mit seiner Unruhe des Genusses, seiner absolut glaubenslosen Freigeisterei bietet eine Lesart des Faust, die Goethe noch spät die Vorstellung hegen ließ, Mozart hätte wegen seines *Don Giovanni* den *Faust* komponieren müssen (zu Eckermann, 12. 2. 1829).

149–156 *In Lebensfluthen . . . lebendiges Kleid:* Zu den biblischen, in der Herrlichkeitstheologie des 18. Jh.s wieder aufgenommenen Aspekten dieser Selbstcharakterisierung des Erdgeistes vgl. Anm. zu: vor 107 und 130. Hier noch die antike Tradition und die Anknüpfung der Magie des 16. Jh.s an sie. Sehr nahe kommt die vielzitierte Stelle in Vergils *Aeneis* VI,724–751, die beginnt: »Von Anfang an nährt den Himmel und die Länder und die flüssigen Flächen und die leuchtende Kugel des Mondes und die Sonne inwendig ein Atem, und ein Geist, durch die Glieder strömend, bewegt die ganze Masse und vereinigt sich mit dem großen Leibe. Daher rührt das Geschlecht der Menschen und Tiere und das Leben der Vögel und was das Meer [. . .] an Monstren enthält. Jenen ist feurige Lebenskraft gegeben und den Samen [vgl. 31!] himmlischer Ursprung«; die dritte Ekloge gibt diesem belebenden Weltgeist den Namen Jupiter: »Von Jupiter ist alles voll, er sorgt für die Erde« (*Eclogae* III,60 f.). Damit entspricht er der allegorischen Interpretation des Namens Zeus von *zao* ›Leben verleihen‹ (z. B. bei Pherekydes und den Orphikern), auf die Agrippa anspielt (*De occulta philosophia* III,63; *Magische Werke* III, S. 364), wie schon Ficino den Weltgeist »Jupiter«, das Vermittelnde zwischen Weltseele und Materie (*De vita* III,1), das Belebende und Bewegende nennt (III,3) und ihm, dem Princeps generationis, die stärkenden, ernährenden, anziehenden, festhaltenden, verdauenden und austreibenden Kräfte zuordnet (III,6). Auch in den Goethe wohlbekannten orphischen Hymnen wird Zeus als »Vater, Anfang und Ende aller Dinge« (Nr. 15), als »Zeuger aller Dinge« (Nr. 20) bezeichnet und heißt mit der Sonne Apollons auch »Vater der Zeit« (Nr. 8). Die Magie der Renaissance nimmt die Tradition auf: »Die ganze Welt wurde also für Jupiter gehalten, nemlich der Weltgeist, der, die Welt in sich enthaltend, sie geschaffen hat.« (Agrippa, *De occulta philosophia* III,7; ebd., S. 39.) Er ist die »Quintessenz«, das universale verbindende und vermittelnde Medium des Kosmos, in dem »alle Zeugungs- und Samenkraft« enthalten ist (ebd. I,14; I, S. 100). Der Weltseele gegenüber materialisierend, körperhaft, verhält er sich der Materie gegenüber als seelisch-geistiges Wesen (ebd., S. 99); daher trägt er den Zeugungs-, Lebens- und Herrschaftsnamen Jupiter und den Licht-, Ordnungs- und Harmonienamen Apollo (ebd. III,48.49; III, S. 285, 292). Aufgrund dieser universalen Schöpfer- und Vermittlerrolle hat er die Aufgabe, die göttlichen Ideen aus ihrem archetypischen Zustand in »Ideenformen«, »Formsamen« und dann in »dichtere Formen« herunterzutransponieren (ebd. I,8.11.14; I, S. 79, 87 f., 101): er wirkt der Gottheit lebendiges Kleid. Das Ziel der Venus-Begeisterung wäre es eigentlich, capere Jovem, den Jupiter in dem beschriebenen Sinne des Agrippa zu »begreifen«; was die Magier damit anstrebten, wird erst auf diesem Hintergrund verständlich.

151 *Webe hin und her:* »Weben« bedeutet hier zunächst wie im Mittelhochdeutschen ›hin und her fahrend sich bewegen‹, vgl. Luthers Übersetzung »in dem wir leben, weben und sind« für κινούμεθα ›wir bewegen uns‹, Apg. 17,28. –

Oetinger nimmt in der Schöpfung der Ur- oder Protomaterie »ein Element« an, »d. i. eine webende Kraft, so aller Dinge Stoff ist« (*Swedenborg*, S. 13). Die aus Kraft bestehende Urmaterie, die durch den Fall des Luzifer in dichte Materie und ein gestaltendes Kraft-Wesen (»die treibende, bildende und selbst alle Gestalten annehmende Kraft«; ebd.) gespalten wird, ist die Weiterentwicklung der Weltgeist-Konzeption der Renaissance im genetischen Denken des 18. Jh.s.

155 f. *Webstul der Zeit ... lebendiges Kleid:* Die Zeit ist, auf das Ganze des *Faust* gesehen, eine der tragenden Ideen, die ihre volle Ausführung allerdings erst durch die später hinzukommenden Teile erfährt (Wette auf Kontinuität des Selbst, Probleme der Sorge, des Augenblicks usw.). Könnte sich Faust hier mit dem »Jupiter« des »Vaters der Zeit« (vgl. Anm. zu 149–156) bemächtigen, bliebe die Tragödie des neuzeitlichen Menschen ungeschrieben. – Die Kleid- oder Gewandmetapher hat eine vielfältige Tradition und im *Faust* ebenfalls weitreichende Bedeutung. Die »Sephirot«, kabbalistische Entsprechung der Lehre von den sieben unteren (und drei oberen) Geistern Gottes, heißen »Gewänder« (Agrippa, *De occulta philosophia* III, 10.13; *Magische Werke* III, S. 52 f., 78). Der Orphiker Pherekydes in seiner Kosmogonie *Pentemychos* schreibt: »Zeus machte ein großes und schönes Gewand und stickte darein die Erde und den Okeanos und das Haus des Okeanos« (Ausg. Kern, S. 87). Nach der Bibel ist Licht das Kleid Gottes, er breitet den Himmel aus wie einen Teppich (Ps. 104,2; vgl. Ps. 102,26 f.; Hebr. 1,10–12). Wichtig für *Faust II* ist der Schleier der Maja/Helena und der Mantel der Muttergottes, die beide in diesen Zusammenhang gehören: es ist die erscheinende Welt als Majestät, Schöpfung, Herrlichkeit Gottes.

157 f. *die weite Welt umschweiffst / Geschäfftger Geist:* Geschäftigkeit ist im 18. Jh. unbesonnene, entfremdende Aktivität (vgl. Novalis, *Hymnen an die Nacht* II; Hölder-

lin, *Friedensfeier*, Schlußzeile); sie steht damit der mühsamen, aber zielführenden Arbeit und der schöpferischen, freien Tätigkeit gegenüber. Faust hat aus der auf dem Hintergrund der Magie präzisen Selbstcharakteristik des Erdgeistes dessen Charakter nicht begriffen. Unter den dienstbaren Dämonen gibt es nach magischer Auffassung diejenigen, »denen das, was auf Erden ausgeführt werden soll, anvertraut ist«. Sie werden »in mehrere Classen getheilt: die einen sind Feuer-, andere Wasser-, andere Luft- und wieder andere Erdgeister; diese vier Classen stimmen mit den vier Kräften der himmlischen Seelen überein, nemlich mit dem Verstande, der Vernunft, der Einbildungskraft und der belebenden und bewegenden Natur« (Agrippa, *De occulta philosophia* III,16; *Magische Werke* III, S. 97). Da die Erdgeister aus allen vier Elementen gemischt sind, sind sie im Vergleich zu den andern Dämonen »schon mehr sichtbar und unseren Sinnen zugänglich« (III,19; ebd., S. 119). Faust »begreift« den Erdgeist nicht und meint doch, in ihm einen niedrigen Geist des Elements oder des Planeten Erde vor sich zu haben (164). Das Nichtbegreifen läßt Goethe offenbar schon bei dem Begriff »Erde« anfangen: Faust meint von vornherein einen jener Elementar-Erdgeister Agrippas vor sich zu haben, der sich geschäftig um die »belebende und bewegende Natur«, die vegetativen Vorgänge auf der Erde zu kümmern hat und in diesem Auftrag »die weite Welt umschweift«, auf der Erde umherschweift. Einem solchen dienstbaren Dämon kann man sich als übermenschliches »Ebenbild der Gottheit« (163) wohl näher fühlen (108, 158) als dem Makrokosmos, dem Lichtaspekt der göttlichen Herrlichkeit. Mephistopheles ist seiner Dämonenerscheinung nach genau ein solcher dienstbarer Erdgeist nach Agrippa, ein Sylphe nach Paracelsus (vgl. Anm. zu: vor 249), dessen sich der Teufel bedient, weil Fausts Verfassung dazu einlädt. Daß Faust einen ganz anderen Geist vor sich hat, daß ihn der Name »Erdgeist« getäuscht hat, daß er sich des Finsternis-

Aspekts der göttlichen Herrlichkeit bemächtigen will, wird Faust inhaltlich hier noch nicht klar; erst am Ende des *Urfaust* hat er erkannt, wen er vor sich hatte – »du unendlicher Geist«, »groser herrlicher Geist der du mir zu erscheinen würdigtest, der du mein Herz kennst und meine Seele« (S. 57, Z. 15 f., 38–40), so nennt er ihn dann und zeigt, daß die anfängliche Behauptung der Nähe, das Auftrumpfen über die »Flammenbildung« (147) und die Behauptung, »deines gleichen« zu sein (148), kindisch hochmütig waren und auf purer Unkenntnis, ja auf bloßer Namensverwechslung beruhten. Voraussetzung für die Vermeidung dieses Irrtums und Fehlverhaltens wäre genauere Kenntnis der Magie und richtige Vorbereitung auf ihre Experimente gewesen, auf die er sich mit einem – z. B. von Agrippa her gesehen – sträflichen Leichtsinn einließ. Dieser ›Leichtsinn‹ ist nicht etwa als individualpsychologisches Moment in einer Privattragödie ›Faust‹ zu werten. Man sieht ihn in der fünften Partie als Gegenbewegung zu der Erfahrung der existentiellen Hemmung entstehen, die ihrerseits aus der Befangenheit des modernen Bewußtseins in der toten und tötenden Tradition sich ergibt; die existentiell plausible Befreiungsbewegung »Flieh!« (65), die schon das Fliehen nicht ausführt, sondern sich mit dem Buch begnügt, schon die Unterweisung durch die Natur nicht abwartet, sondern nur rasch irgendeinen Erfolg finden will: sie will sich auch die Zeichen nicht durch »trocknes Sinnen« (73) erklären und die (notwendigen) Vorkenntnisse über die in ihnen beschlossenen und durch sie bezeichneten magischen Potenzen erwerben, sondern nur rasch mit den Geistern in Kontakt kommen, gleich welche es sind. Dies rächt sich nun; der Leichtsinn ist nichts anderes als die konstitutive Unruhe Fausts, das unglückliche Bewußtsein des neuzeitlichen Menschen (vgl. Anm. zu: vor 1), das an dieser Stelle für das Mißverständnis, die unangebrachte Hybris, die Verkehrung zum Bösen, den luziferischen Sturz verantwortlich ist. Die Tragödie Fausts ergibt sich aus den konstitutiven Bedingungen seines historisch gegebenen Bewußtseins und ist damit unausweichlich.

159 f. *Du gleichst dem Geist den du begreiffst, / Nicht mir!:* Aufgrund seiner vierten (Venus-)Begeisterung, zu der er ansatzweise aufsteigt (vgl. Anm. zu 107–128), müßte Faust fähig sein, den Jupiter mit ganzem Herzen zu begreifen (»capit toto pectore Jovem«; Agrippa, *De occulta philosophia* III,49; vgl. Anm. zu 137–141). Das Wort »begreifen« hat hier denselben Sinn wie Joh. 1,5: »Und das Licht scheint in der Finsternis, und die Finsternis hat's nicht begriffen.« Faust ist, weil er das Licht des Makrokosmos verschmäht hat, »Finsternis« und kann deshalb auch den finsteren Aspekt der göttlichen Herrlichkeit nicht »begreifen«, capere und comprehendere, sofern dieser sich zum Licht wendet. Aufgrund seiner Verkehrtheit versteht er ihn verkehrt, erträgt ihn nicht, schätzt ihn zu niedrig ein, reduziert den Geist des Lebens, den Herrn der Zeit auf einen Elementardämon. – Mit seinem Wort »Du gleichst ...« macht der Erdgeist Faust nicht nur eine Mitteilung. Sein Wort ist das eines schaffenden Geistes, also wirkendes Wort, das Wahres fest-stellt und bewirkt. Deshalb kann Faust später dem großen herrlichen Geist vorwerfen, er habe ihn an den Schandgesellen geschmiedet: aufgrund seiner Verkehrtheit kann Faust nur einem verkehrten Geist gleichen und diesen begreifen; die Verkehrung ist aber der hier schon wirkende Fehler Fausts.

163 *Ich Ebenbild der Gottheit!:* »Der Mensch ist also das vollkommenste Ebenbild Gottes, insofern er Alles in sich enthält, was in Gott ist. Allein Gott enthält Alles nach seiner Kraft und auf eine einfache Weise, als die Ursache und der Ursprung von Allem, in sich; dem Menschen dagegen hat er die Eigenschaft verliehen, daß er ebenso Alles enthält, aber in der Wirklichkeit und nach einer gewissen Zusammensetzung, als Band und Verknüpfung von Al-

lem.« (Agrippa, *De occulta philosophia* III,36; *Magische Werke* III, S. 201.) Gott ist also, mit den Begriffen Spinozas, Natura naturans, der Mensch vollständiger Auszug der Natura naturata. Nun hat aber Faust mit dem Erdgeist (in dieser Terminologie) die Natura naturans vor sich; sein Protest würde bei jedem niedrigeren Dämon (den er vor sich zu haben meint) zutreffen, da dieser sich auch als dienstbar Schaffender nicht auf die Vollständigkeit des Ebenbildes berufen könnte. So nimmt Fausts ungenügend vorbereitete (73 f.) Geisterbeschwörung die ›schlimmstmögliche Wendung‹ und wird dadurch vom ›Blick‹ Fausts her absolut tragisch, vom antizipierten ›Blick‹ Mephistos her absolut komisch, vom antizipierten ›Blick‹ Margaretes her menschlich rührend und ironisch zugleich, da er überdies meint, von einem viel niedrigeren Dämon zurückgewiesen zu werden.

166–168 *Nun werd ich tiefer tief zu nichte ... stören muß:* Die Tiefe seiner Vernichtung, die er wegen der fälschlich angenommenen Niedrigkeit des Dämonenstatus des Erdgeistes schon zu weit gehen läßt, scheint ihm hier wegen der wiederum fälschlich angenommenen Verächtlichkeit Wagners noch »tiefer« zu gehen. Beide Annahmen sind falsch; ein wenig von Wagners Trockenheit hätte die Erklärung der heiligen Zeichen (73 f.) gesucht und die schülerhaften Fehlleistungen des Magiers vermieden. Wagners »Schwärmerei«, d. h. seine spekulative Kühnheit, wird sich in seinem rasanten Flug durch drei Jahrhunderte Wissenschafts- und Gelehrsamkeitsgeschichte bestätigen – Faust ist allerdings nicht derjenige, der einem Kollegen Schwärmerei zum Vorwurf machen dürfte, und seine höhnische Kritik an Wagner wird dadurch von vornherein suspekt. – »Fülle« der Gesichte kann sich nicht auf die Menge der Visionen beziehen, sondern auf deren umfassende Vollständigkeit; dies kann auf die im Innern erschaffene Welt (139) des Makrokosmos bezogen sein wie auf die Vision des Erdgeistes, der das »pleroma«, den Fülle-

Aspekt der göttlichen Herrlichkeit (vgl. Anm. zu: vor 77), verkörpert. Nur: beide Gesichte sind verschwunden, Wagner stört nichts mehr, aber er muß stellvertretend Fausts Enttäuschung über sein Scheitern erdulden.

Die Wagner-Szene (V. 169–248)

Wagner, Assistent des Doktor Faust, gehört schon zur Faustsage; 1593 erschien das erste Wagner-Buch, in dem er wie sein Meister als Magier mit Gewalt über einen Dämon namens Auerhahn geschildert wird. Obwohl Fausts Urteilsvermögen schon vor dem Auftreten Wagners in Frage gestellt wird, haben die Kommentatoren unbesehen sein momentanes Urteil über den Mitarbeiter und seine Reden übernommen. Wenn Wagner aber »Regenwürmer« findet, hat er mindestens das gefunden, was der Erdgeist in Faust sieht, nämlich einen »Wurm« (V. 146; vgl. deutlicher *Faust I*, V. 653, wo Faust sich mit einem Regenwurm vergleicht). Daß Wagner den Wurm, nicht metaphorisch gesprochen den Menschen sucht, macht sein Erscheinungsbild »Wagner . . ., eine Lampe in der Hand« deutlich, mit dem er an den Kyniker Diogenes erinnert, der auf offenem Markt mit der Lampe »einen Menschen« suchte. Die Symbolik des Requisits wird erst erkennbar einmal, wenn man Margaretes Lampe und ihre Selbsterkenntnis »Ach wir Armen!« (V. 656) sowie Fausts Lampe, die in ihm »inneres Grauen der Menscheit« (»Kerker«, Z. 1 f.) erleuchtet, hinzunimmt; zum zweiten, wenn man den durch Wagners Reden beschrittenen Weg gelehrsamen Interesses näher betrachtet – er führt nämlich zur Frage nach dem Menschen und dem Ich, und zwar in der chronologischen Reihe tatsächlicher ›Paradigmata‹ der Gelehrsamkeit von der Renaissance bis zum letzten Drittel des 18. Jahrhunderts: I (V. 169–174) Der humanistische Gelehrte will ins Volk wirken, es durch das Wort der Offenbarung und der hohen Dichtung erneuern und reformieren. II (V. 177–180) Der

Gelehrte des beginnenden 17. Jahrhunderts (*Faust I:* Fernglas-Erfindung!) zieht sich dagegen mit Francis Bacon von den Vorurteilen der Menge in den Experimentier-Raum seiner Wissenschaft zurück. III (V. 193) Im zweiten Drittel des 17. Jahrhunderts sucht der gelehrte Polyhistor sein Wissen in barock-rhetorischer Manier spektakulär zu machen und gewinnbringend umzusetzen. IV (V. 205–212) Ende des 17. Jahrhunderts kommt die kritische Methode auf, sowohl in der Textkritik, die antike und biblische Texte erfaßt, wie in der kritisch bewertenden Sammlung der Meinungen, für die Bayles *Dictionnaire historique et critique* von 1697 exemplarisch steht. V (V. 217–220) Die erste Hälfte des 18. Jahrhunderts erschütterte die »Querelle des anciens et des modernes«, der Streit darüber, ob man sich am klassischen Muster der Antike orientieren oder selbstbewußt das Alte als Vorstufe der Moderne betrachten solle. VI (V. 233 f.) Die Frage nach dem Wesen des Menschen, seiner Erkenntnisfähigkeit, seines Daseins in Welt und Gesellschaft wurde zur zentralen Frage in der Mitte des 18. Jahrhunderts; Alexander Pope z. B. verkündete: »The proper study of mankind is man« (*An Essay on Man* II,2). VII (V. 243 f.) Die Beschwörung des Ich, mögliches Thema von Wagners letzter Rede, ist als Problem der Selbstmagie und als Problem der Subjektivität, d. h. magischen Projektion von Welt, das Thema des deutschen Idealismus. – Wagners sieben Reden bilden also die Geschichte der gelehrsamen Interessen von der Renaissance bis zum letzten Drittel des 18. Jahrhunderts ab. Was zuvor bei Faust in anachronistischer Widersprüchlichkeit als Totalität zum Scheitern führte, wird von Wagner im einzelnen, nacheinander und, wie zu zeigen ist, in methodischer Folge als Selbstschöpfung des erkennenden Ich aus dem tradierten Wort aufgebaut. Faust, der alles auf einmal und im Übermaß will, erreicht nichts; Wagner, trocken, aber darum nicht weniger »Schwärmer« als Faust, gräbt auf seine methodische Weise wenigstens den Menschen und seine Selbsterkenntnis aus – den Menschen, den auch Diogenes mit der Laterne suchte und den der Erdgeist als Wurm bezeichnet. Die Methode Wagners ist die aufbauende, Erkenntnis erzeugende und strukturierende Dialektik der von Herder in der *Ältesten Urkunde des Menschengeschlechts* analysierten, in eigenen Werken verwendeten und als Strukturformel für Dichtung empfohlenen »Schöpfungshieroglyphe«. Sie baut sich aus einem sachbezogenen Dreischritt, einem auf den Sachbezug reflektierenden Dreischritt und einem siebten, die Dialektik von Sach- und Reflexionsbezug aufhebenden Schritt auf. In den drei ersten Reden Wagners geht es um das wirksame Wort, in der vierten bis sechsten Rede um den Menschen, sein Streben, seine Selbsteinschätzung vor der Tradition und um sein Wesen. Das Sich-Besprechen der siebten Rede macht das Ich zum Gegenstand seiner eigenen Rede und verbindet die Triaden. Wagner baut Wissenschaft und Gelehrsamkeit also methodisch auf und entwickelt sie als schöpferischen Prozeß. Faust in seinen Gegenreden zeigt jeweils skeptisch die Mißbrauchs- und Selbsttäuschungsmomente in Wagners Gelehrsamkeit auf und treibt diesen damit weiter. Der eine vertritt die aufbauende, der andere die selbstkritische Seite der Wissenschaft. Für beide Seiten hatte Goethe z. B. bei Agrippa von Nettesheim mit seinen Büchern *De occulta philosophia* und *De incertitudine et vanitate scientiarum atque artium*, bei Francis Bacon oder bei Voltaire Anschauungsmaterial gefunden. Das Aufbauen geistiger Ordnung und das Destruieren durch Argumente können als entgegengesetzte Verbindungen von Erkenntnis- und Wirkaspekten der Makrokosmos- und Erdgeist-Vorstellung und damit als eine Metamorphose dieser Opposition gesehen werden.

Der Vers ist der Madrigalvers mit einer auffälligen Häufung von Vers communs gegen Ende des Dialogs; dies verstärkt bei Faust (V. 236–248!) den französisch-skeptischen Ton seiner Rede, in dem er auch vor Selbstwidersprüchen (V. 181–184 / V. 236–240) nicht zurückschreckt.

vor 169 WAGNER: in der Faustsage Famulus, d. h. Mitarbeiter Fausts, ebenfalls der Magie kundig. Die Nachtmütze gibt ihm komischen Anstrich, vgl. Goethes Farce *Götter, Helden und Wieland* (HA 4, S. 203–215), wo »Wielands Schatten in der Nachtmütze« auftritt und lächerlich gemacht wird. Seine Lampe erhält durch das Ziel seines wissenschaftlichen Fragens (vgl. 233 f.) die Bedeutung der Laterne des Diogenes. Dieser kynische Philosoph ging bei Tage mit einer Lampe herum und antwortete auf die Frage nach dem Grund: »Ich suche einen Menschen.« Wagner wird von Faust bei jeder Nennung eines neuen Interessengebiets auf dessen Mißbrauch hingewiesen und so trotz der weiterführenden Ideen als »trokner Schwärmer« (168) entlarvt. Faust, der nur Kritik, aber keine weiterführende Idee vorbringt, hat bei seiner Verachtung der Regenwürmer Wagners (248) seine eigene Wurm-Existenz (146) vergessen und wird in seinem Hochmut entlarvt. Die Lampe beleuchtet also beide: »O Heiliger, geht schon dein Ruhm bis an die Sterne, / Flieh den Diogenes und fürchte die Laterne! –« (Albrecht von Haller, *Die Falschheit menschlicher Tugenden*, V. 243 f.) Wagner ist zugleich Figur der Faustsage, satirisch gesehener Gelehrter des 18. Jahrhunderts und, mit der Reihe seiner Gelehrsamkeitsinteressen, Prinzip der methodisch verfahrenden Wissenschaft der Neuzeit. Aufwertung Wagners auch bei Böhm und Arens.

169 *deklamiren:* Deklamation ist die Sprechkunst des Redners oder des Schauspielers. »Hier muß ich meinen angebornen Charakter verlassen, mein Naturell verleugnen und mich ganz in die Lage und Stimmung desjenigen versetzen, dessen Rolle ich deklamiere. Die Worte, welche ich ausspreche, müssen mit Energie und dem lebendigsten Ausdruck hervorgebracht werden, so daß ich jede leidenschaftliche Regung als wirklich gegenwärtig mit zu empfinden scheine.« (*Regeln für Schauspieler*, § 20; HA 12, S. 254.) Wagner hat also gehört, daß Faust seinen »angebornen

Charakter verlassen« hat – ein weiterer ironischer Kommentar zur Erdgeist-Begegnung.

174 *Ein Kommödiant könnt einen Pfarrer lehren:* Die Klagen über Schauspielerei der Priester reißen seit Gregor von Nazianz (*Orationes* XXII,8) nicht ab. Noch Herder setzt sich (*An Prediger*; SWS 7, S. 219) mit dem Vorschlag des Theologen Karl Friedrich Bahrdt auseinander, Prediger von Schauspielern unterrichten zu lassen; vgl. Lessings *Anti-Goeze* II. Wagner will nicht als Pfarrer die Deklamation lernen, sondern wie Pfarrer und Schauspieler im Dienst des durch Offenbarung oder Klassizität geheiligten Wortes im Volk »wirken« (vgl. 172). Diese humanistische Verbindung von gelehrtem Wissen, Bemühung um das ursprüngliche Wort (›ad fontes‹) und Suche nach praktischer Breitenwirkung ist Wagners erstes Gelehrtenziel.

177–180 *Ach wenn man in sein Museum ... Durch Ueberredung hinzubringen:* Museum: Studierstube; Ausdruck des 17., 18. Jh.s. Spinoza (1632–77) soll »quasi in museo suo sepultus« gelebt haben (Sebastian Kortholt, *De tribus impostoribus*, 1701; dt. in: Gebhardt, Hrsg., *Spinoza. Lebensbeschreibungen und Gespräche*, S. 40). – Francis Bacons (1561–1626) Kampf gegen die die wissenschaftliche Erkenntnis behindernden populären Vorurteile (Idole) oder René Descartes' (1596–1650) Lehre vom universalen Zweifel entfernen die Wissenschaft vom Volk und vom Common sense, der mehr und mehr als ungesichertes Wissen und Aberglaube erscheint. Damit entsteht das Problem der Aufklärung, die die Kluft zwischen Vorurteil und Erkenntnis zunächst nur rhetorisch durch »Ueberredung« (nicht: Überzeugung) zu überwinden versuchte. Neuere Forschungen zur Wissenschaftsgeschichte des 17. Jh.s bestätigen die dem ersten Gelehrtenziel entgegengesetzte Tendenz zur Ablösung der Wissenschaft von unmittelbarer sozialer oder politischer Wirksamkeit (vgl. Piepmeier, *Aporien des Lebensbegriffs seit Oetinger*, S. 106).

181 *Wenn ihrs nicht fühlt ...:* vgl. Horaz, *De arte poetica* 102 f.: »Wenn du willst, daß ich weine, mußt erst du selbst zeigen, daß du leidest.«

183 *Behagen:* Mit diesem Begriff spielt Goethe wahrscheinlich auf den Begriff der »Behaglichkeit« an, mit dem Moses Mendelssohn die Empfindung einer vollkommenen Wahrnehmung und Erkenntnis, also der »anschauenden Erkenntnis« eines Gegenstandes benannte. (*Rhapsodie oder Zusätze zu den Briefen über die Empfindungen*, 1761; Ausg. Best, S. 129. Vgl. Herder, *Über die neuere deutsche Literatur* I; *Frühe Schriften*, S. 220, Z. 12 und Anm.) – Der Wenn-Satz 182–184 führt den Wenn-Satz 181 näher aus und hat als Hauptsatz »ihr werdets nicht erjagen«, nämlich die Lenkung der Welt (der Leute, le monde) zum Guten.

185 *einweil: Faust I* ersetzt durch »nur immer«.

186 *Ragout:* Fleischmischgericht in pikanter Sauce zur Reizung des Gaumens (frz. *ragoûter*); Wort aus dem 17. Jh.

188 *aus: Faust I* hat »raus« und danach ein Ausrufungszeichen.

192 *Wenn es euch nicht von Herzen geht:* »Denn weil Christus nicht mit Gemälden, Bildern umgegangen ist, sondern mit Worten und Werken und mit seinem eigenen Leib, so müssen wir alle ebenso ihm nach. [...] Es muß mit dem Herzen von Herzen gehn, in dem Weg, wie es Christus geheißen hat.« (Paracelsus, *Liber de superstitionibus et ceremoniis*; *Werke* IV, S. 387.) Loeper (I, S. 29) zitiert aus Karl Simrocks Sammlung *Die Deutschen Sprichwörter* (1846): »Was nicht von Herzen kommt, das geht nicht zu Herzen«, sowie Klopstock, dessen Lieder »vom Herzen kamen, / Gingen zu Herzen« (*Mein Wäldchen*, 1778).

193 *Allein der Vortrag nüzt dem Redner viel:* Allein: aber (vgl. 233). Wichtig in diesem dritten Gelehrtenziel ist der Nutzen, der nun dem Redner zukommen soll, statt wie beim ersten der Öffentlichkeit, auf die der Humanist wirkte; hier ist die im zweiten Gelehrtenziel genannte Trennung von der »Welt« vorausgesetzt und soll auch nicht mehr

überwunden werden: die Vortragskunst dient dem Ansehen und der persönlichen Bereicherung des Redners. Diese Einstellung kennzeichnet die 2. Hälfte des 17. Jh.s, in der Gelehrsamkeit und Rhetorik als Schmuck und Prunk verstanden wurden. Wagner hat hier die Ziele des wirkenden Worts (I) und des Worts im Dienst des Guten (II) herabgestimmt auf das Wort zum Nutzen des Redners; bezeichnenderweise konzentriert er sich hier auf die »pronuntiatio«, nach der Erfindung, Anordnung, Sprachgebung und Erlernung der Rede die traditionell letzte und äußerlichste Aufgabe des Redners, die natürlich dennoch als wichtig betrachtet wurde, »denn es kommt ja nicht so sehr darauf an, wie gut das ist, was wir selbst in unserem Inneren verfaßt haben, als darauf, wie es vorgetragen wird« (Marcus Fabius Quintilianus, *De institutione oratoria* XI,3,2; *Ausbildung des Redners*, hrsg. und übers. von Helmut Rahn, Darmstadt ²1988, S. 609).

196 *Schellenlauter Thor:* nach 1. Kor. 13,1 und der Vorstellung der mit Schellen besetzten Narrenkappe.

197 f. *Und Freundschafft ... vor:* Wahlspruch Goethes und seiner Straßburger Freunde; vgl. *Dichtung und Wahrheit* XI; HA 9, S. 483.

202 *der Menschheit Schnizzel kräuselt:* Bei Cicero, *Brutus* 75, § 262, geht es um geschmacklose Geschichtsschreiber, die die in Caesars Memoiren notierten Einzelfakten (»der Menschheit Schnizzel«) »volent calamistris inurere«, mit Brenneisen kräuseln; zitiert auch in Hamanns *Aesthetica in nuce* (Ausg. Jørgensen, S. 145).

205 f. *die Kunst ist lang ...:* Aphorismus des griechischen Arztes Hippokrates, oft in der Formulierung Senecas: »Vita brevis est, longa ars« (*De brevitate vitae* I,1).

207 *bey meinem kritischen Bestreben:* Der Terminus »kritisch« wurde im 17. Jh. aus dem Französischen ins Deutsche übernommen; Textkritik, um die es Wagner geht, hat ihre Vorläufer im Humanismus, wird aber als wissenschaftliche Methode der Recensio und Emendatio mit

Hilfe bestimmter Instrumenta (»Mittel«, 209) seit Ende des 17. Jh.s zunächst auf die lateinischen und griechischen Klassiker, dann auch auf die Bibel angewandt (vgl. HA 9, S. 725, Anm. zu 276,18 *Ernesti*). Zum Signalwort für die Aufklärung wurde »kritisch« durch Pierre Bayles *Dictionnaire historique et critique* von 1697, in dessen Artikeln das tradierte Wissen nicht nur polyhistorisch zusammengetragen, sondern das aufgeführte Material auf seine Glaubwürdigkeit überprüft, Widersprüche aufgezeigt, ›Besseres‹ von ›Schlechterem‹ gesondert wird. – Wagners Dienst am Wort ist zum Dienst am Buchstaben geworden, die Quellen sind nicht Ursprünge von Geist und Offenbarung, sondern »Pergament« (213), die ältesten Zeugen eines Textes. Mit dem Blick auf die Geschichtlichkeit der Wortüberlieferung fällt der Blick auf die Geschichtlichkeit des mit dem Wort befaßten und es überliefernden Menschen, auf Zeit und Tod: Wagners viertes Gelehrtenziel befaßt sich nur noch mit dem Zeichen der seither bearbeiteten Sache, entwickelt aber als neues Thema die reflexive Frage nach dem Menschen und seiner Zeitlichkeit.

213 *Das Pergament ist daß der heilge Bronnen:* daß: das (wahrscheinlich Fehler der Abschreiberin). – Faust spielt auf den großen Eidschwur der Pythagoreer an, der lautete: »Nein, bei ihm, der unserem Geschlecht die Vierheit überliefert hat [d. h. Pythagoras], die die Quelle der ewig sprudelnden Natur und ihre Wurzel in sich enthält.« (Zit. nach: Capelle, *Die Vorsokratiker*, S. 475 Anm. 3; vgl. Oetinger, *Swedenborg*, S. 346: »[...] er ist, wie Pythagoras redet, in der vierten Zahl der Brunn-Quell der ewigen Natur«.) Faust bezweifelt mit Recht, ob das äußere Zeichen in dem vierten Gelehrtenziel die Erdgeist-Funktion des Brunnens der ewigen Natur übernehmen kann; die neue Thematik von Leben, Tod und Zeit hat er nicht bemerkt.

218–220 *Sich in den Geist ... weit gebracht:* In seinem fünften Gelehrtenziel spricht Wagner nicht mehr die individuelle Lebenszeit an, sondern, mit dem im 18. Jh. entwickelten hermeneutischen Ideal der Einnahme eines historisch und kulturell fremden Standpunkts für das Verstehen, die Geschichte der Menschheit. Die zwei Alexandriner (219 f.) fassen den Streitpunkt der das 18. Jh. erschütternden »Querelle des anciens et des modernes«: ob man sich in der Gegenwart an den Alten als Muster zu orientieren habe oder sie nur als Vorläufer und Wegbereiter des gegenwärtigen Fortschritts ehren müsse.

223 *ein Buch mit sieben Siegeln:* nach Offb. 5,1, dort allerdings auf die Zukunft bezogen; die Säkularisation der Aufklärung verschließt die Vergangenheit ebenso, wie es bislang nur die Zukunft war.

225 *der Herren eigner Geist:* Goethe läßt Faust (ungemein scharfsichtig für den Diskussionsstand des 18. Jh.s) das Grundproblem der standpunktbezogenen Hermeneutik formulieren: die Bedingtheit des Verstandenen durch das Subjekt des Verstehenden. Die vergangene Epoche wird durch den Archäologen aus ihren Resten verstanden (»Kehrichtfass«, 229), durch den Philosophen aus ihren veralteten Denkgebäuden (»Rumpelkammer«, ebd.), durch den Dichter als Stoff für dramatisierte Gemeinplätze benutzt – jeder sucht und findet nur den Spiegel des eigenen Geistes in der Geschichte.

230–232 *Haupt und Staatsaktion ... Puppen:* Als Gegensatz zu den volkstümlichen Hanswurstiaden führten einzelne Truppen wandernder Schauspieler seit dem Ende des 17. Jh.s historische Dramen aus dem Bereich der Fürstenschicksale und Staatsaffären auf; sie wurden meist durch ein lustiges Nachspiel begleitet und hießen deshalb Haupt-Aktionen; manche davon wurden, wie schon die Stücke der englischen Komödianten (z. B. der *Doktor Faust*), von den Puppenspielern übernommen. »Pragmatische Maximen« (231) sind Lebensweisheiten und handlungsleitende Sätze, die unhistorisches Denken meint aus der Geschichte ableiten zu können. Goethes *Faust* mit seiner differenzierten Geschichtlichkeit ist der genaue Gegensatz dieser Stücke.

233 f. *Allein ... erkennen:* Der Mensch als Gegenstand wissenschaftlicher Bemühung ist Wagners sechstes Gelehrtenziel, das den Widerspruch zwischen individueller (IV) und historischer (V) Zeitlichkeit nun im allgemeinen Begriff des Menschen und seiner Bedingungen aufhebt. Erkenntnistheorie (»Geist«), Psychologie (»Herz«), Ästhetik als Wahrnehmungslehre (»Welt«) waren Disziplinen der in der Mitte des 18. Jh.s sich entwickelnden Wissenschaft der Anthropologie, die die Stellung der Gattung Mensch im Tierreich und in der Welt sich zu erforschen vornahm (vgl. Gaier, »Der frühe Herder«, Kommentar in: Herder, *Frühe Schriften*, S. 813–816).

240 *gekreuzigt und verbrannt:* Zu denken wäre an Jesus, viele Märtyrer, aber auch »Ketzer« wie Johannes Hus, Giordano Bruno, Miguel Serveto u. a.; Gottfried Arnolds *Unpartheyische Kirchen- und Ketzer-Historie* bot Goethe reiches Anschauungsmaterial.

244 *mit euch mich zu besprechen:* dreifach interpretierbare Formulierung: entweder, der Universitätssatire entsprechend, gestelzter Ausdruck für die Unterhaltung; oder die Entdeckung des Ich als des siebten, der Subjektphilosophie im letzten Drittel des 18. Jh.s entsprechenden Gelehrtenziels; »besprechen« bedeutet drittens eine magische Beschwörung durch das Wort – insofern ist in diesem letzten Ziel das wirkende Wort der drei ersten Gelehrtenziele und die Reflexion auf den Menschen in den drei folgenden zur Synthese gebracht. Damit ist zugleich die moderne Subjektphilosophie als ›magischer Idealismus‹, als eine Selbstbeeinflussung durch Ideen über Wesen und Ziel des menschlichen Subjekts gedeutet. – Die dialektische Ordnung der Gelehrtenziele in einem sachbezogenen und einem reflexiven Dreischritt samt einer Schlußsynthese zeigt die Anwendung der Herderschen Schöpfungshieroglyphe und läßt Wagners sieben Gelehrtenziele als Selbst-

schöpfungsprozeß erscheinen. Da die Gelehrtenziele zugleich die Gelehrsamkeitsgeschichte seit der Renaissance in ihren Hauptstufen chronologisch abbilden, erscheint diese als Selbstschöpfungsprozeß des neuzeitlichen Geistes. Wollte Faust in hybridem Hochmut den Makrokosmos erkennen und magisch beherrschen, so gelangt Wagner, durch Fausts Einwürfe vorangetrieben, auf methodischem Weg zur Frage nach dem Mikrokosmos Mensch und zum Ansatz einer magischen Beherrschung des Menschen, die ihn in *Faust II* zur Herstellung des Homunculus befähigen wird.

248 *Regenwürmer:* vgl. 146 und Anm.

Die Schüler-Szene (V. 249–444)

Die überlieferte Fassung des *Urfaust* läßt offen, wie Goethe den Spezialteufel der Faustsage einzuführen gedachte. Sein Name wird in Kurzfassung nur einmal im Stück genannt (V. 453); daß die dem Schüler gegenübertretende Figur ein »Teufel« ist, gibt sie dem Zuschauer V. 404 zu erkennen (eindeutig erst V. 443). Neben dem satirisch entlarvenden Blick in den Universitätsalltag der Goethezeit bezieht sich das Interesse des Studienanfängers auf Fausts universelle Ziele, die Beratung durch Mephistopheles deckt wesentliche Gefahren dieser Zielsetzung auf und gibt, Wagners Methodik parodierend und seinen Weg geistiger Selbstschöpfung travestierend, einen Weg zum sinnlichen Genuß und materiellen Erfolg an. Wie Faust möchte der Schüler »gern das gute so allzusamm« (V. 270), Freiheit, Zeitvertreib, umfassende Erkenntnis (V. 336–338); die verwirrende Buntheit des »Felds der Weisheit«, das von fern wie ein paradiesisches Tal aussah (V. 327–332), läßt ihn nach Leitung verlangen (V. 326; vgl. V. 68), die ihm »Geists Erweitrung« bringen soll (V. 308). Die Ziele Fausts, die dieser durch Magie mit einem Schlag und in gottebenbildlicher Vollständigkeit hatte erreichen wollen, sollen hier, wenn man schon nicht bloß »grade zu« laufen kann, in einem angeleiteten Lernprozeß bis zur Grenze des geistigen Fassungsvermögens verfolgt werden; Wagners dialektische Schöpfungsmethode könnte sich strukturierend einstellen, wenn die Anleitung zum Lernen eine natürliche wäre, wie etwa Rousseau sie sich vorgestellt hatte, indem er bei seinem Émile lebendige Erfahrung mit Erkenntnisgewinn verband und damit »das gute so allzusamm« vermittelte. Mephistopheles dagegen trennt scharf zwischen Wissen und Leben; er geht zunächst auf die materiellen Begleiterscheinungen des Studierens ein (Kost und Logis), stellt dann im Gegensatz die streng disziplinierenden, lebensverneinenden und eine Begriffsordnung des Unverstandenen aufrichtenden Aspekte der Erkenntnisgewinnung heraus und preist zum Schluß die Medizin als die Wissenschaft, in der die erworbene Erkenntnis nur Schein, Mittel zum Erwerb sozialen Ansehens und zum Sinnengenuß ist. Die Richtung, die er dem Studieren gibt, entwertet also die Erkenntnis und macht aus dem Wissen des Guten und Bösen die Versuchung des »gottähnlichen« Menschen zur Konzentration auf Sinnlichkeit und Materielles – der Student als ›neu gebrauchter‹ Adam wird in eine moderne Form der Versuchung geführt (vgl. die Versuchung Margaretes). Diese Versuchung wird durch Trennung von Theorie und Lebenspraxis erzielt; wieder haben wir eine Metamorphose des Gegensatzes von Makrokosmos- und Erdgeist-Vorstellung vor uns. Diese waren als lebendige Ordnung der wirkenden Natur und als schaffendes Wirken »in Lebensfluthen« jedoch durch den Lebensbegriff verschränkt und begründet. Wie unnatürlich Mephistos Trennung und materiell funktionale Verbindung ist, spiegelt sich in seinen Farbadjektiven: die Theorie ist grau, des Lebens Baum ist grün und zugleich golden. Was durch Mephistos Anleitung jedoch erreicht wird und Fausts Melancholie und Scheitern vermeiden hilft, ist die Fähigkeit zur Konzentration und Disziplin (V. 340–348) sowie die Fähigkeit, den Augenblick zu ergreifen (V. 411) – durch seine gleichzeitige Progressivität und Rückständigkeit hat sich Faust ja unfähig gezeigt, mit voller Konzentration seiner Einbildungskraft die magischen Prozesse durchzuführen und zur Beherrschung der makrokosmischen Kräfte wie zum Begreifen des Erdgeistes zu gelangen. Dies hätte ihn über die Zeitlichkeit hinaus zur Meisterschaft über den »Webstul der Zeit« (V. 155) gelangen lassen, wo dann Augenblick und Ewigkeit identisch sind und die Zeit verfügbar ist (zentrales Problem in *Faust I*; Vorklang davon vgl. V. 562). Mephistopheles lehrt den Studenten das carpe diem, die sinnlich-materielle Gegenspiegelung zu Fausts spirituellem Ewigkeits-Augenblick.

Das Metrum zeigt Knittelvers in der ersten Partie (V. 249–402); der den Teufel spielende Mephistopheles ist durch den lockeren französisierenden Madrigalvers gekennzeichnet, den auch der Student übernimmt. Die historischen Anspielungen auf »Caffee und Billard« (V. 282), auf die »Gedanken Fabrick« der *Encyclopédie* (vgl. Anm. zu V. 353 bis 358), auf die »Encheiresis naturae« (V. 371) setzen die Szene zeitlich ins 18. Jahrhundert; es sind die Probleme nicht mehr der Renaissance-Wissenschaft, sondern der empirisch-analytisch verfahrenden Wissenschaft des 18. Jahrhunderts, die hier verhandelt werden. Ihre zunehmende Abstraktheit und Entfernung von der lebenden Ganzheit, ihre Trennung von Theorie und Praxis, ihre Entwicklung eines technisch und lukrativ umsetzbaren Anwendungswissens bei gleichzeitigem Fortschleppen fossiler Formen stehen in dieser Szene zur Debatte.

Die das ganze Stück durchziehenden Anspielungen auf Molières *Dom Juan* lassen sich hier bei der Medizin-Satire fassen. Sganarelle, Diener des Dom Juan, hat sich als Arzt verkleidet, wurde von verschiedenen Bauern konsultiert und verschrieb ihnen ohne Vorkenntnisse Arzneien; er fände es »une chose plaisante si les malades guérissaient, et qu'on m'en vînt remercier«. Dom Juan antwortet: »Et pourquoi non? Par quelle raison n'aurais-tu les mêmes privilèges qu'ont tous les autres médecins? Ils n'ont pas plus de part que toi aux guérisons des malades, et tout leur art est pure grimace. Ils ne font rien que recevoir la gloire des heureux succès; et tu peux profiter, comme eux, du bonheur du malade, et voir attribuer à tes remèdes tout ce qui peut venir des faveurs du hasard et des forces de la nature.« (III,1.) Während zunächst Faust die freigeisterischen Ansichten Dom Juans vertritt, ist es hier Mephistopheles; die Beziehung zu Molières Stück legt also nahe, schon im *Urfaust* in einer Lesart der Figur den Mephistopheles als Abspaltung Fausts zu verstehen, wie es einige Aspekte der Studierzimmer-Szenen in *Faust I* erfordern.

vor 249 MEPHISTOPHELES: Spezialteufel der Faustsage; mit der (ungesicherten) Bedeutung des Namens wird im *Urfaust* noch nicht gespielt. Minor stellt biographisch als Vorbilder den Studienfreund Behrisch und vor allem den Darmstädter Freund Johann Heinrich Merck heraus; Briefe »bestätigen, daß Merck unter den Freunden den Beinamen des Mephistopheles führte, und Jacobi sagt ausdrücklich, daß er diesen Namen erhielt, weil Goethe ihn im Faust geschildert habe« (I, S. 25). Neben Sagengestalt und persönlich einfühlbarer Figur ist Mephistopheles im Gelehrtendrama der Vertreter des zynischen Materialismus, der Wissenschaft rein institutionell und funktional als Mittel zu Ansehen, Reichtum und Genuß sieht; beginnt der Student gewissermaßen als positive Metamorphose Fausts, so verkörpert und verstärkt Mephistopheles alle negativen Seiten Fausts. – Wie bei Wagner ist bei Mephistopheles der »Schlafrock« eine verharmlosende, philiströs komische Maske. Die »grose Perrücke«, d. h. die Allongeperücke, weist auf das letzte Drittel des 17. und die 1. Hälfte des 18. Jh.s; Gottsched mit Schlafrock und Allongeperücke erschien Goethe schon als altväterlich (*Dichtung und Wahrheit* VII; HA 9, S. 268).

270–276 *Mögt gern das gute ... nimmer fehl:* In diesem Studienziel sind Theorie und Praxis, Erkenntnis und Genuß, Arbeit und Freizeit als Einheit verstanden; eine solche Einheit (als mangelnd) erschien auch in Fausts Anfangsmonolog. Die dort durch Faust selbst verursachte Spaltung in Genuß und Erkenntnis wird hier durch Mephisto besorgt, der den Studenten zunächst in einem »geistlosen und gemeinen Realismus« (Fischer, S. 101) auf die äußeren Lebensbedingungen fixiert, dann Wissenschaft so trocken wie möglich darstellt, um endlich Wissenschaft als Mittel zum Genuß funktionalisieren zu können. Die Strategie der Verführung ist also ähnlich wie bei Faust.

282–284 *Caffee und Billard ... eure Zeit:* Das erste Kaffeehaus wurde in Leipzig 1694 eingerichtet, Billard wurde im 18. Jh. fast nur in französisch beeinflußten Adelskreisen gespielt; Mephisto warnt also vor den neuesten Verführungen des 18. Jh.s – »geilen« (283) hat drei Bedeutungen: Übermut, Geilheit, Bettelei (vgl. Luthers Übers. von Lk. 11,8). – »vertripplistreicheln« (284) ist Neubildung Goethes; zusammengezogen aus: vertun, trippeln, Tripper (?), streicheln, umherstreichen.

289 *lezzen:* laben.

290 *zu unsrer Rechten sezzen:* wie Christus zur Rechten Gottes; vgl. das Credo (Glaubensbekenntnis).

299 *gefacht:* (in Zimmer) eingeteilt; mehrere Studenten wohnten in einem Zimmer.

304 *Colegium:* Lateinschule, Internat.

306 *euren Tisch für leidlich Geld:* Mahlzeiten in Privathäusern zu angemessenen Preisen.

307 *alle nach:* mit der Zeit.

308 *Wer erst von Geists Erweitrung sprach:* Wäre erst die Rede von ...

312 *geschiedne Butter:* ranzig gewordene und erhitzte (ausgelassene) Butter.

316 *nicht bass bekleiben:* Wegen des erzeugten Durchfalls (»Gänse stuhlgang«, 315) schlagen sie nicht an, wird man nicht satt davon.

317 *kühren ohne End:* dauernd zwischen Hammel- und Kalbfleisch ›wählen‹ (ironisch, da sie so fest stehen wie das »Firmament«, 318).

320 *geschwänzt:* schuldig geblieben (Studentensprache).

332 *ein Tempe voll frischer Quellen:* Das Tempe-Tal ist ein von antiken Dichtern vielbesungenes paradiesisches Tal in Nordgriechenland, vom Peneios durchflossen. Es wurde als Werk des Poseidon (des Meer- und Quellgottes) geglaubt; ein Poseidon- und ein Apollontempel unterstrichen seine Heiligkeit. Bezug zu 103.

337 *Von allem Himmel und all Natur:* Entsprechung zu Makrokosmos und Erdgeist.

340 *nicht zerstreuen lassen:* Notiz Goethes zu Buch XI von *Dichtung und Wahrheit*: »Unendliche Zerstreuung. Vorbild zum Schüler im Faust.« (WA I 28, S. 360.) Mit seiner Einführung in die Spaltung der Wissenschaftsdisziplinen zerstreut Mephisto den Blick des Studenten auf das Ganze des möglichen Wissenschaftsinteresses.

344 *Spansche Stiefeln:* Folterinstrument zum Zusammenpressen der Beine.

348 *Irrlichtelire:* Neubildung Goethes. Irrlichter sind hüpfende Flammen (wohl selbstentzündetes Sumpfgas) über Mooren.

353–358 *Zwar ists mit der Gedanken Fabrick . . . Verbindungen schlägt:* »Fabrick« bedeutet seit dem 17. Jh. zunächst ›Herstellungsweise‹, was hier auch zutreffen könnte; seit dem 18. Jh. ›Herstellungsbetrieb mit Maschinen‹, u. a. Weberei. Goethe verwendet dasselbe Bild, verbunden mit dem Unbehagen der Zerstreuung, für die *Encyclopédie* der französischen Aufklärung in Buch XI von *Dichtung und Wahrheit* (HA 9, S. 487). Schon Paracelsus hatte geklagt: »Es ist aber eine logica eingerissen, die selbige hat verblendet das Licht der Natur und das Licht der Weisheit, und eingeführt eine fremde doctrin. [. . .] der pharisäische Sauerteig derer, die in scholis wandeln, brechen und wollen der Natur ihre Macht nehmen, und sie selbst folgen weder

Christo noch dem natürlichen Licht. Sie sind die Toten, die die Toten begraben; das ist, kein Leben ist in ihrem Tun.« (*Philosophia sagax* I,1; *Werke* III, S. 61.)

370 *das geistlich Band:* zentrale Vorstellung der Lebenstheologie Oetingers; nach seiner Lehre ist Leben das, was die gegensätzlich wirkenden Himmelskräfte zusammenhält, wobei dieses »Band« in Gott unauflöslich, in den Geschöpfen auflöslich gedacht ist (Oetinger, *Swedenborg*, S. 244). Es ist deshalb ein »geistlich« und zugleich ein »geistiges« Band (so seit dem *Fragment* 1790).

371 *Encheiresin naturae:* von griech. *encheirēsis* ›Handgriff‹. Mit dieser nichtssagenden Metapher bezeichnete Goethes Straßburger Chemieprofessor Spielmann die Verbindung der chemischen Elemente zum lebenden Organismus. »Weiterhin spricht Spielmann vom ›Band‹, das die Teile in der Substanz zusammenhält, vom Zerlegen der pflanzlichen und tierischen Stoffe, wobei ihr ›Geist‹ herausgetrieben wird, während die sonstigen ›Teile‹ zurückbleiben, und von der Lächerlichkeit und Absurdität, der jeder Chemiker anheimfällt, der aus diesen Teilen die Ausgangsstoffe wieder zusammenzusetzen unternimmt.« (Lippmann, »Encheiresis Naturae«, S. 164.)

372 *Bohrt sich selbst einen Esel:* macht die bekannte drehende Bewegung mit dem Zeigefinger an der Schläfe.

375 f. *reduziren ... klassifiziren:* zum Allgemeinen ein Besonderes finden ... Besonderes unter einen allgemeinen Begriff bringen. Mephisto verwirrt den Studenten durch Termini aus der Wolffschen Schule.

387 *Fünf Stunden:* Goethe zählt für seine erste Leipziger Zeit sechs Vorlesungen täglich auf (an Johann Jacob Riese, 20. 10. 1765; HA Br. 1, S. 14).

390 *Paragraphos wohl einstudirt:* Der universitäre Unterricht bestand in der Vorlesung und Kommentierung von Lehrbüchern, deren Abschnitte die Studenten zu Hause vorzubereiten hatten. Die Ironie vom Diktat des heiligen Geistes, d. h. unerhörter, dem Menschen unzugäng-

licher Offenbarungen, trifft den geistlosen Brauch, daß die Studenten das Vorgelesene auch noch mitzuschreiben hatten.

404 *den Teufel spielen:* Was die Menschen sich unter einem Teufel vorstellen, ist ebenso Rolle für Mephisto wie der Professor. Er ist in seinem Wesen nicht faßbar, eine »schwankende Gestalt«.

406 *die gros und kleine Welt:* die Natur und den Menschen.

411 f. *der den Augenblick ergreift, / Das ist der rechte Mann:* im Gegensatz zu Faust, der durch Reflexion, Vor- und Nachdenken, Progressivität und Rückständigkeit nie die Geistesgegenwart zur Ergreifung des Augenblicks hat, ja sie sogar ablehnt (vgl. die Formulierung des Pakts in *Faust I*, V. 1699 f.) und damit die spezifisch moderne Zeiterfahrung zeigt.

414 *An Kühnheit wirds euch auch nicht fehlen:* vgl. zum Folgenden die Ärztekritik Agrippas von Nettesheim: »So wird auch der für den vornehmsten Medicum geachtet, der in sonderlicher prächtiger Kleidung hertritt [. . .] oder der mit einer sonderlich unverschämten Stirne zu betrügen [. . .] und endlich mit einer bleischweren Gravität und fast soldatischen Kühnheit seine Kunst zu praktizieren und so seine Kur bei den Patienten anzutreten weiß. Erstlich sucht er den Kranken auf, betrachtet ihm das Wasser, betastet den Puls, besichtiget die Zunge, greifet ihm die Seiten . . .« (*De incertitudine et vanitate scientiarum atque artium*, Kap. 83; dt. Ausg. Mauthner II, S. 73 f.).

431 *Das sieht schon besser aus als die Philosophie:* Mephistopheles hat die Wissenschaften nicht als Mittel der Erkenntnisgewinnung, sondern der Einkerkerung des Denkens in institutionalisierte Diskurse dargestellt. Die Medizin bringt zwar auch keine Erkenntnis, wohl aber Erfolg, Ansehen und Triebbefriedigung. Da der Student »das Gute« nicht »allzusamm« haben kann, beschränkt er sich, Mephistos Absicht gemäß, auf den materiellen Teil des »Guten«; vor allem hat er jetzt einen genauen Begriff vom »Guten«

und ist damit der Verführung der Schlange am Baum der Erkenntnis (442) anheimgefallen.

433 *des Lebens goldner Baum:* Versuchung nun auch mit dem Baum des Lebens, den Gott dem Zugriff Adams entzogen hatte. Daß es nicht die Unsterblichkeit ist, die man durch Mephistos Lebensbaum erwirbt, sondern Genüsse im hiesigen Leben, zeigt wohl die Unvereinbarkeit der Farbangaben für den Baum. Die Rettung der Vorstellung durch das Bild eines »grünen, von der Sonne durchstrahlten vergoldeten Baumes« (Gottfried Keller; zit. nach: Arens, S. 433) ist zwar poetisch, paßt aber nicht zum Sprecher – weit eher dagegen der ironische Bombast des triumphierenden Verführers.

439 *Stammbuch:* bei Studenten und Reisenden üblich.

442 *Eritis ... malum:* »Ihr werdet sein wie Gott und wissen, was gut und böse ist.« (1. Mose 3,5; »scientis« ist Verschreibung statt »scientes«.) Indem der Spruch der Schlange aus dem Paradies auf den Studenten, jenes »Jugendbild von Faust« (Arens, S. 202), angewandt wird und von Mephistopheles tatsächlich schon an ihm praktiziert ist, wird das Drama Fausts und seiner Metamorphosen (Student, Wagner) zum Drama eines neuen Adam. Dessen Versuchung ist zunächst nicht ›das Weib, das du mir zugesellt hast‹, die Versuchung, durch den Genuß zum Wissen zu gelangen. Die Versuchung dieser neuzeitlichen Menschen ist das Ungenügen, ja die Verzweiflung an der Beschränkung des menschlichen Wissens oder an der Lebensferne und -feindlichkeit der Wissenschaft; der Genuß könnte dann, gelänge die Versuchung, nur »unendliche Zerstreuung« des Verzweifelten sein (vgl. Anm. zu 340). *Faust I* und *Faust II* befassen sich intensiv mit diesem Problem; die ›adamische‹ Lesart ist also wichtig.

Auerbachs Keller in Leipzig

Während das Faustbuch eine ganze Reihe von Städtenamen aufzählt, ist Leipzig im *Urfaust* die einzige reale Ortsbestimmung, und dies gerade an dem Punkt der Handlung, an dem die Prosa durchschlägt sowohl hinsichtlich der Sprache wie hinsichtlich der Gesellschaft, in die Faust von Mephistopheles geführt wird. Realistische Szenerie hatte Diderot für das moderne bürgerliche Drama gefordert, Herder hatte die Prosa als Signatur und sprachliche Grundform der Zeit erkannt: die Szene spielt sozusagen in Goethes Gegenwart, zumindest was die vier Gesellen angeht. Dazu stimmt auch die so jauchzend mitgesungene, durch Metapher und kulinarische Verbrämung aufgefangene politische Aufmüpfigkeit in dem Flohlied: die Intellektuellen und Kleinbürger der Zeit durchschauen sehr wohl die Dekadenz und den Nepotismus der Höfe und tun sich auf ihre Tugendbegriffe und Haushälterei viel zugute, sie knicken und ersticken aber nur ihre Flöhe. Mephistos Lied bestärkt ihre quietistische Haltung, indem es das »Knicken« eines solchen Ministers Sache des Hofs und nicht des Volks sein läßt. So jauchzt das Volk über die gelungene Satire und merkt nicht, daß die Satire dic Illusion seiner Nichtbetroffenheit aufbaut oder bestärkt, daß die Schadenfreude über die vom Floh gestochenen Höflinge genaugenommen Schadenfreude über das Volk ist, das von diesen Höflingen und Parasiten ausgesaugt wird. Dieselbe Struktur der Illusion, die einen Schaden kaschiert, hat die von Faust ihnen magisch eingegebene Weinberg- und Traubenvision: die Trauben, die sie abschneiden und genießen wollen, sind ihre Nasen. Der Wein aus dem Tisch erweist sich als Höllenfeuer; wenn ihnen davon wohl wird wie fünfhundert Säuen, so gemahnt das an die Herde Säue, in die die Teufel aus den zwei Besessenen fahren und die sich dann in den See stürzen (Mt. 8,30 f.). Nicht erst Faust und Mephistopheles erzeugen diese Verblendungen über ihren eigenen Schaden in ihnen. Politisch danken sie Gott, daß sie »das heilige römische Reich nichts angeht«, obwohl es doch ihre ureigenste Sache wäre, die kränkelnde Staatsform zu sanieren oder durch eine neue und ihren Bedürfnissen entsprechende Regierung zu ersetzen. Den Vergleich des Todeskampfs mit der Liebe, den Vergleich des Menschen mit einer Ratte hat Goethe zwar auch auf sich selbst gemünzt (Brief an Auguste v. Stolberg, 17. 9. 1775); in dem Kontext der Szene verlieren diese Vergleiche ihre Bildlichkeit, werden zu Identifikationen und lassen diese Menschen als Ungeziefer erscheinen. Siebel, von der Liebe betroffen, hat denn auch Mitleid mit der vergifteten Ratte. In der wenn auch nur trunken-übermütigen Identifikation mit Esel, Schwein, Ratte verlieren die lustigen Gesellen die Maßstäbe des Menschlichen und ergötzen sich noch an ihrem »kannibalischen« Wohlsein. Auch hier genießen sie in Verblendung ihren eigenen Schaden, werden mit Genuß betrogen (*Faust I*, V. 1696).

Wenn Mephistopheles Faust solche Gesellschaft »Nacht nächtlich« (Z. 58 f.) verschaffen will, so ist klar, daß er ihn damit ebenfalls zum Selbstverlust verführen, mit Genuß betrügen möchte. Faust läßt sich im *Urfaust* dazu herbei, den Weinzauber und die Traubenillusion zu vollbringen (in *Faust I* ist Mephisto der Ausführende). Das heißt nach den vorausgegangenen Szenen, daß sein hybrider Anspruch und sein gottebenbildliches Selbstverständnis jetzt bis zur bestätigenden Verblendung von selbst- und menschheitsvergessenen Saufgesellen heruntergekommen sind. Wie das Freiheitsbedürfnis des Götz von Berlichingen an den Bedingungen seiner Zeit, so hat sich Fausts Gottgleichheitsbedürfnis an den Bedingungen der menschlichen Endlichkeit so weit aufgerieben und seinem Ursprung entfremdet, daß er wie Mephistopheles Menschen zum Selbstverlust verführt. Allerdings gebietet er »Halt!«, bevor sie sich kannibalisch zerfleischen, wie er den Keller ja schon vor diesem tiefsten Punkt der Menschheit verlassen wollte, aber den Wein, der ihnen kannibalisch wohl werden ließ, hat er ihnen angeboten. Faust der Magier ist am Ende.

Die Szene sammelt das Vorhergehende im Zerrspiegel. Das Quartett der Gesellen bildet das Quartett der Gelehrtenfiguren ab, die Formen der Magie von der Substanz- und Dämonenmagie bis zur illusorischen Verblendung erscheinen, letztere bestimmt das Bewußtsein der Gesellen überhaupt. In der Ordnungsform des römischen Reichs, das nicht mehr zusammenhält und einen nichts mehr angeht, wo Parasiten (Blutsauger statt lebenspendender Himmelskräfte) regieren und einen vermeintlich auch nichts angehen, erscheint ein Zerrbild des Makrokosmos. In der Ratte, die in Todeskampf oder Liebesdrang »herum und herausfährt«, alles zernagt und zerkratzt, ist vielleicht der hin und her webende, wallende, schaffende Erdgeist karikiert. Wie das historisch-politische und das erotisch-gesellschaftliche Volkslied angesungen, niedergeschrien und durch Karikaturen ersetzt werden, in denen mit Ekelhaftem Gelächter erzielt wird, so ist in dieser Schluß-Szene des Dramas von der Magie der wirkenden Erkenntnis alles in eine höllische Karikatur des ursprünglichen höchsten Anspruchs heruntergekommen. Die deutliche Ansiedlung dieser Szene in der zeitgenössischen Gegenwart, an einem bestimmten Ort läßt damit eine äußerst scharfe Diagnose der eigenen Gegenwart durch Goethe erkennen. Auch die historische Lesart, durch die hier massierten überlieferten Zaubereien des Faßritts, Trauben- und Weinwunders, durch die Luther-Anspielung im Rattenlied und den *Pentamerone*-Ursprung des Flohlieds gerechtfertigt, führt zur Frage, ob denn der in der Renaissance schon verachtete und bekämpfte Grobianismus der Studenten und des Kleinbürgertums in der Gegenwart verschwunden ist, ob es denn das »Volk«, aus dem nach Herders Hoffnung die Menschheit und Gesellschaft sich erneuern und verjüngen sollte, gibt oder jemals gegeben hat. Die übergreifend-prinzipielle Lesart stellt heraus, daß zu Fausts hybriden Intuitionen auch ohne Direkteinwirkung eines Teufels ein Zerrbild existiert und daß der einstige Übermensch der frühen Neuzeit sich nach dem Scheitern des Totalanspruchs, nach der verächtlichen Ablehnung des methodischen Zugangs (Wagner), nach der Trennung von Theorie und Lebenspraxis und der technischen Funktionalisierung der Erkenntnis (Student) nun mit diesem Zerrbild gemein macht und Menschen so weit bringt, daß sie in der Illusion eines Genusses bereit sind, einander gegenseitig zu zerfleischen.

vor 445 *Auerbachs Keller ... Gesellen:* Weinlokal in Leipzig seit 1530; zwei Wandgemälde zeigten (bis 1930) Faust »pokulierend mit sieben Genossen, von denen fünf musizieren, das andere F. rittlings auf einem Faß die Kellertreppe hinauffahrend« (Arens, S. 213). »Zeche« bezeichnet die Trinkgesellschaft wie das Lokal. – Die Namen der lustigen Gesellen haben zu einer noch nicht beigelegten Diskussion über ihre Zuordnung zum Studenten- oder Kleinbürgermilieu geführt: »Brander« scheint abgewandelt aus »Brandfuchs« (Student im 2. Semester), »Alten« (in *Faust I* »Altmayer«) abgewandelt aus »Altbursch« (Student nach dem 3. Semester). Für »Frosch« wird ohne feste Begründung behauptet, es handle sich dabei um einen Studenten im 1. Semester, was mit seiner Animierrolle nicht zusammenpaßt. Siebels Name findet keine Entsprechung in der Studentensprache (Zusammenfassung: Minor I, S. 111). Von den neueren Kommentaren votieren Zimmermann (*Weltbild* II, S. 267) für Studenten, Arens (S. 214) für Spießbürger. Die Abwandlung der Studentenbezeichnungen sowie die Mischung der Anreden »Bursche« (216, studentisch) und »Kammeraden« (25, vgl. 91 f., nicht studentisch) weisen darauf hin, daß Goethe eine eindeutige Festlegung auf eines der Milieus vermeiden wollte; dies wird in *Faust I* durch die Einführung des Volksbegriffs und starker politischer Motive noch deutlicher. Da an eine geschlossene Gesellschaft von entweder Studenten oder Spießbürgern nicht zu denken ist – Faust und Mephisto werden einbezogen –, könnte man sich die Gruppe aus zwei Studenten (Frosch, Brander) und zwei Spießbürgern (Alten, Siebel) zusammengesetzt vorstellen.

1 *singt runda!:* »In der Studentensprache bedeutet das eine besondere Zechart, wobei der Becher im Kreise herumgeht und jeder vor dem Trunk sein Lied singen muß.« (Minor I, S. 114.)

8 *Das liebe heilge römsche Reich:* Liedanfang im Ton alter historisch-politischer Volkslieder. Zum Vergleich wurde herangezogen das Lied des ›Druckerordens‹: ». . . ich weiß mir ein gselschaft gut / [. . .] / sie hat ein kleine sorge / wol umb das römisch reich, / es sterb heut oder morgen, / so gilts in alles gleich.« Dann folgen Versicherungen der an der Buchherstellung beteiligten Gewerbe, wie nötig ihnen das Trinken und Essen sei. »›Umbs Reich sorgen‹ bezeichnet schon bei Fischart und im Volkslied so viel, als sich überflüssige Gedanken machen.« (Minor I, S. 115.)

10 f. *Ein politisch Lied ein leidig Lied:* Die Interpunktion des *Urfaust* (sie ändert sich im *Fragment* und in *Faust I*) legt die Lesung nahe, daß jedes politische Lied als leidig, unwillkommen zu betrachten sei. Dies verstärkt den ironischen Gegensatz zur Begeisterung der Gesellen über Mephistos politisches Lied.

12 *Wir wollen einen Papst wählen:* Saufzeremonie, in der der Trinkfesteste ermittelt wird.

13 f. *Schwing dich auf . . .:* »Schwing dich auff Fraw Nachtigal geschwinde, / für meiner Liebsten Fensterlein dich finde, / sing jhr das Lied, welchs ohn beschweren, / new erdacht, / meinem Schatz zu Ruhm vnd Ehren.« Erste Strophe eines zehnstrophigen Liedes aus dem *Venus-Gärtlein* (1639; Ausg. v. Waldberg, S. XXXVI f. und 162 f.).

15–20 *Eine Hammelmauspastete . . . alle Appartinenzien:* Hammelmaus: Grille. – Die »Eichenblätter vom Blocksberg« (16 f.) sollen »das Mädchen als Hexe kennzeichnen«, der »Hahnenkopf« (18) soll »zur Andeutung des eigenen Hahnreitums« dienen (Morris, *Der junge Goethe* V,

S. 539 f.). – Appartinenzien: Zubehör, d. h. den ganzen Siebel.

28–51 *Es war ein Ratt im Kellernest...:* Travestie des geselligen Liebeslieds (Volkslieds), in dem Liebende(r) oder Geliebte(r) oft mit schönen und vertrauten Tieren oder Pflanzen verglichen werden. Solche Travestie gab es in der grobianischen Literatur des 16. Jh.s und in den ›Pöbelliedern‹ des 18. Jh.s, die u. a. von den Gegnern des Herderschen Volksliedinteresses gesammelt und in satirischer Absicht herausgegeben wurden. Die Verwendung von Rattengift und die affektiven Kommentare (41, 47, der Refrain) sowie das Scheininteresse für die Ratte statt für den Liebenden geben dem »alten Lied« den Anstrich eines im 18. Jh. entstandenen »neu Lied« (24 f.)

62 *Storcher:* eigtl. *Storger*, frankfurterisch ausgesprochen: Marktschreier, Quacksalber.

68 f. *die Würme schon aus der Nase ziehn:* Geheimnisse entlocken. »Würme« ist noch im 18. Jh. gebräuchlicher Plural. Die Redensart geht auf die Versprechungen von Quacksalbern zurück, sie könnten Gemütskrankheiten heilen, indem sie die sie verursachenden Würmer (vgl. den Drehwurm der Schafe) aus der Nase der Patienten ziehen.

69 *Rippach:* letzte Station zum Pferdewechsel vor Leipzig auf der Poststraße Frankfurt–Leipzig, also aus dem »Reich«, dem Süden und Westen des deutschen Sprachgebiets.

73 f. *bey den berühmten Hans drüben zu Mittag gespeißt:* Ein Hans Ars (Arsch) war zu Goethes Studentenzeit Wirt in Rippach (Arens, S. 218) und Anlaß unflätiger Späße.

79 f. *der versteht den Rummel:* Rummel: Karten gleicher Farbe im Rummelpikett, einem Kartenspiel. Bedeutung also: der kennt das Spiel, weiß, was gespielt wird.

81 *Wurzen:* liegt östlich von Leipzig (entgegengesetzte Richtung wie Rippach); man mußte sich dort bis ins 19. Jh. mit der Fähre über den Fluß Mulde setzen lassen. Den unfläti-

gen Anzüglichkeiten des Frosch entsprechend, kann man das *W* und die beiden *f/F* im Satz hervorheben.

99 *einzusuckeln:* »suckeln« ist Intensivum zu »saugen«. Sukkel: im süddeutschen Dialekt ein Spanferkel.

100–132 *Es war einmal ein König ...:* Im *Pentamerone* des Giambattista Basile (1634–36, Titel zuerst *Lo cunto de li cunti*) erscheint die Erzählung *La polece*, die die im Flohlied verarbeitete Geschichte enthält. (Vgl. die jüngere Bearbeitung *Das Märchen von dem Baron von Hüpfenstich* in Brentanos Italienischen Märchen.) Goethe hat die Geschichte wahrscheinlich während der von seinem Vater angeleiteten Studien des Italienischen kennengelernt. Vgl. auch *Dichtung und Wahrheit* XV (HA 10, S. 54): »Willst du die Not des Hofes schauen: / Da wo dich's juckt, darfst du nicht krauen!«

102 f. *Schöne Rarität! schöne Liebhaberey!:* »In Prosa und Reimen des 18. Jh.s Ruf eines welschen Guckkasten- oder Schöneraritätenkasten-Mannes.« (Schmidt z. St.)

186 *Als wie fünfhundert Säuen:* Die dialektale Verstärkung »sauwohl« wird von Goethe einige Male verwendet (Minor I, S. 120). Der subjektive Eindruck der Gesellen ist, objektiv gesehen, Wirkung des Höllenfeuers, das sie als Wein genossen haben. Heranzuziehen ist deshalb sicher das Wunder von der Herde Säue, in die Jesus die Teufel aus einem Besessenen trieb und die sich im See ertränkten (Mt. 8,28 ff.). Auch »kannibalisch« (185) wird im Traubenzauber vom Verstärkungswort in eine Wesensbeschreibung umgesetzt. Faust enthüllt in den Gesellen die Bestialität; ihre Vorstellung von Genuß und Vergnügen realisiert sich nur im Schaden des andern und letztlich im eigenen Schaden.

196 *Zauberer ist Vogelfrey:* Nach den geltenden Gesetzen der Peinlichen Halsgerichtsordnung von 1532 war Zauberei nur strafbar, wenn sie jemandem Schaden zufügte (Arens, S. 222); schärfere Ordnungen gab es regional (vgl. Jacob Grimm, *Deutsche Rechtsaltertümer*, 1828; hrsg. von

Andreas Heusler und Rudolf Hübner, Bd. 1, Leipzig ^{4}1899, S. 475.)

198–203 *Was seh ich! ... deine Nase?:* Das Trauben-, wie schon das Weinwunder, gehören der Faustsage an; ihre Einbringung in die mit so vielen modernen Konnotationen versehene Szene läßt sie als reine Illusionistentricks erscheinen. Die Passage ist eine implizite Deutung dessen, was Goethe unter Magie in seiner Gegenwart verstanden wissen will: Selbsttäuschung, Genuß auf Kosten seiner selbst und anderer, den aber die Phantasie vernebelt und mit trügerisch-schönen Bildern versieht. Man kann von da aus die übrigen magischen Phänomene Fausts, denen die Einbildungskraft des Zuschauers oder Lesers gefolgt ist, ebenfalls als Selbsttäuschung erkennen – die Erleuchtung angesichts des Makrokosmos-Zeichens, das Erscheinen des Erdgeistes, die Anwesenheit des Mephistopheles. »Auerbachs Keller« ist damit die Szene, in der Faust selbst die Magie als psychisches Phänomen entlarvt und das Stück damit für den aufgeklärten Blick zugänglich macht. Zugleich wird in immanenter Ästhetik der Genuß des Zuschauers an dem ›romantischen‹ Geschehen voll Geistern und Teufeln als magische Selbsttäuschung decouvriert, und zwar in romantischer Ironie von einer Figur des Dramas selbst; der Zuschauer kann sich damit auch von der Magie der Kunst lösen – eine wesentliche Funktion auch des Schlusses von *Faust II* mit seiner Offenlegung und Übertreibung theatralischer Illusionstechniken (vgl. auch das »Vorspiel auf dem Theater«). Die romantische Ironie von »Auerbachs Keller« wird zugespitzt in *Faust I*, wo Mephisto die Rolle des Zauberers hat und wo damit eine magisch eingebildete Figur eben diese Magie als Selbsttäuschung decouvriert.

211 f. *die Häscher unterm Rathaus:* die Stadtwache im Keller des Rathauses, nicht weit von Auerbachs Keller.

Land Strase

Die kleine Szene wird 1788–90 durch »Hexenküche« ersetzt, wo Fausts Neubeginn nach dem Debakel von »Auerbachs Keller« unter den Kriterien einer neuen *Faust*-Konzeption schärfer herausgearbeitet wird. Immerhin weist auch die im Bühnenbild vorgesehene Opposition von altem Schloß und »Bauerhüttgen« auf soziale Spannungen sowie auf alternative Ziele, die Faust in seiner Erfahrung der Welt anstrebt. Die Spannung zwischen Adel und einfachem Volk führt auf neuer sozialer Ebene die Spannung zwischen hohem und niederem Anspruch an den Menschen weiter, die in »Auerbachs Keller« die Entfernung Fausts von seinem Ausgangspunkt so drastisch gezeigt hat; die soziale Spannung zwischen der Schicht der Vornehmen und dem einfachen Volk bestimmt das Verführungsdrama ›Margarete‹ durch das Emanzipationsstreben des Bürgertums und die Idealisierung der »Hütte« zum »Himmelreich« (V. 560): die Liebe zwischen Faust und Margarete steht in dieser sozialen und politischen Spannung. Die Unterhaltung über das Kreuz am Wege fügt die religiöse Spannung hinzu: es geht im Gretchen-Drama auch um das Problem, ob und für wen der christliche Glaube »Vorurtheil« (V. 455) oder wirkungsmächtige religiöse Realität ist. Die zentralen Probleme des Gretchen-Dramas sind damit angedeutet. Eine zweite Funktion des Szenenhintergrunds bezieht sich auf den Handlungsverlauf und Weg Fausts. Die Faustsage und Goethes Konzeption sahen sein Wirken am Kaiserhof, in der großen Welt vor. Der Zuschauer, der die Faustsage kannte, erwartete demnach das »alte Schloß« als szenischen Raum der folgenden Handlung, die Beschwörung der Helena statt der Begegnung mit Margarete. Er konnte also (wie es der Schluß der »Hexenküche« nahelegt) Margarete als Proto-Helena, die Idealisierung Margaretes als zeitgenössische Form einer Beschwörung Helenas verstehen und damit das Gretchen-Drama in doppelter Weise lesen.

Hinsichtlich der Bühnenraum-Gestaltung haben wir festgestellt (vgl. das Kapitel »Raumvorstellungen«), daß »Land Strase« bei den offenen Bühnenräumen mit den folgenden »Strase« (einer Kleinstadt) – »Allee« (mit französischer Anlage) – »Garten« mit (Richardsonschem) Gartenhäuschen eine Reihe kulturell sich immer stärker verdichtender Räume eröffnet.

453 *Mephisto:* einzige Namensnennung im Text. Die Kenntnis des Namens und die Verwendung der Kurzform dokumentieren die Macht, die Faust hier noch über seinen Teufel ausüben kann. Sie zeigt sich auch darin, daß er ihn zwingt, sich zum Kreuz zu äußern. »In den Volksliedern, wo Faust überhaupt den Teufel tyrannisiert, zwingt er ihn, auch dem Heiligen zu begegnen.« (Minor I, S. 28.) Von hier aus gesehen ist die Gretchen-Episode ein Mittel zur Verringerung der magischen Macht Fausts und zur schließlich vollständigen Umkehrung der Abhängigkeitsverhältnisse.

455 *Vorurtheil:* aufgeklärter Standpunkt des 18. Jh.s; die Ironie Fausts, mit der er Mephisto zum Eingeständnis der Magie des Kreuzzeichens zwingt, ist zugleich eine subtile romantische Ironie: wäre es ein bloßes Vorurteil, so müßte Mephisto selbst verschwinden, denn seine Existenz als Teufel hängt von der Anerkennung des christlichen Glaubenssystems ab.

Strase

Exposition mehrerer Dramen, die verschiedene Lesarten ermöglichen; diese stehen untereinander in enger Beziehung. Das bürgerliche Trauerspiel ›Margarete‹ wird von Faust in seiner ersten Anrede in Gang gesetzt, wo er mit dem Adelstitel »Fräulein« die soziale Magie und mit dem Angebot von »Arm und Geleit« die Triebmagie erstmals auf Margarete wirken läßt. Die Szenen bis zu »Gretgens Stube« zeigen die Auswirkungen und Verstärkungen dieser hier erst sich andeutenden Versprechen von Trieberfüllung, Reichtum, Zugehörigkeit zur höheren Gesellschaft: hier wird »das Püppgen geknät und zugericht« (V. 503), und insofern ist das bürgerliche Trauerspiel auch eine »Welsch Geschicht« (V. 504). Faust verhält sich im Kontext dieser literarischen Tradition »fast wie ein Franzos« (V. 497), hat »Apetit« (V. 505), traut sich zu, in sieben Tagen »so ein Geschöpfgen zu verführen« (V. 496). In diesen Kontext gehört dann auch, daß er sie verläßt, wenn die Verführung gelungen ist und er der Gefallenen überdrüssig wird, daß die Verlassene unter den sozialen Druck ihrer Umgebung gerät, die sie für ihren mißlungenen Ausbruchsversuch und ihre Verletzung des Triebtabus bestraft.

Faust ist aber ein »übersinnlicher, sinnlicher Freyer« (V. 1226), der sich selbst zugleich in einen magischen Bann schlagen läßt: Margarete ist ein »schönes Fräulein«, genauer, »ein herrlich schönes Kind« (V. 461). Die Idee der Herrlichkeit wird in Margaretes Zimmer bis zum übermenschlichen Maß der göttlichen Herrlichkeit gesteigert; hat Faust am Anfang des Gelehrtendramas sich zum Übermenschen gemacht, so ist es nun der andere Mensch, das Du. Versuchte er dort die Welt als Ordnung und Fülle durch die Projektion einer Vorstellung seiner Gottgleichheit sich untertan zu machen, so läßt er nun den andern Menschen nicht sein, was er ist, sondern projiziert eine Idee auf ihn und liebt nur diese Idee. Die Erkenntnis von Margaretes »kindlich dumpfen Sinnen«, von ihrer Konzentration auf »häusliches Beginnen« und Befangenheit »in der kleinen Welt« (V. 1418–21) kommt zu dem Zeitpunkt, wo er sie schon als ›Opfer‹ sieht, sich als Flüchtling, allenfalls beide vor einem gemeinsam über beiden zusammenstürzenden Geschick. Die ›Wette‹, die Faust am Anfang dieses zweiten magischen Experiments mit sich abschließt – »Die Tage der Welt vergess ich's nicht« (V. 466) –, verliert er mit der als »ewig« gefühlten Wonne seiner Liebe zu

Margarete (V. 1040–43), das Ende ist Verzweiflung. Wie das Gelehrtendrama eine Verstümmelung seines übermenschlichen Anspruchs durch die Grenzen der anthropologischen Bedingtheit zeigt, so das Gretchen-Drama eine Verstümmelung seines Anspruchs, eine übermenschliche Vorstellung auf längere Zeit mit einem andern Menschen zu verbinden. Hinderten ihn im ersten Fall die Grenzen seiner menschlichen Fassungs- und Konzentrationsfähigkeit, so im Fall der Verbindung mit Margarete die Zeit, die beide aufeinander bezogenen Menschen durch die Beziehung verändert und so die Diskrepanz zwischen Realität und Projektion sichtbar werden läßt. Was Faust in diesem ›Verstümmelungsdrama‹ allerdings erfährt, ist die Ewigkeit der Liebeswonne überhaupt, wenn auch nicht der Liebe zu Margarete. Die durch die Zeit, seine Unfähigkeit zur Treue, Margaretes Veränderung bewirkte Ablösung der als ewig geglaubten, gehofften und gefühlten Liebe von der Person Margaretes macht ihn verzweifelt und schuldbewußt: die Erringung von Glaube an und Hoffnung auf die ewige Liebe macht ihn im höheren und endgültigen Sinne erlösbar. Der skrupellose Verführer und der schwärmerische Idealist sind extreme Exponenten dieser Dialektik in der Faust-Figur.

Margarete ist also, von hier aus gesehen, Opfer und Instrument der Erlösung, tatsächlich eine Christus- und Heiligengestalt, allerdings in anderem Sinn als in Fausts Projektion. Ihr Begehren nach sozialer Emanzipation und Trieberfüllung ist für diese Aufgabe notwendig, da nur in deren Erkenntnis Faust den Ewigkeitsaspekt der Liebe und der Herrlichkeit von der Person, dem zeitlichen Instrument zu trennen fähig ist und damit in Margarete nicht mehr ein Idol anbetet. Ihr Begehren ist für Margarete selbst notwendig, da sie in der Rechtfertigung des Triebs (V. 1275–77) sich von der naiven Kirchenfrömmigkeit emanzipiert und in der Hoffnung auf Rettung durch das »Gericht Gottes« zu einer höheren, bewußter gefaßten Religiosität findet; diese muß auch die Hoffnung auf Rechtfertigung des Leibes einschließen, da

Margarete sich sonst gleich dem christlichen Teufel hätte überlassen können, dem sie ja zu entkommen sucht. Ihre Heiligen- und Erlösergestalt bezieht sich also auf den ganzen Menschen, wenn auch nicht auf seine zeitlich-materielle Körperlichkeit. Das Gretchen-Drama ist mithin auch ein Legendendrama im Sinne einer neuen Religiosität und setzt sich in diesem Sinne mit den Legenden der heiligen Margareta von Cortona und der heiligen Margareta von Antiochia auseinander, deren Geschichten offensichtlich mit der Geschichte der Margarete in einem typologischen Bezug stehen (vgl. die Kapitel »Figuren, Geschichten ...« und »Dialogische Lesarten«). Die verschiedenen Lesarten des Gretchen-Dramas – ›neu gebrauchtes‹ historisches Legendenstück, bürgerliches Trauerspiel, Drama der ›Verstümmelung‹ und des Scheiterns einer modernen projektiven Magie, Drama der Erlösung durch Übel und Irrtum – diese Lesarten sind also eng aufeinander bezogen und machen einander gegenseitig notwendig. Im Kapitel »Lesarten der poetischen Gestalt« haben wir darauf hingewiesen, daß diese Dramen aus der Perspektive Fausts tragisch, aus dem Blickwinkel des Mephistopheles komisch, aus der Sicht Margaretes menschlich-rührend werden. Die Widersprüche im Verhalten Fausts (z. B. schwärmender Idealist und skrupelloser Verführer) lassen sich psychologisch nicht erklären; sie werden sinnvoll durch die angedeuteten Lesarten und ihre Verbindungen.

vor 457 MARGARETHE: Der Name »Margarete« (von lat. *margarita* ›Perle‹) kondensiert eine Reihe von Assoziationen und Bedeutungsrichtungen. Biographisch ist er verbunden mit der Frankfurter Kindsmörderin Susanna Margaretha Brandt; wahrscheinlich nachträglich gab Goethe seiner ersten Jugendgeliebten in Frankfurt den Namen »Gretchen« (*Dichtung und Wahrheit* V) und schilderte seine Liebe im Kontext der ersten Erfahrung der »seltsamen Irrgänge [...], mit welchen die bürgerliche Sozietät unterminiert ist. Religion, Sitte, Gesetz, Stand, Verhältnisse,

Gewohnheit, alles beherrscht nur die Oberfläche des städtischen Daseins. [...] im Innern sieht es öfters um desto wüster aus [...]« (ebd. VII; HA 9, S. 285). Die Legenden der heiligen Margareta von Antiochia und der heiligen Margareta von Cortona in ihrem »neuern Gebrauch« unterstreichen den religiösen Aspekt Margaretes (vgl. die Kapitel »Figuren, Geschichten ...« und »Dialogische Lesarten«). Die bis ins Gewöhnliche, ja Obszöne reichende Bedeutung des Namens »Gretchen« setzt Mephistos Zweck ins Licht, den ›übersinnlichen‹ Gelehrten durch Sinnengenuß zu verführen und magisch zu schwächen sowie das Bürgermädchen durch die Magien von Reichtum, sozialem Aufstieg und von Sinnlichkeit zu verführen. Der modernen literarischen Tradition der Verführungsromane und -dramen des 18. Jh.s fügt Mephistopheles den Hinweis auf die »welschen Geschichten« (504) hinzu, die erotischen Novellen der italienischen und der französischen Literatur seit Boccaccios *Decamerone*; auf die düstere Seite der erotischen Verführung weist eine Wiedergänger-Ballade aus Percys *Reliques* III,331, die Herder unter dem Titel *Gretchens Geist* übersetzt hatte (vgl. SWS 25, S. 561 ff.) und die Goethe wahrscheinlich kannte: Wilhelm hat Gretchen das gegebene Wort gebrochen, sie erscheint ihm im Schlaf, und er stirbt an ihrem Grab. Jede dieser Assoziationen eröffnet eine Lesart des Gretchen-Dramas, die zu der nach der Faustsage erwartbaren Lesung Margaretes als einer Proto-Helena hinzutreten (Bub, »Vision and Revelation in Goethe's Faust«, S. 598–602, zählt die Parallelen zwischen Gretchen- und Helena-Episode auf; vgl. Arens, S. 258). Dadurch wird die Gestalt Margaretes ebenso »schwankend« wie die Fausts, und der Leser oder Zuschauer gerät wie Faust in die Versuchung, in Margarete eines dieser assoziierten Bilder statt ihrer Realität oder aber der Totalität dieser Möglichkeiten zu sehen, die sie alle verkörpert.

457 *Fräulein:* Anrede für unverheiratete adlige Damen (vgl. 760).

461 f. *ein herrlich schönes Kind ... in mir angezündt:* Die religiösen Assoziationen insbesondere von Margaretes Zimmer werden hier schon angedeutet und geben dem Ausdruck über das allgemeine Lob hinaus Bedeutung: Schönheit als »herrlich« erfahren impliziert die Erscheinung der Gottheit als Ordnung, Proportion, Harmonie einerseits, als sinnenhafte Erfüllung andererseits – die in Makrokosmos und Erdgeist unfaßbaren Aspekte des Göttlichen erscheinen Faust im faßbaren Mikrokosmos. Dieser bleibt zunächst »Schauspiel nur«, entzündet aber wie der Erdgeist in Faust die Lebenskräfte.

466 *Die Tage der Welt vergess ich's nicht:* eine der nicht zu haltenden Selbstfestlegungen Fausts. Dennoch erinnert er sich (*Faust II*, 10061 f.) genau an diesen »schnellempfundnen, ersten, kaum verstandnen Blick«. Unhaltbar ist also nur die Formulierung »Die Tage der Welt« – wie bei den andern Wetten Fausts in *Faust I* und *Faust II* verfügt Faust in problematischer Freiheit über die Kontinuität seiner selbst in der Zeit, so als könnte er durch Willensentschluß jede Veränderung ausschließen oder als hätte er ein Vorwissen über seine Zukunft. Obwohl die Wette mit Mephistopheles im *Urfaust* noch nicht ausgeführt ist, scheint Goethe die Struktur von Fausts Wetten (Bindung an ein Zeichen) und ihren Sinn (Versuch der Selbstbestimmung des Ich in der Dauer der Zeit) bereits konzipiert zu haben: die Wetten sind Proben Fausts, ob er sich treu bleiben kann, wenn »das Eigentümliche unsres Ichs, die prätendierte Freiheit unsres Wollens, mit dem notwendigen Gang des Ganzen zusammenstößt« (*Zum Shakespeares-Tag*; HA 12, S. 226).

467 *Wie sie die Augen niederschlägt:* Friedrich Theodor Vischer hat auf Lauras Niederschlagen der Augen beim Aufmerksamwerden auf Petrarca hingewiesen (*Canzoniere*, Ballade 1, Sonett 98, V. 12: »Chinava a terra il bel guardo gentile«). Hier ergibt sich eine weitere Lesart des Verhältnisses zwischen Faust und Margarete; Goethe studiert

sozusagen die Frage, ob ein rein ideales Verhältnis wie zwischen Petrarca und Laura für den modernen Menschen Faust möglich wäre. Während das Niederschlagen der Augen für Laura Zeichen der Abweisung ist und von Petrarca so verstanden wird, ist es für Margarete Zeichen der sittsamen Kontaktaufnahme (1013), und Faust sucht die Abwehr möglichst rasch zu durchbrechen. Zudem will Faust ihre wahrgenommene Erscheinung nicht vergessen und richtet darauf seine ›Wette‹ (466), während Petrarca genau differenziert zwischen seinen bis zum Tod dauerhaften Gedanken an sie und der Schwäche seiner Augen, die sich nur vorläufig an ihrem Anblick einen kleinen Trost suchen können (*Canzoniere*, Ballade 2). Während Petrarca ein spirituelles Ideal besingt und aus der beklagten Nichtrealisierung seiner Liebe die eigentliche Inspiration gewinnt, zerstört Faust durch die mephistophelische Realisierung seiner Liebe ein Ideal, das an der Erscheinung orientiert ist, wenn ihm auch starke spirituelle Bedeutung verliehen wird. Fausts Verhältnis zu Margarete ist also invers auf das Verhältnis Petrarcas zu Laura bezogen; der moderne Mensch, gezeichnet durch seine »Unruhe«, rechnet nur mit der Erfüllung in der Zeit (vgl. *Faust I*, 1660; *Faust II*, 11442) und reibt sich an ihr auf, während ein inneres Geschehen, an seinem Streben vorbei, sich dennoch vollzieht und noch sein Scheitern sinnvoll macht. Bemerkenswerterweise erscheinen die Petrarca-Anspielungen wieder gehäuft am Beginn des 4. Akts in *Faust II* und markieren die neue Funktion Margaretes.

471 *Dirne:* im Sinne von ›Mädchen niederen Standes‹; Fausts Anrede »Fräulein« wird damit als lügenhaft entlarvt.

475 *Stul:* Beichtstuhl. Wenn Mephisto dort gehorcht hat, dann hat er Margarete als Köder für Faust ausersehen; seine Frage 472 und seine Behauptung 477 sind also ebenfalls lügenhaft und dazu geeignet, Faust in allen Nebensächlichkeiten das Bewußtsein eigener Aktivität zu geben.

479 *Ist über vierzehn Jahr doch alt:* Dies war das gesetzliche Heiratsmindestalter im 18. Jh. (Arens, S. 262); damit erscheint sie Faust auch als verführbar und Mephisto unterworfen.

481 *iede liebe Blum:* Das Blumenmotiv reicht vom Namen »Margarete« (vgl.: Margerite) über die von Gretchen zerpflückte »Stern Blume« (1027) zum »Blümgen«, das nach der Defloration »weg« ist (1252), zu den mit Tränen benetzten, für Maria gebrochenen Blumen (1299 ff.) und schließlich den Blumen des eingebildeten Brautkranzes (»Kerker« 21 f.). Das Motiv, das hier am Anfang noch den ganzen Menschen metaphorisch meint, wird progressiv verstümmelt bis ins Wunschzeichen einer imaginären Unbeflecktheit.

485 *Herr Magister Lobesan:* im 18. Jh. Spottname »für umständliche gelehrte Herren« (Minor I, S. 135); Faust wendet damit den Tadel Mephistos zurück (480).

486 *Lass er mich mit dem Gesez in Frieden:* In der Selbstmagie seiner Sinnlichkeit, die durch Margarete »angezündt« (462) worden ist, sieht er nur das Gesetz als Hindernis: Verachtung der Person Margaretes.

493 *Nur die Gelegenheit zu spüren:* die Lage zu erkunden. Verzögerungstaktik, die Faust einerseits zur Aktivität reizt, ihn andererseits immer verächtlicher von Margarete reden läßt.

502 *Brimborium:* umschweifige Kleinigkeiten, die den erotischen Reiz erhöhen sollen.

503 f. *Das Püppgen geknät und zugericht ... Wel[s]ch Geschicht:* Auch Faust verwendet die scheinbar liebevolle, tatsächlich zum Objekt herabwürdigende Metapher »Puppe» (1168); der Gegensatz »Engel« (511, 1186) ist genauso übertrieben und zerstörend für die Person. Viele der »welschen Geschichten«, der erotischen Novellen in der Tradition des *Decamerone*, legen in der Tat auf Personencharakterisierung keinen Wert, sondern beschreiben das langwierige Brimborium, mit dessen Hilfe eine schwer zugängliche

Dame »geknetet und zugerichtet« und endlich gewonnen wird.

505 *Apetit:* Mit diesem Begriff aus der ihm vertrauten Moralphilosophie (*appetitus*, das sinnliche Begehren) bezeichnet Faust präzis, was seinen Willen hier bestimmt. Die Fähigkeit genauer Selbstanalyse bei völliger Triebabhängigkeit zeigt die Spaltung in seinem Ich, die ihn schließlich Mephisto ausliefert.

515 f. *eurer Pein ... förderlich und dienstlich:* »Pein« ist im Blick auf das Ende des Gretchen-Dramas doppelsinnig; »förderlich und dienstlich« ist ironisch gesprochenes Amtsdiener- und Katechismusdeutsch.

523 *In ihren Dunst kreis satt euch weiden:* »Die Wirkungs-Kreise [vgl. Anm. zu 132] werden auch empfindlich gemacht durch den ausfließenden Geruch [...]. Dergleichen Ausdünstungen können von keinem gefühlt werden, als von dem, welchem die innern Fühl-Kräfte eröffnet sind, so daß er mit Geistern umgehe. Der Dunst-Kreis, der von einem Weibsbild empfunden worden, welche hernach sich zu den Sirenen-Gestalten gesellt, hat etliche Tage einen Gestank von sich gegeben, wo sie hinkam.« (Oetinger, *Swedenborg*, S. 44.) Goethe hat das Wort »Dunstkreis« aus diesem übersetzten Auszug aus Swedenborgs Schriften entnommen; die Swedenborgschen Vorstellungen von den gedanken-, gefühls- und handlungslenkenden Auswirkungen dieser Sphären spielen in der folgenden Szene eine entscheidende Rolle, wo Faust unter Margaretes und Margarete unter Mephistos sphärischen Einfluß geraten. Beider innere Fühlkräfte sind »eröffnet«; vgl. 573, 605, 1163–90, 1229–33, »Kerker« 104–110.

529 *Am Ende kriegt' er eine Comission:* Luzifer müßte Bankrott anmelden, wenn er noch mehr solcher Nachkommen hätte wie Faust. Verschuldete Fürstentümer wurden durch eine vom Reich eingesetzte Kommission zwangsverwaltet.

Abend

Szene der magischen Verwandlung Margaretes und Fausts. Dessen soziale Magie bewirkt Neugier bei Margarete, die geschmeichelt ist, daß ein so edler und deshalb kecker Herr sie beachtet. Der durch seine Anwesenheit und sein Herumspüren gefestigte Wirkungskreis des Mephistopheles wird Margarete als schwüle und dumpfige Atmosphäre bemerkbar, beengt ihren Atem, macht ihr Angst (vgl. V. 1230) und läßt sie erschauern (V. 605–610). Der Schauer hat, wie V. 1036 f. zeigen, eine deutlich erotische Komponente, die Margarete noch nicht identifiziert, weil sie mit ihr noch nicht vertraut ist. Die Wahl eines Liedes, das ein über den Tod hinaus reichendes Liebes- und Treueverhältnis ohne Ehebindung in ein sagenhaft fernes Land verlegt, zeigt die unbewußt sich anbahnende Verbindung des mephistophelischen Einflusses mit der Neugier auf den edlen Herrn und dem Wunsch nach dauerndem Glück. Der Schmuck, der Margarete wie eine »Edelfrau« aussehen läßt (V. 644), erweckt ihre Begehrlichkeit nach Besitz und zugleich das Bewußtsein, daß ein Lob der Schönheit (V. 475) von einem Vornehmen für ein armes Mädchen interesselos, bedauernd und folgenlos ist. Am Ende der Szene ist Margarete so weit verwandelt, daß sie ihre Schönheit anerkennt (gegen V. 459) und die Dauerhaftigkeit einer vornehmen Bindung allein vom Besitz abhängig sieht. Die Klage über ihre Armut zeigt den Wunsch nach Besitz und vornehmen Verhältnissen. Da sie den Schmuck nur hypothetisch als Besitz betrachtet und von ihm zum sozialen Emanzipationswunsch getrieben wird, bleibt auch die Beziehung zu Faust hypothetisch und bildet wie der Schmuck nur den Anlaß zur Reflexion über ihre Verhältnisse. Nach ihrem späteren Bekenntnis (V. 1017–26) ist allerdings Liebe auf den ersten Blick im Spiel, die Neugier, das Thule-Lied, die hypothetische Reflexion können schon auf Faust bezogen werden. Wichtig ist aber, daß sie ihre sich selbst noch uneingestandene Liebe unter allgemeinen und sozialen

Gesichtspunkten (»Ach wir Armen!«) sieht: ihre gesellschaftlichen Bedingungen bestimmen nicht nur ihr Leben von außen, sondern auch ihr Denken von innen.

Faust wird umgekehrt durch den Wirkungskreis Margaretes so verwandelt, daß auch er sich als »armseelger Faust« anspricht und sich nicht mehr kennt (V. 572). Glaube, Liebe, Hoffnung, die ihm bei seinen magischen Experimenten gefehlt hatten, erscheinen als Haltungen angesichts einer mikrokosmischen Heiligkeit (V. 540–542); diese drückt sich als mikrokosmische »Herrlichkeit« in »Ordnung« und »Fülle« aus (V. 544 f., 555) und bildet damit eine als Ganzheit erfahrene Metamorphose von Makrokosmos und Erdgeist; eine ins Menschenleben gespiegelte Metamorphose der Trinität erscheint im Väterthron (V. 547–553), im mütterlichen »Geist« (V. 554), im »eingebohrnen Engel« (V. 564). Die Idealisierung Margaretes und ihres Zimmers ist also absolut und kehrt ihre Betrachtung als »Dirne« und »so ein Geschöpfgen« vollständig um. Vom Standpunkt einer intakten Kirchenfrömmigkeit ist sie blasphemisch, aus der Sicht einer modernen Religiosität der Goethezeit, die die fühlbare Anwesenheit des Göttlichen in der Natur und in jedem ihrer Teile, besonders aber im Menschen feiert, ist die Heiligung des einzelnen ein Glaubensakt. »Contemplant Dieu dans ses œuvres« (Rousseau, *Émile, ou De l'Éducation* IV; »Profession de foi du vicaire Savoyard«; Ausg. Richard, S. 346), die Herrlichkeit und die Trinitätsaspekte der Natur und des Menschen begreifend (statt daß die Vorstellung Gottes oder der gesamten Schöpfung sein Denken übersteigt und unglücklich macht, ebd.), könnte Faust Ruhe und Glücksgewißheit im Gefühl der Güte des Ganzen gewinnen, wie Rousseaus Vikar es verspricht. So will Faust nach der Betrachtung dieses »Schauspiels« auch auf Nimmerwiederkehr verschwinden. Sein Auftrag an Mephistopheles, ein Geschenk zu besorgen, holt ihn jedoch ein: mit Hilfe des Schmucks kann Faust das Heilige gewinnen und beherrschen. Je nach Auffassung der Mephistopheles-Figur kann seine zögernde

Zustimmung (V. 589) als eine dem Teufel gegenüber absurde ›Wahrung des Gesichts‹ erscheinen, die dieser ausnutzt (V. 591–596); daß das Kästchen dableibt, kann zweitens einfühlend psychologisch verstanden werden als Reiz, die Unantastbarkeit des als heilig Verehrten auch auf die Probe zu stellen; die Parallele zwischen Makrokosmos-»Schauspiel« / Erdgeist-»Begreifen« und Margaretes Zimmer / Margaretes Person, ferner die Verwandtschaft der magischen Schritte – spirituelle Selbst-Magie bei Makrokosmos bzw. Zimmer und Beschwörungsformel beim Erdgeist bzw. Beschwörungssubstanz Gold bei Margarete – zeigt drittens, daß hier eine moderne, »säkularisierte« und auf den menschlichen Bereich beschränkte Fassung des Renaissance-Problems durchgespielt wird, in der es eigentlich den Teufel nicht geben darf (Rousseau, ebd., S. 342). Aber Goethes *Faust* ist eine Kritik des Rousseauschen Vikars: während dieser mit dem »spectacle« (ebd., S. 361) zufrieden ist und auf die innere Stimme des Guten hört, das Böse nur als Unordnung oder als Fehlinterpretation des Leidens versteht (ebd., S. 342), läßt Goethe bei Faust in der Liebe zum Heiligen das Beherrschen- und Besitzenwollen des Heiligen erscheinen, und das ist der alte luziferische Drang; deshalb spielt Mephistopheles als ›veralteter‹ Teufel im Drama moderner Religiosität seine Rolle, stellt das Kästchen in den Schrank und schafft die Gelegenheit zur Zusammenkunft durch den Kontakt zu Marthe. Eine weitere dialogische Auseinandersetzung mit Rousseau bestätigt den Befund. In *Dichtung und Wahrheit* XI (HA 9, S. 489) gedenkt Goethe Rousseaus lyrischer Szene *Pygmalion* als »eines kleinen, aber merkwürdig Epoche machenden Werks«: »Wir sehen einen Künstler, der das Vollkommenste geleistet hat, und doch nicht Befriedigung darin findet, seine Idee außer sich, kunstgemäß dargestellt und ihr ein höheres Leben verliehen zu haben; nein! sie soll auch in das irdische Leben zu ihm herabgezogen werden. Er will das Höchste, was Geist und Tat hervorgebracht, durch den gemeinsten Akt der Sinnlichkeit zerstören.« Faust, zwar (noch) nicht Künstler, erdichtet sich ein göttliches Idealbild, hat auch den guten Willen, es unangetastet zu lassen, bis ihn sein zweites Ich Mephistopheles dazu verführt. Der *Pygmalion* stellt eine wiederkehrende Konstellation des *Faust* dar: Der »homme inquiet et triste« (Rousseau, *Œuvres complètes* XVIII, S. 345) muß sich sagen, daß »tout mon feu s'est éteint, mon imagination s'est glacée; [...] le commerce des artistes et des philosophes me devient insipide; l'entretien des peintres et des poètes est sans attrait pour moi; la louange et la gloire n'élèvent plus mon âme« (ebd., S. 346). Aber »dans la langueur d'un génie éteint, sent-on ces élans des passions impétueuses, cette inquiétude insurmontable, cette agitation secrète qui me tourmente et dont je ne puis démêler la cause?« (ebd., S. 348). Bei der Berührung des Schleiers seiner Galatee-Statue zuckt er zurück: »Je ne sais quelle émotion j'éprouve en touchant ce voile; une frayeur me saisit; je crois toucher au sanctuaire de quelque divinité! Insensé! [...] c'est une pierre; c'est ton ouvrage.« (Ebd., S. 349.) Er bewundert in seinem Werk sich selbst (ebd., S. 350), möchte ihm einerseits seine Seele verleihen, andererseits seine Identität bewahren, um von ihm geliebt werden zu können: »Non, que ma Galathée vive, et que je ne sois pas elle! Ah! que je sois toujours un autre, pour vouloir toujours être elle, pour la voir, pour l'aimer, pour en être aimé! [...]« (Ebd., S. 354.) Er ruft in Venus ein Makrokosmos- und Erdgeist-Prinzip an: »Et toi, sublime essence qui te caches aux sens, et te fais sentir aux cœurs, âme de l'univers, principe de toute existence; toi qui, par l'amour, donnes l'harmonie aux éléments, la vie à la matière, le sentiment aux corps et la forme à tous les êtres; feu sacré, céleste Vénus, par qui tout se conserve et se reproduit sans cesse: ah! où est ton équilibre? où est ta force expansive?« (Ebd., S. 355.) Galatee wird belebt; er küßt ihre Hand »d'ardents baisers« (ebd., S. 359). Die Helena-Beziehung Fausts ist hier deutlich vorgeprägt, aber auch die Erdgeist- und die Gretchen-Handlung sind nach diesem Muster lesbar.

Am Versmaß ist Margaretes Verwandlung abzulesen. Sie beginnt mit einem fließenden, spannungslosen Knittelvers; ihre leichte Beunruhigung zeigt sich in Doppelsenkungen (V. 534 f.). Der Anblick des Kästchens entlockt ihr die ersten Fünfheber (V. 635, 643), Ansatz zu Mephistos Madrigalversen; der Schluß (V. 644–656) zeigt mit Hebungsprall und Kurzreihen die Störung ihres Friedens (vgl. V. 1426) und Mephistos Einfluß im modernen Versmaß.

vor 530 *Ein kleines reinliches Zimmer ... Zöpfe flechtend und aufbindend:* »reinlich« hat über »sauber« hinaus bei Goethe die Bedeutung ›ordentlich‹ und ›mit Sorgfalt, aus innerer Einstellung heraus rein gehalten‹. So flicht Margarete ihre Zöpfe nicht nur, sondern legt sie kunstvoll um den Kopf.

532 *wacker:* tüchtig, ansehnlich.

534 *Das konnt ich ihn an der Stirne lesen:* Als er den *Urfaust* schrieb, arbeitete Goethe an Lavaters *Physiognomischen Fragmenten* mit; wie dieser war er überzeugt, daß man aus den Gesichtszügen den Charakter eines Menschen lesen könne und dies im Alltag auch laienhaft ständig praktiziere. Margarete als Physiognomikerin auch 1165–82.

538 *Nicht jedes Mädgen hält so rein:* widerwilliges Lob, »denn der Teufel haßt die Reinlichkeit und verbietet in der Sage sogar dem Helden, sich zu waschen« (Minor I, S. 138). Mit seinem Herumspüren im Zimmer verbreitet Mephisto aber auch seinen »Dunstkreis« (523), legt sozusagen Duftmarken.

539–546 *Willkommen ... Seeligkeit:* Die religiösen Assoziationen sind unübersehbar. »Heiligthum«, »Liebespein«, »Hoffnung« spielen auf die Trias Glaube, Liebe, Hoffnung (1. Kor. 13) an, wobei bemerkenswerterweise der Glaube, der Faust von Anfang an fehlt, nicht wörtlich angesprochen ist. Die Trias subjektiver religiöser Haltungen hat Entsprechung und Ursache in der objektiv im Zimmer empfundenen Trias »Stille«, »Ordnung«, »Zufriedenheit«, die 554 f. mit »Geist«, »Ordnung«, »Füll« wieder aufgenommen wird. Diese Trias deutet auf die Formen der anwesenden Erscheinung der Gottheit: die Stille des atmenden (543) oder säuselnden (555) Geistes ist die Anwesenheit des Herrn im »stillen sanften Sausen« (1. Kön. 19,12); Zufriedenheit und Fülle, »die Fülle des, der alles in allem erfüllet« (Eph. 1,23), ist der Pleroma-Aspekt der göttlichen Herrlichkeit, der in »Nacht« durch den Erdgeist vertreten wird; die Ordnung entspricht dem Makrokosmos-Aspekt der göttlichen Herrlichkeit, denn »was ist, ist von Gott geordnet« (Röm. 13,1). Das Licht der Ordnung (vgl. 86) und die finstere Feuerqualität der Fülle der ewigen Natur (vgl. 116 ff.) ergeben den abendlichen »Dämmerschein« im Heiligtum (vgl. auch Jakob Böhmes drei Principia oder Wirkungs-Quellen, referiert bei Oetinger, *Swedenborg*, S. 248 f.). Margaretes reinliches Zimmer ist als »Kerker« eine Replik auf Fausts »Kerker« (45); auch dort waren lichte Ordnung des Makrokosmos-Zeichens, feurige Bewegung des Erdgeistes geschaut worden, aber nur als getrennte unvereinbare Visionen und nicht, durch den Geist vereint, im Zimmer als »Modell und Gleichnis dessen, was in Gott ewig ist« (Oetinger, *Swedenborg*, S. 249), offenbart und erscheinend. Während ihm bei Margarete der ererbte Ledersessel als »Väter Trohn« (549) die »Vorwelt« (547) sinnvoll repräsentiert und die Ewigkeit des Vaters in der Dauer der Tradition abbildet, wurde Faust von »Uhrväter Hausrath« (55) beschränkt und eingeengt. Während in Margaretes Bett die Natur ein Modell des Sohn-Prinzips, »den eingebohrnen Engel« (564) ausbildete, hemmte die Naturferne seiner »Welt« jede Lebensregung in Faust und erweckte in ihm Sehnsucht nach Flucht und Hingabe an Magie, auch teuflische. Faust und Margarete werden in diesem religiösen Kontext zu Modellen der zur Sünde und zur Erlösung führenden Kräfte in der Welt. – Es ist wesentlich, daß all dies nur subjektiv für Faust gilt; die von ihm Margarete zugeschriebenen Qualitäten werden von ihr dementiert: Ordnung geht auf die Akkuratheit (966), Zufriedenheit auf die Genauigkeit (d. h. Sparsamkeit) der Mutter (936) zurück, der mütterliche Geist (554–556) ist nicht neben Vater- und Sohn-Prinzip das dritte, versöhnende und weltschaffende Prinzip, sondern schlicht der Wille der Mutter. Die von Faust beobachtete und von Margarete beklagte Armut (545, 656) ist tatsächlich nicht gegeben (vgl. 967–970), vielmehr fehlt ihr der innere Friede der »Stille«, der ihr Armut nicht als Mangel, sondern als Fülle erscheinen ließe. Eine Christusfigur ist sie (noch) nicht, sie hat in ihrer schnippischen Art die »Sünden« anderer Mägdlein kräftig durchgehechelt und sich pharisäerhaft »gesegnet« (1268–74). Kurz, Margarete ist ein ganz normales Mädchen; sie wird von Faust in einer für ihre Beziehung verheerenden Weise idealisiert, wie sie in »Strase« in ebenso verheerender Weise zum Lustobjekt degradiert worden ist. Daß Faust in seiner selbstmagischen Imagination die Verbindung von Makrokosmos- und Erdgeist-Prinzip zur Offenbarung der göttlichen Herrlichkeit jetzt leistet, ist gegenüber der Szene »Nacht« ein Fortschritt, der aber erkauft ist durch eine andere Spaltung, nämlich die Abtrennung der materialen Magien der Sinnenlust, des Besitzes und der Schönheit (»Strase«) von den spiritualen Magien der Fülle, der Ordnung und des Geistes; diese Spaltung entspricht der Trennung von Theorie und Praxis durch Mephisto in der Schüler-Szene, sie bedingt, daß das Idealbild von Faust zwar konzipiert, aber nicht realisiert werden kann. – Goethe kritisiert damit die Tendenz der »âmes sensibles« Rousseaus, das in der Imagination geschaffene Ideal durch einen Akt primitiver Sinnlichkeit stracks in Besitz zu nehmen. Dies hat schon die *Pygmalion*-Parallele gezeigt; Goethe stellt jedoch direkte Verbindung zur *Nouvelle Héloise* her, wie schon Hayward, Schmidt, Morris bemerkt haben. Saint-Preux, zum Rendezvous in Julies Zimmer bestellt, findet sich im »sanctuaire«: der »lieu charmant [...] est plein de toi, et la flamme de mes désirs s'y répand sur tous tes vestiges: oui, tous me sens sont enivrés à la fois. Je ne sais quel parfum presque insensible, plus doux que la rose et plus léger que l'iris, s'exhale ici de toutes parts [...]. Julie! je te vois, je te sens partout, je te respire avec l'air que tu as respiré; tu pénètres toute ma substance. [...] O viens, vole, ou je suis perdu.« (I, Br. 14.) Nach der gemeinsam verbrachten Nacht bezeichnet er sie als »chef-d'œuvre unique de la nature! divine Julie! possession délicieuse [...]« (I, Br. 15). Hier führt also der Besitz zur Vergöttlichung; die Idealisierung erscheint als Rhetorik der beseligten Empfindung. Bei Faust ist die Idealisierung eine echte Selbstmagie (wie schon die Sensualisierung Margaretes Selbstmagie war), die zum Verzicht auf Besitz führt (582); Goethe kehrt also die Behandlung durch Rousseau um und kompliziert sie durch die Dialektik der Idealisierungs- und der Sensualisierungsmagie, die mit dem Kästchen in Gang kommt.

551 *den heilgen Christ:* das Weihnachtsgeschenk.

557 f. *Den Teppich auf den Tisch ... den Sand zu deinen Füssen kräuseln:* »Teppich« süddt. für: Decke; der Tisch soll nicht zerkratzt oder beschmutzt werden. Ebenfalls um der Sauberkeit willen wurden die Holzfußböden mit feinem Sand bestreut; Margarete gibt ihm noch besondere Muster.

560 *Die Hütte wird durch dich ein Himmelreich:* vgl. 4. Mose 14,10: »Da erschien die Herrlichkeit des Herrn in der Hütte des Stifts.« Das Hüttenbild für die Erscheinung des Göttlichen im menschlichen Raum hat seit Klopstocks Ode *Der Zürchersee* (1750) Tradition; es gibt der bekannten Opposition zwischen Wanderer und Hütte die religiöse Dimension.

564 *Den eingebohrnen Engel:* Die Diskussion in der Forschung, ob »eingeboren« als *innatus* oder als *unigenitus* zu verstehen sei, wird durch die zitierte Parallele aus der *Nouvelle Héloise* (»chef-d'œuvre unique de la nature«; vgl.

Anm. zu 539–546) zugunsten *unigenitus* ›einzig‹ mit seinem Bezug zum Credo und zu Christus entschieden.

567 f. *mit heilig reinem Weben / Entwürckte sich:* Das Bild wurde gleichsam wie ein Gewebemuster sichtbar. Webereibild zur Assoziation des Erdgeistes und seines »Webens«, während die Ausbildung des Engels in Träumen eher auf die Spiritualität des Makrokosmos anspielt.

573–576 *Umgiebt mich hier ein Zauberdufft ... Druck der Lufft:* direkte Parallele in Rousseaus *Nouvelle Héloise* I, Br. 26: »O Julie! que c'est un fatal présent du ciel qu'une âme sensible! Celui qui l'a reçu doit s'attendre à n'avoir que peine et douleur sur la terre. Vil jouet de l'air et des saisons, [...] il sera content ou triste au gré des vents.« Faust hat danach hier also die empfindsame Seele des 18. Jh.s, kennt sich nicht mehr und verachtet sich sogar dafür (vgl. 572). Faust reflektiert hier aber auch auf den »Dunstkreis« Margaretes, ihren Wirkungskreis, der ihn so radikal verwandelt hat (vgl. schon 543, 554 f.). Denn »die Wirkungs-Kreise derer, die im Glauben und Liebe gelebt, wenn sie als Ausdünstungen des Geruchs empfunden werden, sind sehr lieblich. Sie sind wie der Blumen und gewürzhaften Gewächse mit unbestimmter Verschiedenheit.« (Oetinger, *Swedenborg*, S. 45.) Die psychologische und die magische Sicht seiner Verwandlung scheinen einander zu widersprechen, kommentieren einander jedoch: auch Saint-Preux berauscht sich am Duft Julies (vgl. Anm. zu 539–546); er wird durch seine Wirkung in seiner Intention bestärkt, da er die körperliche Gegenwart Julies aus dem Anblick ihrer Kleider, aus ihrem Duft vorwegnimmt und darin bestätigt wird. Faust kommt in Margaretes Zimmer erfüllt von seiner sensualen, besitzergreifenden Selbstmagie; der »Zauberdufft« des Zimmers benimmt ihm diese Intention und ersetzt sie durch die entgegengesetzte. Während man bei Saint-Preux sagen könnte, daß er die Atmosphäre des Zimmers als Anhalt und Verstärkung seines schon vorhandenen Gefühls selbst wählt, geht bei Faust von der Atmosphäre eine unerwartete, verändernde Wirkung auf ihn aus. Insoweit wird also die Swedenborgsche Wirkungskreis-Theorie bestätigt. Der Inhalt der Vorstellungen Fausts über Margarete ist jedoch, wie sich gezeigt hat, übertrieben und falsch und geht an der Normalität des Mädchens vorüber, schreibt ihrem Wesen zu, was sie später als ungeliebte Auswirkung der strengen Zucht ihrer Mutter beklagt; der Inhalt der Vorstellungen über Margarete ist eine selbstmagische Projektion Fausts, mit der er die tatsächliche Wirkungsmacht ihrer Atmosphäre in seiner Imagination ausfüllt, verbildlicht, sich zum Bewußtsein bringt. Während bei Rousseau die Rede von der »windgetriebenen« empfindsamen Seele als bloße Metapher für eine tatsächlich dominante Subjektivität erscheint, wird bei Swedenborg die objektive Berührung durch einen Wirkungskreis anerkannt, die inhaltliche Aussage über seine Qualität jedoch als subjektive Selbstmagie decouvriert – ein immanentes Urteil Goethes über Swedenborgs Visionen, vielleicht sogar über alle Religiosität.

579 *Der grose Hans:* lesbar im Sinne von ›Großhans‹ (vgl. »Nacht. Vor Gretgens Haus« 31), die großen Hansen waren im 16., 17. Jh. die mächtigen, vornehmen Männer; lesbar in unmittelbarer Nähe der Namensnennung »Faust« (572) auch als Nennung des eigentlichen und dem Publikum bekannten Vornamens Johannes. – Jedenfalls ist Faust nun so weit, daß ihn weder die Wirkung des Zauberdufts mehr gefangennimmt noch das Bild seiner magischen Imagination sich weiter steigert und verdichtet: wie bei seiner ersten großen Magie in »Nacht« zerdenkt er durch seine ständigen Reflexionen auf seinen Zustand den tatsächlichen Effekt möglicher Selbstveränderung und Selbstbestimmung durch magischen Idealismus. Der siebenteilige Monolog (539–546, 547–553, 554–560, 561–568, 569–572, 573–576, 577–580) ist mit dem vierfachen anaphorischen »Hier« auf der vierten Stufe der Ansatz zu einer religiösen Selbstschöpfung Fausts im Sinne der Herderschen Hiero-

glyphe (vgl. die Wagner-Szene); Faust könnte den Glauben, die Hoffnung, die Liebe in sich selbst entdecken und das Verhältnis seines Menschen-Ich zu der erscheinenden Herrlichkeit, die eingeschränkte Notwendigkeit religiöser Vorstellungen und heiliger Namen bestimmen – all diese Aspekte sind ja in der Szene enthalten. Statt dessen reflektiert er auf seinen Gemütszustand (von 561 an), auf die Verkehrung seiner Intention, ja er analysiert seine religiöse Magie, mit der er in panentheistischer Religiosität das Einzelwesen Margarete zur Appräsentation des unendlichen göttlichen Ganzen gemacht hat, als »Liebestraum« (575) und nennt sich selbst verächtlich einen Prahler. Statt zu einer Selbstergreifung kommt es nur zu einer Selbstanalyse oder -zersetzung. Margaretes Zimmer bleibt »ein Schauspiel nur«; auch der Mut zum Erdenweh und -glück in »Strase« wird ja von Mephisto bis auf die versprochene »Hoffnung künftger Freuden« (522) zusammengeschnitten.

586 *ihr vergehn die Sinnen:* Die Zerstörung der festgefügten Wertwelt Margaretes ist Mephistos Ziel. Den Zusammenhang zwischen Putzsucht und Gretchen-Schicksalen stellt Arnold her (*Kirchen- und Ketzer-Historie* II, S. 651 f.): »Und weil also diese arten alle der üppigkeiten [im 16. Jh.] vor zuläßig erkannt worden [...], folgten freylich nicht weniger die übrigen laster alle. Da äusserte sich die schändliche unfläterey, unzucht, hurerey, ehebruch und schande allenthalben.« Ferner berichtet er, daß »verlassung, schwängerung an allen orten [...] gemein worden«. Für die Gesellschaft Margaretes gilt jedoch diese Freizügigkeit hinsichtlich des Sichzeigens mit Schmuck nicht; sie gehört zu der sich streng kontrollierenden Bürgerwelt des 18. Jh.s.

589 *Zwar Kind ist Kind ...:* Dies ist der prosaische, alle Unterschiede auf den »Lauf der Welt« reduzierende Blick Mephistos. Alle »Kinder« werden durch solches ›Spielzeug‹ verführt.

590 *Ich weis nicht soll ich?:* Hiermit gibt Faust die Normen und Bestimmungen seines Handelns, die Sittlichkeit seines freien Willens ab; von jetzt an läuft alles nach der von Mephisto vorhergesehenen Psychomechanik ab. Der einzige Befehl, den Faust noch erteilt, ist eine phantasielose Wiederholung eines früheren (708); die Befehle an Mephisto in »Nacht. Vor Gretgens Haus« 44 ff. werden von diesem nicht befolgt; er bietet großzügig Alternativen an. Die zunächst als Werkzeug gemeinte Magie, die intelligente, willfährige Maschine Mephistopheles wird mit diesem Satz vom Sollen zum Herrn über Fausts freien Willen.

592 *eurer Lüsternheit:* wahrscheinlich ironischer Titel, Parodie auf ›Eure Heiligkeit‹ (nach Albert Fuchs; Arens, S. 270).

596 *Ich kraz den Kopf reib an den Händen:* Gesten angestrengten Nachdenkens. Der Satz wird nach dem Einschub von 597 mit 598 fortgesetzt; der Punkt am Ende von 596 ist nicht als Satzgrenze zu lesen.

603 *Phisick und Metaphisika:* die zwei großen Lehrgegenstände des Aristoteles.

vor 605 MARGARETHE, *mit einer Lampe:* Ihre Lampe beleuchtet wie die Wagners einen Selbstbestimmungsprozeß. In ihrem siebenteiligen Monolog (605–610, 611–634, 635–639, 640–645, 646–649, 650–653, 654–656) erkennt sie ihre Stellung in der sozialen Hierarchie, die Durchbrechung dieser Hierarchie durch den allgemeinen Drang nach Gold und die Tatsache, daß sie selbst in ihrem Blick auf den »edlen« Herrn von diesem Drang erfaßt ist.

605 *Es ist so schwül und dumpfig hie:* Margarete empfindet den Wirkungskreis Mephistos ebenfalls als »Dunstkreis«. »Die bösen Geister haben einen Wirkungs-Kreis von Begierden« (Oetinger, *Swedenborg*, S. 43), mit dem sie auf andere Sphären einwirken können. Margarete reagiert mit einer ihr unbegreiflichen Körperreaktion auf den Einfluß. In dem Schauer, der ihr »am ganzen Leib« läuft (609), identifiziert sie nur Furcht; die erotische Komponente tritt

später zutage (1036 f.) und äußert sich hier nur in der Wahl des Liedes. Diese Reaktionen des Körpers und des Unterbewußtseins sind im Gegensatz zu Fausts Selbstmagie (vgl. Anm. zu 573–576) die authentischen Antworten auf Swedenborgs Wirkungskreise.

606 *macht ... warm:* Gallizismus, »il fait chaud«.

vor 611 *sie fängt an zu singen indem sie sich auszieht:* Die Beziehung zu Shakespeares *Othello* IV,3 ist von der Forschung immer wieder herausgestellt worden. Desdemona, von Othello in ängstliche Ungewißheit versetzt, läßt sich von ihrer Dienerin Emilia die Nadeln ihres Gewandes lösen, um zu Bett zu gehen. Sie sagt, den ganzen Abend gehe ihr ein Lied einer unglücklich verliebten Magd ihrer Mutter nicht aus dem Kopf. Die Verlassene »had a song of ›willow‹; An old thing 't was, but it express'd her fortune, / And she died singing it.« Desdemona singt das Lied von der Verlassenen, deren Wunsch nach Treue der falsche Liebhaber mit der Empfehlung beantwortet hatte, sie solle sich eben auch mehrere Männer ins Bett nehmen. Auch Othello hatte Desdemona Untreue vorgeworfen und erstickt sie nach dieser Entkleidungsszene. Das Lied »express'd her fortune« in ähnlicher Weise wie bei der Magd. – Warum einige Kommentatoren trotz dieser Parallele versichern, das Lied Margaretes sei »ohne Beziehung auf den ›Faust‹« (Schmidt), ist mir unverständlich. Es ist 1774 entstanden; diese Fassung wurde 1782 von Siegmund v. Sekkendorff komponiert und mit der Überschrift »Aus Goethens D. Faust« versehen in seinen *Volks- und anderen Liedern* herausgegeben. Sicher ist es keine Arie wie etwa das Lied am Spinnrocken, wo Gretchen bewußt ihre Gefühle artikuliert; der Volkston der Ballade macht auch deutlich, daß Margarete das Lied nicht erfindet, sondern singt, weil es ihr einfällt, weil ihr Unterbewußtsein wie ihr Körper auf die veränderte Atmosphäre reagiert. Der Zuschauer, an die Desdemona-Szene erinnert, weiß, daß deren Lied »express'd her fortune«, und kann ebenfalls eine

Beziehung zu Margaretes Schicksal herstellen. Und hier tritt der »neuere Gebrauch« zutage: das Weidenlied Desdemonas hätte genau Margaretes Schicksal vorhergesagt, und der Zuschauer soll es dem gesungenen Lied als ›Subtext‹ unterlegen. Margaretes Unterbewußtes wählt statt dessen ein Lied der Hoffnung auf Treue in einem nicht durch die Ehe sanktionierten (»Buhle«) Liebesverhältnis zwischen einem König und seiner Geliebten (vielleicht niederen Standes). Um die unterbewußte Hoffnung auch sogleich zu dementieren und dem Subtext recht zu geben, verlegt das Lied dies Beispiel der Treue bis in den Tod in ultima Thule, d. h. einen sagenhaften Bereich am nördlichsten Rande der Welt. Das Lied will deshalb auch keine Nachahmung eines Volksliedes sein, sondern eine moderne Nachbildung, kein naives, sondern ein sentimentalisches Lied, das den Volkston als Zitat benutzt.

611 *Thule:* bei Vergil und Tacitus genannt, sagenhafte Insel im äußersten Norden; Bildungselement, das den Volkston mit einem modernen Ton konfrontiert, der z. B. auch in 628 zutage tritt.

613 *Bule:* im Sinne von ›Geliebte‹, im Gegensatz zu ›Ehefrau‹.

617 *Die Augen gingen ihm über:* Tränen traten ihm in die Augen; vgl. Joh. 11,35: »Und Jesu gingen die Augen über.«

631 *trincken:* sich mit Wasser füllen.

637 *Guckguck:* zum Kuckuck; erstaunter, neugieriger Ausruf.

639 *Und meine Mutter lieh darauf:* Um gegen ein Pfand Geld verleihen zu können, muß die Mutter flüssiges Kapital besitzen; das widerlegt im vorhinein die Rede Margaretes von der Armut (656).

652 f. *Allein man ... Erbarmen:* Das bedauernde Lob für die Schönheit und Jugend der armen Leute ist interesselos, bringt ihnen keine sozialen Vorteile wie etwa Heirat in höhere Stände.

Allee

Wie die Universitätssatire im Gelehrtendrama, so bringt die Kirchensatire im Gretchen-Drama eine der Institutionen in den Blick, mit denen nach Goethes (verlorener) Dissertation von 1770/71 der Staat oder der Gesetzgeber das Volk zu disziplinieren hat: »ich zeigte, daß alle öffentlichen Religionen durch Heerführer, Könige und mächtige Männer eingeführt worden, ja daß dieses sogar der Fall mit der christlichen sei« (*Dichtung und Wahrheit* XI; HA 9, S. 473). Als eine Institution der öffentlichen Ordnung, die den Bürger in einer für sein Gewissen problematischen Situation entlastet, fungiert die Kirche hier, indem sie den Schatz an sich nimmt und damit tatsächlich ›Teufelszeug‹ erwischt, das unter anderem zur Störung der gesellschaftlichen Ordnung durch Verletzung der bürgerlichen Ehe-Institution dienen sollte. Daß die Kirche in dieser ihr zugedachten Rolle funktioniert, beweist Mephistos Zorn, seine einzige leidenschaftlichere Gefühlsregung im Stück. Wie Wagner durch seine gelehrtenhaft trockenen Züge lächerlich gemacht wird, obwohl ihm wissenschaftlich eine bedeutende Rolle zukommt, so wird hier die Kirche in ihrer Gier satirisch entlarvt, mit der sie sich zu bereichern sucht und damit Wucherern und Königen nicht nachsteht. Problematisch wird in Goethes Konstruktion die Rolle der Kirche auch dadurch, daß sie der vom Gesetzgeber bestimmte Kultus ist, »nach welchem die Geistlichkeit lehren und sich benehmen solle, die Laien hingegen sich äußerlich und öffentlich genau zu richten hätten; übrigens sollte die Frage nicht sein, was jeder bei sich denke, fühle oder sinne« (ebd.; HA 9, S. 473). Die Kirche soll religiöse Emanzipation des Individuums ermöglichen, braucht sie aber nicht zu fördern; sie wird dadurch für die Masse des Volks zum Instrument gesetzlich verordneter Indoktrination, das dem Volk zwar festen gedanklichen Halt, aber keine Selbständigkeit in Glaubens- und Gewissensfragen gibt. Genau hier setzt Margaretes Problem ein. Ihr Denken entspricht wie selbstverständlich der öffentlichen Lehre (V. 1113); diese Selbstverständlichkeit bedingt ihren Seelenfrieden mit. Durch Fausts von der kirchlichen Norm abweichendes Verhalten und durch den Konflikt ihrer persönlichen Erfahrung mit einem von der Kirche mit Sündentabu und ewiger Bestrafung belegten Bereich (V. 1275–77) muß sie einen eigenen Glauben entwickeln, der diese Sünde rechtfertigt. Mit dem Vertrauen auf die Rettung durch Gottes Gericht am Schluß der Kerkerszene leistet sie das; mit ihrem Verbleiben im Kerker anerkennt sie daneben die Legitimität der öffentlichen Institutionen.

Faust wird in diesem Lichte zweifach kritisiert: daß er die öffentliche Moral stört und daß er zur Hervorbringung der »Natur«, als »Götterbild« (V. 563, 568) einen Menschen idealisiert, dessen Denken im Gegenteil total gesellschaftlich geprägt ist. Margaretes »Stille« und »Zufriedenheit« (V. 543 f.) sind nicht Leistungen, sondern vorläufig noch Schwächen ihrer Seele. Zugleich wird erkennbar, daß die Skrupel vor der Berührung des Idealbildes verschwunden sind: für ihn ist sie schon »Gretgen« (V. 703, dagegen V. 681) und »Liebgen« (V. 707); durch einen neuen Schmuck soll sie getröstet und gewonnen werden.

657 *Bey aller verschmähten Lieb!:* Dieser ›ärgste‹ Fluch Mephistos (vgl. 658) zeigt die Auffassung Goethes vom Bösen, wie sie auch die Kosmogonie am Ende des 8. Buches von *Dichtung und Wahrheit* zeigt: böse ist, was in »Undank« die Liebe Gottes verschmäht und sich allein auf sich selbst stellen will.

659 *petzt:* petzen: mundartlich für: zwicken, pfetzen, mit einer Rute schlagen.

668 *Heerings Weibe:* Die Fischverkäuferinnen waren für Grobheiten berühmt.

677 *ungerechtes Gut:* das von einem »Gottlosen« stammt (vgl. 683 f.). Vgl. auch Spr. 10,2: »Unrecht Gut hilft nicht.«

680 *mit Himmels Mann' erfreun:* »Wer überwindet, dem will ich zu essen geben von dem verborgenen Manna« (Offb. 2,17). Vgl. 689.

690 *Die Kirche hat einen guten Magen:* Kritikpunkt seit dem Mittelalter und insbesondere seit der Reformation. Vgl. z. B. Arnold, der Bernhard v. Cluny zitiert: »Der Pabst selbst nimmt geld vor seine gnade. Das ist der unersättliche schlund, je mehr man gibt, je mehr er haben will« (*Kirchen- und Ketzer-Historie* I, S. 380).

703 *Gretgen:* Faust benutzt zum erstenmal den Namen in der Form, die zweideutig Kosename und Bezeichnung für ein Lustobjekt sein kann (vgl. das Kapitel »Figuren, Geschichten ...«). Er setzt damit Mephistos Reihe »Margrete« (665) und »Margretlein« (681) konsequent fort.

705 f. *Denkt ... an den ders ihr gebracht:* Margarete weiß jetzt, daß sie selbst die Adressatin des Schmucks war. Diese psychologisch wichtige Konzentration ihrer Gedanken und Vermutungen auf sich und den edlen Herrn ist die dramatische Funktion der Szene, die man ihr manchmal abgesprochen hat. Außerdem beschreibt sie präzis die Normen und Denkvoraussetzungen, unter denen Margarete lebt.

713 *wie Brey:* so träge und zäh wie Brei. Vgl. Goethes *Fastnachtsspiel vom Pater Brey.*

Nachbarinn Haus

Marthe, im Bereich der Frauenfiguren Parallelgestalt zu Mephistopheles, übernimmt dessen Aufgabe, durch den Schmuck Margarete ›zu kneten und zuzurichten‹ (vgl. V. 503); sie bietet ihr eine Vorstufe der Öffentlichkeit an, vor der sie sich gern sehen lassen möchte (V. 739 f.). Auch Mephistopheles bestärkt sie in ihrem Drang nach Ansehen, indem er sie wie Faust als »Fräulein« behandelt (V. 756, 760, 874, 876) und ihr einen »Galan« nahelegt (V. 800) – bemerkenswert, daß Margarete trotz ihrer Ablehnung differenziert, dies sei »des Landes nicht der Brauch« (V. 803); daraus geht hervor, daß sie sich wie beim König in Thule (nun nicht mehr in der Vorgabe eines Liedes) Gesellschaften vorzustellen beginnt, in denen außereheliche Liebesverhältnisse nicht tabuisiert sind. Die Ausbreitung von Untreue, gegenseitigem Betrug, Ausbeutung, Rücksichtslosigkeit in der Ehe Marthes sowie deren Bereitschaft, unter gleichen Vertragsbedingungen mit dem erstbesten fremden Herrn wieder eine Ehe einzugehen (V. 855–857), können umgekehrt ihre Überzeugung von der Gottseligkeit der Ehe nicht gerade fördern.

In dem (in *Faust I* in eine eigene Szene »Straße« verlegten) Gespräch mit Mephistopheles wird Faust auf die Problematik des ausgesprochenen Wortes hingewiesen, das wie eine soziale Institution zwei Partner auf Treu und Glauben aneinander bindet. Mephistopheles macht ihm im vorhinein deutlich, daß, was Faust jetzt für wahr und von Herzen gefühlt hält, in der Zeit keinen Bestand haben wird. Er wird also durch seinen Liebesschwur »das arme Gretgen ... bethören« (V. 905), Magie mittels des ausgesprochenen Wortes auf sie ausüben wie auf den Erdgeist. Mephistopheles stellt selbst die Verbindung zum Gelehrtendrama her: auch dort hat Faust als Wahrheit verkündet, was er im Grunde nicht wußte. Faust nennt zwar Mephistopheles »Sophiste« (V. 902), aber seine Unterscheidung zwischen der Ewigkeit dessen, was er fühlt, und der ewigen Dauer seines Gefühls (d. h. seiner Treue zu Margarete) ist sophistisch und muß von Margarete mißverstanden werden. Durch Mephistos Zwischenreden wird Faust sich bewußt, daß »diese Glut von der ich brenne« (V. 916) tatsächlich ein Teil der unendlichen ewigen Liebe ist; in diesem Sinne nimmt Faust durch die Liebe zu Margarete am Göttlichen teil wie durch die lebendige Erkenntnis der Naturordnung und den Mut zum schaffenden Leben bei Makrokosmos und Erdgeist. Wie dort wird er durch sein Scheitern in der Welt ein unverlierbares Gut seiner Seele erwerben; auch Margarete wird das Unbegreifliche, das sie treibt, als »gut« ansehen. Nur sie wird nicht wie Faust sehenden Auges, sondern betört in die Beziehung zu Faust eintreten.

719–728 *Gott verzeihs … Todtenschein:* Die Verwandtschaft dieser Selbstvorstellung Marthes mit dem Eingang von Hans Sachs' Fastnachtspiel *Der farendt Schuler ins Paradeiß* (1550) ist öfter angemerkt worden (Morris, Erler, Arens). In der Tat läßt sich die ganze Szene wie ein »Faßnacht spiel mit 3 Personen« lesen – so lautet der vollständige Titel (Ausg. Goetze/Schmidt-Wiegand, S. 143). Wie Mephisto berichtet der Schüler vom verstorbenen Mann, den er im Paradies gesehen haben will, und läßt sich von ihr Kleidung und Geld für ihn mitgeben. Dem durchtriebenen, aber fast ebenso leichtgläubigen zweiten Mann der Bäurin trickst er auch noch das Pferd ab. Wie der Schüler treibt Mephisto sein Spiel mit der Leichtgläubigkeit der beiden Frauen, mit der Naivität Margaretes ebenso wie mit der Ausgekochtheit Marthes, und erreicht zugleich den Zweck seiner Visite, nämlich Anreizung beider mit der Hoffnung auf Männerbekanntschaft und sozialen Aufstieg sowie den Blick Margaretes hinter die Kulissen einer gutbürgerlichen Ehe. – Der Einbau eines praktisch vollständigen Fastnachtspiels in den größeren dramatischen Kontext zeigt den »neuern Gebrauch«: er zeigt den *Faust* als Text, der aus der Konfrontation literarischer Reminiszenzen aus der frühen Neuzeit mit denen des 18. Jh.s einen wichtigen Teil seines poetischen Lebens bezieht. Diese Tendenz wird in *Faust I* und *Faust II* konsequent fortgeführt. – Mephistos Spiel mit Marthes Stimmungen hat wohl in Shakespeares *Merchant of Venice* III,1 ein Vorbild (Witkowski); Arens macht darauf aufmerksam, daß Goethe Shakespeare insofern übertrifft, als Marthes Stimmungsumschwünge anläßlich eines einzigen Redegegenstandes (ihres Mannes) erzielt werden und nicht wie bei Shylock anläßlich zweier Themen (S. 278).

722 *auf dem Stroh allein:* dem Bettstroh; »Strohwitwe« seit dem 18. Jh. Begriff für die alleingelassene Frau.

728 *Todtenschein:* Was sie wenigstens brauchte, wäre eine gerichtliche und kirchliche Todeserklärung, um z. B. wieder heiraten zu können. Solche Erklärungen gab es erst im 18. Jh. Die Gedankenstriche 726 f. sind wohl durch ausführliches Schluchzen gefüllt zu denken.

732 *In meinem Schrein von Ebenholz:* Nach »Schrein« ist ein Komma zu denken. Das neue Kästchen ist aus dem teureren Material.

740 *Nicht in der Kirch mit sehen lassen:* Es herrschte eine Kleiderordnung, nach der Bürgerinnen nur in begrenztem Maß Schmuck tragen durften.

752 *erbeten:* übertrieben unterwürfig statt »erbitten«.

761 *armes iunges Blut:* ebenso übertrieben bescheiden. Mephisto liefert auch sogleich die damit provozierte Korrektur.

765 *einen Blick so scharf:* unerschrocken, keck, wie ihn nur Vornehme haben. Vgl. Molière, *Dom Juan* II,2: »Ah! la belle personne, et que ses yeux sont pénétrants!«

777 *Freud muss Leid, Leid muss Freude haben:* »Auch beim Lachen kann das Herz trauern, und nach der Freude kommt Leid.« (Spr. 14,13.)

785 *drey hundert Messen singen:* Gesungene Messen wären sehr teuer; allerdings werden Gedächtnismessen für einen Verstorbenen nur gelesen.

787 *ein Schaustück:* eine Gedenkmünze.

792 *nicht verzettelt:* nicht für Kleinigkeiten ausgegeben (wie 787), sondern für sein »schönes Fräulein« (835).

796 *manch Requiem noch beten:* Dies geschieht nur durch den Priester selbst (Arens, S. 281, »Unkenntnis des Dichters in catholicis«).

800 *ein Galan:* vornehmer (schön gekleideter) Liebhaber; Wort aus dem späten 17. Jh.

802 *So ein lieb Ding:* Grammatisch richtig bezieht Arens z. St. »lieb Ding« auf Galan. Man kann sich 801 f. auch zu

Marthe gesprochen denken, dann ist Margarete »so ein lieb Ding«.

807 f. *starb als Christ . . . Zeche hätte:* Er hatte noch Gelegenheit zu beichten und das Sterbesakrament zu erhalten, wurde aber mit seiner Beichte nicht fertig. Deshalb die vielen Seelenmessen.

838 *Dass er's bis an sein seelig Ende spürte:* Mephisto läßt durchblicken, daß sie ihm das »mal de Naples«, die Syphilis, anhängte; die Krankheit hieß so, weil das Heer Karls VIII. sie von Neapel nach Frankreich einschleppte.

850 f. *Weiber . . . Wein . . . Würfel Spiel:* Loeper (I, S. 130) zitiert das Sprichwort »Drei W bringen Pein: Weib, Würfel und der Wein!«

855 *um das Geding:* zu denselben Vertragsbedingungen (sich gegenseitig so viele Verstöße gegen Verantwortung und Ehemoral nachzusehen).

859 *Die hielte wohl den Teufel selbst beym Wort:* Loeper (I, S. 130) macht auf Hans Sachs' Schwank Nr. 177 aufmerksam: *Der dewffel nam ain alt weib zw der ee, die in vertrieb* (1557; Ausg. Goetze I, S. 502 ff.).

866 *Wochenblättgen:* standesamtliche Nachrichten etwa seit dem 1. Drittel des 18. Jh.s.

867 f. *durch zweyer Zeugen Mund . . . die Wahrheit kund:* nach 4. Mose 35,30, Mt. 18,16 u. ö. Die Rechtsprechung zu Goethes Zeit forderte ebenfalls: »Es muß demnach der Tod durch das Zeugniß zweyer solcher Personen erwiesen werden, welche einen haben sterben und begraben sehen.« (Zedler, *Großes vollständiges Universal-Lexicon*, Art. »Tod«.)

874 *Fräuleins:* Nach der richtigen, auf den Protest 759–762 begründeten Bezeichnung »Jungfer« (872) ist »Fräuleins« als – vor Marthe verheimlichte – Erinnerung Margaretes an Fausts Anrede in »Strase« zu lesen (Walheim; Arens, S. 284).

884 *Sie ist mir lieb:* weil sie ihm nützt.

891 *Sancta Simplicitas!:* Heilige Einfalt! Johannes Hus soll den Spruch getan haben, als ein glaubenseifriges Weiblein Holz zu seinem Scheiterhaufen trug.

894 *da wärt ihr's nun:* Zu betonen ist »da«, d. h., Faust sei es doch sonst nicht um frommes Leben zu tun.

902 *ein Lügner, ein Sophiste:* Einige Kommentatoren rechtfertigen Fausts Protest, es sei »ein himmelweiter Unterschied zwischen einer falschen Definition und einem falschen Zeugnis, zwischen einem unrichtigen und einem betrügerischen Zeugnis« (Fischer z. St.; ähnlich Arens, S. 286). Die Unterscheidung ist auf der Ebene der Sprechakte richtig, denn wer Zeugnis ablegt, macht erstens eine Aussage und bekräftigt oder beeidet zweitens, daß sie wahr ist. Wer definiert, macht nur eine Aussage. Wer aber als Professor ohne Kennzeichnung des hypothetischen Charakters eine Lehre verkündet, ist durch seine institutionelle Position implizit mit der Würde der Wahrheit versehen; Faust aber wußte, »daß wir nichts wissen können«, und zog seine Schüler zehn Jahre »an der Nas herum« (7–11) – auf diesen Bruch des institutionell gewährten Vertrauens, der Faust schon damals »das Herz verbrennen« (12) wollte, spielt Mephisto an. Fausts Protest gegen die Gleichsetzung unterschiedlicher Sprechakte ist also, »einbissgen tiefer« (903) gesehen, selbst ein Sophismus (ein Wort-, nicht Sachargument)!

906 *schwören:* Dies wäre ein falsches Zeugnis auch im Wortsinne. Mephisto treibt Faust schrittweise in die Enge. Faust vermeidet dann auch den Schwur im Sinne eines wortwörtlichen Versprechens »ewger Treu und Liebe« (908). Durch Mephisto vorgewarnt, kann er dann gar nicht mehr »von Herzen« sprechen; der in seine Gedanken gesäte Zweifel wird das Gefühl schwächen und seine Worte bestimmen. Mephisto hat die Technik, Faust vorweg etwas zu bedenken und zu erwarten zu geben, schon mit dem »Dunstkreis« Margaretes praktiziert: Faust konnte dadurch nicht natürlich wie Margarete auf die negative Sphäre Mephistos

reagieren, sondern verstieg sich in seine Idealisierung. Sieht man Mephisto nicht nur als Teufel, so kann man ihn hier als pro-metheisches Prinzip verstehen, mit dem Faust zukünftige Situationen analytisch zerdenkt und damit nie in voller Präsenz, »von Herzen« reden und handeln kann. In *Faust I* erscheint dieses Prinzip dann als Sorge; es ist das ständige Sich-Voraus- oder Hinterhersein des neuzeitlichen unglücklichen Bewußtseins.

916 f. *Und diese Glut ... ewig nenne:* Hier wird Faust zum Sophisten. Die Glut, von der er brennt, ist tatsächlich ewig zu nennen, denn sie ist ihrer sinnlichen und ihrer übersinnlichen Seite nach göttlich (657, 1146), und es ist ein entscheidender Schritt auf dem Weg Fausts zu seiner Erlösung, daß er dieser ewigen Liebe teilhaftig geworden ist und sie unvertilgbar in sich behält (Margarete zieht sie am Anfang des 4. Akts von *Faust II* rettend mit sich fort). Insofern ist seine Absicht, diese Glut ewig zu nennen, auch kein »Lügenspiel« (918). Aber damit hat er über seine Treue zu Margarete gar nichts gesagt, um die es ihm noch zu Anfang seiner Tirade ging (908–911). Da aber Margarete diese feine Unterscheidung nicht verstehen wird, weil sie sie gar nicht hören will, wird er sie nicht den Worten, aber der Sache nach belügen. Mephisto hat recht.

919–924 *Hör ... ich muss:* Faust weiß nicht, was er antworten soll, und setzt mehrfach an.

921 *hat nur eine Zunge:* Minor (I, S. 161) ergänzt: ... und keine Ohren, d. h., er stellt Behauptungen auf, hört aber nicht auf deren Widerlegung.

924 *weil ich muss:* Diese Formulierung setzt die Linie des »soll ich?« (590) fort, gibt dem Trieb Oberhand und anerkennt nun auch noch dessen Zwangscharakter. Faust ist auf die biomechanistische Denkweise Mephistos eingeschwenkt, wenigstens bis er Gretchen gehabt hat. Unter diesem Gesichtspunkt erscheinen all die schönen Dinge, die er ihr im »Garten« sagt, als pure Lügen. Die rhetorisch-galanten Formulierungen entlarven das auch.

Garten · Ein Gartenhäusgen

Die Regiebemerkung zeigt an, daß Margarete jetzt Fausts »Arm und Geleit« (V. 458) angenommen hat. Überhaupt ist die Gartenszene sehr beziehungsreich komponiert; die kunstvoll angelegten Gärten des 18. Jahrhunderts bieten dafür die entsprechende Umgebung. Das dreimal wechselnde Auftreten und Verschwinden der beiden Paare, die Schlußfigur zu vieren im Gartenhäuschen erinnert an einen höfischen Tanz des Rokoko, wie auch die inhaltliche Parodiebeziehung zwischen den Gesprächsphasen der Paare: Margaretes nicht ohne Geziertheit und Verächtlichkeit für ihren eigenen Stand (V. 930, 933 f.) ausgedrückte Bescheidenheit, die Komplimente Fausts provoziert – Marthes überdeutlicher Hinweis auf die Unannehmlichkeiten des Junggesellendaseins im Alter; Margaretes Versuch, Faust die Realität ihres Alltags zu schildern, von Faust regelmäßig mißverstanden und sentimentalisch-idyllisch uminterpretiert (V. 954–957, 976, 988) – Marthes Versuch, herauszufinden, ob Mephisto zur Ehe, zur Lust oder Liebe zu haben ist, und dessen gezieltes Mißverstehen, Thematisierung des Mißverständnisses (im Gegensatz zu Margarete/Faust), obwohl sie einander genau verstehen; Margaretes Liebesgeständnis unverfälscht und geziert-umwegig zugleich, Fausts Liebesgeständnis, personbezogen und verklausuliert zugleich – Marthes Abbruch ihres Annäherungsversuchs an Mephisto, kaschiert mit dem befürchteten Gerede der Nachbarn. Im Gartenhäuschen, aus Richardsons Romanen als Ort der Bedrängung und Zuflucht der Bedrängten bekannt, Kuß und Abschied, unumwundenes Liebesgeständnis und erstes Du Margaretes, aber zugleich auch zierliche Herstellung von Vers communs und Alexandrinern (V. 1055–59); Margaretes abschließender Knittelvers zeigt, daß sie sich im Gespräch mit Faust und den andern eine vornehme Sprachmaske angelegt hatte. Diese zeigt sich an ihrem Gebrauch von französischen Fremdwörtern (V. 933, 966), der Rede über sich in der dritten Person und aus angenommener Fremdperspektive, dem Madrigalvers mit einer Anzahl künstlicher Alexandriner. Durch diese Sprachmaske dementiert sie Fausts Rede vom heiligen Wert der Einfalt und Unschuld, von Demut und Niedrigkeit als Idealisierung, als Verliebtheit in eine sentimentalische Vorstellung, die er sich magisch einbildet. In der sich aussprechenden Liebe sind also die Elemente ihrer Zerstörung unverkennbar.

929 *erfahrnen:* weitgereisten, der deshalb viel erfahren hat.

930 *Mein arm Gespräch nicht unterhalten kann:* vgl. Molière, *Dom Juan* II,2: »Monsieur, tout ça est trop bien dit pour moi, et je n'ai pas d'esprit pour vous répondre.« Es gibt eine Reihe von Anspielungen in den Gesprächen zwischen Faust und Margarete auf das Gespräch zwischen Dom Juan und dem Bauernmädchen Charlotte. Dom Juans Lobreden, Heiratsversprechen und entzückte Ausbrüche haben rein rhetorischen, routinemäßigen Charakter und dienen nur seinem Ziel, zu erobern und dann um der nächsten Eroberung willen fallenzulassen. Diese Parallele stellt auch Fausts Reden unter den Verdacht der Heuchelei (vgl. Anm. zu 924). Charlotte ihrerseits ist zwar vorsichtiger als Margarete und will erst nach der Heirat küssen, aber sie artikuliert ganz deutlich den Reiz des sozialen Aufstiegs gegenüber ihrem Verlobten: »Si tu m'aimes, ne dois-tu pas être bien aise que je devienne madame?« (II,3); er dürfe ihr dann Butter und Käse bringen. Auch sie nimmt, soweit sie kann, gegenüber Dom Juan eine Sprachmaske an. Die Lügen des Dom Juan und die kühle Berechnung, mit der Charlotte die Bindung an ihren Verlobten und an ihre Welt aufkündigt, geben den Gesprächen zwischen Faust und Margarete einen Hintergrund, der die Motive beider in einem zweifelhaften Licht erscheinen läßt – ohne daß dies die einzige Lesart zu sein braucht.

932 *Weisheit dieser Welt:* vgl. 1. Kor. 1,20: »Hat nicht Gott die Weisheit dieser Welt zur Torheit gemacht?« (Vgl. auch 1. Kor. 3,19.) Erneute Vergöttlichung Margaretes.

933 f. *Inkomodirt euch nicht ... so rauh:* vgl. Molière, *Dom Juan* II,2: Charlotte sagt, als Juan ihre Hände betrachtet »Fi! monsieur, elles sont noires comme je ne sais quoi.« Später küßt er ihre Hände.

936 *genau:* peinlich sorgfältig, karg, geizig.

947 *berathet:* sorgt vor.

948 *Ja aus den Augen aus dem Sinn:* Aus dieser sprichwörtlichen Rede läßt sich schließen, daß Faust gesagt hat, er werde sie nicht vergessen (Düntzer z. St.).

950 *der Freunde häufig:* viele Freunde.

954–957 *die Einfalt ... Natur:* »Das Vexierende ist, daß F. hier lauter christliche Tugenden preist, Demut, Niedrigkeit = humilitas, und von ihrem heiligen Wert spricht, ohne sie doch als solche zu meinen.« (Arens, S. 293.) In der Vermischung des christlich-pietistischen mit dem naturreligiösen Vokabular (957) bringt Goethe die Unaufrichtigkeit Fausts sowie sein zunehmendes Sprachproblem (913, 1145) zum Ausdruck.

966 *accurat:* gewissenhaft, ordnungsliebend (Wort aus dem 18. Jh.). Die Ordnung in Margaretes Zimmer geht also auf das Konto der Mutter.

968 *uns weit eh als andre regen:* uns viel mehr erlauben als andere. Widerlegung des Eindrucks der Armut (656).

999 *mutig:* wohlgemut, froh.

1003 f. *Das Sprüchwort sagt ...:* Das Sprichwort »Eigner Herd ist Goldes wert« wird verschränkt mit einem Vers aus den Sprüchen Salomonis (31,10): »Wem ein tugendsam Weib beschert ist, die ist viel edler denn die köstlichsten Perlen.«

1013 *Saht ihr es nicht, ich schlug die Augen nieder:* Niederschlagen der Augen sieht nicht nur »sitt- und tugendreich« aus (463), sondern ist für Margarete Teil einer Zeichensprache zur Verständigung eines Geliebten. Was sich Faust tief ins Herz prägte (468), war nicht Natur, sondern bewußte Geste.

1023–26 *Gesteh ich's doch! ... konte:* äußerst gezierte Rede in Vers communs und Alexandriner. Margaretes Redeweise wird immer preziöser, entfernt sich immer mehr von ihrer Alltagssprache. Im Kontext dieser Sprachmaske ist auch das Blumenorakel nicht kindlich-naiv, sondern dient, wie zu Beginn der Szene ihre Bescheidenheitsäußerungen, zur Provokation einer Äußerung Fausts, hier seines Liebesgeständnisses. »begonnte« ist eine bis ins 18. Jh. verbreitete Form für »begann«.

1036 *Mich überläufts:* Faust erklärt den Ausdruck mit »schaudern« (1037, vgl. 609). Pniower (»Goethes Faust und das Hohe Lied«, S. 181–198) hat festgestellt, daß Goethe die Formulierung »et venter meus intremuit ad tactum eius« (Hld. 5,4) übersetzt mit »mich überliefs«. Gemeint ist dasselbe Schaudern bei der Berührung des Geliebten.

1040–43 *Sich hinzugeben ... Kein Ende!:* Genaugenommen macht Faust hier Margarete kein Versprechen ewiger Liebe, entgegen seiner Ankündigung (911). Er sagt nur, die Wonne, die er fühle, müsse ewig sein; etwas Ewiges, außer ihm Bestehendes, nämlich die Wonne der allgegenwärtigen göttlichen Liebe (vgl. 77, 1139–46), macht sich in ihm fühlbar, offenbart sich in ihm. Instrument dieser Offenbarung ist die Liebe zu Margarete, die Faust zweimal bestätigt (1034 f.); aber es ist nicht die Liebe zu dieser Person, sondern die Wonne, die nicht enden darf und ewig sein m u ß – das »muß« ist zu betonen –, wenn nicht am Ende (der Welt) Verzweiflung, d. h. der Sieg des Satan, stehen soll. Diese Stelle ist mithin das erste Glaubensbekenntnis Fausts: er glaubt und hofft inbrünstig auf die Ewigkeit der göttlichen Liebe. Diese Entdeckung macht den Moment heilig für ihn; er entzieht sich damit in einem entscheidenden Teil seiner selbst dem Zugriff Mephistos (des Herrn der Verzweiflung), ohne sich das laut einzugestehen oder klarzumachen. »Er steht einen Augenblick in Gedanken« (vor 1044) – das bedeutet, daß er die Bedeutung des Moments zu ermessen sucht, in dem »an ihm die Liebe gar / Von oben teilgenommen« (*Faust II*, 11938 f.). Das bedeutet aber auch, daß er diesen entscheidenden Moment lang die Liebe zu Margarete vergißt und stehen bleibt, während sie sich von ihm fangen lassen will. Im spirituellen Sinn der Liebe hat er durch sein Stehenbleiben den Kontakt zu ihr als Person gewissermaßen schon unterbrochen.

1050 *in's Gespräch:* ins Gerede der Leute.

1052 *Sommervögel:* Schmetterlinge.

Gretgens Stube

Der Übergang des Regienamens »Margarethe«, »Margrethe«, »Margrete« zu »Gretgen« kann als Hinweis des Autors gelesen werden, daß nun der von Faust anvisierte Aspekt der verführbaren Dirne (V. 703, 881, vgl. vor 861) Wirklichkeit geworden und damit auch die von Faust imaginierte Heiligkeit der Unschuld (V. 954 f.) verschwunden ist. Daß Margarete in ihrer »Stube«, d. h. einem Raum, der auch für den Empfang von Gästen bestimmt ist, die sonst gesellige Tätigkeit des Spinnens allein ausführt, zeigt ihre Isolation von der sie umgebenden Gemeinschaft, wie auch ihr Bedürfnis, sich mit ihrer Tätigkeit dieser Gemeinschaft und ihrer Normen innerlich zu versichern. Dieser mittlere der sieben Monologe Margaretes ist als modernes Ausdruckslied, gewissermaßen als Opernarie gestaltet, wo ja seit der Trennung von Rezitativ und Arie durch Monteverdi ein Affekt dargestellt wurde; im 18. Jahrhundert wurde besonders die Dacapo-Arie mit der Form ABA gepflegt; auf sie kann die Wiederholung der Anfangsstrophe zurückgeführt werden, wobei die Unregelmäßigkeit der Wiederholung die Unruhe Margaretes in der Form ausspricht. Der Monolog nimmt Motive der vorhergehenden auf: aus dem ersten die Unruhe als Steigerung der Neugier (V. 530), Fausts edle Erscheinung (V. 532 f.); aus dem zweiten (vgl. das Thule-Lied) die Verbindung von Liebesbesitz und Tod, die erotische Zuwendung als

Steigerung des ersten »Schauers«; aus dem dritten die Bewunderung für der »Rede Zauberfluss« (V. 1090 f.; vgl. V. 1060–63) und die Steigerung des Nichtbegreifens zur Verrückung des Kopfes. Diese Steigerungen und Motivaufnahmen sind aufgehoben in dem Bewußtsein der unbegrenzten Beziehung auf und Hingabebereitschaft an Faust. Die Reflexionshaltung des Liedes und das gleichzeitige Leiden an dieser Hingabebereitschaft, die Anrufung Gottes beim Eingeständnis »Mein Schoos ...« (V. 1098 f.; vgl. V. 1277) zeigen die Dissoziation von Bewußtsein und Sinnlichkeit in Margarete und die Dissoziation Margaretes von ihrer Umgebung und seitherigen Denkwelt.

1066–85 *Meine Ruh ist hin ... Aus dem Haus:* Über die von Pniower (»Goethes Faust und das Hohe Lied«, S. 181 bis 198) festgestellten Bezüge zum Hohenlied Salomonis hinaus könnte man diese Strophen von Hld. 2,5; 5,2–7 inspiriert sehen. Wenn Gretchen hier in typologische Verbindung zum Hohenlied gestellt wird, so gilt das für die sinnlich-übersinnliche Qualität ihrer Liebe, für das Leid der Trennung und die blutige Verwundung durch die Wächter, die sie schlagen und ihr den Schleier nehmen (5,7), für die Liebe, die stark ist wie der Tod und die Hölle überwindet (8,6). Durch diese Beziehung wird also ihr Schicksal durchsichtig, vorhersehbar und in höherem Sinn sinnvoll.

1086–93 *Sein hoher Gang ... Und ach sein Kuss:* Beschreibung des Geliebten, mit manchen Anklängen an Hld. 5,10–16. Der »neuere Gebrauch« zeigt sich darin, daß die Beschreibungen dort immer in Antwort- oder Anredesituationen gebracht werden, während Gretchen sich isoliert und für sich an seinem Bild berauscht, zugleich aber an der Nichtkommunizierbarkeit ihrer Liebe leidet. Die rituelle Einbeziehung der Töchter Jerusalems in die Suche nach dem verlorenen Freund (5,8) findet in der Gegenwart des bürgerlichen Trauerspiels nicht mehr statt; die Töchter Jerusalems streuen jetzt Häcksel vor die Tür und zerreißen das Kränzlein.

1098–1101 *Mein Schoos ... halten ihn:* vgl. Hld. 7,13: »Ibi dabo tibi ubera mea« (»Da will ich dir meine Liebe geben«; *Faust I*, 3406 f.: »Mein Busen drängt ...«); Hld. 3,4: »Tenui eum nec dimittam« (»Ich halte ihn und will ihn nicht lassen«).

1104 f. *An seinen Küssen / Vergehen sollt:* ... und wenn ich vergehen sollte.

Marthens Garten

Gretchens Versuch, Faust auf den christlichen Glauben zu verpflichten, hat drei Ziele. Gelänge er, würde ihre ins Wanken geratene Denkwelt bestätigt, einmal durch die Vereinigung des wegen seines Wissens und seiner Erkenntnis verehrten Faust (V. 1060 f.) mit dem, was sie selbst im Katechismus als wahr gelehrt hat und was »man« glauben muß (V. 1113). Zweitens müßte Faust dann die Sakramente nicht nur ehren, sondern auch danach verlangen; das würde unter anderem seine Zustimmung zur Ehe bedeuten, und Gretchen wäre vor der Sünde bewahrt, die sie zu begehen bereit ist, zusammen mit den zu befürchtenden Folgen der Schwangerschaft und der sozialen und kirchlichen Achtung. Drittens könnte sie Fausts Seele retten (V. 1225) und ihn aus der Gesellschaft Mephistos befreien, dessen Wirkungskreis sie ängstigt und ihr die Liebe zu Faust benimmt. Hier spricht schon Gretchen als Erlöserin Fausts und Gegnerin Mephistos, der entsprechend ärgerlich reagiert und die Eigeninteressen Gretchens hervorkehrt. In der Tat steht sie nicht mit letztem Ernst hinter der gelernten Kirchenwahrheit; sie ist nach dem Scheitern ihrer Versuche bereit, gegen deren Normen zu verstoßen: das Kirchenchristentum ist nicht die religiöse Sprache, die die ›Gutheit‹ ihrer Liebe einschließt und die ihr ermöglicht, zu wissen, was sie nach Fausts Willen treibt (V. 1210). Auch

Margarete macht die Erfahrung der religiösen Sprachproblematik, daß der Katechismus »mit ein bisgen andern Worten« (V. 1153) etwas sagt, das aber z. B. in Fausts Rede ihre gegenseitige Liebe einschließt (V. 1138–46) und damit rechtfertigt, was sie zu tun bereit ist. Sie ist noch nicht gewillt, diese Sprache anzunehmen, aber in dem Legendenstück ›Margarete‹ ist dies der Punkt, wo ihr bisher naiver Glaube in eine Krise gerät; die Versuchung ist nicht nur die Sünde, der Verstoß gegen die Normen dieses naiven Glaubens, sondern die Alternative zwischen dem Kirchenglauben und einer Religiosität, die die Liebe als Triebkraft zu dieser »Sünde« einschließt und zum Synonym für »Gott« macht – und bei dieser »Liebe« handelt es sich keineswegs um die christliche Agape. In dieser neuen Religiosität erfährt sie andererseits unmittelbar in Mephistopheles das kalte, zynische, lieblose, systolische Gegenprinzip zu dem, was ihre Liebe »hingegeben warm«, »frey« (V. 1184), diastolisch macht. Ihre Liebe zu Faust, Leib und Seele einschließend, entwickelt hier eine Körpersprache der Religion zwischen dem zugeschnürten Innern in Mephistos Gegenwart und der wohligen Wärme, Hingabe und Freiheit in Fausts Arm. Gibt sie dieser religiösen Sprache recht, so hat sie in ihrem Gefühl die Sicherheit des Glaubens und der Übereinstimmung mit dem Kosmos, sie hat eine Religiosität, der sie mit Seele und Leib zustimmt. Damit befindet sie sich aber auf Kollisionskurs mit dem christlichen Glauben und der Gesellschaft, der sie angehört und durch deren Normen auch ihr eigenes Denken bisher bestimmt war. Die Versuchung ist tragisch und total: der Aufbruch in die persönliche Religiosität bedeutet Bruch mit dem gelernten Denken und Wissen, der Erziehung, der Umgebung und Lebenswelt, bedeutet Ausstoßung und Tod, und dies alles aufgrund des Votums der Gefühlsinstanz, die im seitherigen Denken verdächtigt oder gar verteufelt wurde. Das Verharren in der bisherigen Religiosität bedeutet dagegen Selbstaufgabe, Denunziation der inneren Gewißheit, Spaltung in ein Sündenbewußtsein des Kopfes und eine

Rechtfertigung durch das Herz. Wie wichtig dies für Goethe war, zeigt ein Brief an Herder etwa vom 10. Juli 1772, wo er auf zwei Pindar-Stellen anspielt, von denen die eine lautet: »Wer nur Erlerntes hat, genießt tausendfache Trefflichkeit mit nichtigem Sinn«, die andere: »Weise ist, wer durch Naturgabe viel versteht«. Goethe fügt hinzu: »Diese Worte sind mir wie Schwerdter durch die Seele gangen.« (HA Br. 1, S. 131 f.) Gretchen bleibt unentschieden in der tragischen Spannung; auf der einen Seite klagt sie das fehlende Christentum Fausts ein, auf der andern gibt sie sich ihm hin, ohne zu wissen, was sie dazu treibt. Auch der Zuschauer weiß es nicht, denn auf der einen Seite gewinnt er Einblick in die Bildung einer Körpersprache der Religion, die Mephistos Lieblosigkeit vehement ablehnt, auf der andern Seite hat dieser seine »Freude« an Gretchens Hingabe (V. 1235).

Auch Fausts Religiosität zeigt sich in einer Krise. Er hat das Gefühl als Quelle religiöser Gewißheit erfahren; die Liebe zu Margarete ist der Anlaß, der diese Quelle eröffnet hat (V. 911–917, 1040–43). Seine Gefühlsreligiosität hat wie bei Rousseaus savoyischem Vikar[1] die Glaubensartikel, daß eine Intelligenz den Kosmos ordnet (V. 1133–37)[2], daß ein Wille die Materie bewegt und die Natur beseelt (V. 1130–33, 1141 f.)[3], die zusammen die Erhaltung (V. 1131) des Ganzen in der aufgerichteten Ordnung bezwecken und Gott genannt werden.[4] Der Name bringt keine Erkenntnis-Erweiterung; entscheidend ist die Gewißheit seiner Existenz und Omnipräsenz in und außer mir, die nur dem Gefühl sich erschließt

1 Rousseau, *Émile* IV: »ma règle de me livrer au sentiment plus qu'à la raison est confirmée par la raison même« (Ausg. Richard, S. 327).

2 »La matière mue selon de certaines lois me montre une intelligence: c'est mon second article de foi« (ebd., S. 332).

3 »Je crois donc qu'une volonté meut l'univers et anime la nature. Voilà mon premier dogme, ou mon premier article de foi« (ebd., S. 330).

4 »Je ne vois rien qui ne soit ordonné dans le même système, et qui ne concoure à la même fin, savoir la conservation du tout dans l'ordre établi. Cet être qui veut et qui peut, cet être actif par lui-même, cet être enfin, quel qu'il soit, qui meut l'univers et ordonne toutes choses, je l'appelle Dieu.« (Ebd., S. 335.)

(V. 1138–45).[5] Daß Faust diese Religiosität als »Sprache« bezeichnet (V. 1156 f.), ist unrichtig, lehnt er doch gerade die sprachliche Faßbarkeit dieses Gottes ab und setzt die Namen als beliebig. Auch eine Körpersprache wie Gretchen entwikkelt er nicht. Deshalb gibt es bei ihm nicht wie bei Gretchen oder bei Rousseau einen Maßstab des Guten und des Bösen, den jeder seiner Begriffe »Glük! Herz! Liebe! Gott!« (V. 1146) anders setzen würde, weil mit jeder Sprache der Religiosität ein Wissen des Guten und Bösen möglich und notwendig wird. Goethes Stück geht an dieser Stelle entscheidend über Rousseaus moderne Religiosität hinaus, indem Mephistopheles als Teufel nicht etwa verschwindet, sondern sogar die Sache vorantreibt und seine Freude daran hat. Für Rousseau ist das Böse nur eine Vorstellung des Menschen, ein Name für sein Leiden; im Kosmos existiert es nicht.[6] Für Goethe jedoch gibt es das Böse, auch wenn es »nur die andre Seite vom Guten« (*Zum Shakespeares-Tag*; HA 12, S. 227) oder »die zerstörende Kraft des Ganzen« ist (aus der Rezension von Sulzers *Die schönen Künste*; HA 12, S. 18). Wenn Faust nun ohne Namen oder mit beliebigen Namen in seiner idealischen Gefühlsreligion schwelgen will, fehlt ihm eine Stelle für die radikal verneinende Kraft des Mephistopheles; Gretchen gegenüber kann er ihn nur als »Kautz« (V. 1175),

5 »Je joins à ce nom les idées d'intelligence, de puissance, de volonté, que j'ai rassemblées, et celle de bonté qui en est une suite nécessaire; mais je n'en connais pas mieux l'être auquel je l'ai donné; il se dérobe également à mes sens et à mon entendement; plus j'y pense, plus je me confonds; je sais très certainement qu'il existe, et qu'il existe par lui-même: je sais que mon existence est subordonnée à la sienne, et que toutes les choses qui me sont connues sont absolument dans le même cas. J'aperçois Dieu partout dans ses œuvres; je le sens en moi, je le vois tout autour de moi; mais sitôt que je veux le contempler en lui-même, sitôt que je veux chercher où il est, ce qu'il est, quelle est sa substance, il m'échappe et mon esprit troublé n'aperçoit plus rien.« (Ebd., S. 335.)

6 »Homme, ne cherche plus l'auteur du mal; cet auteur, c'est toi-même. Il n'existe point d'autre mal que celui que tu fais ou que tu souffres, et l'un et l'autre te vient de toi. Le mal général ne peut être que dans le désordre, et je vois dans le système du monde un ordre qui ne se dément point. Le mal particulier n'est que dans le sentiment de l'être qui souffre.« (Ebd., S. 342.)

ihre körperliche Angst als »Antipathie« (V. 1193) verharmlosen, statt sich klar darüber zu werden, daß nur entweder sein »Gefühl ist alles« (V. 1148) oder die Existenz und Gesellschaft des Mephistopheles gelten kann, denn es ist ja gerade die von Gretchen herausgestellte Kälte, Lieb- und Teilnahmslosigkeit (V. 1180–90), die das Gefühl verneint und abtötet. Wie er Gretchen nur als »Engel« oder »Puppe« (V. 1186, 1168) mißverstehen kann, so kann er auch nur entweder über eine ideale Gefühlsreligion mit Gretchen reden oder ihren vermeintlich naiven Glauben gegenüber Mephisto verteidigen; eine Entscheidung oder Vermittlung zwischen Gretchen und Mephisto oder zwischen Gefühlsreligion und negativem Prinzip ist ihm nicht möglich. Fausts Mangel wird auch daran deutlich, daß er für den dritten Glaubensartikel des Vikars keine Entsprechung findet, der die Handlungsfreiheit und Beseeltheit des Menschen mit einer immateriellen Seele zum Gegenstand hat.[7] Die Freiheit, die bei Rousseau nur die Fähigkeit bedingt, sich selbst Böses zuzufügen, nicht aber die Ordnung des Ganzen zu stören, hätte bei Faust die luziferische Konsequenz, den absoluten Undank (vgl. *Dichtung und Wahrheit* VIII; HA 9, S. 351) einschließen müssen und damit eine echte Entscheidung (wie Gretchen sie fordert) oder den Versuch einer Vermittlung nötig gemacht. Er schiebt das Problem der religiösen und sittlichen Freiheit des Menschen vor sich her, indem er noch in den letzten Szenen einerseits der Hölle das Schicksal Margaretes anlastet, andererseits sich selbst dafür Vorwürfe macht.[8] Die Frage nach der Stelle und Freiheit des Menschen in dem System von Allgefühl und mephistophelischer Gefühllosigkeit oder des diastolisch-systolisch pulsierenden Pan wäre die erlösende Frage für Faust (vgl. *Faust II*, V. 11575–80); nur Wagner hat sie auf seine systematische Weise entdeckt, ist aber vorläufig unterbrochen worden. So bleibt das Faustsche Glaubensbe-

7 »L'homme est donc libre dans ses actions, et, comme tel, animé d'une substance immatérielle, c'est mon troisième article de foi.« (Ebd., S. 340.)

8 »Je suis esclave par mes vices, et libre par mes remords« (ebd., S. 339 f.).

kenntnis eine moderne Metamorphose von Ordnung und Fülle, Makrokosmos und Erdgeist, mit der Faust Gretchen magisch zu überzeugen versucht (V. 1143–46). Seine magische Kraft ist jedoch durch die Begegnung mit ihr geschwächt; sie bleibt distanziert und beurteilt seine Rede nach dem Maßstab des Katechismus.

Dies ist auch zugleich eine implizite Selbstironie Goethes bezüglich der poetischen Gewalt seiner Gedichte. An dieser Stelle erhebt sich der Vers, sonst madrigalisch gebraucht, zum hymnisch-dithyrambischen Stil prosaischer Verse der Frankfurter Hymnen Goethes, die eigentlich, aus der Begeisterung gesprochen, Begeisterung zu erwecken gedacht waren. Ihre Wirkungslosigkeit bei Gretchen, die sonst dem »Zauberfluß« von Fausts Rede offen ist (V. 1090 f.), ist ernüchternd.

1106 *Heinrich:* vgl. das Kapitel »Figuren, Geschichten ...«. Manche Kommentatoren betonen, daß Johann »im 18. Jh. schon zum Kutscher- und Bedientennamen herabgesunken« sei (Minor I, S. 174). Er war aber auch Goethes und vieler seiner Freunde Vorname.

1107–10 *Wie hast du's mit der Religion? ... Lass das:* weitgehend Zitat nach Molières *Dom Juan* III,1; Sganarelle fragt Juan nach seinem Glauben an Himmel, Hölle, Teufel und ewiges Leben und beginnt: »Je veux savoir un peu vos pensées à fond. Est-il possible que vous ne croyiez point du tout au ciel? DOM JUAN: Laissons cela.« Da sein Herr auf alle Fragen nur dilatorisch antwortet, sagt Sganarelle: »Voilà un homme que j'aurai bien de la peine à convertir.« Bekehrung des der Verdammnis sicheren Herrn ist also auch sein Ziel. An eine Gestalt des Volksaberglaubens, den buckligen Mönch, der nächtens die Leute auf den Straßen belästigt, werde er doch wohl glauben? Dies erinnert an Mephisto als Hund, der nachts die Wanderer belästigt (»Nacht. Vor Gretgens Haus« 17–20): ist Mephisto auch nur so eine eher lächerliche Gestalt aus dem Volksaberglauben, an den nur Sganarelles glauben? Und was fängt dann der Zuschauer mit dem auf der Bühne real erscheinenden Mephisto an?

1113 *man muss dran glauben:* Sganarelle: »Mais encore faut-il croire quelque chose dans le monde. Qu'est-ce donc que vous croyez?« Der Diener hat sich schon mit der Tatsache abgefunden, daß sein Herr keinen der bekannten Glaubensartikel anerkennt. Margarete verteidigt das Christentum, das ihr als einzig denkbare Religionsform erscheint, und charakterisiert damit die Bedingungen, unter denen ihr Denken steht. Da Molière auf einen Höllensturz hinarbeitet, erhält Sganarelle als Glaubensbekenntnis Dom Juans »Je crois que deux et deux sont quatre«; Fausts Glaubensbekenntnis ist zwar eher religiös, kommt aber durch die Dom-Juan-Situation, in der er sich befindet und an die so deutlich erinnert wird, ins Zwielicht. Sofern sein Glaubensbekenntnis gesprochen wird, um Margarete abzuspeisen und zu beruhigen oder zu umnebeln, gesprochen mit dem Schlaftrunk in der Tasche und der damit verbundenen Absicht, ist Fausts inhaltsreiches Glaubensbekenntnis viel bedenklicher als Dom Juans mathematische Gleichung.

1114 *wenn ich etwas auf dich könnte:* wenn du dir von mir etwas sagen ließest.

1117 *Nachtmal:* Margarete meint die Kommunion der katholischen Kirche, verwendet aber den protestantischen Begriff ›Nacht-/Abendmahl‹.

1123 *Mishör mich nicht du holdes Angesicht:* Mißverstehe mich nicht in dem, was du von mir hörst (Neubildung Goethes). Die Vertracktheit der Formulierung – er redet sie außerdem als »Angesicht« an, betont damit Sehen, nicht Hören – weist darauf hin, daß das Folgende nicht »aus der Seele dringt« (182); Margaretes Herz wird ja auch nicht dadurch mit Behagen gezwungen und überzeugt.

1124 *Wer darf ihn nennen?:* Die Unnennbarkeit Gottes mit einem treffenden, sein Wesen bezeichnenden und damit

Denken inzwischen so weit entwickelt, daß er erkennt, daß Makrokosmos und Erdgeist Aspekte der Gottheit sind (ihre als Ordnung und Fülle erscheinende »Herrlichkeit«). Der Fehler, den sein religiöses Gefühl nun macht, ist die Auflösung der benennbaren und einer Benennung bedürfenden Form der Erscheinung ins bloße Gefühl. Dadurch ergibt sich nämlich auch die Gleichung »Schau ich nicht ... Nenn das dann ... Gott!« (1138–46). Und damit ist seine Gefühlsreligion ins Hybride und Diabolische umgekippt: Gretchen soll ihn als Gott lieben. – In Molières *Dom Juan* III,1 sucht Sganarelle Dom Juan ebenfalls mit dem Anblick der wunderbaren Schöpfung von der Existenz ihres Schöpfers zu überzeugen.

1138 *Schau ich nicht:* Auch Arens (S. 331) legt den Ton auf »ich«. Faust wolle Gretchen seine Liebe zu ihr als »Gleichnis der göttlichen Liebe [darstellen], die in der ganzen Schöpfung lebenspendend wirkt«. Nach meiner Ansicht gibt der Text nichts zu »Gleichnis« und nichts zu »analogia entis« her: Faust macht Gretchen vielmehr klar, daß (da Gott alles umfaßt und erhält) seine Liebe zu ihr göttlich, erscheinende Gottheit ist, und da er nachher keine Namen und Unterscheidungen mehr kennen will, muß er selbst Gott sein.

1141 f. *webt in ewigem Geheimniß / Unsichtbaar Sichtbaar neben dir:* frühe Formulierung dessen, was Goethe als offenbares Geheimnis bezeichnet. Die Vorstellung geht wahrscheinlich zurück auf die Lektüre von Oetingers *Swedenborg*-Buch, wo Oetinger Jakob Böhmes Lehre von den drei Principia oder Wirkungs-Quellen darstellt. »Die erste Wirkungs-Quelle ist in der Schärfe des Feuers [...] und heißt die ewige Natur [Erdgeist-Aspekt]; da ist im Verborgenen eine Wirkung der Gottheit in der Finsternis [...]. Die zweite Wirkungs-Quelle [...] ist das Licht des Lebens. [...] In dem andern Principio, da sich die göttliche Kraft in dem Glanz der Majestät ausgießt, ist eigentlich die ordentliche Wirkung der Gottheit [Makrokosmos-

Aspekt]. [...] Die dritte Wirkungs-Quelle ist sichtbar in allen Gewächsen der äußerlichen Werke, welche aus dem ewigen Grund entsprießen. Da ist Gott auch nicht ausgeschlossen, sondern mitten darinnen. Da sind die sichtbaren Werke Gottes Abbildungen der unsichtbaren Gottheit [...].« (S. 248 f.; Hervorhebungen von mir.)

1143 f. *Erfüll davon dein Herz ... in dem Gefühle seelig:* Mit seinen Suggestivfragen über Gott, den Himmel und den menschlichen Bereich hat Faust nicht nur die drei Hauptsphären des magischen Weltbildes zitiert, sondern sie unmittelbar auf Gretchens Erfahrung bezogen: sie soll sich von Gott umfaßt und erhalten fühlen, sie soll ihre unmittelbare Wirklichkeit (vgl. »dadroben«, »hierunten«, 1134 f.) als ewig gesetzt denken, soll in Fausts Liebe ein »ewiges Geheimniß« (1141) sichtbar werden sehen. Das heißt, daß Faust versucht hat, sie in magische Begeisterung zu versetzen; der letzte Schritt nach der Steigerung der Einbildungskraft soll nun das »Gefühl« sein, nach Vorstellung der Magie die unmittelbare Verbindung zum »Jupiter«, dem Weltgeist (Agrippa, *De occulta philosophia* III,7; *Magische Werke* III, S. 39): »Wer es recht versteht, kann seine Einbildungskraft mit der universellen Kraft, welche Alchindus, Baco und Wilhelm von Paris Naturgefühl, Virgil ätherisches Gefühl und Plotin Gefühl des Vehikels nennen, in Verbindung bringen.« (III,43; ebd., S. 265.) – Faust selbst ist mit einem solchen Versuch (Erdgeist) ja gescheitert, und sein krampfhaftes »muss« in der Behauptung der Ewigkeit der Liebeswonne (1041) zeigt, daß er selbst die Sicherheit dieses Gefühls nicht besitzt. Was Faust betrifft, ist seine Rede kein Glaubensbekenntnis, sondern ein Versuch, bei Gretchen eine Art von Glauben zu erzeugen, dem er unter Voraussetzung dieser Gefühlsleistung zustimmen könnte und der vor allem die Liebe und speziell die Liebe zu Faust zum religiösen Ereignis, zur Wirkung des Göttlichen machen würde. Das ist die perfide, mephistophelische Seite dieser Rede: läßt Gretchen sich überzeugen, wird sie Faust anbeten, denn er hat sich ihr als Manifestation der unsichtbaren Gottheit präsentiert. – Fausts Magie ist jedoch schon zu schwach; sein Verzicht auf Namen und Unterscheidungen, der ihm diese luziferische Gleichsetzung mit dem Göttlichen ermöglicht, ist ein modern-magisches Phänomen, womit auch auf die Beschwörungskraft der alten Magie verzichtet ist: Gretchen läßt sich nicht begeistern.

1145 f. *Nenn das dann wie du willst ... Liebe! Gott!:* Schon Jakob Böhme lehrte, man könne der göttlichen Weisheit (Sophia) »alle Namen geben, die die geschaffenen Dinge haben, wenn man die Unvollkommenheiten weg thut« (Oetinger, *Swedenborg*, S. 172 f.). Lavater schreibt in den *Physiognomischen Fragmenten* IV (1778), 1. Abschnitt, 10. Fragment: »Genie – propior Deus ... Oder – nenn' es, beschreib' es, wie du willst – [...] Nenn's Glaube, Liebe, Hoffnung [...]: Nenn's und beschreib's, wie du willst und kannst – [...] Offenbarer der Majestät aller Dinge, und ihres Verhältnisses zum ewigen Quell und Ziel aller Dinge. [...] ich spreche von unmittelbarem Gottesgefühle, nicht von Theologie [...]. Die Göttlichkeit aller göttlichen Dinge muß gefühlt werden.« (Zusammengezogen aus S. 81 f., 83, 94 f.) In Anm. zu 1124 und 1138 ist darauf hingewiesen, daß dieser Namenverzicht oder die Beliebigkeit der Namen als Phänomen der modernen Gefühlsmagie durchaus negativ gesehen wird.

1148–50 *Gefühl ist alles ... Himmels Glut:* vgl. 110, 115 bis 121, 916. – Swedenborg erklärt Geisterrede: »[...] das innere Gefühl ist es, das [bei Menschen] die Worte anbringt. Und in einem solchen innern, noch viel subtileren und besseren Gefühl besteht die Sprache der Geister, durch welches Gefühl der Mensch unwissender Weise eine Gemeinschaft [mit ihnen] hat. Demnach ist die Wort-Sprache die eigentliche Sprache der Menschen und des leiblichen Gedächtnisses derselben, die Ideen-Sprache aber ist die Geister-Sprache, und zwar des inneren Gedächtnisses des

Geists. Dieses Gedächtnis besizen die Menschen unwissender Weise, weil das Gedächtnis besonderer oder materieller Dinge alles wirkt, und das innere Gedächtnis benebelt, da doch der Mensch ohne sein inneres Geistes-Gedächtnis nichts denken kann.« (Oetinger, *Swedenborg*, S. 27.) Faust versucht also, Margarete eine Geister-Sprache einzureden, und vergißt in seiner Selbstüberschätzung, daß Menschen ohne Wort-Sprache, d. h. Namen, nicht auskommen. Insgesamt wird an dieser Rede sichtbar, daß er sinnlich (»Liebe«) und übersinnlich (»Sprache«) mit Gretchen ein Verhältnis der absoluten Unmittelbarkeit herzustellen sucht, das seine Gewährsleute im Bereich der modernen Magie nur für höhere Wesen reservieren – in dieser Rhetorik, die ja vor allem Gretchen gewinnen soll, überhebt er sich also wie zu Anfang in luziferischer Weise.

1156 *Jedes in seiner Sprache:* »Alles preist, nach dem Gesange der drei Männer im Feuerofen, auf seine Weise den Herrn. Die religiösen Gebräuche und Ceremonien aber sind nach Zeit und Land verschieden. [...] Zur wahren Religion aber kann der Mensch durch sich selbst nicht gelangen, sondern muß von Gott unterrichtet werden.« (Agrippa, *De occulta philosophia* III,4; *Magische Werke* III, S. 27 f.) Fausts eigene Sprache ist nicht nur nicht aus göttlichem Unterricht hervorgegangen und ist deshalb abergläubisch (ebd., S. 28), sondern die Behauptung, er habe eine Sprache, steht in direktem Widerspruch zur Behauptung der Namenlosigkeit (1147–50). Fausts »Sprache«, im religiösen Sinne nach eigenem Zugeständnis eine Nicht-Sprache, ist ihrem Anspruch und ihrer Richtung nach luziferisch. Gretchens Einwand »du hast kein Christenthum« (1160) trifft genau.

1172 *vor den Menschen:* vor d e m Menschen (Mephisto). In der ganzen Passage bestätigt Gretchen ihre physiognomische und atmosphärische ›Erfühlung‹ der Wirkungskreise von Geist und Mensch. Als Antwort darauf entwickelt ihr Körper eine Sprache, deren Zeichen sie 1161–85 beschreibt. Dies ist die authentische Sprache zur Beantwortung von Fühleindrücken.

1173 *Schelm:* Bösewicht (stärkere Bedeutung als 1054).

1175 *ein Kautz wie's mehr noch geben:* ein sonderbarer Mensch, wie es schon häufiger gegeben hat (einige Kommentatoren sehen in »geben« eine Nebenform der Frankfurter Umgangssprache für »gibt«.

1203–05 *Hier ist ein Fläschgen … die Natur:* Rameckers (*Der Kindesmord in der Literatur der Sturm- und Drang-Periode*, S. 149) zitiert ein Volkslied *Der Wirtin Töchterlein*, wo ebenfalls der Mutter ein Schlaftrunk verabreicht wird.

1213 *Grasaff:* zu Goethes Zeit vor allem im Elsaß gebräuchlicher Ausdruck für ein »naseweises und unreifes Mädchen« (Loeper I, S. 151). Auch frankfurterisch; von Goethe nicht selten gebraucht.

1225 *verlohren werden soll:* verdammt werden soll. – Vgl. Molière, *Dom Juan* III,1; Sganarelle beschließt seinen vergeblichen Bekehrungsversuch an Dom Juan: »Morbleu! je suis bien sot de m'amuser à raisonner avec vous; croyez ce que vous voudrez; il m'importe bien que vous soyez damné!« Goethes raffinierte Steigerung liegt darin, daß er den Verdammten nicht als verstockten Freigeist wie Dom Juan auftreten läßt, sondern mit gerührtem Verständnis für diejenige, die ihn nach ihrem Glaubenssystem retten will, während er sich in dem Gedanken sonnt, einen eigenen Glauben zu haben (1157), in dem es schlicht keine Hölle und Verdammnis gibt, sondern eben nur das Allgefühl. Daß er dies zu einem Teufel sagt, den es dann auch nicht geben dürfte, ist die höhere, seine Rede schlagend widerlegende Ironie.

1228 *Du Spottgeburt von Dreck und Feuer!:* einzige Stelle im *Urfaust*, wo nicht über die Gestalten, sondern über den Ursprung des Mephisto geredet wird. Faust braucht keineswegs richtig informiert zu sein, d. h. eine von Goethe als Wesensaussage gemeinte Beschreibung zu geben. Ernst genommen, weist sie zunächst in den Bereich des Erddämons nach Paracelsus, dem wir aufgrund anderer Kriterien Mephisto schon zugeordnet haben (vgl. das Kapitel »Figuren, Geschichten ...«), andererseits in den Bereich des Feuers als Element des Teufels, das Mephisto sich »vorbehalten« hat (*Faust I*, 1377). »Spottgeburt« lese ich als ›groteskes Mischgeschöpf‹; jedenfalls soll hier nicht auf verschiedenartige Gestalten (»Mäskgen«, 1231), sondern auf heteronome Ursprünge hingewiesen werden.

1229 *die Phisiognomie versteht sie meisterlich:* ironisches Kompliment für die Richtigkeit der physiognomischen Aussagen Gretchens. Wenn man bedenkt, daß sich ihre Aussagen nur auf ein »Mäskgen« des Mephistopheles, keineswegs auf die äußere Erscheinung seines Charakters und Wesens beziehen, wird aus dem ironischen Lob eine Verhöhnung, die die Physiognomie als ganze trifft. Der neuen Physiognomik im 18. Jh. (Bonnet, Lavater) ging es ja nicht mehr wie den Physiognomikern der Renaissance (Porta, Paracelsus, noch Böhme) darum, in den Gesichtszügen ein allgemeinmenschliches Alphabet typischer Charaktereigenschaften zu erkennen, die ihre Begründung in Schöpfungsprinzipien (z. B. Tieranalogien) oder kosmischen Kräften haben, sondern es ging um den Menschen, die Ausbildung und das Verständnis seines Charakters und seiner Erscheinung im Spannungsfeld zwischen Typus und Individuum, Angeborenem und Erworbenem. Goethes Beiträge zu Lavaters *Physiognomischen Fragmenten* zielen z. B. direkt auf den individuellen Charakter des porträtierten Menschen, aus dessen Biographie er oft Anhaltspunkte für das entnahm, was er in den Gesichtszügen las.

1231 *borgnen:* verborgenen.

1235 *Hab ich doch meine Freude dran:* Daß Faust meint, den Mephisto gehe seine Verabredung mit Gretchen nichts an, ist wieder Zeichen seiner Anfängerschaft in der Magie und naive Nichtbeachtung der natürlichen Geschäfte eines christlichen Teufels. Die Verführung Gretchens zur Sünde ist sein ureigenstes Interesse, aber auch die Schwächung des Magiers. Die magische »Gewalt setzt nemlich beim Menschen eine große Würdigkeit voraus; denn unser Verstand [mens], unsere höchste Geisteskraft, ist allein der Wunderthäter in uns. Wenn nun dieser allzu sehr in die Gemeinschaft des Fleisches versenkt und mit der sinnlichen Seele unseres Leibes beschäftigt ist, so verdient er keine Herrschaft über die göttlichen Substanzen, und deßhalb suchen Viele vergeblich in dieser Kunst zu wirken.« (Agrippa, *De occulta philosophia* III,3; *Magische Werke* III, S. 20 f.) Fausts sich anbahnende sexuelle Verbindung mit Gretchen wird ihm vollends seine magischen Kräfte entziehen, »denn die Götter wollen [. . .] einen Menschen nicht erhören, der nicht viele Tage lang sich des Genusses der sinnlichen Liebe enthalten hat« (III,64; ebd., S. 367 f.) Die Verabredung mit Gretchen hat also nicht nur zentrale Funktion in ›ihrem‹ Drama; sie ist von vornherein Ziel Mephistos mit Faust, entzieht diesem die magischen Kräfte, auch die Gewalt über Mephistopheles, »schmiedet« diesen endgültig an ihn (vgl. »Nacht. Vor Gretgens Haus« 41) und macht ihn abhängig von ihm. Das Instrument ist zum Herrn geworden und hat mit Recht seine Freude daran.

Am Brunnen

Demonstration der sozialen und der kirchlichen Ächtung der vorehelichen Beziehung. Gretchen zeigt sich gespalten zwischen ihrer Vergangenheit, in der sie selbst diese Ächtung mit vollzogen hat, und ihrer Gegenwart; sie zeigt sich gespalten in ihren Normen, von denen die eine dem traditionellen kirchlichen Tabu entspricht, die andere die Liebe als Motiv für diese »Sünde« rechtfertigt.

1239 *hat sich endlich auch bethört:* sich bethören: sich verführen lassen; transitiver Gebrauch 905.

1247 *curtesirt:* curtesiren: umschmeicheln, den Hof machen.

1252 *das Blümgen:* die Jungfräulichkeit.

1260 *Im Sünderhemdgen Kirchbus thun:* öffentliche Anprangerung des außerehelichen Geschlechtsverkehrs, insbesondere bei Frauen, deren Schwangerschaft oder außereheliches Kind die »Sünde« nachweisbar machte. Die Kirchenbuße, die über die harten weltlichen Strafen für Ehebruch und Hurerei hinaus von der Kirche verhängt und praktiziert wurde, geschah in protestantischen Ländern durch den Pfarrer vor versammelter Gemeinde – die Sünderin kniete im Hemd – und hatte nicht wie in frühchristlicher Zeit die Wiederaufnahme des gefallenen Gemeindeglieds, sondern Abschreckung, Strafe und völligen Ehrverlust zum Ziel. Die katholische Kirche hatte seit dem Ende des Mittelalters die öffentliche Anprangerung nicht mehr und sorgte über das Instrument der Ohrenbeichte ohne die gravierenden sozialen Folgen für Regelung. In protestantischen Ländern kam die Kirchenbuße am Ende des 16. Jh.s vielerorts außer Gebrauch; die Tugendstrenge des frühen Bürgertums und der Zugriff des absoluten Herrschers auf die Geschlechtsmoral seiner Untertanen verstärkten im 18. Jh. die Tendenzen zur Wiedereinführung, denen andererseits immer lauter werdende Proteste der Aufklärer entgegenstanden. So wurde z. B. in Sachsen überlegt, ob die Kirchenbuße dort wieder eingeführt werden solle, »wo sie früher üblich, inzwischen jedoch außer Gebrauch gekommen war«; aufgrund eines Gutachtens vom Konsistorium in Wittenberg, das vor der Zunahme der Kindermorde warnte, verzichtete der Kurfürst auf die Wiedereinführung. (Wächtershäuser, *Das Verbrechen des Kindesmordes im Zeitalter der Aufklärung*, S. 130.) »In katholischen Ländern waren die Exempel von Kindesmord denn auch seltener als in den protestantischen.« (Rameckers, *Der Kindesmord in der Literatur der Sturm- und Drang-Periode*, S. 33.) Friedrich II. beseitigte 1746 die Kirchenbuße in

Preußen, in Weimar wurde 1763 die Kirchenbuße trotz Gegenantrag beibehalten; Goethe konnte sie 1786 beseitigen. – Die Kirchenbuße als einer der Hauptgründe für die Kindstötungen war also ein vieldiskutiertes Thema des 18. Jh.s; in ihr konzentriert sich wie überhaupt im Verführungsthema die Spannung zwischen dem neu erwachsenden Bewußtsein des bürgerlichen Individuums und den gesellschaftlichen Normen und Strukturen, die seine Entfaltungsmöglichkeiten beschränken und ordnen. Die Kirchenbuße ist zweitens ein im wesentlichen protestantisches Thema – sie dürfte also eigentlich im Schicksal der in vielen Punkten in katholischen Kontext gestellten Margarete historisch keine Rolle spielen. Das zeigt, wie wichtig Goethe die Sache selbst war; sie diente ihm nicht nur als Farbtupfer im Kleinstadt-Sittengemälde, sondern als in seiner Zeit problematisches, für Gretchens Kindstötung entscheidend werdendes Motiv des öffentlichen Ehrverlustes, um den es ja auch Valentin hauptsächlich geht.

1264 *Er ist auch durch:* »durch« hier elliptisch: durchgegangen, geflohen.

1265–67 *Kriegt sie ihn solls ihr übel gehn. / Das Kränzel reissen ... Hexel streuen ... vor die Thür:* Wenn er trotz seiner Flucht zur Heirat mit ihr gebracht oder gezwungen werden kann, wird die nicht mehr jungfräuliche Braut von den Altersgenossen verhöhnt, indem der Brautkranz zerrissen und statt Blumen Häcksel vor ihre Tür gestreut wird. Diese Bräuche waren gängig.

1268 *schmälen:* herziehen, Übles reden. Margarete hatte an dem sozialen Druck auf andere mitgewirkt und pharisäerhaft auf Durchsetzung der engen Normen der bürgerlichen Selbstbegrenzung gedrungen. Schon das hätte für die früheren Kommentatoren Grund genug sein müssen, sie weniger als Engel oder Puppe wie Faust, sondern als, zu Beginn jedenfalls, durchschnittliches Bürgermädchen zu sehen. Aber »so lieblos und so verdammungswürdig, wie sie jetzt sich selbst darstellt und vor ihrem eigenen Innern erscheint, war das gute Gretchen gewiß niemals« (Fischer, S. 274).

1274 *seegnet mich:* hielt selbstgerecht meinen Lebenswandel für gut; nach 5. Mose 29,19.

1275 *der Sünde blos:* »in meiner Sünde entblößt da« (Buchwald); Schmidt und Morris führen die Formulierung auf einen Ausdruck der Fechtersprache zurück: »ich stehe der Sünde bloß, d. h. wehrlos, gegenüber« (vgl. ». . . stehe ich . . . einem groben [Ausleger] bloß«; Herder, *Lieder der Liebe*, SWS 8, S. 553). In diesem Fall wird der Sündenvorwurf von außen an sie herangetragen, während Buchwald ihr selbst das Sündenbewußtsein zuspricht. Im Blick auf 1276 f. lese ich wie Schmidt und Morris: Margarete baut sich ein eigenes Normenbewußtsein auf und muß zugleich die Geltung anderer Formen in der sie tragenden und bedingenden Umwelt erkennen, der sie immer noch zugehört. Nur so etabliert sich die potentiell tragische Konfliktsituation.

Zwinger

Die Instanz der Muttergottes wird angerufen, weil sie, an Christi Kreuz stehend, als um Rettung ihres Sohnes vor gesellschaftlicher Ächtung und Tod bittend gedacht werden kann. Diese Beziehung setzt Gretchen typologisch an die Stelle der Muttergottes, sofern diese mit ihrer Bitte beim Vater Rettung erwirken soll; sie setzt sie typologisch vor allem an die Stelle des Sohnes, denn sie bittet um ihre eigene Rettung. Dies ist, vom christlichen Glauben her gesehen, eine Blasphemie, denn Christi Schmach und Tod sind Opfer eines Unschuldigen, während Gretchen sich wenigstens der Kirchenfrömmigkeit nach der Fleischessünde schuldig gemacht, vielleicht schon ihre Mutter durch Fausts Schlafmittel umgebracht hat. Schmach hat sie also für eine Normverletzung, Tod für ein Verbrechen zu erwarten. Kann im Sinne der Kirchenfrömmigkeit ihre typologische Beziehung nur psychologisch verzeihend als ›Greifen nach dem Strohhalm‹ verstanden werden, so ist die Christus-Beziehung im Kontext des *Faust* eine Vorausdeutung auf die spätere Erlöserfunktion Margaretes. Goethes »neuerer Gebrauch« des christlichen Glaubens ging hinter die disziplinierenden Maßnahmen der Kirchenfrömmigkeit zurück auf die Rechtfertigung der gläubigen »Sünderinnen« im Neuen Testament. Daß allerdings eine solche tatsächlich Christusfunktion erhalten soll, bedeutet eine über das Neue Testament, vor allem Paulus, weit hinausgehende Rechtfertigung des »Fleisches« als Träger des »Geistes«, der sinnlichen Liebe als Teil der himmlischen Liebesglut (vgl. V. 916, 1034–43, 1150), der Leiblichkeit, die der von Goethe hoch geschätzte Oetinger als »eine Realität oder eine Vollkommenheit [...], wenn sie nemlich von den der irdischen Leiblichkeit anhangenden Mängeln gereiniget ist«, beschrieben hatte (*Swedenborg*, S. 350). Im Sinne einer Religiosität, die die Heiligkeit des Leibes und der sinnlichen Liebe einschließt, ist Gretchen eine Märtyrerin einer verklemmten Gesellschaft, die von kirchlichen Tabus und einer internalisierten bigotten Tugendhaftigkeit (vgl. V. 1253–60) diszipliniert ist. Im Sinne dieser Religiosität sind die Interjektionen »Gott!« V. 1098 und 1277 und die Selbsteinsetzung in den typologischen Platz Christi am Kreuz und zugleich der Muttergottes nicht blasphemisch; in diesem Sinne ist das Gretchen-Drama ein Märtyrer- und Legendendrama einer neuen Religiosität, das sich mit den Legenden der heiligen Margareten von Cortona und Antiochia im »neuern Gebrauch« auseinandersetzt (vgl. das Kapitel »Dialogische Lesarten«). Im bürgerlichen Trauerspiel ›Margarete‹ ist das Gebetslied im Zwinger ein Ausdruck der gesellschaftlichen Isolation, ein Hilferuf des verführten und nicht geheirateten Mädchens, das nun der blinden und mechanischen Bestrafung durch die Gesellschaft ausgesetzt ist. In dieser Lesart ist der Anruf an die Muttergottes um wunderbare Rettung ein Zeichen, daß Gretchen sich noch nicht wie in der Kerkerszene zur Herrin ihres Schicksals gemacht hat.

Wie das Lied am Spinnrocken hat dieses Ausdruckslied die Form einer Da-capo-Arie der Oper, diesmal noch deutlicher als dort, wo sich als Zeichen der Unruhe Anzahl und Ort der Wiederholungen verschoben hatte. Deutlicher als dort ist auch die Strukturierung nach der Herderschen »Schöpfungshieroglyphe«.

vor 1278 *Zwinger:* Gang zwischen den letzten Häusern und der Stadtmauer, manchmal auch zwischen äußerer und innerer Mauer. Man pflegte dort Andachtsbilder in Nischen aufzustellen. Mater dolorosa ist ein Bild der Maria als ›Schmerzensmutter‹, am Kreuz Christi stehend, seinen Tod beweinend, die Brust oft von einem Schwert durchbohrt. Diese Bilder verbreiteten sich erst seit Ende des 16. Jh.s (Minor I, S. 194). Grundlage der Bildvorstellung wie auch der Gebetsarie der Margarete ist die mittelalterliche Sequenz *Stabat mater dolorosa*, die dem Franziskaner Jacopone da Todi (gest. 1306) zugeschrieben wird. Das Reimschema aabccb der Sequenz bestimmt Gretchens Gebet 1278–98 und wird in der Da-capo-Strophe wieder aufgenommen. Geradezu verkehrt aber wird die Richtung des Gebets: während im *Stabat mater* das Sprecher-Ich bittet, am Schmerz der Mutter und des Sohnes recht innig teilnehmen und mitleiden zu können, bittet Gretchen die Muttergottes, ihren Blick vom Sohn weg auf sie zu richten und sich mitfühlend ihrem Schmerz zuzuwenden. Dieser fast blasphemische Gebrauch der Muttergottesvorstellung, die immer stärker durchdringende Selbstreflexivität des Gesagten (mit dem Sprung aus dem Reimschema) in 1293–1306 zeigt auf dem traditionellen Hintergrund die Bildung neuer Religiosität bei Gretchen, zu der sie sich dann im »Kerker« endgültig durchgefunden hat.

1279 *schmerzenreiche:* »dolorosa« (*Stabat mater*, V. 1).

1282 *Mit tauben Schmerzen:* so stark, daß die schmerzende Stelle schon fühllos geworden ist.

1288–91 *Wie wühlet ... Was es zittert:* vgl. Jer. 23,9: »Mein

Herz will mir in meinem Leibe brechen, alle meine Gebeine zittern.« – »Quae maerebat et dolebat / Et tremebat« (*Stabat mater*, V. 10 f.).

1299 *Scherben:* Blumentöpfe.

1303–06 *Schien hell ... schon auf:* vgl. den von Goethe auch für den *Werther* übersetzten Ossian-Text *The songs of Selma* (HA 6, S. 110): »Ich sitze in meinem Jammer, ich harre auf den Morgen in meinen Tränen.« (Hinweis schon bei Schmidt, Morris.) An der bekannten Konfrontation zwischen dem antikischen Homer und dem nordisch-modernen Ossian im *Werther* und ihrer Bedeutung für den Helden läßt sich ermessen, mit welcher Bewußtheit Goethe hier mittelalterliche Sequenz und modernes Individualgefühl gemischt hat.

1307 *Hilf retten mich von Schmach und Todt!:* »Fac me cruce custodiri« (*Stabat mater*, V. 55). Der Unterschied der Haltungen – retten vor, gerettet werden durch – ist klar.

Dom

Aus der mittelalterlichen Sequenz der Totenmesse – abgedruckt z. B. bei Langosch (Hrsg.), *Hymnen und Vagantenlieder*, S. 86–88 – verwendet Goethe zwei Zeilen der ersten Strophe, die sechste und die siebte Strophe ganz. Die Wiederholung der ersten Zeile der siebten Strophe hält den Gedankengang der Sequenz bei dem Bild des rächenden Richters und dem des schutzlos ausgelieferten Sünders fest. Die neunte Strophe lautet nämlich: »Rex tremendae maiestatis, / Qui salvandos salvas gratis, / Salva me, fons pietatis« (»König voll Majestät, vor der alles zittert, der du die zu Rettenden freiwillig rettest, rette mich, du Brunnen der Güte«), und im folgenden wird auf seine Erlösungstat als Hoffnung der Sünder Bezug genommen. Daß also Trost und Hoffnung ausbleiben, kann im Sinne des Legendenstücks gelesen werden als Versuchung zur Verzweiflung, der Gretchen auch durch die

Einflüsterungen des Bösen Geists ausgesetzt ist und der ihr Bewußtsein sich vorläufig durch die Ohnmacht entzieht. Die Verzweiflung, also die Überzeugung unrettbaren Verlorenseins und das Aufgeben aller Hoffnung auf die göttliche Gnade, würde Gretchen statt zu einer Heiligen zur verstockten Sünderin machen. Deshalb nennt Goethe den einflüsternden, sie in der Versuchung zur Verzweiflung bestärkenden Geist »böse«; dieser nimmt aus den folgenden Strophen der Sequenz noch einige Bilder auf, aber immer ohne die damit verbundene Hoffnung. Gretchens Ohnmacht, vorbereitet durch die Äußerungen der Beengung (»Angst«, vgl. V. 1428), durch Orgelton, Gesang, Mauern und Gewölbe, ist wieder Ausdruck ihrer religiösen Körpersprache (vgl. V. 1166, 1172, 1185). – Im Sinne des bürgerlichen Trauerspiels wird Gretchen hier durch die massive Anwesenheit »aller Verwandten«, die institutionelle Trauer in der Kirche als der geistlichen Instanz für Recht und Sitte anläßlich eines von ihr begangenen Mordes erdrückt. Daß diese Lesart, die eine realistische Szenen- und Figurenbehandlung verlangt, nicht die einzige ist, beweist die Einführung des Bösen Geistes, der auch bei psychologischer Interpretation seiner Aussagen wie der Teufel Mephistopheles als Personifikation in diesem Stücktyp fremd ist.

Die prosaischen Verse Gretchens und des Bösen Geistes weisen einerseits wie etwa Fausts Glaubensbekenntnis (V. 1130–50) auf die zeitgenössische Moderne, andererseits auf die Gattung der Sequenz, der das vom Chor gesungene Gedicht angehört. Der ursprüngliche und z. B. im Französischen noch heute gebräuchliche Begriff für diese Gattung ist »prosa, prose« (vgl. auch Grimm, *Deutsches Wörterbuch*, s. v. »Prosa« 1), da die ungleich langen und bei dem einflußreichen Sequenzendichter Notker Balbulus ungereimten Verse mit ihren durchkomponierten (d. h. nicht Strophe für Strophe wie im Hymnus wiederkehrenden) Melodien für Prosa genommen wurden. Die Aufführung der Sequenz geschah durch zwei Halbchöre; die respondierende Rede des

Bösen Geistes könnte als Weiterentwicklung dieser Form gesehen werden (allerdings hatten die Halbchöre jeweils Strophen derselben Silbenzahl zu singen), woraus sich die Mehrschichtigkeit der Rede in dieser Szene erklären ließe.

vor 1311 *Exequien der Mutter Gretgens:* Totenmesse für die durch die (wiederholte und zu hoch dosierte?) Verabreichung des Schlaftrunks im Schlaf gestorbene Mutter. Der Böse Geist verführt nicht zum Bösen, sondern zur Verzweiflung und zur Leugnung der göttlichen Gnade. Darauf beruht auch die Behandlung der Sequenz, die genau vor dem Übergang in die gläubige Bitte um Gnade abbricht und gegen den Fortgang des Liedes die Angst vor dem Gericht wiederholt. »Wir haben hier ein offenbares Versehen«, meint Düntzer z. St.

1314 *verblätterten:* vom vielen Blättern abgegriffenen.

1326 *Brandschande Maalgeburt:* aufzulösen wahrscheinlich in ›Brandmal‹ und ›Schandgeburt‹; der Geist redet also in Verschränkung und Neuzusammensetzung so, daß das Miteinander dieser als Grund und Folge getrennten Aspekte des ungeborenen Kindes sich grotesk-erschreckend zeigt. Vielleicht Nachahmung von Spracheigentümlichkeiten, die böse Geister nach Swedenborg haben; er hörte z. B. einige, welche »mit einem heischen [d. h. heisern] Schall, als wäre er in zwei Theile gespalten, redeten« (Oetinger, *Swedenborg*, S. 33).

1332 *Wieder mich:* meist erklärt als ›gegen meinen Willen‹, malgré moi.

1333 f. *Dies irae … in favilla:* »Tag des Zorns, jener Tag wird das Zeitliche in Asche zerstäuben«; Beginn der Sequenz der Totenmesse, die Thomas von Celano (1190 bis 1260) zugeschrieben wird.

1335–42 *Grimm fasst dich! … Bebt auf:* Der Geist faßt vor allem den Inhalt der folgenden Strophen zusammen, greift aber auch schon auf spätere Formulierungen vor. Zu 1335 vgl. V. 4 der Sequenz: »Quantus tremor est futurus«; zu

1336 f. »Tuba mirum spargens sonum / Per sepulcra regionum« (V. 7 f.); zu 1338 f. »Cor contritum quasi cinis [...] resurgit ex favilla« (V. 50, 53); zu 1340 »Flammis acribus addictis« (V. 47).

1346 f. *mein Herz / Im tiefsten löste:* Gretchen nimmt hier selbst Bezug auf V. 50 der Sequenz: »Cor contritum quasi cinis«.

1348–50 *Iudex ergo ... remanebit:* Str. 6 (V. 16–18) der Sequenz: »Wenn der Richter dann zu Gericht sitzen wird, wird das Verborgene offenbar werden und nichts ungerächt bleiben.«

1356–59 *Verbirgst du dich! ... Lufft! Licht!:* Der Geist wiederholt sozusagen höhnend Gretchens Gedanken an Rettung: ›Wie willst du dich verbergen? Als könnten deine Sünde und Schande verborgen bleiben!‹ Mit »Lufft! Licht!« äfft er nur noch ihre Hilferufe nach.

1361–63 *Quid sum ... securus:* Str. 7 (V. 19–21) der Sequenz: »Was werde ich Elender dann sagen, welchen Schutzheiligen anflehen, wenn kaum der Gerechte Selbstvertrauen hat?« Die Wiederholung 1370 ist in der Sequenz nicht vorgesehen, die vielmehr nach Str. 7 zur Hoffnung auf die göttliche Gnade übergeht. Dazu will es der Böse Geist nicht kommen lassen, und der Chor spielt gewissermaßen mit ihm zusammen, indem er die Zeile wiederholt. Gretchen erfährt die Kirche nicht mehr als rettende, sondern nur noch als rächende Institution. In ihrem Gewissen hat der Böse Geist gesiegt; gerettet wird sie in diesem entscheidenden Moment durch das selbständige Ausdruckshandeln ihres Körpers, das ja schon bei Mephisto so exakt gearbeitet hat.

1371 *Fläschgen:* kleine Gefäße mit scharfem Riechsalz, im 18. Jh., der Zeit der Wespentaillen und Schnürleiber, wichtige Utensilien für die Damen, die häufig wegen Sauerstoffmangels in Ohnmacht fielen.

Nacht. Vor Gretgens Haus

Die Valentin-Szene (mit Tötung Valentins) rückt in *Faust I* vor die Szene »Dom«, so daß Gretchen sich dort schon zweier um ihretwillen geschehener Morde beschuldigen muß. Dort wird nach Valentins Tod auch bis zum Kerker der Kontakt zwischen Faust und Gretchen unterbrochen; der Mord an Valentin ist eine gute Entschuldigung für Faust, Gretchens Stadt zu meiden. Anders im *Urfaust*: Valentins Klage nach dem Begräbnis der Mutter deutet an, daß die Beziehung zwischen Faust und Gretchen nicht abgerissen ist, sondern ins Gerede der Leute kommt; dies wird bestätigt durch die Aufforderung Mephistos an Faust, sie trotz seiner Gewissensbisse zu trösten (V. 1433). Beide halten an dem Verhältnis fest, Gretchen trotz des Todes der Mutter, Faust trotz seiner inneren Distanz zu Gretchen und der Vorwürfe, die er sich wegen ihres Schicksals macht. Dies läßt beide ungleich verächtlicher erscheinen als in *Faust I*; Gretchen ist die Dirne, auf die der Ausdruck »Vor Gretgens Haus« weist, Faust der Verführer, der nach der Zerstörung seines Idealbildes seine Rolle bei dieser Zerstörung bedauert, aber zugleich nicht versäumt, die Hölle dafür zu beschuldigen. Dieses Weinermachen nach dem Hereinbrechen des Unheils muß beide in den Augen des Zuschauers herabsetzen; die öffentliche Verachtung überträgt sich auf den Zuschauer.

In den Versen 1408–35, die in *Faust I* in die Szene »Wald und Höhle« übernommen und damit noch vor die eigentliche Verführung Gretchens gerückt sind, zeigt Faust sich zerknirscht über die Seelennot Gretchens, die er selbst im Liebesakt nicht verdrängen kann. Sein Bild von Gretchen ist korrigiert – »sie mit kindlich dumpfen Sinnen«, »all ihr häusliches Beginnen / Umfangen in der kleinen Welt« (V. 1418, 1420 f.) –, d. h., das projizierte Idol ist verschwunden, das er in ihr geliebt hatte. Die Selbstanklage, daß er ihren Frieden untergraben hat, ist ein Schuldbekenntnis, vor allem an dieser Stelle des Gretchen-Dramas, und zeigt im Sinne des savoyischen Vikars, daß Faust auf dem Wege ist, mit dem Bewußtsein seiner Tat die sittliche Freiheit, das Gewissen und die Gottähnlichkeit zu erwerben.[1] Er ist aber zugleich auf dem Wege, sie wieder zu verlieren, denn mit hohl und falsch tönender Rhetorik bemüht er sich um Schuldabwälzung. Das Bild von Wassersturz, Hüttchen auf dem Alpenfeld, Felsenzertrümmerung, Untergrabung stilisiert ihn zur Naturgewalt oder, im topisch übertragenen Sinn, zum pindarischen Genie; wo aber hat Faust Felsen zertrümmert oder, übertragen, Dithyramben gedichtet? Wie paßt das Bild von Wassersturz, der der Schwerkraft folgt, zur Vorstellung des unbehausten Flüchtlings oder andererseits zu der des Titanen, der Felsen faßt und zertrümmert? Wie paßt Gretchen, deren Schicksal und Denken, deren kleine Welt gesellschaftlich bestimmt sind, auch nur im Bild in eine Almhütte? In dieser Rhetorik des schlechten Gewissens, das sich letztlich doch nicht zur Schuld bekennen will, erfindet er objektive Zwänge: als Naturgewalt »mußte« er ihren Frieden untergraben (V. 1426); die »Hölle« wollte ein »Opfer« (V. 1427); das ganze ist Gretchens »Geschick« (V. 1430). Auch in der Zukunft läßt sich nichts ändern, obwohl er alle Möglichkeiten dazu hätte – »Mags schnell geschehn was muss geschehn« (V. 1429). Hier tönt ein Heroismus voll Selbstbedauern; der Teufel soll ihm die »Zeit der Angst verkürzen« (V. 1428), Faust wird mit Gretchen zugrunde gehn. Warum? Wenn er sie liebt, wie er gesagt hat, braucht Gretchen nicht geopfert zu werden. Die Rhetorik kaschiert eben auch, daß er in Zukunft nichts für sie tun will. Vergleicht man das Bild vom Felsenzertrümmerer oder den früheren Anspruch der Nähe zum Erdgeist mit der Tatenlosigkeit des Großsprechers, der dies

1 Rousseau, *Émile* IV: »Quand je me livre aux tentations, j'agis selon l'impulsion des objets externes. Quand je me reproche cette faiblesse, je n'écoute que ma volonté; je suis esclave par mes vices, et libre par mes remords; le sentiment de ma liberté ne s'efface en moi que quand je me déprave, et que j'empêche enfin la voix de l'âme de s'élever contre la loi du corps.« (Ausg. Richard, S. 339 f.) Der Mensch in seiner Freiheit als Bild Gottes: ebd., S. 341.

alles auf dem Weg zu seines »Liebgens Kammer« (V. 1409) sagt, so wird deutlich, wie Faust heruntergekommen ist. Der große Magier läßt sich von seinem dienstbaren Geist »Thor« und »so ein Köpfgen« schimpfen und zu seiner Dirne schikken (V. 1433 f.). Er bittet ihn um Hilfe bei der Verkürzung der Zeit der Angst, nicht um Hilfe bei der Rettung Gretchens.

vor 1372 *Vor Gretgens Haus:* Die Ortsangabe wird durch die Bedeutung von »Grete« als »leichtfertiges, sittenloses mädchen« zweideutig; Grimms *Deutsches Wörterbuch* zitiert unter »Grete« 1 b) Arigos *Decamerone*-Übersetzung (1535): »was gröszer büberei ist das an dir, zu solcher zeit in der nacht zu kummen für gretleins thür«. – Die Gestalt des rächenden Bruders ist häufig in der Literatur; Shakespeares Laertes-Figur im *Hamlet* liegt wegen der Ophelia-Anspielungen der Kerkerszene nahe; auch bei Ossian fällt Kolmas Bruder im Zweikampf mit dem Geliebten der Schwester. Dom Juan hat einen Commandeur getötet, vielleicht spielt Valentins Soldatenberuf darauf an.

1374 *den Flor:* die Blüte, die Schönheit.

1376 *das Lob verschwemmt:* Jedes Lob wird mit einem Trunk auf die gepriesene Dame gefeiert und bekräftigt.

1394 *ein böser Schuldner:* einer, der nicht zahlen kann und sich alle Vorwürfe und Beschimpfungen anhören muß.

1398–1402 *Wie von dem Fenster ... Busen nächtig:* »Wenn nun das Licht, das in dir ist, Finsternis ist, wie groß wird dann die Finsternis sein!« (Mt. 6,23.) Der Kontext dieser Stelle ist: »Niemand kann zwei Herren dienen« (Mt. 6,24). Das Verhältnis zwischen Finsternis und Licht bildet ein dichtes Netz schon im *Urfaust*; vgl. das Kapitel »Kosmologische und religiöse Lesart«.

1403 *den Käzlein schmächtig:* dem schmächtigen Kätzlein – vom vielen Singen und Kämpfen sind die Kater in der Brunstzeit abgezehrt.

1411 *die Himmels Freud:* Der Ausdruck ist von Goethe hier sicher als blasphemischer gedacht, denn in seinem finsteren

Zustand wäre sie ihm nach Swedenborgs Informationen unerträglich. Himmel ist danach »eine Liebe unter einander«, himmlische Freude entsteht daraus. »Es wurde ein gewisser, welcher bei Leibes-Leben den Ehbruch für nichts gehalten hat, auch, weil er es begehrte, zu dem ersten Eingang des Himmels gelassen. Wie er nun dahin kam, fing er an eine Angst zu bekommen, und einen Todten-Gestank von sich zu empfinden, bis ers nicht mehr ausstund. Wenn er weiter kommen wäre, so wäre es ihm gewesen, als ob er umkommen müßte.« (Oetinger, *Swedenborg*, S. 98 f.).

1416 *wie ein Wassersturz:* Faust schmückt sich hier ohne Grund mit einem erhabenen, beliebten und sein Verhalten mit höherer Gewalt entschuldigenden Bild. Neben dem topischen Bild für das pindarische Genie kannte Goethe auch die im *Mahomet* verwendete Vorstellung von den Torrents spirituels der Mystikerin Mme Guion. Bestimmte Seelen sind nach ihrem Bild »des torrents qui sortent de ces hautes montagnes. Elles sortent de Dieu-même: et elles n'ont pas un moment de repos, qu'elles ne soient perdues en lui. Rien ne les arête. Aussi ne sont elles chargées de rien. Elles [. . .] vont avec une rapidité qui fait frayeur aux plus assurées. [. . .] Vous les voiez courir par tout ce qui leur arrive, sans s'arêter à rien.« (Zit. nach: Saran, *Goethes Mahomet und Prometheus*, S. 19.) Statt aber wieder in Gott hineinzustürzen wie dieser spirituelle Bergbach, ist Fausts Flucht »ohne Zweck« (1415), sein Sturz allenfalls auf die Hölle zu. Nur die Umdeutung Goethes, daß nach dem Pulsprinzip ein Sturz in die Hölle wieder eine Gegenbewegung vorbereitet, könnte daraus eine Richtung auf Gott zu machen. Darum geht es Faust nicht. Er will durch den Rekurs auf das Gesetz der Schwerkraft im Wasserfall die Verantwortung für Gretchens Schicksal von sich abwälzen.

[Faust, Mephistopheles]

In dieser Szene, die wohl schon 1772 entstanden ist, lassen sich einige Elemente von Szenen erkennen, die im *Urfaust* nicht ausgeführt sind: Mephistopheles war in Hundsgestalt erschienen; ob Faust oder der »unendliche Geist« (Z. 16) ihn in Menschengestalt verwandelt hat, ist nicht zu ersehen; jedenfalls hat Faust jetzt nicht (mehr) die magische Kraft, ihn in die Hundsgestalt zurückzuverwandeln. Faust beschuldigt den Großen Geist, ihn an Mephistopheles »geschmiedet« zu haben (Z. 41). Die Diskussion in der Faust-Forschung, ob Mephisto vom Großen Geist gesandt sei oder nicht, geht an dem Wortlaut dieser Formulierung vorbei, der nur besagt, daß Faust durch Veranlassung des Großen Geistes sich von Mephistopheles nicht mehr befreien kann. Dies kann im Zusammenhang der Fehlbehauptungen und Schuldabwälzungen dieser Szene eine Unwahrheit oder eine Fehleinschätzung sein; es kann bedeuten, daß Faust mit der vom Großen Geist verliehenen Magie die Kraft hatte, Mephisto durch einen Pakt an sich zu binden (so die durch *Faust I* nahegelegte Interpretation), oder daß das Wort »Du gleichst dem Geist den du begreiffst« (V. 159) für die Bindung an einen menschenähnlichen »Schandgesellen« (Z. 40 f.) verantwortlich war, während der Hund kein derartiges Unheil hätte anrichten können. Jedenfalls betrifft Fausts Wort nicht die Herkunft des Mephistopheles, sondern die Bindung an ihn. Auch widerspricht er nicht, als Mephisto ihn erinnert, daß er sich den Geistern aufgedrängt hat (Z. 36); damit kann der Erdgeist nicht gemeint sein, denn der wies Fausts Versuch, sich aufzudrängen, brüsk ab. – Ein weiteres Element ist, daß Faust in Gretchens Stadt einen Menschen erschlagen hat; wohl ist schon hier an Valentin gedacht und an Mephistos Rolle bei seiner Ermordung, die Faust in seiner Schwäche zeigt: ihm wird die Hand geführt für ein Verbrechen, für das er nachher die Blutschuld zu tragen hat. – Auf die »Walpurgisnacht« könnten die »abgeschmackten Freuden« (Z. 11) verweisen, die Mephisto gemäß Fausts Bitte (V. 1428) serviert hat, was ihm jetzt vorgeworfen wird. Vielleicht dachte Goethe auch an Szenen, die Gretchen wie die Frankfurter Kindsmörderin Susanna Margaretha Brandt fliehend und mittellos in ihre Stadt zurückkehrend zeigten (Z. 1 f.).

Fausts Wehgeschrei und die Beschuldigung Mephistos prallen an dessen einzigem Satz ab: »Rette sie –? Wer wars der sie in's Verderben stürzte? Ich oder du?« (Z. 47 f.) Dagegen hat Faust keine Widerrede, denn in jener Phase hatte er Mephisto noch Befehle erteilt, hatte Entscheidungen getroffen, Schlafmittel ausgegeben, Margarete betört; die Bitten an Mephisto, dessen Spott über Faust und direkte Aufforderung zu handeln (V. 1432–35) gehören erst in die Schlußphase. Jetzt sind die Befehle kraftlos und werden von lächerlichen Verfluchungen begleitet (Z. 44 f., 60 f.), und Mephisto gibt deutlich die Grenzen seiner Dienstfertigkeit zu erkennen. Das einstige Werkzeug hat den Herrn von sich abhängig gemacht, er ist hilflos (hat auch über den Großen Geist keine beschwörende Macht mehr) und kann nur noch »in Worten kramen« (V. 32).

Die Prosa dieser Szene stellt Fausts rhetorischen Gefühls- und Stimmaufwand in das ernüchternde Tageslicht von Mephistos prosaischen Klarstellungen. Gretchen ist »die erste nicht« (Z. 14), auch Susanna Brandt hatte den Satz hören müssen. Der Jammer aller andern hatte Faust nicht berührt, solange er nicht schuld daran war. Daß er wegen Gretchens Schicksal tobt und Mephisto wegen Verheimlichung beschuldigt, ist Unsinn: erstens wußte er schon längst, daß »ihr Geschick ... zusammen stürzen« würde (V. 1430), zweitens hatte Mephisto den Auftrag, ihm die Zeit bis dahin zu verkürzen, drittens hätte er in neun Monaten sich erkundigen und nachforschen können. Keines seiner ausgesprochenen Gefühle ist ihm vollständig zu glauben; dagegen wird die nicht wörtlich eingestandene Reue über das angerichtete Unheil deutlich; verächtlich ist Faust dadurch, daß er nicht zu dem Getanen steht, sondern trotz Mephistos Klärung an seiner Rhetorik der vorgeschobenen und imaginierten Gefühle festhält: er kann die Selbstmagie nicht von seinem Pfad entfernen; ohne sie hätte er zur sittlich freien Persönlichkeit werden können wie Margarete.

1 f. *Erbärmlich auf der Erde lang verirrt!:* Dies läßt erkennen, daß Gretchen aus ihrer Stadt geflohen war und wieder eingefangen wurde oder, wie Susanna Margaretha Brandt mittellos geworden, wieder zurückkehrte.

17 *Hundsgestalt:* wahrscheinlich auch Hinweis darauf, wie Goethe sich schon im *Urfaust* die Annäherung Mephistos dachte.

33 f. *Warum machst du Gemeinschafft mit uns:* Der Plural weist auf die Hierarchien und Gattungen von Geistern nach der Dämonologie z. B. des Paracelsus oder auf die Geistergesellschaften nach Swedenborgs Vorstellung, in denen viele gleichgesinnte Geister ein höheres Individuum bilden. Mephistopheles ist jedenfalls nicht ein Individuum, als das ihn der *Faust*-Text magisch zeigt, sondern entweder einer von vielen oder die Materialisation eines abstrakten Verhältnisses zu Gott und zum Bösen. Faust ist immer auf diese täuschende Individualität hereingefallen; das war der Sinn der Rede des Erdgeistes, er gleiche dem Geist, den er begreife, und diese Tatsache, daß Faust nur Menschenähnliches, Individuelles begreifen kann, hat ihn an den Gesellen »geschmiedet« – wenn man überhaupt diesen Vorwurf Fausts ernst nehmen will inmitten all seiner bombastischen Rhetorik der Schuldabwälzung. Auf die Frage, wer sich wem aufgedrängt habe, hat er keine Antwort.

38 *Groser herrlicher Geist:* Gemeint ist hier zweifellos der Erdgeist, der ihn seiner Erscheinung gewürdigt hat und sein »Seelen Flehn« (136) erkannt hat. Er ist sicher auch 15 f. gemeint: »du unendlicher Geist«. Bemerkenswert sind die Attribute »unendlicher« und »herrlicher«. Zwar hatte er schon in »Nacht« die »unendliche Natur« (102) fassen wollen, hatte aber dann den Erdgeist in Verkennung

von dessen kosmischer Qualität als geschäftig die weite Welt umschweifend verendlicht, hatte sich ihm nah gefühlt und war enttäuscht, nicht einmal ihm zu gleichen. Dieses Mißverständnis scheint jetzt behoben; Faust hat darüber hinaus erkannt, daß er die magische Kraft, den Erdgeist zu beschwören, von diesem selbst hatte, und bittet ihn nach Verlust seiner Beschwörungsgewalt über Mephisto um Rückverwandlung des Dämons/Teufels in die Hundsgestalt. »Herrlich« ist der Geist jetzt für ihn, weil er offenbar die Zugehörigkeit des Erdgeistes zur göttlichen Herrlichkeit erkannt hat. Fausts Erkenntnis ist gewachsen, seine magische Kraft hat er verspielt durch seinen modern magischen Verzicht auf Wortmagie (vgl. Anm. zu 1124) und seine Schwächung durch sinnlichen Genuß (vgl. Anm. zu 1235). Wenn man den *Urfaust* als Drama des neuzeitlichen Bewußtseins liest, ist der Übergang der alten Wortmagie in die psychische Magie des 18. Jh.s ein Vorgang, der in der Logik der Entwicklung des neuzeitlichen Geistes und der Magie selbst lag; ebenso kann für den Versuch, die zunehmende Abstraktheit und Lebensferne des Denkens durch Abenteuer der Sinnlichkeit zu kompensieren oder für die hohen Ideen mit Gewalt eine Verwirklichung in der Realität zu suchen, die Zeit als historische Entwicklung verantwortlich gemacht werden. Arbeiter am Webstuhl der Zeit ist der Erdgeist. Wenn jetzt Faust die Fähigkeit abgeht, Mephisto in Schach zu halten, so ist im höheren abstrakten Sinne der Erdgeist verantwortlich: er hat Faust das Zauberwort vergessen lassen, mit dem er Mephisto wieder bannen kann. Dies gilt nur für die abstrakt-allegorische Lesung; wir haben in Anm. zu 1124 deutlich gemacht, welche Zwecke bei Margarete Faust mit seiner Ablehnung der Namen und damit der Wortmagie verfolgt. – Eine dritte Lesung kann Mephistos Machenschaften für alles verantwortlich machen. Man hat also eine Lesung aus der Perspektive des 16. Jh.s – Mephisto ist schuld –, eine aus der Perspektive des 18. Jh.s – Faust trägt die Verantwortung –, eine abstrakte Lesung: »Hat nicht mich zum Manne geschmiedet / Die allmächtige Zeit / Und das ewige Schicksal, / Meine Herrn und deine?« (*Prometheus*; HA 1, S. 46.)

49 *Greiffst du nach dem Donner?:* vgl. Shakespeare, *Measure for Measure* II,2,111 f.: »Could great men thunder / As Jove himself does, Jove would ne'er be quiet«; nach Ovid, *Tristia* II,33 f.: »Si quoties peccant homines sua fulmina mittat / Iuppiter, exiguo tempore inermis erat.«

56 *Blutschuld:* Seit dem 13. Jh. lag die Blutgerichtbarkeit bei den weltlichen Herren; die Urteile wurden aber im Namen Gottes gesprochen. Faust ist als Mörder Valentins – dessen Tod wird hier also vorausgesetzt – in Abwesenheit verurteilt worden; das unvollstreckte Urteil liegt als Blutschuld auf der Stadt, und Mephistopheles kann diese christliche Magie nicht durchbrechen.

64 *alle Macht im Himmel und auf Erden:* »Mir ist gegeben alle Gewalt im Himmel und auf Erden.« (Mt. 28,18.) *Türners:* Turm- oder Gefängniswächters.

Nacht. Offen Feld

Die kleine Szene eröffnet durch das Hexenbild eine Beziehung des *Urfaust* zu Shakespeares *Macbeth*, die einen »neuern Gebrauch« der schicksalsmächtigen Magie bei Goethe erkennen läßt und eine Lesart des Stückes in der Auseinandersetzung mit Shakespeare auch hinsichtlich der Figuren- und Szenengestaltung des Ganzen ermöglicht (vgl. das Kapitel »Dialogische Lesarten«). Auch in diesem kurzen Wortwechsel wird deutlich, daß Mephisto jetzt Faust ungestraft offensichtlich belügen kann – natürlich weiß er, »was sie kochen und schaffen« (V. 1437) –, daß er ihm ungestraft Befehle geben kann (V. 1441), wo er früher Sachzwänge hatte vorschützen müssen (z. B. V. 581, 597, 604). Der magisch beherrschte Geist hat sich über den Herrn zum Herrn gesetzt; Goethes Ballade *Der Zauberlehrling* gibt ein weiteres anschauliches Bild davon. Mephisto konnte seine Macht bekommen, weil, magisch gesehen, Faust seit der Bekanntschaft mit Margarete sich selbst magisch beeinflußt, mit Projektionen und Idolen umgegangen ist und noch jetzt mit der Projektion seiner falschen Gefühle vom »Begreifen« seiner selbst sich abhält und damit mehr und mehr schwächt.

1436 *Rabenstein:* Bezeichnung für Richtstätte (Luther in der Übersetzung von Spr. 26,8), allerdings nicht des Richtplatzes für Gretchen, wie von früheren Kommentatoren häufig behauptet wurde: Gretchen wird auf dem Marktplatz enthauptet (vgl. »Kerker« 98 f.; *Faust I*, 4587–89). Die »Hexenzunft« (1439) und ihre von Faust als Streuen und Weihen gedeuteten Bewegungen hat man mit einer Stelle aus Bürgers *Lenore* in Verbindung gebracht: »Sieh da! sieh da! am Hochgericht / Tanzt um des Rades Spindel, / Halb sichtbarlich bei Mondenlicht, / Ein luftiges Gesindel.«

Kerker

In diesem Szenenraum wird Realität, was Faust metaphorisch und übertreibend von seinem und von Gretchens Zimmer gesagt hatte (V. 45, 546); das Kerkerbild, vielleicht noch ergänzt durch Höhle (V. 41, Regieanweisung »Zwinger«) und Keller (»Auerbachs Keller«), zieht ein Netz eng geschlossener Räume durch den *Faust*, die den offenen kraß gegenüberstehen und das Pulsieren von Systole und Diastole abbilden. Der Kerker am Schluß ist real, zunächst geschlossen, wird von Faust geöffnet und steht zur Flucht offen. Margarete weigert sich, ihn mit Faust, vor allem mit Mephisto zu verlassen: sie erwählt ihn sich als schützende Höhle, in der sie zwar den körperlichen Tod, aber die Rettung durch das Gericht Gottes zu erwarten hat. Die Freiheit, die Faust zu bringen hat, ist Gefangenschaft; indem sie sich trotz der Todesfurcht entschließt, im Kerker zu bleiben, sich der Strafe für ihre Verbrechen zu stellen und dem Gericht Gottes anzuvertrauen, erwirbt sie die religiös-sittliche Freiheit, die Rousseau als Unabhängigkeit von den Nötigungen der Triebe definiert hatte. Im Moment, da sie sich wider alle Vernunft und gesellschaftliche Norm zum Glauben an die Rettung durch Gottes Gericht entschließt, graut ihr auch vor Faust; es ist das Grauen vor Mephistopheles (V. 1172), der Faust nun völlig in der Gewalt hat. Faust zeigt sich in äußerster Schwäche und Jämmerlichkeit. Er ist kaum fähig, den Kerker aufzuschließen, er hat keine Liebe mehr zu Margarete, er ergeht sich in hohlen Phrasen, die nach dem Trivialroman des 18. Jahrhunderts klingen (Z. 39–42, 44, 52); statt sich auf sein Ziel zu konzentrieren, reflektiert er immer wieder auf seinen Zustand (Z. 1–3, 25, 66) – diese dauernde Selbstreflexion hatte ihn schon an der Vollendung seiner magischen Experimente gehindert. Sein letztes Wort »Ich lasse dich nicht!« (Z. 108) ist eine klare Anspielung auf das Ringen Jakobs mit dem Engel 1. Mose 32,25–27. Faust wird aber nicht gesegnet, vielmehr wendet sich der Engel mit Grauen von ihm. Der Ruf Margaretes nach ihm ertönt, nachdem der Teufel ihn geholt und mitgenommen hat: Liebe und Fürsorge überwindet ihr Grauen; ihr Erlösungswerk an Faust hat begonnen.

Margaretes Verwirrung, in der ihr Realität und Imagination, Erinnerung und Vorwegnahme von Zukünftigem, Identität mit sich und Entpersönlichung ins Märchen ineinander übergehen, stellt eine Beziehung zwischen *Urfaust* und Shakespeares *Hamlet* her, die ähnlich wie die Beziehung zu *Macbeth* eine Perspektive auf das ganze Werk eröffnet (vgl. das Kapitel »Dialogische Lesarten«). Die Auseinandersetzung Goethes mit *Hamlet* läßt erkennen, daß im *Faust* die Shakespearesche Tragödie des Menschen in einem »verrotteten« Staat zur Tragödie des Menschen überhaupt gesteigert wird. Auch der Zuschauer wohnt nicht einem Vorgang im fernen »Dänemark« bei, sondern es ist seine eigene Tragödie, die da gespielt wird.

1 f. *Inneres Grauen der Menscheit. Hier! Hier!:* »Menschheit« in der Sprache der Goethezeit: das Wesen des Menschen. Das Grauen beim Gedanken ›Was ist der Mensch?‹ bezieht sich einerseits auf das, was aus Margarete geworden ist, andererseits auf Faust selbst, der sie so weit gebracht hat. Fausts Grauen wird von Margaretes Grauen (110) beantwortet, das seinerseits das Grauen vor Mephistopheles spiegelt. – Die Verbindung des »Kerkers« mit starker, durch wiederholtes »Hier« ausgedrückter Präsenzerfahrung ist motivlich konsequent durchgeführt: V. 45, 73; 546, 552, 560–571; Z. 2, 77.

3 *zögert:* zieht durch seine Langsamkeit.

4–12 *Meine Mutter ... Fliege fort!:* Lied aus dem Märchen vom Machandelboom, das Goethe schon 1774 kannte (vgl. Brief an Sophie v. La Roche, März 1774, wo der Mühlstein erwähnt wird; WA IV 2, S. 152). Wie beim König in Thule zeigt sich, daß Margarete ihre Lieder in sinnvollem Zusammenhang mit der Situation auswählt: die schlimmen Eltern, die den Tod des Kindes herbeiführen, die Hoffnung auf wunderbare Rettung und Verwandlung des toten Kindes, die im Märchen erzählte Bestrafung der schuldigen Mutter; das Märchen gibt Margarete also ein utopisches Versprechen, daß ihre Situation im Sinne poetischer Gerechtigkeit gelöst werden wird. – Da Margarete selbst wieder Gestalt einer Dichtung ist, reflektiert sich hier Dichtung in Dichtung – ein »romantisches« Verfahren Goethes.

21 f. *die Blumen ... die Kron:* ein imaginärer Brautkranz; vgl. 97.

25 *Sie verirrt und ich vermags nicht:* Sie redet irre, ist nicht bei Sinnen, und ich verkrafte das Ganze nicht. Minor überlegt, was Faust nicht »vermag« – Gretchen zu retten oder selbst irre zu werden –, kommt aber zu keinem Ergebnis und meint, Goethe habe in *Faust I*, 4441 »Werd ich den Jammer überstehen!« sich selbst nicht mehr verstanden (Minor I, S. 231 f.). Beide Stellen bedeuten dasselbe –

Faust, in verächtlicher Schwäche, denkt wehleidig darüber nach, wie er diese Aufregung durchstehen wird.

28 *Liedger:* Plural in Frankfurter Mundart. Lieder über gräßliche Morde und Skandalgeschichten wurden auf den Märkten, häufig von kruden Bilddarstellungen unterstützt, von Bänkelsängern vorgetragen und erfüllten die Funktion der heutigen Regenbogenpresse. Arens (S. 456) zitiert aus Erk/Böhme, *Deutscher Liederhort* I, Nr. 56, ein Lied mit starken Parallelen zu Margaretes Schicksal.

34 *Heulen und Zähnklappen:* vgl. Mt. 8,12.

39 *Mörder:* Schuldbekenntnis Fausts, im *Faust* gestrichen. Margaretes Grauen vor ihm ist dann eher gerechtfertigt.

63 f. *Wische sie ab ... Es ist Blut dran:* Erinnerung an Lady Macbeth.

99–101 *Die Glocke ruft! ... Die Glocke hör:* Gedacht ist vielleicht, daß Margarete die Armesünderglocke, die Hinrichtungen einläutet, zunächst in der Imagination vorwegnimmt und daß die Glocke dann tatsächlich ertönt. Mit dem Zerbrechen eines Holzstäbchens über dem entblößten Nacken des Delinquenten zeigte der Richter an, daß das Leben des Verurteilten endgültig und von da an unwiderruflich verwirkt ist; dann hatte der Henker mit dem Richtschwert zu walten.

105 *Gericht Gottes komm über mich:* Die Anrufung des göttlichen Gerichts als Schutz vor dem Geholtwerden durch den Teufel impliziert, daß Margarete von Gottes Gerechtigkeit und Gnade eine Beurteilung ihrer Taten erwartet, die mit der Beurteilung durch den Teufel (111) nicht übereinstimmt, z. B. die Rechtfertigung ihres Gefühls, daß ihre Hingabe an Faust »gut« war (1277). Die Differenz ihrer Religiosität von der kirchlichen tritt beim Vergleich mit Molières *Dom Juan* IV,6 hervor, wo Done Elvire versucht, den verstockten Juan vor der »justice du ciel« zu retten; sie selbst, die sich ihm pflichtvergessen in einer »tendresse extrême« hingegeben hatte, ist befreit von »toutes ces indignes ardeurs que je sentais pour vous, tous ces transports

tumultueux d'un attachement criminel, tous ces honteux emportements d'un amour terrestre et grossier«, und sieht dies als himmlische Erlösung an. Margarete jedoch würde nur den Kerker verlassen, wenn Faust sie mit der früheren Inbrunst küßte; für sie gehört der »amour terrestre et grossier« zu der neuen Form von Religiosität, zu der sie gefunden hat. Während in dem erkalteten Dom Juan die Lust auf Done Elvire wieder erwacht und dies von Sganarelle als Zeichen seiner absoluten Verderbtheit gewertet wird (IV,7), bleiben Fausts Lippen kalt und tot, seine Rhetorik hohl, sein Rettungsversuch dient der Vermeidung eigener Schuldgefühle, Margarete graut mit Recht vor ihm.

108 *Ich lasse dich nicht!:* Bezug auf Jakobs Ringen mit dem Engel, der schließlich bittet, losgelassen zu werden. Jakob antwortet: »Ich lasse dich nicht, du segnest mich denn.« »Er sprach: ›Du sollst nicht mehr Jakob heißen, sondern Israel; denn du hast mit Gott und mit Menschen gekämpft und bist obgelegen.‹« (1. Mose 32,25.27.29.) Faust, durch diese Stelle deutlich zum Repräsentanten eines ganzen Volkes erhoben wie Jakob (1. Mose 32,11–13) – eben der neuzeitlichen Menschheit –, Faust hätte der Begründer eines ausgewählten Volks Gottes werden können und sollen – vgl. die ähnliche Situation am Ende von *Faust II*,11580 –, aber er versagt dort wie hier. Der Engel, und das wirft zukunftsweisendes Licht auf die Figur der Margarete, segnet ihn hier nicht, sondern wendet sich mit demselben Grauen von ihm wie von Mephistopheles. Margaretes Rettung, die im *Faust* durch die »Stimme von oben« bekräftigt wird und Mephistos Schlußrede entgegensteht, ist hier durch die Implikation der Bibelstelle als Hoffnung Margaretes und noch mehr des gläubigen Zuschauers begründet. Goethe stellt auf diese Weise die Religiosität des Zuschauers selbst auf die Probe, und zwar muß dieser, wenn er an eine Erlösbarkeit Margaretes glauben und darüber hinaus auf ihre erlösende Christusfunktion hoffen kann, sich wie Margarete über alles pharisäerhafte Aufrechnen

ihrer Taten hinwegsetzen und eine Religiosität auf der Grundlage der Liebe im geistigen und im körperlichen Sinne entwickeln. Wie seine Figuren stellt Goethe in dieser extremen Situation seinen Leser und Zuschauer vor eine Probe und Entscheidung seines Glaubens.

109 *Ihr heiligen Engel bewahret meine Seele:* vgl. Ps. 34,8 f.: »Der Engel des Herrn lagert sich um die her, so ihn fürchten, und hilft ihnen aus. Schmecket und sehet, wie freundlich der Herr ist. Wohl dem, der auf ihn traut!« Für die erste Weimarer Aufführung dichtete Goethe einen Engel hinzu.

111 *Sie ist gerichtet!:* Die Formulierung, auf die alle Puppenspiele warnend zuliefen – Mephistos triumphierendes »Fauste, judicatus es!« und später »In aeternum damnatus es!« –, wird hier wider die Tradition auf eine in der Sage unbekannte Person übertragen und für denjenigen, der die Engel-Identität Margaretes (109) gläubig ernst nimmt, zur komisch-ohnmächtigen Teufelsgebärde. Wer dies nicht so sieht, ist angesichts des Spruchs, der eigentlich Faust gilt, mit der Frage konfrontiert, ob das Drama ›richtig‹ endet, ob hier eine im wesentlichen Unschuldige »der richtenden gefühllosen Menschheit« (Nacht. Vor Gretgens Haus« 9 f.) und einer rächenden Gottheit im Sinne des *Dies irae* zu Unrecht ausgeliefert wird – hier wird der autoritativ geäußerte Spruch Mephistos zum Anlaß für religiösen Zweifel am Kirchenchristentum und für sittliche Entrüstung gegen formalistische irdische Rechtsprechung. Die tragische Sicht endlich erkennt in Margaretes Schicksal die Entsprechung der Tragik Fausts: wie dieser in der prätendierten Freiheit seines Wollens an den Grenzen des eigenen Menschseins und deren historischer Notwendigkeit sich aufreibt, so Margarete mit ihrer Liebe an den historischen Bedingungen und Grenzen ihrer Zeit und des eigenen Denkens, vor allem aber an der Tatsache, daß Liebe immer auf die Gegenliebe, den tragenden und sichernden Beistand des Partners vertrauen muß und angewiesen ist. Ihre Tra-

gik hat also wie die Fausts eine Komponente der notwendigen Geschichtlichkeit menschlichen Daseins, ist aber vor allem anthropologisch begründet und durch die Unfähigkeit des neuzeitlichen Menschen zur dauerhaften Bindung unausweichlich gemacht. Dem komischen, dem dramatischen und dem tragischen Blick entsprechend, bedeutet ihr Ruf »Heinrich! Heinrich!« den Beginn ihres Erlösungswerks, mit dem sie Faust hinanzuziehen anfängt, oder den Hilferuf und Versuch, den Mitschuldigen wenigstens zurückzuholen oder sich doch von ihm retten zu lassen, oder endlich die auch das Grauen überwindende Bekräftigung ihrer Liebe, mit der sie sich im Bekenntnis zu sich selbst, zu ihrer Schuld und zu ihrer Liebe über den drohenden Tod erhebt. Alle drei Aspekte sind gültig, der Leser und der Schauspieler müssen das fast Unmögliche leisten und sie als Ganzheit zu begreifen suchen.

XII

Zitierter Text, Siglen und Abkürzungen

Zitiert wird nach der Ausgabe: Johann Wolfgang Goethe, *Urfaust. Goethes »Faust« in ursprünglicher Gestalt*, Nachwort von Robert Petsch, neu durchgesehene Ausgabe, Stuttgart: Reclam, 1987 (Universal-Bibliothek, Nr. 5273); »V. 1341« bzw. »›Kerker‹, Z. 78 f.« bezeichnen Stellen im *Urfaust*, während »*Faust*, V. 143« auf die Zählung des vollendeten Textes verweist.

Siglen oder Kurztitel im Kommentar

Arens
Buchwald
Düntzer
Erler
Fischer
Friedrich
Loeper
Minor
Morris
Schmidt
Trunz
Witkowski

bezeichnen die im Literaturverzeichnis, Abschn. 5, aufgeführten Kommentare

Agrippa, *Magische Werke* Heinrich Cornelius Agrippa's von Nettesheim Magische Werke. Zum ersten Male vollständig in's Deutsche übersetzt. 5 Tle. in 1 Bd. Wiesbaden [1982]. (Nachdr. der Ausg. Stuttgart 1855–56.)

Herder, *Frühe Schriften* Johann Gottfried Herder: Frühe Schriften 1764–1772. Hrsg. von Ulrich Gaier. Frankfurt a. M. 1985. (J. G. H.: Werke in 10 Bänden. Hrsg. von Martin Bollacher [u. a.]. 1.)

Herder, SWS Johann Gottfried Herder: Sämmtliche Werke. Hrsg. von Bernhard Suphan. 33 Bde. Berlin 1877–1913. Nachdr. Hildesheim 1967–68.

Oetinger, *Swedenborg* Friedrich Christoph Oetinger: Swedenborgs irdische und himmlische Philosophie. Hrsg. von Karl

Chr. Eberhard Ehmann. Neu hrsg. von Erich Beyreuther. Stuttgart 1977. (Nachdr. der Ausg. Stuttgart 1858.)

Paracelsus, *Werke* Theophrastus Paracelsus: Werke. Besorgt von Will-Erich Peuckert. Bd. 3–5. Darmstadt 1967–68.

Zimmermann, *Weltbild* Rolf Christian Zimmermann: Das Weltbild des jungen Goethe. Studien zur hermetischen Tradition des deutschen 18. Jahrhunderts. 2 Bde. München 1969–79.

Abkürzungen

DjG Der junge Goethe. Neu bearb. Ausg. in 5 Bänden. Hrsg. von Hanna Fischer-Lamberg. Berlin / New York 1963–74.

DVjs Deutsche Vierteljahrsschrift für Literaturwissenschaft und Geistesgeschichte

Euph Euphorion. Zeitschrift für Literaturgeschichte

GJb Goethe-Jahrbuch

Goethe Goethe. N. F. des Jahrbuchs der Goethe-Gesellschaft

GRM Germanisch-Romanische Monatsschrift

HA Goethes Werke. Hamburger Ausgabe (s. Lit.-Verz., Abschn. 2)

HA Br. Goethes Briefe. Hamburger Ausgabe (s. Lit.-Verz., Abschn. 2)

HA Br. (an Goethe) Briefe an Goethe. Hamburger Ausgabe (s. Lit.-Verz., Abschn. 2)

JbFDH Jahrbuch des Freien Deutschen Hochstifts

JEGPh Journal of English and Germanic Philology

MLN Modern Language Notes

MLR The Modern Language Review

PMLA Publications of the Modern Language Association of America

WA Goethes Werke. Weimarer Ausgabe (s. Lit.-Verz., Abschn. 2)

WB Weimarer Beiträge

WW Wirkendes Wort

ZfdA Zeitschrift für deutsches Altertum

ZfdPh Zeitschrift für deutsche Philologie

XIII

Literaturverzeichnis

Eine vollständige, bis 1976 geführte Faust-Bibliographie bietet Hans Henning (s. Abschn. 1); da sich die im vorliegenden Band genannten Abhandlungen und Kommentare nur auf den *Urfaust* beziehen, sind nur die Abschnitte »Faust vor Goethe« (3) und »Zur Entstehung und Deutung des *Urfaust*« (6) ausführlicher dokumentiert.

1. Nachschlagewerke

Bibliographien

Grundriß zur Geschichte der deutschen Dichtung. Begr. von Karl Goedeke. 3. Aufl. Bd. 4. Abt. 2–4: Goethe-Bibliographie [bis 1911]. Bearb. von Karl Kipka. Dresden 1910–13. Neuausg. Berlin 1955. Nachdr. Nendeln 1975. – Bd. 4. Abt. 5: Goethe-Bibliographie 1912–1950. Bearb. von Carl Diesch und Paul Schlager. Berlin 1960. – Im Anschluß daran:

Goethe-Bibliographie 1951–1969. Bearb. von Heinz Nicolai. Jährl. in: Goethe 14/15 (1952/53) – 33 (1971).

Goethe-Bibliographie 1970 ff. Bearb. von Hans Henning. Jährl. in: GJb 89 ff. (1972 ff.).

Faust-Bibliographie. Bearb. von Hans Henning. 3 Tle. in 4 Bdn. Berlin 1966–76.

Wörterbücher

Adelung, Johann Christoph: Versuch eines vollständigen grammatisch-kritischen Wörterbuchs der hochdeutschen Mundart, mit beständiger Vergleichung der übrigen Mundarten, besonders aber der oberdeutschen. 5 Bde. Leipzig 1774–86. – 2., verm. und verb. Ausg. u. d. T.: Grammatisch-kritisches Wörterbuch der hochdeutschen Mundart [...]. 4 Bde. Ebd. 1793–1801. Nachdr. Hildesheim 1970.

Campe, Joachim Heinrich: Wörterbuch der deutschen Sprache. 5 Bde. Braunschweig 1807–11.

Fischer, Paul: Goethe Wortschatz. Ein sprachgeschichtliches Wörterbuch zu Goethes sämtlichen Werken. Leipzig 1929. Nachdr. Ebd. 1968.

Goethe-Wörterbuch. Hrsg. von der Deutschen Akademie der Wissenschaften zu Berlin, der Akademie der Wissenschaften in Göttingen und der Heidelberger Akademie der Wissenschaften. Lfg. 1 ff. Stuttgart 1966 ff.

Grimm, Jacob und Wilhelm: Deutsches Wörterbuch. 32 Bde. [Bd. 1–16 in 32 Tln.]. Leipzig 1854–1960. – Erg.-Bd.: Quellenverzeichnis. Ebd. 1971. – Nachdr. München 1984.

Heinsius, Theodor: Volksthümliches Wörterbuch der Deutschen Sprache, mit Bezeichnung der Aussprache und Betonung für die Geschäfts- und Lesewelt. 4 Bde. Hannover 1818–22.

Hohlfeld, Alexander R. / Joos, Martin / Twaddell, William F.: Wortindex zu Goethes Faust. Madison 1940. – Ergänzend: Paula M. Kittel: Der Wortschatz der Bühnenprosa in Goethes Faust. Ein Nachtrag zum »Wortindex zu Goethes Faust«. In: Monatshefte 36 (1944) S. 321–344. Buchausg., als 2., verm. und verb. Aufl., besorgt von Norbert Fuerst. Madison 1946.

Andere Nachschlagewerke

Daemmrich, Horst S. und Ingrid: Themen und Motive in der Literatur. Ein Handbuch. Tübingen 1987.

Frenzel, Elisabeth: Stoffe der Weltliteratur. Ein Lexikon dichtungsgeschichtlicher Längsschnitte. Stuttgart [5]1981.

Hederich, Benjamin: Gründliches mythologisches Lexicon [...]. Darmstadt 1967. (Nachdr. der durchges., verm. und verb. Ausg. von Johann Joachim Schwaben. Leipzig 1770.)

Heusler, Andreas: Deutsche Versgeschichte. 3 Bde. Berlin [2]1956.

Simrock, Karl: Die Deutschen Sprichwörter. Frankfurt a. M. 1846. Nachdr. Dortmund 1978. – Neuausg. Stuttgart 1988. (Reclams Universal-Bibliothek. 8453[7].)

Zedler, Johann Heinrich: Großes vollständiges Universal-Lexicon Aller Wissenschafften und Künste. 64 Bde., 4 Suppl.-Bde. Halle/Leipzig 1732–54. Nachdr. Graz 1961–64.

2. Goethe: Texte und Zeugnisse

Ausgaben

Goethes Faust in ursprünglicher Gestalt nach der Göchhausenschen Abschrift hrsg. von Erich Schmidt. Weimar: Böhlau, 1887. – 8. Abdr. Bearb. von Wolfgang von Oettingen. Ebd. 1915.

Der Urfaust. Goethes Faust in ursprünglicher Gestalt. Hrsg. und eingel. von Robert Petsch. Leipzig: Reclam, 1911 [u. ö.]. (Universal-Bibliothek. 5273.) – Neuausg. [Textrevision nach dem 8. Abdr. der Edition von Schmidt / v. Oettingen.] Stuttgart: Reclam, 1955 [u. ö.]. (Universal-Bibliothek. 5273.) – Urfaust. [. . .] Nachw. von Robert Petsch. Neu durchges. Ausg. [Mit editorischem Bericht zur Textgrundlage und Textgestalt.] Ebd. 1987.

Goethes Werke. [Weimarer Ausgabe.] Hrsg. im Auftrage der Großherzogin Sophie von Sachsen. (Abt. 1: Werke. Abt. 2: Naturwissenschaftliche Schriften. Abt. 3: Tagebücher. Abt. 4: Briefe.) 133 Bde. (in 143 Tln.). Weimar: Böhlau, 1887–1919. Nachdr. München: Deutscher Taschenbuch Verlag, 1987. – Abt. 1, Bd. 39, S. 217–319: Faust. In ursprünglicher Gestalt. Bearb. von Erich Schmidt. 1897.

Goethes Werke. Hamburger Ausgabe in 14 Bänden. Hrsg. von Erich Trunz. Hamburg: Wegner, 1948–64. [Überarb. Neuaufl. einzelner Bde. 1952 ff.; seit 1972 München: C. H. Beck.] – Bd. 3: Dramatische Dichtungen I. (Faust. Der Tragödie erster Teil – Der Tragödie zweiter Teil – Faust in ursprünglicher Gestalt (Urfaust).) Textkritisch durchges. und komm. von Erich Trunz. 1949. 13., neubearb. und erw. Aufl. 1986.

Goethe. Gedenkausgabe der Werke, Briefe und Gespräche. [Artemis-Gedenkausgabe.] Hrsg. von Ernst Beutler. 24 Bde., 3 Erg.-Bde. Zürich: Artemis Verlag, 1948–71. – Bd. 5: Die Faustdichtungen. Hrsg. von Ernst Beutler. 1950. 3. Aufl. (Zürich/München) 1977.

Werke Goethes. [Akademie-Ausgabe.] Hrsg. von der Deutschen Akademie der Wissenschaften zu Berlin unter Ltg. von Ernst Grumach. [Werkreihe ohne Bd.-Zählung.] Berlin: Akademie-Verlag, 1952 ff. – [Bd. 5:] Faust. 1. Urfaust – Faust. Ein Fragment. (Paralleldruck.) [Beilage: Faks. der Göchhausenschen Hs.] Bearb. von Ernst Grumach. 1954. – Erg.-Bd. 3: Urfaust – Faust. Ein Fragment – Faust. Der Tragödie erster Teil. (Paralleldruck.) Bearb. von Ernst Grumach und Inge Jensen. 1958.

Goethe. Berliner Ausgabe [Abt. 1:] Poetische Werke. Hrsg. von Siegfried Seidel. 16 Bde. Berlin: Aufbau-Verlag, 1960–68. – Bd. 8: Dramatische Dichtungen 4: Faust. Bearb. von Gotthard Erler. 1965. 2. Aufl. (Berlin/Weimar) 1973.

Der junge Goethe. Neu bearb. Ausg. in 5 Bänden. Hrsg. von Hanna Fischer-Lamberg. Bd. 5: Januar – Oktober 1775. Berlin / New York: de Gruyter, 1973. [S. 272–351: Urfaust.]

Johann Wolfgang von Goethe: Urfaust – Faust. Ein Fragment – Faust. Eine Tragödie. Paralleldruck der drei Fassungen. Hrsg. von Werner Keller. 2 Bde. Frankfurt a. M.: Insel Verlag, 1985.

Goethes Briefe. Hamburger Ausgabe in 4 Bänden. Hrsg. von Karl Robert Mandelkow. Hamburg: Wegner, 1962–67. [Überarb. Neuaufl. einzelner Bde. 1968 ff.; seit 1976 München: C. H. Beck.]

Briefe an Goethe. Hamburger Ausgabe in 2 Bänden. Hrsg. von Karl Robert Mandelkow. Hamburg: Wegner, 1965–69. 2. Aufl. München: C. H. Beck, 1982.

Zeugnisse

Goethes Gespräche. Eine Sammlung zeitgenössischer Berichte aus seinem Umgang. Auf Grund der Ausgabe und des Nachlasses von Flodoard Freiherrn von Biedermann erg. und hrsg. von Wolfgang Herwig. 4 Bde. (in 5 Tln.), 1 Reg.-Bd. Zürich/München 1965–87.

Goethe über seine Dichtungen. Versuch einer Sammlung aller Äußerungen des Dichters über seine poetischen Werke. Hrsg. von Hans Gerhard Gräf. 3 Tle. (in 9 Bdn.). Frankfurt a. M. 1901–14. Nachdr. Darmstadt 1968.

Steiger, Robert: Goethes Leben von Tag zu Tag. Eine dokumentarische Chronik. Bd. 1: 1749–1775. Zürich/München 1982.

3. Faust vor Goethe

Texte

Das Faustbuch nach der Wolfenbüttler Handschrift. Hrsg. von H[arry] G. Haile. Berlin 1963. (Philologische Studien und Quellen. 14.)

Das Volksbuch vom Doctor Faust. Nach der ersten Ausgabe, 1587. Hrsg. von Robert Petsch. Halle 1911. (Neudrucke deutscher Litteraturwerke des 16. und 17. Jahrhunderts. 7. 8. 8a. 8b.)

Historia von D. Johann Fausten. Neudruck des Faustbuches von 1587. Hrsg. und eingel. von Hans Henning. Halle 1963. Leipzig ³1984.

Historia von D. Johann Fausten. Text des Druckes von 1587. Kritische Ausg. Mit den Zusatztexten der Wolfenbütteler Handschrift und der zeitgenössischen Drucke. Hrsg. von Stephan Füssel und Hans Joachim Kreutzer. Stuttgart 1988. (Reclams Universal-Bibliothek. 1516 [5].)

Christopher Marlowe: The Tragical History of Doctor Faustus. In: Marlowe's Plays and Poems. Ed. by Maurice R. Ridley. London 1955. (Everyman's Library. 383.)

– Die tragische Historie vom Doktor Faustus. Dt. Fass., Nachw. und Anm. von Adolf Seebass. Stuttgart 1964 [u. ö.]. (Reclams Universal-Bibliothek. 1128.)

Georg Rudolf Widmann: Die warhafftigen Historien von [...] D. Johannes Faustus [...] Hamburg 1599. In: Das Kloster. Weltlich und geistlich. Hrsg. von J. Scheible. Bd. 2. Stuttgart 1846. S. 273–804.

– D. Johannes Faustus. Faksimiledruck der ersten Ausgabe. Hamburg 1599. Mit einem Nachw. von Gerd Wunder. Schwäbisch Hall 1978.

– Fausts Leben [in der Bearbeitung von Johann Nicolaus Pfitzer, Nürnberg 1764]. Hrsg. von Adelbert von Keller. Tübingen 1880. (Bibliothek des Litterarischen Vereins in Stuttgart. 146.) Nachdr. Hildesheim / New York 1976.

Das Faustbuch des Christlich Meynenden. Nach dem Druck von 1725 hrsg. von Siegfried Szamatólski. Leipzig 1891. (Deutsche Litteraturdenkmale des 18. und 19. Jahrhunderts. 39.) Nachdr. Nendeln 1968.

Das Faustbuch des Christlich Meynenden von 1725. Faksimile-Edition des Erlanger Unikats mit Erläuterungen und einem Nachwort. Hrsg. von Günther Mahal. Knittlingen 1983.

Doctor Fausti Weheklag. Die Volksbücher von D. Johann Fausten und Christoph Wagner. Hrsg. von Helmut Wiemken. Bremen 1961.

Faust auf der Volksbühne, in den Puppen- oder Marionettenspielen. In: Das Kloster. Weltlich und geistlich. Hrsg. von J. Scheible. Bd. 5. Stuttgart 1847. S. 649–1027.

Doctor Johannes Faust. Puppenspiel in vier Aufzügen. Hergest. von Karl Simrock. Frankfurt a. M. 1846. – Neudr. Nach der Ausg. von 1872 hrsg., eingel. und um weitere Puppenspieltexte verm. von

Robert Petsch. Leipzig [1923]. (Reclams Universal-Bibliothek. 6378/79.)
Lessings Faustdichtung. Hrsg. von Robert Petsch. Heidelberg 1911.
Gotthold Ephraim Lessing: D. Faust – Die Matrone von Ephesus. Fragmente. Hrsg. von Karl S. Guthke. Stuttgart 1968 [u. ö.]. (Reclams Universal-Bibliothek. 6719.)
Faust. Vollständige Dramentexte. Hrsg. von Margret Dietrich. München 1970. [Marlowe, Mountfort, Lessing, Simrock, Goethes *Urfaust*, Weidmann, Maler Müller, Lenz.]

Literatur

Baron, Frank: Faustus. Geschichte, Sage, Dichtung. München 1982.
Creizenach, Wilhelm: Versuch einer Geschichte des Volksschauspiels vom Dr. Faust. Halle 1878.
Dédéyan, Charles: Le thème de Faust dans la littérature européenne. 2 Bde. Paris 1954–55.
Geiges, Leif: Faust's Tod in Staufen. Sage – Dokumente. Freiburg ^{2}1981.
Guthke, Karl S.: Problem und Problematik von Lessings Faustdichtung. In: ZfdPh 79 (1960) S. 141–149.
Hampe, Theodor: Die Entwicklung des Theaterwesens in Nürnberg von der zweiten Hälfte des 15. Jahrhunderts bis 1806. In: Mitteilungen des Vereins für Geschichte der Stadt Nürnberg 13 (1899) S. 98–237.
Henning, Hans: Das Faustbuch von 1587. Seine Entstehung, seine Quellen, seine Wirkung. In: WB 6 (1960) S. 26–57.
– Faust in fünf Jahrhunderten. Ein Überblick zur Geschichte des Faust-Stoffes vom 16. Jahrhundert bis zur Gegenwart. Halle 1963.
Kiesewetter, Carl: Faust in der Geschichte und Tradition. Mit besonderer Berücksichtigung des occulten Phänomenalismus und des mittelalterlichen Zauberwesens. Leipzig 1893. Nachdr. Hildesheim / New York 1978.
Könneker, Barbara: Faust-Konzeption und Teufelspakt im Volksbuch von 1587. In: Festschrift Gottfried Weber. Hrsg. von Heinz Otto Burger und Klaus von See. Bad Homburg / Berlin / Zürich 1967. S. 159–213.
Mahal, Günther: Faust. Die Spuren eines geheimnisvollen Lebens. Bern/München 1980.
Meyer-Benfey, Heinrich: Lessings Faustpläne. In: GRM 12 (1924) S. 78–88.

Müller, Günther: Geschichte der deutschen Seele. Vom Faustbuch zu Goethes Faust. Freiburg i. Br. 1939. Nachdr. Darmstadt 1962.
Petsch, Robert: Faustsage und Faustdichtung. [Aufsätze aus der Zeit 1907–24.] In: R. P.: Gehalt und Form. Gesammelte Abhandlungen zur Literaturwissenschaft und zur allgemeinen Geistesgeschichte. Dortmund 1925. S. 225–459. Nachdr. als Buchausg. Ebd. 1966.
Pniower, Otto: Pfitzers Faustbuch als Quelle Goethes. In: ZfdA 57 (1920) S. 248–266.
Richert, Hans Georg: Marlowes Faust-Konzeption. Ein Vergleich mit der Quelle. In: Colloquia Germanica 12 (1979) S. 28–60.
Schwerte, Hans: Faustus Icarus. Flugsehnsucht und Flugversuche in der Faust-Dichtung von der Historia bis zu Goethes Tragödie. In: GJb 103 (1986) S. 302–315.

4. Bezüge des *Urfaust*

Wo nicht anders vermerkt, stammen die Übersetzungen der fremdsprachigen Zitate vom Verfasser.

Literarische Bezüge

Basile, Giambattista: Il Pentamerone (»Lo cunto de li cunti«, 1634–36). – Dt.: Das Pentameron. Übers. von Adolf Potthoff. Nachw. von Benedetto Croce. Hattingen [1959].
Bidermann, Jakob: Cenodoxus (1602). Hrsg. von Rolf Tarot. Tübingen 1963. – Dt. Übers. von Joachim Meichel (1635). Hrsg. von Rolf Tarot. Stuttgart 1965 [u. ö.]. (Reclams Universal-Bibliothek. 8598[2].)
Boccaccio, Giovanni: Il Decamerone (um 1350, Erstdr. 1470). – Dt.: Das Dekameron. Vollständige Ausg. Übertr. von Karl Witte, durchges. von Helmut Bode. München 1964.
Dante Alighieri: La Divina Commedia (um 1307–21, Erstdr. 1472). – Dt.: Die göttliche Komödie. Ital. und dt. Übers. und Komm. von Hermann Gmelin. 6 Bde. Stuttgart 1949–57.
Gretser, Jakob: Dialogus de Udone Archiepiscopo Magdeburgensi (1587, 2. Fass. 1598). – Dt. von Urs Herzog in: U. H.: Jakob Gretsers »Udo von Magdeburg«. Edition und Monographie. Berlin 1970.
Haller, Albrecht von: Gedichte. Kritische Ausg. Hrsg. von Harry Maync. Leipzig 1923.

Klopstock, Friedrich Gottlieb: Sämmtliche Werke. Erste vollständige Ausg. 10 Bde. Leipzig 1844–45.
Langosch, Karl (Hrsg.): Hymnen und Vagantenlieder. Lateinische Lyrik des Mittelalters mit deutschen Versen. Darmstadt ^{3}1961.
Lessing, Gotthold Ephraim: Sämtliche Schriften. Hrsg. von Karl Lachmann. 3. Aufl. besorgt durch Franz Muncker. 23 Bde. Stuttgart/Leipzig 1886–1924. Nachdr. Berlin 1968.
Lillo, George: The London Merchant or The History of George Barnwell (1731). – Dt.: Der Kaufmann von London oder Begebenheiten Georg Barnwells. Ein bürgerliches Trauerspiel. Übers. von Hennig Adam von Bassewitz (1752). Kritische Ausg. Hrsg. von Klaus-Detlef Müller. Tübingen 1981.
Marivaux, Pierre Carlet de Chamblain de: La vie de Marianne (1731–42). Éd. par Frédéric Deloffre. Paris 1963.
Molière (Jean-Baptiste Poquelin): Dom Juan ou Le Festin de pierre (1665). – Dt.: Don Juan oder Der steinerne Gast. Frz./Dt. Übers. und hrsg. von Hartmut Stenzel. Stuttgart 1989. (Reclams Universal-Bibliothek. 8556 [3].)
Nicolai, Friedrich: Eyn feyner kleyner Almanach Vol schoenerr echterr liblicherr Volckslieder, lustigerr Reyen vnndt kleglicherr Mordgeschichte [...]. Hrsg. von Georg Ellinger. Berlin 1888. (Nachdr. der Ausg. Berlin 1777–78.)
Ovidius Naso, Publius: Metamorphosen. Lat./Dt. Übers. und hrsg. von Erich Rösch. Zürich/München ^{10}1983.
– Tristia. Lat./Dt. Übers. und komm. von Georg Luck. 2 Bde. Heidelberg 1967–77.
Percy, Thomas: Reliques of Ancient English Poetry. London 1765.
Petrarca, Francesco: Canzoniere (1470). Testo critico di Gianfranco Contini. Alpignano 1974.
Ramler, Karl Wilhelm: Lyrische Bluhmenlese. 2 Tle. Leipzig 1774–78.
– Poetische Werke. 2 Tle. Bern 1979. (Nachdr. der Ausg. Wien 1801.)
Richardson, Samuel: The Novels. Ed. by Ethel M. M. McKenna. 20 Bde. London 1902.
Sachs, Hans: Der farendt Schuler ins Paradeiß (1550). In: H. S.: Sämtliche Fastnachtspiele. Hrsg. von Edmund Goetze. Bd. 2: Dreizehn Fastnachtspiele aus den Jahren 1539–1550. Halle 1881. Neu durchges. von Ruth Schmidt-Wiegand. Ebd. 1957.
– Sämtliche Fabeln und Schwänke. Hrsg. von Edmund Goetze. Bd. 1. Halle 1893.

Shakespeare, William: The Complete Works. Ed. by William J. Craig. London / New York / Toronto 1955.
Sterne, Laurence A.: A Sentimental Journey through France and Italy. London 1971. (Nachdr. der Ausg. London 1768.)
Voragine, Jacobus de: Legenda aurea. Ed. Theodor Graesse. Osnabrück 1965. (Nachdr. der Ausg. Dresden/Leipzig ²1890.)
Waldberg, Max Frhr. von (Hrsg.): Venus-Gärtlein. Ein Liederbuch des 17. Jahrhunderts. Nach dem Drucke von 1656. Halle 1890.
Wieland, Christoph Martin: Werke. Hrsg. von Fritz Martini und Hans Werner Seiffert. 5 Bde. München 1965–68.
Young, Edward: The Complaint: or, Night-Thoughts on Life, Death, and Immortality (1742–45). Ed. by George Gilfillan. Edinburgh 1853.

Bezüge zu Religion, Philosophie, Poetik und Kritik

Addison, Joseph / Steele, Richard, and others: The Spectator. Ed. by G. Gregory Smith. 4 Bde. London ²1945. (Everyman's Library. 164–167.)
Bacon, Francis: The Works. Coll. and ed. by James Spedding, Robert L. Ellis and Douglas D. Heath. 14 Bde. Stuttgart 1961–63. (Nachdr. der Ausg. London 1857–74.)
Bayle, Pierre: Dictionnaire historique et critique. Rotterdam 1697.
Beaumelle, L[aurent] A[ngliviel] de la: Mes pensées, ou le Qu'en dira-t-on. Berlin 1755.
Buffon, Georges Louis Leclerc, comte de: Histoire naturelle générale et particulière. 44 Bde. Paris 1749–1804. Nouvelle éd 127 Bde. Ebd. 1799–1808.
Capelle, Wilhelm (Hrsg.): Die Vorsokratiker. Die Fragmente und Quellenberichte übers. und eingel. von W. C. Stuttgart ⁴1953.
Diderot, Denis: Œuvres esthétiques. Éd. par Paul Vernière. Paris 1965.
Ficino, Marsilio: De triplici vita libri tres (1489). Hildesheim / New York 1973. (Nachdr. der Ausg. Venedig 1498.)
– De vita libri tres. Hildesheim / New York 1978. (Nachdr. der Ausg. Venedig 1498.)
– Opera omnia. 2 Bde. Basel 1576.
Gregorius Nazianzenus: Orationes. In: G. N.: Opera omnia. Bd. 1. Ed. A[rmand-] B[enjamin] Caillau. Paris 1872.
Hamann, Johann Georg: Sokratische Denkwürdigkeiten (1759) – Aesthetica in nuce (1762). Mit einem Komm. hrsg. von Sven-Aage

Jørgensen. Stuttgart 1968 [u. ö.]. (Reclams Universal-Bibliothek. 926[3].)

Herder, Johann Gottfried: Sämmtliche Werke. Hrsg. von Bernhard Suphan. 33 Bde. Berlin 1877–1913. Nachdr. Hildesheim 1967–68.

– Briefe. Gesamtausg. 1763–1803. Hrsg. von Wilhelm Dobbek und Günter Arnold. 8 Bde. Weimar 1977–84.

– Frühe Schriften 1764–1772. Hrsg. von Ulrich Gaier. Frankfurt a. M. 1985. (J. G. H.: Werke in 10 Bänden. Hrsg. von Martin Bollacher [u. a.]. 1.)

Horaz (Quintus Horatius Flaccus): De arte poetica liber. Die Dichtkunst. Lat. und dt. Einf., Übers. und Erl. von Horst Rüdiger. Zürich 1961.

Kant, Immanuel: Gesammelte Schriften. Hrsg. von der Königlich Preußischen Akademie der Wissenschaften. Bd. 1 ff. Berlin 1902 ff.

Kortholt, Sebastian: De tribus impostoribus (1701); der Spinoza gewidmete Teil dt. in: Spinoza. Lebensbeschreibungen und Gespräche. Auf der Grundlage der Ausg. von Carl Gebhardt erw. und hrsg. von Manfred Walther. Hamburg 1986.

Lavater, Johann Caspar: Physiognomische Fragmente, zur Beförderung der Menschenkenntniß und Menschenliebe. 4 Bde. Zürich/Leipzig 1968–69. (Nachdr. der Ausg. Leipzig/Winterthur 1775 bis 1778.)

Leibniz, Gottfried Wilhelm: Die philosophischen Schriften. Hrsg. von Carl I. Gerhardt. 7 Bde. Hildesheim / New York 1978. (Nachdr. der Ausg. Berlin 1875–80.)

Luther, Martin: Kritische Gesamtausgabe. [Weimarer Ausgabe.] Bd. 1 ff. Weimar 1883 ff.

Mendelssohn, Moses: Ästhetische Schriften in Auswahl. Hrsg. von Otto F. Best. Darmstadt 1986.

Möser, Justus: Sämtliche Werke. Hrsg. von der Akademie der Wissenschaften zu Göttingen. 14 Bde. (in 19 Tln.). Göttingen 1944–86.

Pico della Mirandola, Giovanni: De dignitate hominis (1487). Über die Würde des Menschen. Lat. und dt. Übers. von Hans H. Reich und Frank-Rutger Hausmann. Eingel. von Eugenio Garin. Bad Homburg / Berlin / Zürich 1968.

Plotin: Enneades. Cum Marsilii Ficini [commentariis et ejusdem] interpretatione castigata. Ed. Friedrich Creuzer et Georg H. Moser. Paris 1855.

Pope, Alexander: An Essay on Man (1733–34). Ed. by Mark Pattison. Oxford 1932.
Rousseau, Jean-Jacques: Œuvres complètes. 37 Bde. Paris 1793 bis 1800.
– Émile, ou De l'Éducation (1762). Éd. par François et Pierre Richard. Paris 1957.
Spinoza, Benedict de: Ethica (postum 1677). – Dt.: Die Ethik, nach geometrischer Methode dargestellt. Übers. und hrsg. von Otto Baensch. Leipzig 1910. Nachdr. Hamburg 1976.
Vergil: Aeneis. Lat./Dt. Übers. und hrsg. von Maria und Johannes Götte. Zürich/München [6]1983.

Bezüge zu Magie, Mystik, Hermetismus

Agrippa von Nettesheim, Heinrich Cornelius: De incertitudine et vanitate scientiarum atque artium (1530). – Dt. in: A. v. N.: Die Eitelkeit und Unsicherheit der Wissenschaften [...]. Hrsg. [und übers.] von Fritz Mauthner. 2 Bde. München 1913. Nachdr. Wiesbaden 1969.
– De occulta philosophia sive de magia (1531). – Dt. in: Heinrich Cornelius Agrippa's von Nettesheim Magische Werke. Zum ersten Male vollständig in's Deutsche übersetzt. 5 Tle. in 1 Bd. Wiesbaden [1982]. (Nachdr. der Ausg. Stuttgart 1855–56.)
– Opera. 2 Bde. Hildesheim / New York 1970. (Nachdr. der Ausg. Lyon [um 1600].)
Arnold, Gottfried: Unpartheyische Kirchen- und Ketzer-Historie, vom Anfang des Neuen Testaments biß auf das Jahr Christi 1688. 4 Tle. in 2 Bdn. Hildesheim 1967. (Nachdr. der Ausg. Frankfurt a. M. 1729.)
Böhme, Jacob: Sämtliche Schriften. Beg. von August Faust, neu hrsg. von Will-Erich Peuckert. 11 Bde. Stuttgart 1955–60. (Nachdr. der Ausg. Amsterdam 1730.)
Helmont, Franciscus Mercurius van: Paradoxal Discourse, oder Ungemeine Meynungen von dem Macrocosmo und Microcosmo. Hamburg 1691.
James I., King: Daemonologie. New York 1966. (Nachdr. der Ausg. Edinburgh 1597.)
Kern, Otto: Orphicorum fragmenta. Berlin 1922.
Oetinger, Friedrich Christoph: Swedenborgs irdische und himmlische Philosophie. Hrsg. von Karl Chr. Eberhard Ehmann. Neu

hrsg. von Erich Beyreuther. Stuttgart 1977. (Nachdr. der Ausg. Stuttgart 1858.)
The Orphic Hymns. Text, Translation and Notes by Apostolos N. Athanassakis. Missoula, Montana, 1977.
Paracelsus, Theophrastus: Werke. Besorgt von Will-Erich Peuckert. Bd. 3–5. Darmstadt 1967–68.
Reuchlin, Johannes: De verbo mirifico – De arte cabalistica. Stuttgart 1964. (Nachdr. der Ausg. Basel 1494 und Hagenau 1517 in 1 Bd.)
Welling, Georg von: Opus mago-cabbalisticum et theosophicum. Homburg v. d. H. 1735.

Literatur zum Feld der Bezüge

Bartscherer, Agnes: Paracelsus, Paracelsisten und Goethes Faust. Eine Quellenstudie. Dortmund 1911.
– Zur Kenntnis des jungen Goethe. Dortmund 1912.
Beutler, Ernst: Die Kindsmörderin. In: E. B.: Essays um Goethe. Bremen [6]1962. S. 87–101.
Birven, Henri: Goethes Faust und der Geist der Magie. Leipzig 1923.
Burdach, Konrad: Faust und Moses. Tl. 1–3. In: Sitzungsberichte der Preußischen Akademie der Wissenschaften. Philosophisch-Historische Klasse. Nr. 23, 35, 38 (1912) S. 358–403, 627–659, 736–789.
– Das religiöse Problem in Goethes Faust. In: Euph 33 (1932) S. 3–83.
Errante, Vincenzo: Musik und Malerei in Goethes Kunst. Dargestellt an Faust I: »Auerbachs Keller«. Aus dem Ital. von Ernst W. Junker. In: Thema [Jg. 1] (1949) H. 2. S. 39–42.
Fowler, Frank M.: Goethe's Faust and the Medieval Sequence. In: MLR 71 (1976) S. 839–845.
Gaier, Ulrich: Nachwirkungen Oetingers in Goethes »Faust«. In: Pietismus und Neuzeit 10 (1984) S. 90–123.
Gillies, Alexander: The Macrocosmos Sign in Goethe's Faust and Herder's Mystic Hexagon. In: MLR 36 (1941) S. 397–399.
Goerwitz, Adolf L.: Goethe und Swedenborg. In: Die neue Kirche 66 (1949) S. 3–16.
Gollwitzer, Gerhard: Die Geisterwelt ist nicht verschlossen. Swedenborgs Schau in Goethes Faust. Stuttgart [1968].
Gothein, Marie: Der Gottheit lebendiges Kleid. In: Archiv für Religionswissenschaft 9 (1906) S. 337–365.
Jacobi, Günther: Herder als Faust. Leipzig 1911.

Jantz, Harold: Faust's Vision of the Macrocosm. In: MLN 68 (1953) S. 348–351.
– Goethe's Faust as a Renaissance Man. Parallels and Prototypes. Princeton 1951.
Keetmann, E.: Götz, die Frucht des straßburger juristischen Studiums Goethes. In: Juristische Wochenschrift 61 (1932) H. 12. S. 853 f.
Kluge, Ingeborg: Wissenschaftskritik in Goethes »Faust«. Frankfurt a. M. 1982.
Koch, Franz: Goethe und Plotin. Leipzig 1925.
Lippmann, Edmund O. v.: Encheiresis Naturae. In: GJb 29 (1908) S. 163–164.
Mahl, Bernd: Goethes ökonomisches Wissen. Frankfurt a. M. / Bern 1982.
Morris, Max: Swedenborg im Faust. In: Euph 6 (1899) S. 491–510.
Neubert, Franz: Vom Doctor Faustus zu Goethes Faust. Mit 595 Abb. Leipzig 1932.
Petriconi, Hellmuth: Die verführte Unschuld. Bemerkungen über ein literarisches Thema. Hamburg 1953.
Peuckert, Will-Erich: Pansophie. Ein Versuch zur Geschichte der weißen und schwarzen Magie. Berlin ^{2}1956.
Piepmeier, Rainer: Aporien des Lebensbegriffs seit Oetinger. Freiburg/München 1978.
Pniower, Otto: Goethes Faust und das Hohe Lied. In: GJb 13 (1892) S. 181–198.
Politzer, Heinz: Das Schweigen der Sirenen. Studien zur deutschen und österreichischen Literatur. Stuttgart 1968. [S. 312–339: Gretchen im *Urfaust*.]
Rameckers, J[an] Matthias: Der Kindesmord in der Literatur der Sturm- und Drang-Periode. Ein Beitrag zur Kultur-Geschichte des 18. Jahrhunderts. Rotterdam 1927.
Reichl, Anton: Goethes Faust und Agrippa von Nettesheim. In: Euph 4 (1897) S. 287–301.
Richter, Julius: Jakob Böhme und Goethe. Eine strukturpsychologische Untersuchung. In: JbFDH 1934/35. S. 3–55.
Rotermund, Hans-Martin: Zur Kosmogonie des jungen Goethe. In: DVjs 28 (1954) S. 472–486.
Saran, Franz: Goethes Mahomet und Prometheus. Halle 1914.
Schuchard, G[ottlieb] C. L.: Faust's Himmelfahrt. Zur Nachwirkung der Ideen Swedenborgs in Goethes »Faust«. In: Offene Tore 7 (1963) H. 6. S. 177–190.

Storck, Willy: Goethes Faust und die bildende Kunst. Leipzig 1912.
Türck, Hermann: Die Bedeutung der Magie und Sorge in Goethes Faust. In: GJb 21 (1900) S. 224–235.
Wachsmuth, Andreas B.: Goethe und die Magie. In: Goethe 8 (1943) S. 98–114, 215–231.
– Die Magia naturalis im Weltbilde Goethes. In: Goethe 19 (1957) S. 1–27.
Wächtershäuser, Wilhelm: Das Verbrechen des Kindesmords im Zeitalter der Aufklärung. Berlin 1973.
Walker, Daniel P.: Spiritual and Demonic Magic from Ficino to Campanella. London 1958.
Zimmermann, Rolf Christian: Das Weltbild des jungen Goethe. Studien zur hermetischen Tradition des deutschen 18. Jahrhunderts. 2 Bde. München 1969–79.

5. Kommentare und kommentierte Ausgaben

Arens, Hans: Kommentar zu Goethes Faust I. Heidelberg 1982.
Beutler, Ernst   Johann Wolfgang von Goethe: Die Faustdichtungen. Einf., Worterkl. und Textüberwachung von Ernst Beutler. München 1977. [Sonderausg. von Bd. 5 der Artemis-Gedenkausgabe.]
Buchwald, Reinhard: Führer durch Goethes Faustdichtung. Erklärung des Werkes und Geschichte seiner Entstehung. Stuttgart ^{8}1983.
Düntzer, Heinrich: Goethe's Faust. Erster und zweiter Teil. Zum erstenmal vollständig erläutert. 2 Tle. Leipzig 1850–51.
Erler, Gotthard   Goethe. Berliner Ausgabe. [Abt. 1:] Poetische Werke. Hrsg. von Siegfried Seidel. Bd. 8: Dramatische Dichtungen 4: Faust. Bearb. von Gotthard Erler. Berlin 1965. Berlin/Weimar ^{2}1973.
Fischer, Kuno: Goethes Faust. 3 Bde. Heidelberg 1902–03.
Friedrich, Theodor / Scheithauer, Lothar: Kommentar zu Goethes Faust. Mit einem Faust-Wörterbuch und einer Faust-Bibliographie. Stuttgart 1974 [u. ö.]. (Reclams Universal-Bibliothek. 7177[5].)
Krogmann, Willy: Goethes Urfaust. Berlin 1933. Nachdr. Nendeln 1967.
Loeper, G[ustav] von   Faust. Eine Tragödie von Goethe. Mit Einl. und erkl. Anm. von G. von Loeper. 2. Bearb. 2 Tle. Berlin 1879.

Minor, Jacob: Goethes Faust. Entstehungsgeschichte und Erklärung. Bd. 1: Der Urfaust und das Fragment. Stuttgart 1901.
Morris, Max Der junge Goethe. Neue Ausg. in 6 Bänden. Besorgt von Max Morris. Bd. 5. 6. Leipzig 1911–12. [Bd. 5, S. 361–445: Urfaust; Bd. 6, S. 530–549: Kommentar.]
Petsch, Robert Goethes Werke. Festausgabe. Kritisch durchges. Ausg. mit Einl. und Erl. Hrsg. von Robert Petsch. Bd. 5: Dramen I: Faust. Bearb. von Robert Petsch. Leipzig 1926.
Requadt, Paul: Goethes »Faust I«. Leitmotiv und Architektur. München 1972.
Rickert, Heinrich: Goethes Faust. Die dramatische Einheit der Dichtung. Tübingen 1932.
Schmidt, Erich Goethes Sämtliche Werke. Jubiläums-Ausgabe. Hrsg. von Eduard von der Hellen. Bd. 13. 14: Faust. Mit Einl. und Anm. von Erich Schmidt. Stuttgart/Berlin [1903–06].
Trunz, Erich Goethes Werke. Hamburger Ausgabe in 14 Bänden. Hrsg. von Erich Trunz. Bd. 3: Dramatische Dichtungen I. (Faust. [...].) Textkritisch durchges. und komm. von Erich Trunz. Hamburg 1949. München ^{13}1986.
Witkowski, Georg Goethes Faust. Hrsg. von Georg Witkowski. 2 Bde. Leipzig 1906.

6. Zur Entstehung und Deutung des *Urfaust*

Ammerlahn, Hellmuth: Goethe und Gretchens Lied vom Machandelboom. Zur Symbolik des dichterischen Schaffensprozesses. In: Akten des 6. Internationalen Germanisten-Kongresses, Basel 1980. Hrsg. von Heinz Rupp und Hans-Gert Roloff. Bd. 4. Bern / Frankfurt a. M. / Las Vegas 1980. S. 338–344.
Atkins, Stuart: A Reconsideration of some Misunderstood Passages in the ›Gretchen Tragedy‹ of Goethe's Faust. In: MLR 48 (1953) S. 420–434.
Binder, Wolfgang: Die Einheit der Faustgestalt im Urfaust. In: WW 33 (1983) H. 1. S. 4–18.
Böhm, Wilhelm: Faust der Nichtfaustische. Halle 1933.
Browning, R. M.: On the Structure of the »Urfaust«. In: PMLA 68 (1953) S. 458–495.
Bub, Douglas F.: The Intermediate Spirits in Goethe's Faust. In: MLN 78 (1963) S. 413–418.

Bub, Douglas F.: Vision and Revelation in Goethe's Faust. In: MLN 88 (1973) S. 598–602.
Burger, Heinz Otto: Motive, Konzeption, Idee – das Kräftespiel in der Entwicklung von Goethes Faust. In: DVjs 20 (1942) S. 17–64.
Collin, Josef: Goethes Faust in seiner ältesten Gestalt. Frankfurt a. M. 1896.
Dieckmann, Friedrich: Annäherungen an Urfaust. In: Sinn und Form 36 (1984) S. 853–859.
Doke, Tademichi: Faustdichtungen des Sturm und Drang. In: Goethe 32 (1970) S. 29–50.
Emmel, Hildegard: Weltklage und Bild der Welt in der Dichtung Goethes. Bern / Frankfurt a. M. / Las Vegas ²1979.
Endres, Franz Carl: Symbolik von Goethes Faust. Eine Einführung. Zürich/Leipzig/Stuttgart 1932.
Goebel, Julius: Goethes Quelle für die Erdgeistscene. In: JEGPh 8 (1909), S. 1–17.
Graffunder, P.: Der Erdgeist und Mephistopheles in Goethes Faust. In: Preußische Jahrbücher 68 (1891) H. 5. S. 700–725.
Graham, Ilse: »Geeinte Zwienatur«? On the Structure of Goethe's Urfaust. In: Tradition and Creation. Essays in Honour of Elizabeth Mary Wilkinson. Ed. by Charles Ph. Magill, Brian Rowby and Christopher Smith. Leeds 1978. S. 131–145.
Grumach, Ernst: Zur Erdgeistszene. In: Goethe 14/15 (1952/53) S. 92–104.
Gundolf, Friedrich: Goethe. Berlin 1916.
Hamm, Heinz: Goethes »Faust«. Werkgeschichte und Textanalyse. Berlin 1978.
Harnack, Otto: Zur Prosaszene des Faust. In: Euph 8 (1901) S. 681–684.
Hayward, Abraham: An Historical Notice on the Story of Faust, and the Various Productions in Art and Literature that Have Grown out of it. In: J. W. v. Goethe: Faust. A Dramatic Poem. Translated by Abraham Hayward. London ²1834.
Liebich, Gert: Faust und Mephisto im »Urfaust«. Einführung der Gestalten und Konfliktdisposition. Diss. Leipzig 1975.
Lukács, Georg: Die Gretchen-Tragödie. In: Aufbau 2 (1946) H. 9. S. 904–916.
Mahal, Günther: Mephistos Metamorphosen. Fausts Partner als Repräsentant literarischer Teufelsgestaltung. Göppingen 1972.
Mason, Eudo C.: The ›Erdgeist‹ Controversy Reconsidered. In: MLR 5 (1960) S. 66–78.

Mayer, Hans: Der Famulus Wagner und die moderne Wissenschaft. In: Gestaltungsgeschichte und Gesellschaftsgeschichte. Hrsg. von Helmut Kreuzer. Stuttgart 1969. S. 176–200.
Morris, Max: Die Form des Urfaust. In: M. M.: Goethe-Studien. Bd. 1. Berlin ^{2}1902. S. 1–12.
Müller-Seidel, Walter: Komik und Komödie in Goethes »Faust«. In: Das deutsche Lustspiel. Hrsg. von Hans Steffen. Bd. 1. Göttingen 1968. S. 94–119.
Niejahr, Johannes: Kritische Untersuchungen zu Goethes Faust. In: Euph 4 (1897) S. 272–287, 489–508.
Nollendorfs, Valters: Der Streit um den Urfaust. Den Haag 1967.
Persichino, Salvatore: Dall' »Urfaust« al »Faust«. Introduzione a una letteratura storiofilologica del »Faust« di Goethe. Florenz 1973.
Petsch, Robert: Beiträge zur Erklärung des Urfaust. In R. P.: Gehalt und Form. Gesammelte Abhandlungen [...]. Dortmund 1925. S. 307–332.
Pütz, Peter: Faust und der Erdgeist. In: Untersuchungen zur Literatur als Geschichte. Festschrift für Benno von Wiese. Hrsg. von Vincent J. Günther, Helmut Koopmann [u. a.]. Berlin 1973. S. 171–181.
Rehder, Helmut: Das Symbol der Hütte bei Goethe. In: DVjs 15 (1937) S. 403–423.
Reich, Helgard: Die Entstehung der ersten fünf Szenen des Goetheschen »Urfaust«. München 1968.
Rickert, Heinrich: Der Erdgeist in Goethes Faust und die Erdgeisthypothese. In: JbFDH 1930. S. 9–130.
Roethe, Gustav: Goethe. Gesammelte Vorträge und Aufsätze. Berlin 1932.
Saran, Franz: Die Einheit des ersten Faustmonologs. In: ZfdPh 30 (1898) S. 508–548.
Sarauw, Christian: Die Entstehungsgeschichte des Goetheschen Faust. Kopenhagen 1918.
– Goethes Augen. Kopenhagen 1919.
Scheibe, Siegfried: Bemerkungen zur Entstehungsgeschichte des frühen »Faust«. In: Goethe 32 (1970) S. 61–71.
Scherer, Wilhelm: Aufsätze über Goethe. Berlin 1886.
Schneider, Ferdinand Josef: Goethes Satyros und der Urfaust. Halle 1949.
Schneider, Hermann: Urfaust? Eine Studie. Tübingen 1949.
Schrimpf, Hans Joachim: Gestaltung und Deutung des Wanderermotivs bei Goethe. In: WW 3 (1952/53) S. 11–23.

Schwerte, Hans: Faust und das Faustische. Ein Kapitel deutscher Ideologie. Stuttgart 1962.

Steffensen, Steffen: Makrokosmoszeichen und Erdgeist in Goethes Faust. In: Kopenhagener germanistische Studien 1 (1969) S. 186 bis 197.

Vischer, Friedrich Theodor: Goethes Faust. Stuttgart [2]1920.

Weber, Eberhard: Der Erlösungsgedanke im Goetheschen Urfaust. Diss. Rostock 1933.

Weill Holesovsky, Hanne: Heinrich Faust. Zur Abweichung von der Tradition bei Goethe. In: JbFDH 1978. S. 165–172.

7. Sonstige zitierte Literatur

Bachtin, Michail M.: Die Ästhetik des Wortes. Aus dem Russ. von Rainer Grübel und Sabine Reese. Hrsg. von Rainer Grübel. Frankfurt a. M. 1979.

Benn, Maurice B.: Hölderlin und Pindar. 's-Gravenhage 1962.

Erk, Ludwig / Böhme, Franz Magnus (Hrsg.): Deutscher Liederhort. 3 Bde. Leipzig 1893–94.

Gaier, Ulrich: Der gesetzliche Kalkül. Hölderlins Dichtungslehre. Tübingen 1962.

– Krumme Regel. Novalis' Konstruktionslehre des schaffenden Geistes und ihre Tradition. Tübingen 1970.

– System des Handelns. Eine rekonstruktive Handlungswissenschaft. Stuttgart 1986.

– Poesie als Metatheorie. Zeichenbegriffe des frühen Herder. In: Johann Gottfried Herder (1744–1803). Hrsg. von Gerhard Sauder. Hamburg 1987. S. 213–234.

Koselleck, Reinhart: Vergangene Zukunft. Zur Semantik geschichtlicher Zeit. Frankfurt a. M. 1979.

XIV

Register

1. Personen

Addison 206 f.
Agrippa 26 f., 75–77, 81, 103, 106, 114, 121, 135, 147, 155 f., 252, 270, 275–278, 283, 286, 289, 291 f., 296, 298–301, 303, 306–308, 310, 312, 315, 317 f., 323 f., 326–331, 334, 349, 354, 405, 408, 410, 413
Alexander d. Gr. 35, 86
Arens 7, 288, 296, 311, 335, 350, 354, 356 f., 364, 367, 380, 387–390, 394, 435
Arigo 425
Aristoteles 25, 289, 380
Arnold 24, 28, 286, 341, 379, 385
Atkins 147

Bachtin 214, 230
Bacon, F. 28, 32, 109–111, 286, 334, 336
Bacon, R. 408
Bahrdt 336
Baron 23
Basile 251, 357
Baumgarten 168, 213
Bayle 333, 339
Beaumelle 80
Behrisch 345
Benn 59
Bernhard v. Cluny 385
Beutler 173
Bidermann 32 f., 258
Blankenburg 39
Boccaccio 364
Böhm 335
Böhme 28, 117, 128, 135, 287, 302, 312 f., 374, 407, 409, 412
Boie 48
Boisserée 48, 81
Bonnet 412
Brandt 91, 173 f., 363, 428 f.

Brecht 150, 154
Brentano 357
Brion 57
Brühl 321
Bruno 341
Bub 364
Buchwald 288, 416
Bürger 432
Buffon 76
Burdach 94, 320
Burger 72

Caesar 57, 338
Campanella 119
Campe 59
Capelle 339
Castell 294
Cicero 338

Dante 234
Demokrit 310
Descartes 290, 336
Diderot 210, 261, 271, 351
Diogenes 64, 92, 332 f., 335
Düntzer 394, 421

Eckermann 44, 325
Emmel 206
Endres 256
Engel 39 f.
Erler 296, 387

Fahlmer 10, 85, 93
Faust 17–19, 23 f., 147
Fichte 406
Ficino 104, 109 f., 112, 277, 289, 295, 326
Fischart 355
Fischer 346, 390, 416
Fischer-Lamberg 52, 237
Fonti 294
Frenzel 22
Friedrich II. 90 f., 258, 414
Fuchs 380

Gaier 257, 341
Geiges 23, 26
Gerstenberg 69
Göchhausen 44 f., 322
Götz von Berlichingen 82, 93
Gotter 48
Gottsched 248, 345
Graffunder 256
Graham 190, 206
Gregor v. Nazianz 336
Gretser 32 f., 258
Grimm 59, 176, 178, 357, 420, 425
Gryphius 257
Guion 426
Gundolf 72–74
Guthke 17

Haller 288, 335
Hamann 53, 100, 111, 114–118, 124, 157, 198, 224 f., 278, 298, 308 f., 321, 338
Hampe 33
Hayward 375
Hebel 23
Heine 30
Heinrich II. 296
Heinsius 59
Helmont 134, 256, 311, 406
Herder 13, 42, 47, 51 f., 54 f., 59, 69 f., 74 f., 77, 81–84, 86, 92 f., 100, 115 f., 124, 131 f., 148 f., 157, 164, 168, 191, 197 f., 201–203, 212–218, 225–227, 229 f., 245–247, 250 f., 278, 287, 293, 298, 309, 313, 334, 336 f., 351, 353, 356, 364, 378, 400, 406, 416, 418
Hesekiel 303, 321
Heusler 194, 198
Hippokrates 310, 338
Hölderlin 59, 327 f.
Holesovsky 148
Homer 234, 419
Horaz 337
Hüsgen 75
Humboldt 81, 247, 406
Hume 76
Hus 341, 390
Hutten 82

Iken 51
Ilgner 21

Jacob I. 242
Jacobi 85, 93, 345
Jacopone da Todi 418
Jesus 56, 60, 89, 141, 201, 341, 357
Joseph II. 85, 175

Kant 78, 155, 242
Karl VIII. 389
Karl IX. 296
Karl August 81
Keetmann 55
Keller, G. 350
Keller, W. 44
Kepler 77
Kiesewetter 20 f., 23
Kleist 179
Klinger 238
Klopstock 134, 198 f., 311, 337, 376
Kluge 71
Knebel 48
Könneker 30
Kolumbus 77
Kopernikus 77 f., 301
Kortholt 336
Koselleck 79

La Fontaine 195
Langer 177
La Roche 434
Lavater 53, 79, 177, 373, 409, 412
Leibniz 118, 310
Lenz 167, 252
Lessing 13, 17, 22, 39–41, 69 f., 113, 124 f., 137, 147, 149, 154, 181, 183, 198 f., 207, 210, 218, 222, 229, 232, 234, 241, 252, 258, 261, 336
Lillo 150, 175
Lippmann 348
Loeper 337, 389, 405, 411
Luden 220, 234 f.
Luther 23, 32, 36, 326, 346, 353, 432

Mahl 81
Malebranche 302
Margareta v. Antiochia 177 f., 259 f., 363 f., 417
Margareta v. Cortona 177 f., 237, 259 f., 363 f., 417
Marivaux 181
Marlowe 19, 21, 33 f., 41, 135, 258, 276, 307
Maximilian I. 85 f., 93
Melanchthon 23
Mendelssohn 337
Merck 148, 248, 345
Milton 311
Minor 296, 345, 354 f., 357, 360, 367, 373, 391, 403, 418, 434
Möser 54, 81
Molière 13, 195, 325, 344 f., 393, 403 f., 411
Montaigne 32
Monteverdi 396
Morris 281, 296, 308, 320, 355, 375, 387, 416, 419
Mozart 325

Nees v. Esenbeck 48
Nero 24
Neubert 315
Newton 287
Nicolai 203, 250
Nollendorfs 45, 52
Notker Balbulus 420
Nôtredame (Nostradamus) 12, 255, 296
Novalis 327

Oetinger 117, 128 f., 131, 135, 278 f., 282, 286–288, 290, 294 f., 298–300, 302, 306, 308 f., 310, 312 f., 315, 319, 321 f., 327, 339, 348, 368, 374, 407, 409 f., 417
Ossian (Macpherson) 234, 292, 419, 425
Ovid 289, 431

Paracelsus 27 f., 77, 103 f., 106, 109 f., 121–123, 134, 138, 155, 168 f., 270, 278, 281, 285, 288 f., 294, 297, 299 f., 314, 328, 337, 347, 412, 429
Paulus 106, 269 f.
Percy 364
Petrarca 365 f.
Petriconi 252
Petrus 24
Pfitzer 19, 35–38, 41
Pherekydes 325, 327

Pico della Mirandola 26, 28
Piepmeier 294, 336
Pindar 81, 400, 424, 426
Platon 105, 291, 309
Platzius 19
Plotin 408
Pniower 229, 243, 251, 395, 397
Politzer 182
Pope 84, 333
Porta 412
Pythagoras 339

Quintilian 338

Raffael 177, 256
Rameckers 252, 411, 414
Ramler 250
Rehder 211
Rembrandt 255, 301
Requadt 9
Reuchlin 26, 405
Riese 348
Richardson 113, 175, 181, 252, 360, 392
Rickert 9, 72
Riemer 44
Roethe 72, 296
Rousseau 76, 82, 114 f., 124, 151, 272, 343, 370–372, 375–377, 400–402, 405 f., 424, 433

Sachs 194, 387, 389
Saran 426
Sarauw 406
Scheffner 82
Scheibe 52
Schelling 313
Scherer 251, 291
Schiller 56, 59, 234, 252
Schlegel 69
Schlosser 151
Schmidt 281, 296, 308 f., 357, 375, 381, 416, 419
Schneider 72
Schönborn 79, 132
Schönkopf 173
Schrimpf 211

Schwenter 257
Seckendorff 381
Seneca 338
Serveto 341
Shaftesbury 76
Shakespeare 34, 51, 54, 69 f., 83, 181, 191, 210, 215–217, 234, 239–242, 245–249, 251, 257, 264, 381, 387, 425, 431
Sokrates 55, 60, 89
Sophokles 246
Spielmann 348
Spieß 18 f., 22, 242
Spinoza 246, 290, 331, 336
Steele 207
Steiger 21 f., 53, 57, 85, 93, 152
Stolberg 49, 200, 352
Storck 255
Swedenborg 97, 117 f., 129, 155, 252, 269 f., 279, 281–286, 296, 299 f., 302, 306, 308 f., 319–322, 368, 377 f., 380 f., 409, 421, 426, 429
Swift 249

Tacitus 382
Thomas v. Aquin 107
Thomas v. Celano 421
Trithemius 23, 26–28
Trunz 256

Vergil 325, 382, 408
Vischer 365
Voltaire 334

Wächtershäuser 414
Wagner 167
Walheim 389
Walker 104, 107, 119
Welling 103, 256, 301
Widmann 17, 19, 33, 35, 37
Wieland 10, 59, 85 f., 93, 195, 249
Wilhelm v. Paris 408
Witkowski 387
Wolff 348

Young 270, 273

Zedler 389
Zelter 21
Zimmermann, J. G. 53
Zimmermann, R. Chr. 58, 70–73, 81, 97, 108, 153, 275, 285, 303, 312, 354
Zinzendorf 294

2. Literarische und mythologische Figuren

Achill 232
Adam 14, 280
Apollo 315, 318, 321, 326, 347
Diana 313
Dionysos 317 f.
Ganymed 59, 152
Helena 20, 24, 30, 35, 48, 50, 81 f., 89, 117, 120, 147, 231, 327, 359, 364, 372
Herakles 232
Hermes Trismegistos 108, 324
Hiob 14, 232
Ixion 59, 117, 152
Juno 152
Jupiter 33, 58, 112, 282, 304, 315, 321, 324–327, 330, 408
Luna 275, 291
Luzifer 31, 317, 321, 327, 368, 371, 402, 409 f.
Maja 133, 327
Maria Magdalena 237
Mars 112
Merkur 58, 61, 112, 277
Minerva 58, 61
Orpheus 318 f.
Phorkyas 120
Poseidon 347
Prometheus 57–59, 61, 152
Saturn 112, 275, 277, 282, 291, 304
Simon Magus 23 f.
Theophilus 24
Venus 112 f., 318 f., 324, 326, 330, 372
Vergilius (Zauberer) 24
Zeus 325, 327

3. Zitierte Texte Goethes

Caesar (Plan) 57
Clavigo 54, 57, 70, 73
Dichtung und Wahrheit 20, 22, 38, 46–48, 56–58, 69, 75, 77, 80–82, 93, 103, 115, 129, 136, 142, 148, 173–177, 194, 205, 249, 278, 293, 345, 347, 357, 363, 371, 383 f., 402
Egmont 56, 81 f., 85, 88 f., 93
Der ewige Jude 56, 89
Faust I 9, 14, 44, 49 f., 52, 90, 94, 98 f., 101, 106 f., 113 f., 116, 120, 123, 126, 129 f., 133, 135, 141, 143, 146, 156, 161, 165, 169 f., 175, 178, 185, 197, 200, 216, 221, 226 f., 231, 233–235, 239, 247 f., 260, 265, 286, 306, 320, 332 f., 344 f., 349 f., 352, 354, 358, 365 f., 387, 391, 412, 423, 434 f.
Faust II 9, 11 f., 24, 44, 49 f., 51, 56, 90, 99, 103, 117, 120, 133, 143, 147, 149, 162, 175, 185, 196, 200, 216, 231 f., 237, 247 f., 255, 283, 313, 320, 350, 358, 365 f., 387, 391, 395 f., 402, 436
Ganymed 59, 73, 152
Geschichte der Farbenlehre 103, 273
Götter, Helden und Wieland 335
Götz von Berlichingen 10, 47 f., 51, 54–56, 69 f., 74 f., 81–87, 89, 93, 127, 217, 259, 281
Hans Sachsens poetische Sendung 81, 194
Hanswursts Hochzeit 59, 236–239
Harzreise im Winter 288
Italienische Reise 49
Die Leiden des jungen Werthers 11, 60, 70, 73, 79, 234, 241, 266, 292
Lied des physiognomischen Zeichners 279, 284
Mahomet 55 f., 62, 73, 426
Das Märchen 231
Die Mitschuldigen 45, 47
Nach Falconet und über Falconet 321
Neueröfnetes moralisch-politisches Puppenspiel 22, 238
Prometheus (Fragment) 57, 59–61
Prometheus (Hymne) 58, 70, 73, 88, 152, 431
Regeln für Schauspieler 335
Satyros 59
Zum Shakespeares-Tag 54–70, 128, 239, 245, 274, 365, 401
Sokrates (Plan) 55 f., 89
Torquato Tasso 81 f., 93
Der Wandrer 79
Wanderers Sturmlied 81, 303
Wilhelm Meisters Lehrjahre 56
Wilhelm Meisters Wanderjahre 51

4. Sachregister

Historische Aspekte

Geschichtlichkeit 10, 12–14, 42 f., 74 f., 82 f., 84–102, 113 f., 118 f., 162–164, 171, 185, 193, 199 f., 202 f., 208 f., 214, 219, 227 f., 235 f., 241, 247, 258, 267, 270 f., 297, 329 f., 332 f., 339–342, 353, 358, 366, 386, 409, 437 f.
Zeit, Gegenwart 22, 34, 41, 58, 79, 131, 135, 158 f., 247, 270, 292, 297, 327, 344, 349, 361 f., 386, 430 f.
Modernität 10 f., 14, 25, 29, 31–34, 37–43, 76–84, 90, 92–95, 100, 127, 152, 156–159, 171, 191, 212, 218, 221, 225, 232, 253, 260, 263 f., 271 bis 274, 276, 280, 283 f., 306, 329, 342–344, 349, 351, 366, 391, 417, 430
Unruhe 77–79, 153, 158, 264, 268, 270–276, 301, 325, 372
Melancholie 132, 244, 268–271, 273, 275, 277, 282, 304, 343, 372
Perspektive 16. Jh. (Vorstellung) 10 f., 95–97, 103–107, 118 f., 150, 154 bis 158, 164, 168–171, 180, 186–190, 194 f., 196, 200 f., 209, 214, 228, 247, 252, 258–260, 270 f., 274–276, 283–285, 291 f., 294 f., 298–300, 303–305, 308 f., 314, 325, 335, 353, 356, 371, 379, 387, 396, 412, 414, 419, 430
Perspektive 18. Jh. (Einfühlung) 10 f., 97 f., 108–119, 150–154, 166 bis 168, 180, 185–190, 194, 196 f., 200 f., 207, 209, 214, 228, 247, 252, 261–263, 270 f., 274–276, 283–285, 291 f., 294 f., 298–300, 302 f., 305, 308 f., 314, 325, 335, 353, 356, 371 f., 377, 379, 387, 392, 396, 412, 414, 420, 430
Perspektive ›Neuzeit‹ (Abstraktion) 10, 90–95, 150, 158–164, 171, 184 f., 186–190, 228, 263–265, 271, 281, 335, 353, 391, 430 f.

Problemfelder

Magie 13, 72, 75–77, 103–119, 131–141, 198, 208, 218, 228, 234, 242 f., 262, 264, 405
des 16. Jh.s 12, 20 f., 24–30, 32 f., 35 f., 38, 61 f., 76, 96, 103–107, 118 f., 121, 132–135, 155, 157 f., 160, 168 f., 252, 262, 268–271, 275–280, 283 f., 286, 289–293, 295, 297–300, 303–305, 307–310, 314 f., 321, 323 f., 325 f., 328 f., 332, 353, 360, 405, 408, 412 f., 427–432
des 18. Jh.s 12, 65 f., 76 f., 108–119, 140 f., 155 f., 252, 254, 261 f., 269 f., 276–280, 283 f., 286, 291, 299 f., 306, 308–310, 321, 323, 333, 341, 358, 360 f., 364, 368–371, 375–381, 386, 393, 403, 408–410, 429–432
Kosmologische und religiöse Aspekte 120–146
Leben 295, 305, 308, 310–317, 322, 325 f., 330, 339, 343, 348, 350, 353, 371, 407

Licht/Finsternis 120, 123–135, 145, 256, 270, 274, 282, 290, 302 f., 306–308, 315–320, 322, 327 f., 330, 332, 347, 374, 380, 407, 425
Männlich/Weiblich 27, 120–122, 140, 145, 270
Makrokosmos 61 f., 82, 99, 105, 121–123, 130, 133 f., 171, 222, 252, 255, 268 f., 274, 279, 284 f., 290 f., 295, 300–304, 307, 310, 315, 317, 319, 324, 330, 334, 342–344, 347, 353, 358, 370–375, 377, 379, 386, 403, 407
Erdgeist 61 f., 82, 99, 105, 121–123, 130, 133 f., 169 f., 221 f., 244, 252, 255, 268 f., 274, 279, 284, 289 f., 295, 300 f., 312–317, 319, 322, 328–332, 334, 336, 339, 343 f., 347, 353, 358, 370–375, 377, 379, 386, 403, 407, 424, 429 f.
Herrlichkeit 60, 99–101, 133–135, 140, 146, 159 f., 162 f., 179, 184, 188, 204, 243, 270, 283, 286–288, 290, 298, 303, 306 f., 316 f., 320–322, 325–332, 361, 370, 374–376, 379, 407, 430
Religiosität 25, 29, 32, 38, 55, 62, 67 f., 72, 76, 93–95, 98, 100, 103, 105 f., 114 f., 140 f., 144–146, 155, 179, 183, 188, 197, 234, 246, 259, 262, 268 f., 275–279, 282 f., 285 f., 295, 298, 301 f., 307–309, 318, 352, 362–365, 370 f., 373 f., 377–379, 393–395, 399–412, 417–420, 426, 432, 436
Gottheit, Christus 72, 82, 114 f., 141, 179 f., 227, 246, 269, 286 f., 289 f., 299, 305, 307, 311, 313, 316, 330, 348, 374–377, 391, 395, 430, 432, 435 f.
Widergöttliches, Teufel 23 f., 27 f., 30 f., 32 f., 36 f., 82, 135–139, 179, 275, 281 f., 298, 313, 317, 329, 351, 360, 384
Engel 301, 307 f., 310 f., 367
Kirche 27, 141 f., 182, 184, 188, 254, 277, 362, 370, 383–385, 398 f., 413–416, 422, 437
Versuchung 14, 61, 144 f., 232, 279 f., 320, 343, 412 f., 419
Herz 99, 281, 294 f., 297, 306, 308, 324, 330, 337, 341, 390 f., 400, 404
Liebe 183, 362, 386, 391, 395 f., 399, 407 f., 417, 437 f.
Körpersprache 369, 380 f., 390 f., 399–401, 410, 420, 422
Sprache 11, 13 f., 42, 53, 84–87, 93, 113–117, 144 f., 154, 168, 174, 209, 245 f., 271, 336–339, 392–395, 398, 401, 409 f., 430
Name 114 f., 400 f., 404–406, 409
Zeichen 97 f., 116 f., 133 f., 158, 160, 162, 180, 212–217, 224–228, 255 f., 262 f., 267, 269, 279 f., 284, 291, 296–303, 310, 312, 317, 321, 329, 331, 339, 365
vgl. auch Körpersprache
Erkenntnis 25–29, 31–34, 37–41, 48, 60–66, 71, 75–77, 87, 92, 109 f., 118 f., 120, 155, 158–160, 168, 212, 215, 237, 259, 261, 268, 270–290, 298, 305, 312, 318, 330, 333–336, 341, 344–346, 349 f., 353, 358, 390, 400, 430
Sinnlichkeit 30, 32–34, 36–38, 41 f., 48, 59, 81, 121, 154, 159–163,

170 f., 179–181, 184, 212, 215, 223–225, 236 f., 241, 243, 254, 260, 272, 306–309, 342 f., 349, 360–364, 367–371, 377, 391, 397, 413, 430
Soziale und ökonomische Aspekte 45–47, 49, 60, 66 f., 80–82, 87, 90 f., 112 f., 119 f., 151, 166, 172–175, 180–182, 184, 197, 207–209, 252–254, 260 f., 351 f., 360–364, 369 f., 379 f., 382 f., 386–388, 393, 396, 413–417, 437

Figuren

Figurenkonstitution 11, 77, 90–101
Faust 12, 14, 60–63, 65 f., 70–75, 80–83, 89, 90, 94–97, 99, 124–126, 132, 134–136, 144, 147–166, 185 f., 189, 197, 204, 207 f., 213 f., 220–223, 233, 244, 261, 263–265, 278–281, 323, 352, 359 f., 367–372, 374 f., 377 f., 384–386, 390 f., 395 f., 400–402, 405, 410, 428 f., 433
Margarete 65–70, 89, 99, 112 f., 123–125, 140 f., 144 f., 159–163, 166, 172–185, 187–189, 197, 202, 204 f., 207, 213 f., 221–224, 233, 237 f., 243, 251, 259 f., 265 f., 323, 360–364, 367–370, 375, 378–380, 393, 396, 398–400, 432 f., 436
Mephistopheles 11, 14, 27, 69, 71 f., 98, 119, 130, 135–139, 142, 153, 156 f., 161–163, 165–172, 185–187, 189, 195–197, 201, 206–208, 213 f., 220–223, 233, 236 f., 242 f., 248–251, 261 f., 265, 274, 281, 313–317, 321, 323, 328, 342–347, 351 f., 358–360, 364, 368–372, 379 f., 383–385, 390 f., 403, 405, 411, 428 f.
Wagner 20, 27, 63 f., 70, 91 f., 190, 195 f., 226 f., 261, 264, 281, 331–342, 345, 383, 402
Schüler 64 f., 70, 190,196, 261, 281, 323, 342–350
Marthe 197
Valentin 14
Hexen 239 f.

Literarische Aspekte

Konzeption 9, 14, 49–89, 94
Konstitutionsaspekte 9–14, 42, 49–53, 56 f., 84, 87, 89, 94 f., 101, 179 f., 212–231, 233 f., 241 f., 245–248, 251, 255, 257, 266, 387
Schöpfungshieroglyphe 131 f., 215 f., 224–228, 256, 287, 293–295, 298, 306, 309–312, 324, 334, 341–343, 378, 380, 396
Raumkonzepte 204–211, 215–217, 268–270, 274, 292 f., 351, 360, 371, 374, 376, 432
Metrik und Strophik 191–203, 271
Prosa 53, 191 f., 351, 428
Knittelvers 53, 192–194, 197, 238, 258, 271, 344, 392
Madrigalvers 194–197, 271, 334, 344, 392 f.
Alexandriner 182, 195 f., 392, 395
Vers commun 196 f., 334, 392, 395

Zweihebige Verse 197 f.
Hymnenstil, prosaischer Vers 53, 198 f., 271, 403
Liedstrophik 200–203, 418
Formen der Fiktionalität
Illusionsmagie 189, 218–224, 228, 242
Mythos 218–224, 228
Allegorie 10, 95, 161 f., 172, 218–224, 228, 236, 242
Gattung
Tragödie 12, 35, 43, 92, 97 f., 143, 146, 163, 171, 180, 219, 244, 247–249, 251, 254, 257, 265 f., 272, 279–281, 287, 327–329, 331, 363, 399, 416, 437 f.
Komödie 12, 163, 171 f., 226, 247–249, 251, 257, 265 f., 272, 331, 335, 363, 379, 437 f.
Schauspiel 12, 163, 185, 266, 272, 331, 363, 437 f.
Rezeptionsaspekte 10–12, 42, 52–54, 56 f., 87, 89, 98, 100 f., 119, 130, 150–152, 154, 157, 165, 167, 172, 184–190, 205, 214, 221 f., 235, 242, 267, 321, 400, 433, 436–438
vgl. auch die »Perspektiven« unter »Historische Aspekte«
Literarische Bezüge
Prinzip des »neuern Gebrauchs« 7, 13 f., 69 f., 148–150, 152, 164, 166, 172, 178, 180, 188–190, 229–267, 271, 276, 280, 364, 382, 387, 397, 417, 431
Bezüge zu mythologischen/literarischen Figuren
Adam 280–283, 343, 350
Hesekiel 303, 321 f.
Hiob 232–234, 319, 324
Jakob 436
Jesus 72, 283, 320
Moses 320 f.
Bezüge zu literarischen Genres
Bürgerliches Trauerspiel 149, 166 f., 171 f., 180, 183, 214, 252–254, 263, 360 f., 363, 398, 417, 419
Drame de condition 238 f., 261–263, 271, 386
Farce, Satire 22, 167 f., 171, 194, 236–239, 248, 265, 272, 342, 383
Fastnachtsspiel 248, 387, 389
Geschichtsdrama vgl. »Geschichtlichkeit«
Legendenstück 177 f., 180, 259 f., 363, 399, 417, 419 f.
Lied, Arie, Volkslied 192, 200–203, 249–251, 351, 355–357, 369, 381 f., 396 f., 417 f., 434
Puppenspiel 22, 34 f., 38, 47, 167, 193 f., 238, 245, 248, 258
Shakespearesches Drama 245–252
Transzendentales Drama 247, 265
Warndrama 32 f., 92, 167 f., 171 f., 242, 258, 271
»Welsche Geschichten« 361, 364, 367

Bezüge zu Einzeltexten
Basile, *La polece* 251, 353, 357
Bürger, *Lenore* 432
Goethe, *Hanswursts Hochzeit* 236–239
Hohes Lied Salomonis 229, 243, 251, 395, 397 f.
Jacopone da Todi, *Stabat mater* 201, 418 f.
Lessing, *Minna von Barnhelm* 13, 261
Machandelboom-Märchen 202, 240, 251, 434
Molière, *Dom Juan* 13 f., 325, 344, 388, 393 f., 403 f., 407, 411, 425, 435 f.
Ossian (Macpherson) 292, 419, 425
Petrarca, *Canzoniere* 365 f.
Rousseau, *Émile* 371, 400–402, 406, 423 f., 433
Nouvelle Héloise 375–377
Pygmalion 371 f.
Shakespeare, *Hamlet* 239–241, 243–245, 425, 433
Macbeth 239–242, 246, 431, 433, 435
Merchant of Venice 387
Othello 13, 381
Summer Night's Dream 234, 239
Tempest 239
Thomas a Celano, *Dies irae* 202, 419–422